北京师范大学教育学部
FACULTY OF EDUCATION, BEIJING NORMAL UNIVERSITY

教师素养提升系列教材
中小学教师能力提升线上课程配套讲义
丛书主编 朱旭东

学生心理成长与发展指导

李亦菲 / 著

XUESHENG XINLI CHENGZHANG YU FAZHAN ZHIDAO

北京师范大学出版集团
BEIJING NORMAL UNIVERSITY PUBLISHING GROUP
北京师范大学出版社

图书在版编目(CIP)数据

学生心理成长与发展指导 / 李亦菲著. —北京：北京师范大学出版社，2025.6
（中小学教师能力提升线上课程配套讲义）
ISBN 978-7-303-29670-5

Ⅰ.①学… Ⅱ.①李… Ⅲ.①中小学生－心理健康－健康教育－师资培养－教材 Ⅳ.①G444

中国国家版本馆 CIP 数据核字（2024）第 000617 号

出版发行：北京师范大学出版社 https://www.bnupg.com
　　　　　北京市西城区新街口外大街 12-3 号
　　　　　邮政编码：100088

印　　刷：	北京虎彩文化传播有限公司
经　　销：	全国新华书店
开　　本：	787 mm×1092 mm　1/16
印　　张：	21.75
字　　数：	445 千字
版　　次：	2025 年 6 月第 1 版
印　　次：	2025 年 6 月第 1 次印刷
定　　价：	79.00 元

策划编辑：何　琳　　　　　　　责任编辑：葛子森　乔　会
美术编辑：焦　丽　　　　　　　装帧设计：焦　丽
责任校对：陈　民　　　　　　　责任印制：马　洁

版权所有　侵权必究
读者服务电话：010-58806806
如发现印装质量问题，影响阅读，请联系印制管理部：010-58806364

教师素养提升系列教材
中小学教师能力提升线上课程配套讲义

编 委 会

顾　　　问　顾明远

丛 书 主 编　朱旭东

丛书副主编　施克灿　李　芒　张婧婧　李玉顺

编委（以姓氏笔画为序）

马　宁　邓林园　冯婉桢　朱志勇　孙　益

李亦菲　杨玉春　吴　娟　余清臣　余雅风

宋　萑　陈　玲　郑永和　胡定荣　班建武

康永久　傅　纳　阚　维　薛二勇

▶▶ 总　序

数智赋能　素养筑基
新时代教育强国战略下的教师发展路径

当今世界正经历百年未有之大变局，教育作为国之大计、党之大计，始终处于国家发展战略的核心位置。党的十九大曾明确提出"优先发展教育事业""培养高素质教师队伍"的战略目标。2024年，习近平在全国教育大会上指出，建成教育强国是近代以来中华民族梦寐以求的美好愿望，是实现以中国式现代化全面推进强国建设、民族复兴伟业的先导任务、坚实基础、战略支撑。为加快建设教育强国，实现到2035年建成教育强国的战略目标，《教育强国建设规划纲要（2024—2035年）》发布，为我国教育事业高质量发展提供了清晰的路线图。

在这一宏伟蓝图下，教师队伍作为教育生态的核心主体，其素养与能力的全面提升，已成为实现教育强国目标的首要突破口——强国必先强师，教师队伍建设是教育强国建设最重要的基础工作。当前，全球正处于科技革命与产业变革的加速期，人工智能、数字技术正深度重构教育生态，推动教育范式向人机协同、跨界融合的智慧教育转型。党中央将教育数字化上升为国家战略，党的二十大明确提出"推进教育数字化"的核心任务，强调构建泛在可及的终身教育体系。教师角色亟待从"传统知识传授者"向"创新教育引领者"转型。近年来，党和国家立足教育强国建设全局，对新时代高水平教师队伍建设做出系统部署，明确提出以教育家精神为引领、以师德师风为根基、以专业能力为核心的战略路径。在此背景下，《新时代基础教育强师计划》《教师数字素养》等政策文件，科学擘画了政治坚定、师德高尚、业务精湛、创新有为的新时代教师队伍发展蓝图，强调通过实施教育家精神强师铸魂行动，深化师德养成与价值引领。这些举措深刻诠释了教育强国背景下教师队伍建设的核心逻辑——以高质量师资支撑高质量教育生态，以专业化发展破解城乡均衡、学科适配等结构性难题，为实现"为党育人、为国育才"根本使命筑牢人才根基。

面对教育数字化转型与教师能力升级的双重需求，北京师范大学主动响应国家战略，充分发挥学术引领优势，自2020年起全面推进"互联网＋教育"改革创新工作，百门中小学教师教学能力提升线上课程建设项目就是这一背景下的重要工作。该项目立足"系统设计、分步实施、共建共享、实践导向"四大原则，构建覆盖教师职业全周期的三维课程生态，通过"阶梯计划"与模块化课程群，深度融合教育理论、学科重构与技术进阶，形成"职前奠基—职中精进—终身发展"的培养链。已建设的课程内容体系涵盖三大核心维度：教育理论与政策基础、教师素养与专业发展和教育实践与方法创新。每门课程包含至少10个专题的视频、配套教材及学习资源包，实现理论解析与教学实践深度耦合。本丛书通过跨学科专家团队与双平台协作，将理论成果转化为数字化解决方案，助力教师教育实现智能化、精准化升级，不仅为教师适应教育范式变革提供"数字罗盘"，还以动态升级的知识生态系统助力教育强国战略目标的实现。

本丛书的出版，不仅是北京师范大学"互联网＋教育"战略在教师教育领域的实践成果，还是助力我国教师队伍数字化建设、推动教育高质量发展、构建数字化教师发展体系的有力支撑。通过深度融合北京师范大学教育学部的学术积淀与一线教育经验，我们致力于构建一个持续迭代的数字化支持体系，精准对接教师专业发展的多样化需求。未来，我们将继续紧跟"人工智能＋教育"的前沿趋势，拓展课程内容的深度与广度，助力教师在智能技术融合中实现创新突破。期待本丛书能为教育工作者提供坚实的理论与实践支持，共同推动我国教育事业向更高水平迈进，为2035年教育强国目标的实现注入持久动力。

北京师范大学教育学部部长

2025年5月

前 言

19世纪初，赫尔巴特提出"教育学必须以心理学为基础"，强调要根据儿童的心理成长规律开展教育活动。20世纪70年代，德国心理学家巴尔特斯等突破将心理成长等同于儿童时期生理发育和成熟的狭隘认识，提出"毕生发展心理学"，强调个体心理发展的多维性、持续性、动态性和可塑性，很好地回应了联合国教科文组织倡导的"终身教育"理念。20世纪80年代以来，心理学与脑科学、计算机科学相结合，获得了很多关于人的心理成长和发展的研究成果，为教育的科学化提供了全新的研究视角和扎实的理论基础。

为了帮助我国中小学教师系统学习青少年心理成长和发展的相关知识，深刻理解新时代教育发展，提升自己的教育教学水平和指导学生发展的能力，本书介绍了学生心理成长与发展的生理基础、认知与元认知发展、情绪与情感发展、个性与社会性发展等方面的基础知识，并从品德发展、学业发展、生涯发展、心理健康与危机应对等方面，阐述了指导学生发展的具体方法。本课程共分为10讲23节，内容涵盖基础心理学、发展心理学、教育心理学等多个心理学分支学科的重要内容，系统、全面地梳理了教师在教育教学工作中需要掌握的心理学知识。

为方便教师学习和掌握这些知识，本书每一讲的内容都按概述、关键词、知识结构图、学习目标、引导性问题、知识详解（含随堂巩固和拓展阅读）、本讲小结、总结练习共8个栏目展开。在这些栏目中，概述、关键词和知识结构图帮助教师把握内容的全貌，增强学习的计划性；学习目标和引导性问题帮助教师带着问题学习，增强学习的主动性；知识详解帮助教师深入理解内容，增强学习的深刻性；本讲小结和总结练习帮助教师系统回顾学习内容，增强学习的实效性。

本书的内容由李亦菲设计，并组织心理健康教育专业的研究生和一线教师撰写，具体分工如下：李亦菲撰写第一讲、第二讲和第九讲，王喆撰写第三讲，宋莉撰写第四讲，杜玫撰写第五讲和第六讲，黄敏撰写第七讲，李琦撰写第八讲，杨骐源撰写第十讲，最后由李亦菲负责全书的统稿。此外，北京师范大学教育心理与学校咨询研究所王乃弋副教授阅读了第九讲内容并提出修改意见，江西应用科技学院责任动力学研究院方志良院长为第七讲责任动力学部分的撰写提供了指导，在此表示感谢。

李亦菲
2025 年 4 月

目录

001 第一讲 成长与发展概要
第一节 成长与发展的特点和影响因素 /002
第二节 心理发展的动力与结构 /014

021 第二讲 生理基础与生理成长
第一节 心理发展的生理基础 /023
第二节 青春期的生理成长 /037

050 第三讲 智力与认知发展
第一节 智力的生成与发展 /053
第二节 认知的信息加工理论 /066
第三节 元认知与青少年思维发展 /080

094 第四讲 情绪与情感发展
第一节 基本情绪的成长与发展 /096
第二节 社会情感的发展与学习 /112

125 第五讲 人格与个性发展
第一节 人格结构与个性发展理论 /127
第二节 自我概念与个性发展 /141

155 第六讲 社会性与社会性发展
第一节 社会性与社会化 /157
第二节 社会性发展的主要内容 /163

目录

175 第七讲　品德发展与价值观教育
　　第一节　道德与品德发展 /177
　　第二节　道德认知与价值观教育 /190

203 第八讲　学业发展指导
　　第一节　学习状态调控 /205
　　第二节　学习策略的发展与培养 /218
　　第三节　学习困难的评估与干预 /231

244 第九讲　生涯发展指导
　　第一节　从职业指导到生涯发展 /246
　　第二节　生涯教育的规划与实施 /261
　　第三节　教育变革与升学指导 /273

293 第十讲　心理健康与危机应对
　　第一节　积极心理学视角下的心理健康 /295
　　第二节　心理危机的干预与预防 /307

326 参考文献

第一讲
成长与发展概要

概述

人的成长和发展是指个体在生命过程中所发生的一系列生理、心理和社会适应方面的变化过程。本讲包含两节，第一节对成长和发展的含义进行辨析，并介绍成长与发展的特点和影响因素；第二节介绍心理发展的动力，在分析马斯洛需要层次理论的基础上，进一步介绍需要的双塔层次模型，并根据这个模型建构学生心理成长与发展的知识体系。

关键词

成长与发展、毕生发展、生物决定论、环境决定论、生态系统理论、实践活动、心理水平、内部矛盾、需要层次理论

知识结构图

学习目标

1. 理解"成长""发展""毕生发展"的含义与特点,解释关键期的含义。
2. 了解生物决定论、环境决定论、共同决定论、相互作用论等理论的基本观点,并对不同理论进行对比。
3. 从内因和外因的关系角度,解释心理发展的动力。
4. 掌握马斯洛需要层次论的主要内容。
5. 理解需要的双塔层次模型的主要观点,并根据这一模型说明本课程的内容结构。

引导性问题

1. "成长""发展""毕生发展"三个概念有什么区别? 有什么联系?
2. 个体心理成长与发展受到遗传因素的影响多一些,还是受到环境因素的影响多一些?
3. 遗传因素和环境因素如何影响个体的心理成长与发展?
4. 如何理解"内因是心理发展的动力"这句话?
5. 对于马斯洛需要层次论,你有哪些不太理解的方面?

知识详解

▶▶第一节 成长与发展的特点和影响因素◀

从基本含义看,成长指个体在生理方面的量性增长,而发展则指个体随年龄增长及与环境间的互动而产生的身心变化过程,是生命中有顺序的、可预测的改变,是学习的结果和成熟的象征(赵锋,陈英,王霞,2011)。显然,"成长"和"发展"都有走向成熟、摆脱稚嫩的含义。然而,两者也存在明显的区别。在用于描述人类个体的变化时,"成长"主要指个体生理方面的改变,表现为机体整体和组成部分在量的方面的增长,如身高、体重的变化,肺活量的增长等;"发展"不仅包括生理方面的变化,而且包括智力、情绪、情感等心理方面的改变(何晓燕,刘爱钦,2018)。此外,除了用于描述个体的身心变化过程以外,"发展"一词还用于描述某个群体的变化过程,或者用于描述人类作为一个物种的整体进化或演化过程。

虽然成长主要指生理方面的变化,发展主要指心理方面的变化,但由于生理和心理密不可分,我们在描述个体随年龄增长而变化的过程时,通常将成长和发展混用,或者将二者结合使用,即"成长与发展"。本节首先介绍个体的成长与发展的基本特点,然后说明个体的成长与发展如何受到遗传因素和环境因素的影响,简述生物决定论、环境决定论、共同决定论、相互作用论的主要观点。

一、成长与发展的基本特点

综合来看，个体的成长与发展是指个体在生命过程中发生的一系列生理、心理和社会适应方面的变化。与其他自然事物一样，人类个体的成长与发展也呈现由小到大、由简单到复杂、由低级到高级的规律。除了以上共性以外，个体的成长与发展还有一定的特殊性。

早期的心理学研究只关注个体从出生到成熟（青春期结束）的成长与发展。毕生发展心理学出现后，人们逐渐将发展的范围扩展到个体从出生到死亡的全过程。下面分别介绍成熟发展观和毕生发展观视野下个体成长与发展的基本特点。

（一）成熟发展观视野下成长与发展的特点

从成熟发展观来看，随着年龄的增长，在先天遗传和后天环境诸多因素的综合影响下，个体的成长与发展的特点主要表现在以下四个方面。

1. 方向性与顺序性

无论是在身高、体重等生理特征的成长与发展方面，还是在感知、记忆、思维、能力、情绪和情感等心理特征的成长与发展方面，个体都遵循从低级向高级、从简单向复杂、从不完善向完善的基本方向，并且，在正常情况下，进步和增长的方向是不可逆的，并表现出一定的先后顺序。

生理成长的顺序性表现为：（1）身体各大系统的发育成熟过程遵循神经系统→运动系统→生殖系统的顺序；（2）大脑各功能区域的发育成熟过程遵循枕叶→颞叶→顶叶→额叶的顺序；（3）身体动作的发育成熟过程遵循自上而下、由躯体中心向外围、由粗大动作到精细动作的顺序。

心理发展的顺序性则表现为：（1）注意的发展遵循无意注意→有意注意→有意后注意的顺序；（2）记忆的发展遵循机械记忆→意义记忆的顺序；（3）思维的发展遵循动作思维→形象思维→抽象逻辑思维的顺序；（4）情绪和情感的发展遵循基本情绪→社会情感的顺序。

2. 连续性与阶段性

个体的成长与发展包括量变和质变两类变化，并遵循从量变到质变，再从质变到量变的发展规律。在量变期间，心理特征只有在数量上的微小变化，表现出量的连续性和质的稳定性；当量变积累到一定程度时，便引起性质上的突变，表现为量的连续性的中断，跃升到一个更高级的层次，形成新的质；进而，又开始新的量变。如此循环往复，经过多个轮次从量变到质变的发展，不同水平的质就形成了多个发展阶段，表现为成长与发展的阶段性。从不同阶段之间的关系来看，先前阶段是后续阶段的基础，而后续阶段则是先前阶段的延伸，表现出质的连续性。

成长与发展的阶段性与年龄有着密切的关系。我国教育界和心理学界一般将未成年的成长与发展过程分为以下六个阶段：（1）乳儿期（从出生到1岁）；（2）婴儿期（1~3岁）；（3）幼儿期（3~6岁）；（4）童年期（6~12岁）；（5）少年期（12~15岁）；（6）青年初期（15~18岁）（华东师范大学心理学系公共必修心理学教研室，1982）。

3. 不平衡性

成长与发展的不平衡性主要表现在两个方面。一方面，同一生理或心理特征在不同年龄阶段发展的速度不平衡；另一方面，不同生理或心理特征在同一年龄阶段的发展速度不平衡。

在生理特征方面，个体各系统和器官的发育速度各不相同，主要规律是：神经系统发育较早；身高和体重在出生后快速增长，然后生长速度逐渐减慢，到青少年期再次加快，并在青春期结束时稳定下来；淋巴系统在儿童期迅速增长，到青春期前达到高峰，后逐渐下降到成人水平；生殖系统发育较晚，从青春期早期开始发育，到青春期后期发育成熟（见图1-1）。

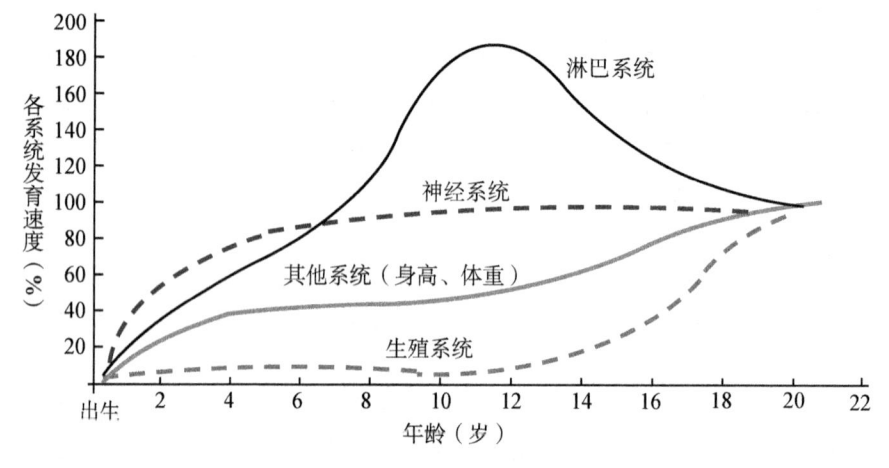

图1-1 各系统发育与年龄的关系

资料来源：刘万伦.2014.学前儿童发展心理学［M］.上海：复旦大学出版社.

在心理特征方面，个体在儿童时期掌握语言的速度很快，而逻辑思维的形成却需要相当长的时间。此外，心理特征在不同年龄阶段发展速度的不平衡性表现出"关键期"现象。

"关键期"现象源于德国行为学家洛特1910年的"小鹅认母"实验：实验发现刚刚破壳而出的小鹅会本能地将第一眼看到的活动物体视为母亲，并且很难改变。后来，习性学家洛伦兹将这个现象称为"印刻效应"，泛指动物在出生后对第一次见到的物体产生的本能性的依恋反应。由于这个现象只在动物出生后很短一段时间内出现，因此，这个时间段就被称为"关键期"。后来，心理学家将这个现象借用到儿童早期发展的研究中，提出了儿童心理发展的关键期，指对特定技能或行为模式的发展最敏感的时期。如果在关键期给予儿童适当的良性刺激，就会促使儿童的行为与能力得到更好的发展；反之，就会阻碍儿童行为与能力的发展，甚至导致行为与能力的缺失。

现在普遍被接受的是，0~2岁是与父母建立依恋关系的关键期，1~3岁是口头语言发展的关键期，4~5岁是学习书面语言的关键期，0~4岁是形象视觉发展的关键期，5岁左右是掌握数概念的关键期（余双好，2013）。

4. 个体差异性

一个身心正常的儿童，其成长与发展通常是符合以上基本趋势的，但各种生理或心理特征在不同个体身上会有不同的表现，表现出个体差异性。生理特征方面的个体差异表现在每个人的体型、相貌、身体素质等方面，而心理特征方面的个体差异则表现在每个人的气质类型、性格特点、智力水平、能力特长等方面。

一般来说，成长与发展的个体差异表现在发展的速度、发展的优势领域、发展的最终水平三个方面。例如，智力水平发展的个体差异主要表现在：(1) 在发展速度方面，有些人早慧，有些人中年成才，有些人则大器晚成；(2) 在发展的优势领域方面，有些人观察细致、记忆超群，有些人长于抽象思维和逻辑推理，有些人长于形象思维和艺术创作，还有些人则长于沟通与合作；(3) 在发展的最终水平上，大部分人的智力将处于中等水平，少数人智力超常，做出创造性成果，也有少数人智力低下，难以完成基本的学业。

（二）毕生发展观视野下成长与发展的特点

毕生发展心理学由德国心理学家巴尔特斯（Baltes）于20世纪70年代创建，主要研究内容包括个体心理发展的遗传与环境、普遍性与特殊性，个体各种心理能力不同程度的适应性发展趋势，个体心理在生命全过程中表现出量和质两方面的变化。毕生发展心理学对个体心理发展提出了一系列创新性的观点，从根本上改变了以成熟为导向，注重单向成长的传统发展观，强调个体发展的持续性、多样性和可塑性。

1. 持续性

毕生发展心理学认为，心理发展不仅与先前的经验有关，而且与当时的社会环境有关。由于个体的一生都处在不断发展变化之中，因此，任何阶段的经验对发展都有重要的意义，没有哪个阶段对发展的本质有特殊的重要性。根据这个观点，毕生发展心理学强调个体的成长与发展是贯穿一生的，并不限于儿童和青少年，中年、老年个体仍在成长与发展。

2. 多样性

个体发展的多样性既表现为发展内容的多样性，也表现为发展形式的多样性。

在个体发展的内容方面，主要包括生物、认知和社会情感三个维度。生物维度涉及个体的身体和生理特征，表现为身高、体重、大脑等方面的变化；认知维度涉及智力和语言，表现为感知觉、记忆、思维、问题解决能力等方面的变化；社会情感维度涉及情绪情感和人格特质，表现为依恋、爱和人际关系等的变化。这三个维度既有各自的发展规律和特点，又紧密交织在一起，形成一个有机的整体。

在个体发展的形式方面，毕生发展观并不将发展看成简单的、朝着功能增长方向的运动，而是认为生命历程中任何阶段的发展都包括新适应能力的获得，也包括已有能力的丧失，是获得与丧失、进步与衰退的结合，表现为前进、停滞、衰退等多种形式。

综合来看，个体发展既具有多样的内容，也具有多样的形式。两者之间的组合使发展呈现出多样性：有些维度的发展表现为一条平稳上升的直线，另一些维度的发展则可能表现为一条波动的曲线；有些维度的发展呈现先慢后快的节奏，另一些维度的发展则呈现先快后慢的节奏；有些维度在一些时期始终保持不变，而另一些维度则在不断地发生改变；在某个时期，一些维度或维度的成分在增强，而另一些维度或维度的成分则在减弱。

3. 可塑性

毕生发展心理学认为个体发展是年龄、历史阶段、非规范事件三种影响因素相互作用的产物，并不特别突出早期经验和关键期经验对个体发展的影响，而是强调个体发展的可塑性，认为可以在任何一个阶段通过恰当的策略对个体进行改造，以使个体获得对当前环境的良好适应。

根据这个观点，毕生发展心理学积极地看待衰老现象，认为个体在衰老过程中虽然会经历各种资源的丧失，但也会遇到各种机遇。成功的老龄化就是要获得积极的结果并将其最大化，同时避免消极的结果并使之最小化。具体说，成功的老龄化可以通过选择、最优化、补偿三个过程的相互作用来实现：选择是指由于资源的限制或丧失而放弃已有的目标，追求新目标；最优化是指个体在自己选择的领域中对内外部资源进行分配和精细加工，从而使生活的质量和数量都达到最大化；补偿是指在选择的领域里遭遇资源丧失或实现目标的途径中受阻时，需要替代性的过程或手段来维持一定的功能水平以达到目标。这种成功老龄化的模型称为"选择性最优化补偿模型"（SOC 模型），强调老人在出现衰退时重建目标或寻找新目标，寻求适当的补偿措施（如改变策略、利用技术手段、向他人求助等），通过最优化的策略追求对个人而言的利益最大化（夏埃，威里斯，2002）。

二、成长与发展的影响因素

经过长期的研究和探讨，人们将影响个体成长与发展的因素分为遗传因素和环境因素两大类。其中，遗传因素指与基因有关的性别、体质、激素、疾病等，也称先天因素或生物学因素；环境因素则包括家庭社会经济地位、父母教养方式、学校教育方式、社区类型、大众媒体等，也称后天因素或社会文化因素。根据对两类因素的重视程度不同，关于成长与发展影响因素的理论可以分为生物决定论、环境决定论、共同决定论和相互作用论多种观点。

（一）生物决定论

生物决定论也称遗传决定论或内发论，基本观点是将遗传因素看成影响个体成长与发展的唯一因素。生物决定论有着悠久的历史。在西方文化中，古希腊哲学家柏拉图认为人的先天禀赋决定人的等级，并将人分为三个等级，对应于三种灵魂：第一等级的人是哲学家、王、执政者，具有理性灵魂；第二等级的人是武士和军人，具有意气灵魂；第三等级的人是农民、商人、手工艺人等，具有欲望灵魂。

在我国古代，生物决定论表现为对人性问题的探讨。以孟子为代表的"性善论"认为，人具有基本道德的萌芽（称为"善端"），包括恻隐、羞恶、辞让、是非之心，教育就是让这些本来存在的萌芽能够生长；以荀子为代表的"性恶论"认为，人天生具有对物的欲求，教育通过改造和塑造等方式帮助人克服这些欲求；韩愈提出"性三品"，认为"学而愈明"为上等，"可导而上下"为中等，而下等品性的人只有用刑罚来控制他们的行为。

现代意义上的生物决定论是遗传决定论，主要起源于达尔文（Darwin）的生物进化论（但达尔文本人并非遗传决定论者），首倡者是达尔文的表弟——高尔顿（Galton）。高尔顿认为"人的心理素质如同身体素质一样，是自然选择的直接产物"，并坚信先天因素对于后天因素的巨大优势影响力。基于这一观点，高尔顿制订了一个"遗传改良计划"，并将其命名为"优生学"。这个计划得到社会上达尔文主义者的高度认同和遗传学研究成果的有力支持，并在20世纪初激发了一场"先天—后天"的大争论。在这一争论中，优生学运动得到广泛的传播和认可，成为一项声势浩大的社会运动，并激发了各种形式的生物决定论的形成，主要有霍尔（Hall）的复演论、格塞尔（Gesell）的成熟论、克雷奇默（Kretschmer）的体质类型论。

美国心理学家霍尔的复演论是建立在达尔文进化论的基础之上的，认为个体的发展完全重复着人类种族进化的历程。具体说，个体在胎儿期复演了动物进化的过程，在4岁前复演了从动物到人的进化阶段，在4~8岁复演了人类从蒙昧时代向文明过渡的农耕时代，在12~25岁则复演了人类的浪漫主义时代（霍尔，2015）。霍尔认为，个体正是经历了青年期的种种内部冲突后，才演变为人类文明社会的一员，而有些人则止步于儿童期的半开化状态，没有发展到青年期这一文明阶段。

作为霍尔的学生，格塞尔坚信个体心理的发展是生物成熟的结果，他将通过基因指导发展过程的机制称为"成熟"，并认为成熟是心理发展的第一位的决定因素。格塞尔将11~21岁这段由儿童向成人过渡的时期称为"青春期"，认为这一时期的个体将发生显著的变化，性机能逐渐成熟，并会引起心理的一系列变化，主要表现为以下几个方面：（1）情绪不稳定，容易冲动；（2）出现抗拒态度，好与人争吵；（3）自主性和独立精神逐渐增强，爱发表意见，与家庭和学校的关系变得紧张；（4）容易受同龄人影响，并开始对异性感兴趣，结交异性朋友。

德国精神病学家克雷奇默提出体质类型论，用体质、体态等生物条件解释人格，认为个体的体质类型与人格类型之间存在一定的因果关系。克雷奇默将人的体质分为肥胖型、健壮型和瘦长型三种类型，并对应提出循环型、黏质型和分裂型三种人格类型。美国心理学家谢尔登通过细致的人体测量学的测定，将克雷奇默区分的三种体质类型对应为内胚层型、中胚层型和外胚层型，并概括出对应的三种气质特征：内脏优势性（对应循环型人格）、躯体优势型（对应黏质型人格）、大脑优势型（对应分裂型人格）(Sheldon, 1942)。

以上理论都突出了遗传、体质和机体内部组织等生物因素在个体心理发展中的作用，都用生物成熟和差异解释个体的心理发展特点和差异。

20世纪80年代出现的进化心理学，将心理机制看成由自然选择形成的一系列模块化的信息处理装置，一个模块只处理与特定功能相适应的信息，并认为那些增强人类生存和繁殖能力的装置模块被选择出来，通过遗传一直延续到当代人类。进化心理学认为人类的行为是环境输入和心理机制相互作用的结果，但环境只作为背景因素来激活心理机制，是心理机制决定有机体的行为（巴斯，2007）。显然，进化心理学的这个观点是遗传决定论的现代版本。

（二）环境决定论

达尔文在《人类的由来》一书中强调了文化过程在人类进化中的重要意义，他指出："道德品质的发展，更多是受习惯、推理能力、教育、宗教等直接或间接影响，而不是自然选择。"赫胥黎（Huxley）进一步深化了这一观点，强调"以'社会的进化'之名经历的进步性修正"与在自然状态下引起物种进化的过程有着本质差异，明确了存在"遗传"和"外生"两种相对自主但紧密相关的进化系统。这里的外生系统就是包括教育和文化在内的各种后天的环境因素。然而，在20世纪初，以高尔顿为代表的遗传优势论风头正盛，强调环境因素的观点被完全忽略了。

20世纪30年代以后，随着行为主义理论的强势发展，以及文化人类学、社会心理学的兴起，强调教育、文化等后天因素影响的环境决定论逐渐占据了主导地位。环境决定论认为个体的发展完全是由环境因素决定的，也称外铄论，代表理论有勒温（Lewin）的场论（生活空间理论）、哈维赫斯特（Havighurst）的文化决定论、华生（Watson）的教育决定论，以及布朗芬布伦纳（Bronfenbrenner）的生态系统理论。

场论由美国心理学家勒温提出，核心观点是一个人的行为（B）取决于个人（P）和他所处环境（E）之间的相互作用，而这种相互作用是在个体构造的心理场或心理生活空间中发生的。心理场指个体认知的范围，不仅包括个体的需要和满足需要的愿望、想法等内部因素，还包括个体的感知和行动等外部因素，也称为心理动力场。心理生活空间是勒温为了更好地说明心理动力场而提出的一个概念，通常简称为生活空间。勒温指出，生活空间可以分成若干区域，包括在某个时刻有可能影响个体行为的各种事实，可以分为准物理事实、准社会事实、准概念事实，而个体的心理发展就是生活空间中各种区域的不断丰富和分化。勒温认为，个体在青年期的发展任务就是不断扩大自己的活动和交往范围，在实现社会化的同时，建立自己的心理场，扩大自己的生活空间。

文化决定论的含义比较复杂，包括文化决定历史、文化决定文化、文化决定制度、文化决定人格等不同方面的理论（韩东屏，2015）。与个体发展有关的文化决定论由美国社会心理学家哈维赫斯特提出，也称发展任务说。哈维赫斯特认为，由于文化的影响，个体在生活的每个阶段都会面临与需要和社会目标有关的特殊发展任务。这些任务是个体在各个阶段需要努力获得的知识、技能和态度。完成每个阶段的发展任务会使个体逐渐成熟，并为接下来完成更难的任务做好准备；未完成发展任务则会导致个体面对来自社会的谴责，并产生焦虑和某些功能失调。在这些发展任务中，只有少数任务是因生理的变化而产生，而多数任务来自社会的期望或个体的动机。在不同的文化下，社会对个体的要求和期望也不相同，不同阶段的发展任务也不相同，从而导致个体心理的发展也具有明显的文化印记。

哈维赫斯特的基本观点与美国人类学家米德（Mead）建构的文化决定人格的理论高度一致。米德通过对多个原始部落进行实地调查，得出以下结论：性格、气质等心理特征和行为模式不是与生俱来的，也不是由生理结构和性别决定的，而是由文化塑造的，是特定社会文化条件的反映（张帆，2007）。

教育决定论有着悠久的历史，并且影响深远。17世纪的英国哲学家洛克（Locke）提出白板说，认为儿童犹如一块白板，他们长大后是好还是坏，有用还是无用，感到幸福还是痛苦，主要是由他们所受的教育决定的。18世纪的德国哲学家康德（Kant）也认为：人只有通过教育才能成为一个真正的人。进入20世纪，美国行为主义心理学家华生将教育的作用夸大到极致，他说道："给我12个健康的婴儿，一个由我支配的特殊的环境，让我在这个环境里养育他们，不论他们父母的才干、爱好、倾向、能力和种族如何，我保证能把其中任何一个训练成为任何一种人物——医生、律师、美术家、大商人，甚至于乞丐或强盗。"（许政援、沈家鲜、吕静，1984）

以上理论的共同点是重视环境因素对儿童心理发展的作用，但侧重于环境因素中的不同方面：场论侧重人际关系，文化决定论侧重价值观和习俗，教育决定论侧重教育。在强调环境因素的影响时，这些理论都将环境因素置于遗传因素之上，甚至认为个体的心理发展完全是由环境因素决定的。

美国心理学家布朗芬布伦纳针对环境对儿童发展的影响进行了细致的分析，于1979年提出生态系统理论。布朗芬布伦纳认为，自然环境是人类发展的主要影响源，儿童处在从直接环境到间接环境等多个系统组成的嵌套结构的最中间，每一个系统都与其他系统及儿童进行交互作用，影响儿童发展的各个方面。生态系统的嵌套结构包括微系统、中系统、外系统、宏系统四个层次，以及作为时间维度的历时系统（见图1-2）。

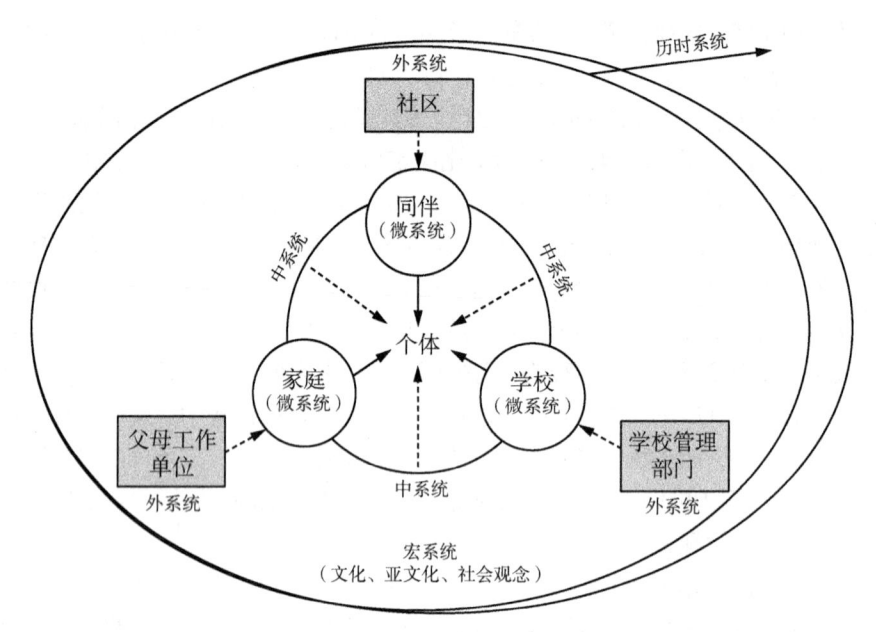

图 1-2 影响儿童成长与发展的生态系统嵌套结构

1. 微系统

微系统是个体活动和交往的直接环境，是嵌套结构的最里层。随着儿童年龄的增长，微系统逐渐由家庭扩展到同伴、幼儿园和学校。在各种微系统中，一方面，儿童会受到父母、同伴、教师等的影响；另一方面，儿童的生物性特征（相貌等）和社会性特征（习惯、人格、能力等）也会对父母、同伴和教师产生积极或消极的影响。例如，在家庭微系统中，婴儿需要母亲的哺乳才能生存下来，然而，正常的婴儿会让父母感到愉悦，而有问题的婴儿可能会让父母烦恼，导致父母之间出现矛盾，甚至可能破坏他们的婚姻关系。

2. 中系统

中系统是嵌套结构的第二层，指家庭、学校和同伴等微系统之间的联系或相互关系。布朗芬布伦纳认为，微系统之间较强的支持性关系有利于儿童的发展，而非支持性关系则将导致不良的后果。例如，父母与学校教师之间的良好协作将有利于儿童的学习；同伴不重视学习，会影响儿童的学业成绩。

3. 外系统

外系统是嵌套结构的第三层，指那些并未直接接触儿童，但却通过影响微系统对儿童的发展产生影响的系统，包括父母的工作单位、同伴所在的社区、学校的管理部门等。例如，父母在工作单位的工作时间、工作成效会影响父母与孩子的亲子沟通时间和质量，进而对儿童的成长产生影响；学校管理部门的政策也会通过影响学校的教学内容和教学方式等，影响儿童的学习。

4. 宏系统

宏系统是嵌套系统的第四层，指存在于外系统、中系统和微系统中的文化、亚文化和社会观念。宏系统是一个广阔的意识形态，对如何对待儿童，教授儿童什么内容，以及儿童应该努力的目标等进行规定，直接或间接地影响儿童获得的知识经验。在不同文化中，宏系统包含的观念不同，对儿童发展产生的影响也不同。例如，在反对体罚儿童，提倡以非暴力方式解决人际冲突的文化中，儿童在家庭微系统中受到父母虐待的可能性很低。

5. 历时系统

历时系统是嵌套结构的时间维度，指将时间和环境相结合来考察儿童发展的动态过程。婴儿出生就置身于一定的环境之中，并通过自己本能的反应来影响环境。随着时间的推移，儿童生存的微系统不断发生变化。布朗芬布伦纳将这种变化称为生态转变，并将生态转变分为正常的变化和非正常的变化。正常的变化包括入学、青春期、参加工作、结婚、退休等，非正常的变化包括家人去世或病重、离异、迁居、中奖等。生态转变发生在生命的全过程，影响个体发展，也常常成为个体发展的推动力量。

虽然生态系统理论强调了环境因素的影响，但布朗芬布伦纳也承认生物因素和环境因素交互影响着个体的发展，因此，一些心理学家认为将这个理论称为"生物—生态学理论"更加准确（谢弗，等，2016）。从这一意义上看，生态系统理论应属于后面将要展开的相互作用论。

（三）共同决定论

生物决定论和环境决定论都存在片面性，影响力也逐渐降低，之后便出现了各种形式的共同决定论，也称二因素论。

德国心理学家斯特恩（Stern）提出辐合论，认为心理发展并不是单纯的天赋本能的逐渐显现，也不是单纯的对外界影响的接受或反映，而是内在的品质及外在的条件辐合的结果。斯特恩认为，遗传和环境在影响心理机能时，并不以简单或直接的因果关系的方式发生相互作用，而是以不同的程度影响不同的心理机能，具体说，一些机能受遗传因素的影响较大，另一些机能则受环境因素的影响较大。

美国心理学家武德沃斯（Woodworth）在辐合论的基础上提出乘积说，认为人的心理发展是遗传和环境的乘积，两者在发展过程中具有不同的相对优势，这种相对优势的变化，决定于个体所处的环境与遗传条件。具体说，遗传限制心理发展的可能性，环境则在遗传限制的范围内决定着心理发展的总和（林崇德，杨治良，黄希庭，2003）。

格塞尔的成熟—学习原则将"成熟"看成一种生理上的准备状态，在未达到准备状态时，学习不会发生，只有准备好，学习才会生效。在将"学习"作为环境因素时，这个原则符合共同决定论的观点。不过，虽然格塞尔也提出"儿童的成长实际上是内在因素与外在因素之间相互作用的最后产物的表现"，但他还是强调儿童心理发展取决于遗传及其他天生的生长力，环境因素只起促进作用。因此，格塞尔的观点并不完全是共同决定论，而是偏向于遗传决定论。

虽然共同决定论克服了遗传决定论和环境决定论的片面性，但既没有看到遗传因素和环境因素在个体发展中相互作用的关系，也没有看到个体自身或个体的实践活动在发展中的作用，因此也不能科学地解释个体心理发展问题。

（四）相互作用论

随着研究的深入，人们认识到遗传因素与环境因素对个体心理发展的影响并不是简单相加或辐合，而是通过多种形式的相互作用影响心理发展，这种观点被称为相互作用论。相互作用论的基本观点包括以下三点。

第一，遗传与环境的作用是相互依存、相互制约的，一种因素作用的大小、性质都依赖或受制于另一种因素。一方面，遗传因素可以制约环境因素对个体发展作用的大小。例如，严格的教学能充分发挥高智力儿童的潜能，却可能会限制低智力儿童的发展。另一方面，环境因素也可以限制或促进遗传因素对个体的影响。作为环境因素限制遗传因素的典型例子，是在印度发现的"狼孩"。由于"狼孩"脱离了人类的环境而由狼抚养长大，直到他17岁死去时，智商也才相当于正常儿童3岁的水平。另外，尽管大多数儿童生来具有健全的听觉器官，但如果不接受系统的音乐教育，也不可能在音乐方面有较高的成就。

第二，遗传与环境的作用是相互渗透、相互转化的。一方面，遗传因素可以转化为环境因素。例如，母亲如果与头胎孩子的Rh血型不合，母亲的血液中将产生Rh抗体，从而导致母亲在怀第二胎血型不合的孩子时出现流产、胎儿心脏缺陷等问题。另一方面，环境因素也可以渗透或改变遗传因素。

第三，随着年龄和心理机能的不同，遗传与环境的影响也不相同。从年龄来看，个体年龄越小，受到遗传的影响越大，环境的影响越小；个体年龄越大，受到遗传影响越小，环境影响越大。从心理机能来看，对于感觉、记忆、情绪等低级心理机能，遗传的影响较大，环境的影响较小；对于思维、情感等高级心理机能，遗传的影响较小，环境的影响较大。

20世纪50年代以后，相互作用论得到广泛的认可。人们越来越认识到遗传只是提供了发展的可能性，这种可能性能否转为现实，关键在于后天的环境与教育。

在心理学中，相互作用论的代表性理论是瑞士心理学家皮亚杰（Piaget）的认知相互作用论、苏联心理学家维果茨基的社会相互作用论，以及班杜拉的社会学习理论。这些理论观点将在本书之后的章节中得到详细的介绍。

在教育学中，相互作用论表现为各种形式的多因素论，代表性观点是苏联教育家凯洛夫的三因素论。该理论认为影响个体发展的因素包括遗传、环境和教育三个方面，遗传素质是个体发展的物质前提，环境和教育对个体发展起决定作用，其中教育起主导作用。三因素的作用呈阶梯状：第一阶梯是遗传，第二阶梯是环境，第三阶梯是教育。后一阶梯的作用必须以前一阶梯的作用为先决条件；前一阶梯的作用有缺陷，就会给后一阶梯作用的发挥造成不同程度的障碍（顾明远，1998）。

我国一些研究者提出应该在遗传、环境和教育三个因素之外，加上个体的主观能动性，成为四因素。也有一些研究者认为在四因素外，还应加入反馈调节，从而形成五要素。此外，还有各种形式的多因素论被提出来，然而，这些观点对影响个体发展因素的分析缺乏系统性和逻辑性，只是简单罗列（王北生，2012）。

随堂巩固

1. 机体生长与发育达到一种完备的状态称为（　　）。
   A. 生长　　B. 发育　　C. 成熟　　D. 长大
2. 教育要根据学生的特点因材施教，这个要求依据的是个体身心发展的（　　）特点。
   A. 方向性与顺序性　　B. 连续性与阶段性
   C. 不均衡性　　D. 个体差异性
3. （　　）不是毕生发展观概括的个体发展特点。
   A. 方向性　　B. 持续性　　C. 多样性　　D. 可塑性
4. "龙生龙、凤生凤，老鼠生来会打洞"体现的是（　　）。
   A. 遗传决定论　　B. 环境决定论　　C. 生态系统理论　　D. 辐合论
5. 教育决定论属于（　　）。
   A. 环境决定论　　B. 遗传决定论　　C. 三因素论　　D. 生态系统理论
6. 在布朗芬布伦纳生态系统理论中，家庭、学校及同伴群体之间的联系属于（　　）。
   A. 微系统　　B. 中系统　　C. 外系统　　D. 宏系统

参考答案：1. C　2. D　3. A　4. A　5. A　6. B

拓展阅读

1. 桑特洛克. 2009. 毕生发展[M]. 桑标, 等译. 上海：上海人民出版社.
2. 米尔顿. 2007. 环境决定论与文化理论——对环境话语中的人类学角色的探讨[M]. 袁同凯, 周建新, 译. 北京：民族出版社.
3. 巴斯. 2015. 进化心理学——心理的新科学[M]. 张勇, 蒋柯, 译. 北京：商务印书馆.

▶▶ 第二节 心理发展的动力与结构 ◀

心理发展的动力是心理发展的基本理论问题之一。对这个问题进行探讨，不仅可以使我们明确各种遗传因素和环境因素影响心理发展的机制，而且可以使我们明确心理发展的内部结构，为学生心理发展指导实践提供理论依据。

一、心理发展的动力

1940 年，鲁宾斯坦在《普通心理学原理》中试图从理论上阐明个体心理发展的动力，提出心理发展的外因必须通过内因起作用的辩证唯物主义观点。柳布林斯卡娅在《儿童心理发展概论》中提出构成儿童心理发展动力的三种矛盾：（1）已经获得的能力和相伴而生的新要求之间的矛盾；（2）新旧行为方式之间的矛盾；（3）内容和形式之间的矛盾（列昂节夫，等，1962）。1975 年，皮亚杰在《关于矛盾的实验》中，论述了认知的不平衡与矛盾的辩证关系，并将这种不平衡及其表现看成矛盾心理发生的根源。

我国心理学家在 20 世纪 60 年代和 80 年代对心理发展的动力问题进行了深入的探讨，并达成了以下共识：内因是心理发展的动力，外因是心理变化的条件，外因必须通过内因起作用，即通过加强或削弱心理内部矛盾的某些方面而促进或制约心理的发展（中国大百科全书总编辑委员会，2002）。需要说明的是，这里的内因和外因，并不等同于前面探讨的遗传因素和环境因素。其中，内因是指在儿童与客体相互作用的过程中，社会和教育向儿童提出的要求引起的新的需要和儿童已有心理水平之间的内部矛盾，即儿童心理发展的动力；而外因则是影响儿童心理发展的各种外部条件，包括自然环境、社会环境、文化、教育、人际关系等。

作为心理发展的动力，内因的产生和作用机制可以从以下几个方面理解：（1）实践活动是心理发展内部矛盾产生的基础，心理发展的动力产生、统一并实现于实践活动之中；（2）原有心理水平或心理结构是过去实践活动的结果；（3）需要在个体的心理内部矛盾中代表着新的一面，是心理发展的动机系统；（4）在实践活动中产生的新需要与原有心理水平的矛盾是心理发展的主要矛盾；（5）新的需要和原有心理水平的对立统一，构成儿童心理发展的内部矛盾，形成心理发展的动力。

由上面的解释可以看出，实践活动是内因产生的基础。实践活动是以改造客观世界为目的，主体和客体之间通过一定的中介相互作用的过程，具有客观物质性、主观能动性和社会历史性等基本特点（徐光春，2018）。按照马克思主义哲学，实践是人与世界相互作用的桥梁，是认识产生和发展的基础。认识是人的心理活动的重要组成部分，因此实践也是心理活动产生和发展的基础。具体说，实践活动不仅影响着个体心理水平和结构，而且在实践活动中产生的新需要又与原有心理水平形成矛盾，不断推动着心理水平的发展。实践活动离不开各种外因，具体说，自然环境、社会环境等外部因素作为实践活动的客体，不断激发主体产生新的需要和动机；而文化、教育、人际关系等外部因素则作为实践活动的中介，影响个体的心理水平和结构。这样，各种外部因素就通过实践活动影响心理发展的内因，从而制约或促进心理的发展（见图1-3）。

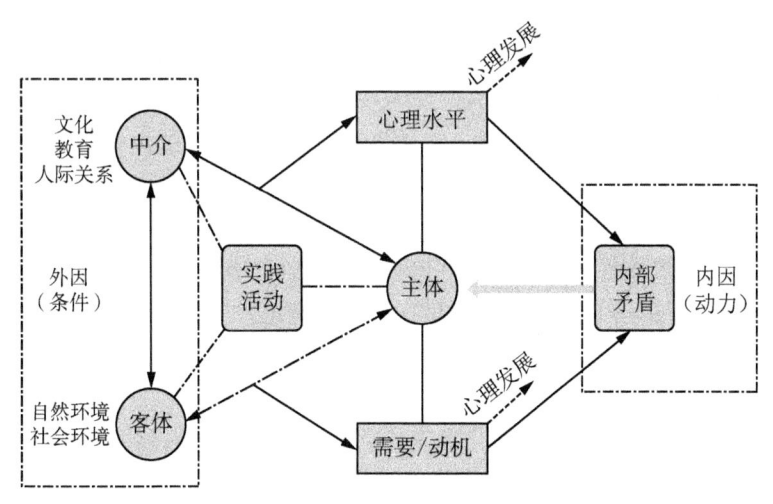

图1-3　个体心理发展的外因和内因

二、需要的分类与结构

在心理发展的动力中，需要占据着至关重要的位置。作为一种个体组织内部的缺乏或不平衡状态，需要反映个体对内部环境或外部条件的依赖和要求，是儿童心理发展的内部矛盾不可缺少的组成部分，此外，需要的内容和结构决定着个体心理发展的内容和结构。

美国心理学家默里（Murray）提出人格的需要—压力理论，认为需要是人格发展的动力，压力是与需要相互作用的情境势力（包括基于真实情境的 α 压力和基于体验情境的 β 压力），而人格则是个体需要与环境压力条件相互作用的结果，表现为有目的的、动态的、连续的行为模式。默里把需要分为生理需要（第一需要）和心因性需要（第二需要）。其中，生理需要包括12种，如水、食物、排泄、性、避免伤害等。心因性需要包括28种，分为两类：一类是与学习任务有关的需要（如条理、构造、守恒、获得等），以及影响学生的学业水平的需要（如优于他人、成就、避免失败等）；另一类是与人际关系有关的需要，包括使人们分裂的需要（如统治、排外、防卫、侵犯、自治等），以及使人们结合起来的需要（如归属、尊重、援助等）（艾伦，2011）。默里认为，不同的需要通过一定的关系形成各种结构，成为个体人格的核心；人与人之间人格上的差异主要是由于各种需要之间的关系（需要结构）不同。

默里根据需要引发行为的性质不同，将需要分为接近型需要和回避型需要，前者使个体接近物体或他人，后者使个体远离物体或他人。在生理需要方面，接近型需要主要包括吸气、饮水、进食、性等；回避型需要主要包括呼气、排泄、躲避伤害等。在心因性需要方面，接近型需要主要包括成就、亲和、求援、秩序、支配、攻击等；回避型需要主要包括自主、掩饰、不受侵犯、回避责备、追求独一无二等。显然，接近型需要和回避型需要如果在不同时间和场景出现，就是对立的；如果在同一时间和场景出现，就会形成冲突。

美国人文主义心理学家马斯洛（Maslow）在《调动人的积极性的原理》中提出需要层次论，将人类的需要按照发生的先后次序，分成生理、安全、社交、尊重、自我实现五个层次，并对需要的性质和作用进行了说明：（1）五个层次的需要是与生俱来的，需要的层次越低，对行为的激励作用越强；（2）低层次的需要得不到满足会直接危及个体的生命，被称为缺失需要；（3）高层次的需要不是维持个体生存所必需的，但是满足高层次需要可以使个体健康、长寿、精力旺盛，被称为成长需要；（4）高层次的需要出现前，必须先满足较低层次的需要，但低层次需要的满足并不是"全或无"的现象，而是部分满足就可以。之后，马斯洛（1970）在五个层次需要的基础上，先后补充了认知、审美、超越三种需要，扩展为八个层次，依次为：生理的需要、安全的需要、归属与爱的需要、尊重的需要、认知的需要、审美的需要、自我实现的需要、超越的需要。其中，前四个层次为缺失需要，后四个层次为成长需要（见图1-4）。

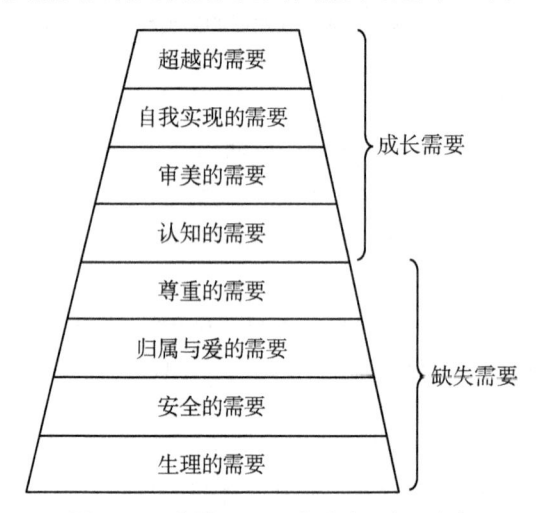

图1-4 马斯洛需要层次论（八个层次）

美国心理学家阿尔德弗（Alderfer）在需要层次论的基础上，将个体的需要分为生存需要、关系需要、成长需要三个方面，简称 ERG 理论。其中，生存需要是维持生存的需要，包括生理的需要和安全的需要；关系需要是与人交往和维持人际关系的需要，包括归属与爱的需要及部分尊重的需要；成长需要是在个人事业、前途等方面得到发展的需要，包括尊重的需要、认知的需要、审美的需要、自我实现的需要和超越的需要（黄达强，王明光，1993）。显然，ERG 理论基本遵循了需要层次论对需要的分类和层次排列，只是将缺失需要进一步区分为生存的需要和关系的需要。在这种区分中，尊重的需要既被看成关系的需要，也被看成成长的需要。ERG 理论对需要的分类与默里对需要的分类基本一致：生存需要包含生理需要，关系需要基本对应与人际关系有关的心因性需要，成长需要基本对应与学习任务有关的心因性需要。

需要层次论和 ERG 理论都按照出现的先后顺序描述需要的结构。然而，需要之间的关系并不能简单地按一定顺序依次出现，而是多种需要同时出现并共同影响个体的行为。默里将各种需要之间的关系概括为优势、辅助、对立、冲突等不同的形式。需要层次论和 ERG 理论能解释需要之间的优势和辅助关系（低层次需要的满足优先于高层次需要的满足，并成为高层次需要的辅助），但不能解释需要之间的对立和冲突两种关系。为了厘清需要的结构，可以从以下几个方面考察生存需要、关系需要、成长需要之间的关系。

第一，生存需要包括生理的需要和安全的需要，生理的需要是基础和核心，安全的需要是前提和保障，两者之间互为条件、相辅相成。作为一个整体，生存需要的满足是成长需要和关系需要的前提，因此，生存需要的满足优先于关系需要和成长需要的满足，并成为两种需要的辅助。

第二，关系需要的核心是获得他人或集体的接纳，包括按先后顺序展开的三个层次的需要：获得父母接纳的依恋需要→获得同伴或同事接纳的社交需要→获得集体接纳的归属需要。在这三个层次需要中，低层次的需要对高层次的需要存在辅助关系。

第三，成长需要的核心是付出自身的资源和能量，包括按先后顺序展开的三个层次的需要：首先是为探索未知事物而付出的探索需要（对应求知的需要）；其次是为整合已知事物而付出的认同需要（对应审美的需要）；最后是为取得成绩或追求成功而付出的成就需要（对应超越的需要）。在这三个层次需要中，低层次的需要对高层次的需要存在辅助关系。

第四，关系需要也可被称为被接纳的需要（对应尊重的需要）。成长需要也可被称为付出的需要（对应自我实现的需要）。从两种需要的关系来看，一方面，被接纳是付出的前提条件，只有先被接纳，才能安心地付出；另一方面，被接纳又是付出的后续结果，只有先付出，而后才能被接纳。两种需要相互辅助，形成一个有机的整体，被称为劳动需要。根据被接纳与付出的先后不同，可以区分出两种劳动需要：一种是为了获得他人或集体的接纳而被动付出的需要，称为功利性的劳动需要；另一种是主动付出的需要，称为功能性的劳动需要。

第五，满足生理的需要的机制是新陈代谢，在这种机制中，既有吸纳新物质（如吸气、进食等）的需要，称为纳新的需要；也有排出旧物质（如呼气、排泄等）的需要，称为吐故的需要。吐故的需要是纳新的需要的前提条件，而纳新的需要又为个体提供物质和能量保障，是吐故的需要的前提条件。

根据以上分析，可以将个体的需要分为生存需要、劳动需要、成长需要、关系需要四种类型。四种需要之间的关系可以描述为双塔层次模型（见图 1-5）。

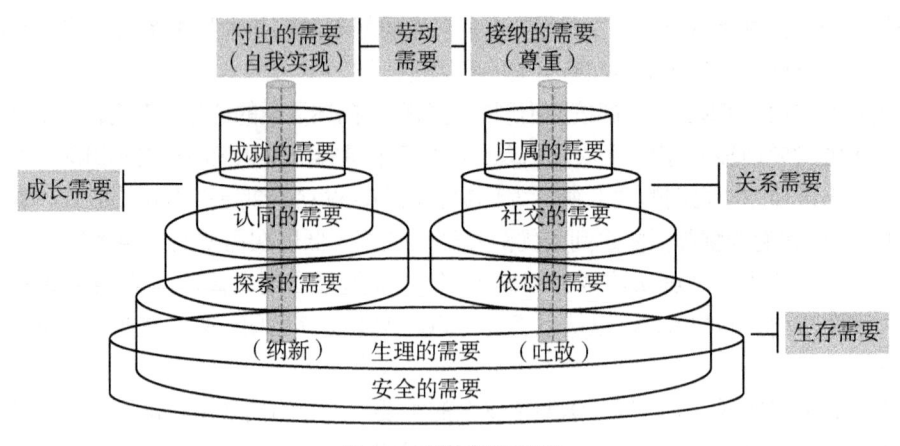

图 1-5　双塔层次模型

需要说明的是，在以获得集体接纳为条件的归属的需要中，集体是由家庭、班级、学校、机构或组织、地区、国家、民族、人类等不同大小的群体组成的复杂嵌套系统。在基于不同群体的归属的需要之间，不仅存在辅助关系，而且可能存在对立或冲突。例如，在家庭利益和国家利益一致的情况下，归属于家庭是归属于国家的前提条件；而在家庭利益和国家利益不一致的情况下，归属于家庭就会与归属于国家产生冲突。

三、心理发展的结构

根据双塔层次模型，生存需要是心理发展的基础，劳动需要是心理发展的条件，成长需要和关系需要是心理发展的核心内容。由此，可以建构出包括支持性因素、特质性因素、功能性因素的学生心理发展结构（见图 1-6）。

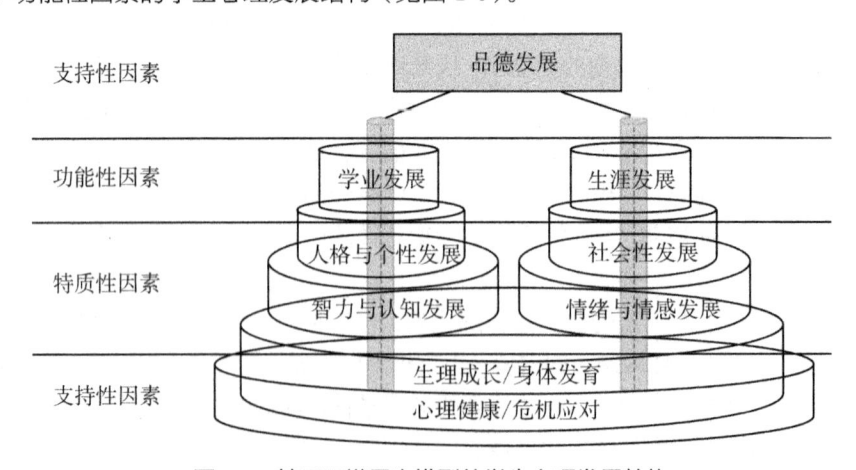

图 1-6　基于双塔层次模型的学生心理发展结构

支持性因素对应生存需要和劳动需要。在生存需要方面，包括对应生理的需要的生理成长和身体发育，以及对应安全的需要的心理健康与危机应对；在劳动需要方面，主要包括对应付出的需要和被接纳的需要的品德发展。

特质性因素对应成长需要和关系需要的前两个层次。在成长需要方面，包括对应探索的需要的智力与认知发展，以及对应认同的需要的人格与个性发展；在关系需要方面，包括对应依恋的需要的情绪与情感发展，以及对应社交的需要的社会性发展。

功能性因素对应成长需要和关系需要的第三个层次。在成长需要方面，对应成就的需要的学业发展；在关系需要方面，对应归属的需要的生涯发展。

> **随堂巩固**
> 1. 关于心理发展的动力，下面哪个陈述是错误的？（　　）
>   A. 内因是心理发展的动力　　B. 内因指遗传因素
>   C. 外因是心理发展的条件　　D. 外因主要指环境因素
> 2. 需要层次论由下面哪位心理学家提出？（　　）
>   A. 默里　　B. 马斯洛　　C. 阿尔德弗　　D. 鲁宾斯坦
>
> 参考答案：1. B　2. B

> **拓展阅读**
> 1. 马斯洛. 1987. 动机与人格[M]. 许金声，程朝翔，译. 北京：华夏出版社.
> 2. 李树业. 2009. 马斯洛《动机与人格》导读[M]. 天津：天津人民出版社.

本讲小结

1. 虽然成长主要指生理方面的变化，发展主要指心理方面的变化，但由于生理和心理密不可分，我们在描述个体随年龄增长而变化的过程时，通常将成长和发展混用，或者将二者结合使用，称为"成长与发展"。

2. 个体的生理和心理的成长与发展表现出明显的规律性，主要有方向性和顺序性、连续性和阶段性、不平衡性、个体差异性。

3. 毕生发展心理学对个体心理发展提出了一系列创新性的观点，从根本上改变了以成熟为导向，注重单向成长的传统发展观，强调个体发展的持续性、多样性和可塑性。

4. 生物决定论将遗传因素看成影响个性成长与发展的唯一因素，强调儿童是一个有着遗传倾向的精密的复合体，也称遗传决定论或内发论。

5. 环境决定论认为个体的发展完全是由环境因素决定的，也称外铄论。代表性的理论有勒温的场论、哈维赫斯特的文化决定论、华生的教育决定论，以及布朗芬布伦纳的生态系统理论。

6. 20世纪50年代以后，相互作用论得到广泛的认可。人们越来越认识到遗传只是提供了发展的可能性，这种可能性能否转为现实，关键在于后天的环境与教育。

7. 实践活动不仅影响着个体心理水平和结构，而且在实践活动中产生的新需要又与原有心理水平形成矛盾，不断推动着心理水平的发展。

8. 需要层次论和ERG理论都按照需要出现的先后顺序来描述需要的结构。然而，需要并不是简单地按一定顺序依次出现，而往往是多种需要同时出现并共同影响个体的行为。

9. 在双塔层次模型中，个体的需要分为生存需要、劳动需要、成长需要和关系需要四种类型。

总结练习

1. 美国心理学家霍尔说："一两的遗传胜过一吨的教育。"这种观点的实质是（　　）。
   A. 环境决定论　　B. 二因素论　　C. 遗传决定论　　D. 相互作用论
2. 认为"成熟是儿童心理学发展的决定因素"的心理学家是（　　）。
   A. 华生　　　　B. 格塞尔　　　C. 皮亚杰　　　　D. 霍尔
3. 环境决定论的代表人物是（　　）。
   A. 格塞尔　　　B. 霍尔　　　　C. 高尔顿　　　　D. 华生
4. （　　）认为遗传与环境在心理发展中的作用是相互依存、相互渗透的。
   A. 相互作用论　B. 遗传决定论　C. 环境决定论　　D. 二因素论
5. 在需要层次论中，（　　）属于成长需要。
   A. 尊重的需要　　　　　　　　　B. 归属与爱的需要
   C. 安全的需要　　　　　　　　　D. 自我实现的需要

   参考答案：1. C　2. B　3. D　4. A　5. D

第二讲
生理基础与生理成长

概述

儿童与青少年的发展包括生理成长与心理发展两个方面。其中，生理成长包括大脑发育、身高和体重的增加、生理机能成熟等，心理发展包括感知能力发展、运动能力发展、情绪与情感发展、言语和思维发展、个性发展、社会性发展等。生理成长和心理发展是相互联系、难以分割的。一方面，生理成长为心理发展提供物质和能量基础；另一方面，心理发展也会反过来促进或妨碍生理成长。

在这一讲中，我们将简要介绍心理发展的生理基础，并系统描述处于青春期的学生在生理成长方面的特点，为教师更好地理解学生心理成长与发展提供必要的知识基础。

关键词

第一节	中枢神经系统、脊髓、脑、脑神经、脊神经、皮质、脑的发育、感知能力、本能反射、运动能力
第二节	青春期、青少年期、危机时期、代沟、发身期、激素、HPG轴、第一性征、第二性征、营养

知识结构图

第一节 心理发展的生理基础

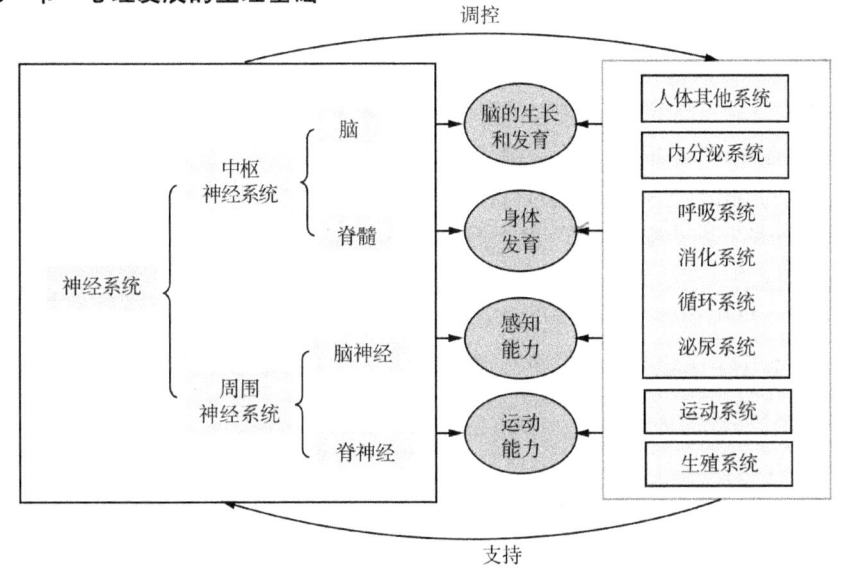

第二节 青春期的生理成长

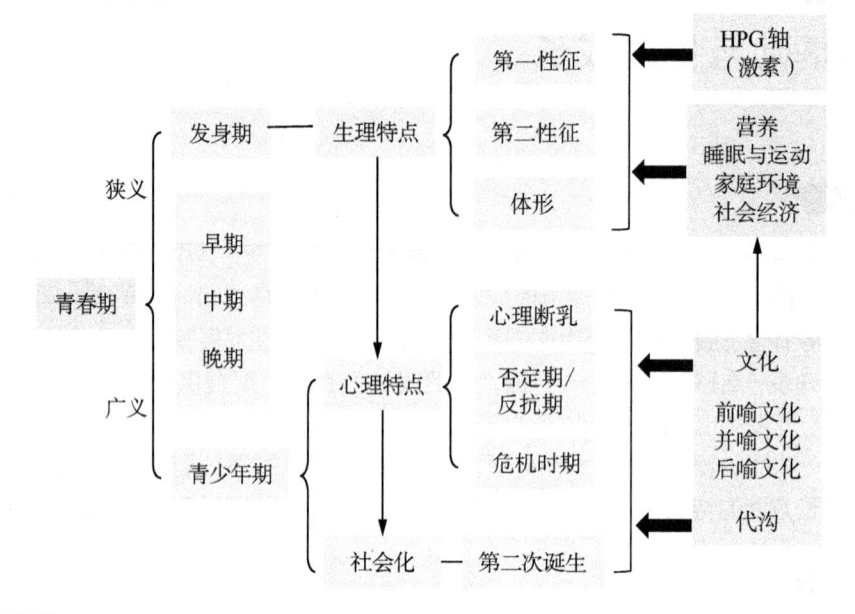

```
                          ┌─ 第一性征 ◀── HPG轴（激素）
          ┌─ 发身期 ── 生理特点 ─┤─ 第二性征
          │                    │             ◀── 营养
  狭义 ──┤                    └─ 体形           睡眠与运动
          │                                     家庭环境
          │   ┌ 早期                            社会经济
          │   │ 中期
青春期 ──┤   │ 晚期
          │   │         ┌─ 心理断乳
  广义 ──┤   │  心理特点 ┤─ 否定期/反抗期  ◀── 文化
          │   │         └─ 危机时期              前喻文化
          │   │                                  并喻文化
          └─ 青少年期                            后喻文化
              │
              └─ 社会化 ── 第二次诞生       ◀── 代沟
```

学习目标

1. 说出神经系统各组成部分的基本结构和功能。
2. 了解胎儿和婴儿时期脑的生长和发育过程。
3. 了解儿童时期感知能力和运动能力发展的基本规律。
4. 说出青春期的含义和主要特征。
5. 系统描述青春期生理成长的基本特点。
6. 说出解释发身期启动机制的几种观点。
7. 举例说明影响青春期生理成长的主要环境因素。

引导性问题

1. 神经、神经元和神经系统之间是什么关系？
2. 大脑在婴儿出生时就发育完善了吗？
3. 儿童的感知能力和运动能力有什么关系？
4. "青春期"和"青少年期"两个概念是一样的吗？
5. 青春期的生理特点只与性激素有关吗？
6. 为什么缺乏营养会导致青少年发身期推后？
7. 为什么中学生总是喜欢赖床？睡眠对青春期生理成长有什么影响？

> 知识详解

▸▸第一节　心理发展的生理基础◂

本节内容包括神经系统的结构与功能，脑的形成和发育，以及儿童的身体发育与心理能力发展。重点介绍中枢神经系统的核心——大脑的结构和功能，以及大脑的形成和发育过程，并从感知能力和运动能力两个方面，概述大脑发育如何影响儿童心理的发展。

一、神经系统的结构与功能

在人体的八大系统①中，神经系统不仅能调节和控制其他各系统的生理活动，而且是人的心理过程和智力活动的物质基础。因此，为了正确认识学生心理成长与发展的规律，我们必须了解神经系统的结构和功能。可以从宏观结构、微观构成和调节方式等不同的角度了解神经系统。

从宏观结构上看，神经系统由中枢神经系统和周围神经系统组成（见图2-1）。其中，中枢神经系统包括脑和脊髓；周围神经系统包括与脑连接的12对脑神经（分布于头颈部），以及与脊髓连接的31对脊神经（分布于躯干和四肢）。根据分布的范围不同，周围神经系统又可以分为躯体神经（分布于皮肤、骨、关节和肌肉）和内脏神经（分布于内脏、心血管和腺体）。其中，支配内脏器官的传出神经（或运动神经）又称自主神经或植物性神经。

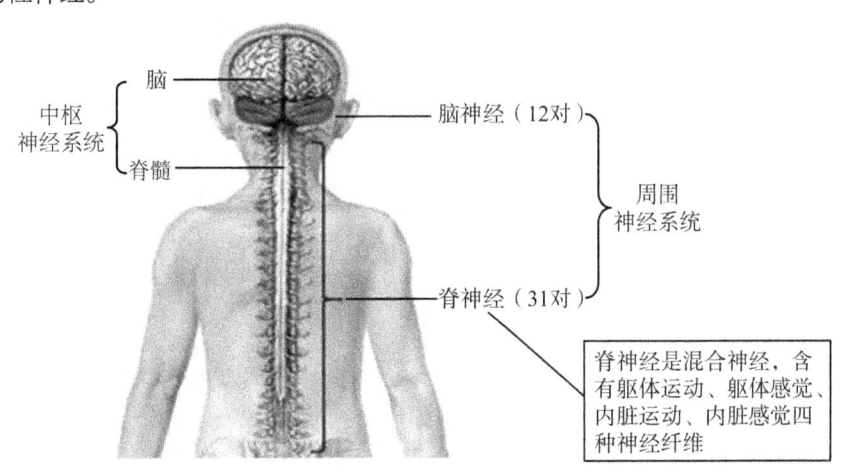

图2-1　神经系统

从微观构成上看，构成神经系统的神经组织成分包括神经细胞和神经胶质细胞。神

---

① 人体八大系统包括神经系统、内分泌系统、运动系统、循环系统、呼吸系统、消化系统、泌尿系统、生殖系统。

经细胞又称神经元，是神经系统结构、营养和功能的基本单位，由细胞体、树突和轴突组成，具有接收刺激、整合信息和传导兴奋的功能。神经胶质细胞包绕或填充于神经元的胞体、树突和轴突之间，不仅起着支持和保护神经元的作用，而且还参与和协同神经细胞的功能活动，促进突触的形成和稳定。从数量上看，神经胶质细胞是神经细胞的10～50倍。从宏观上看，在中枢神经系统和周围神经系统中，大量神经元的细胞体和树突聚集在一起，颜色灰暗，称为灰质；而神经元的轴突与包绕在外面的神经胶质细胞则构成神经纤维，颜色苍白，称为白质。

从调节方式上看，神经系统调节机体活动的基本方式是反射[①]。反射活动的进行需要传入神经元、中间神经元、传出神经元的协同工作，而将这些神经元连接起来的神经通路就被称为反射弧。作为神经系统的功能结构，反射弧由感受器、传入神经、中枢、传出神经和效应器五个部分组成。图2-2的反射弧模式图描述了脊髓的反射功能。

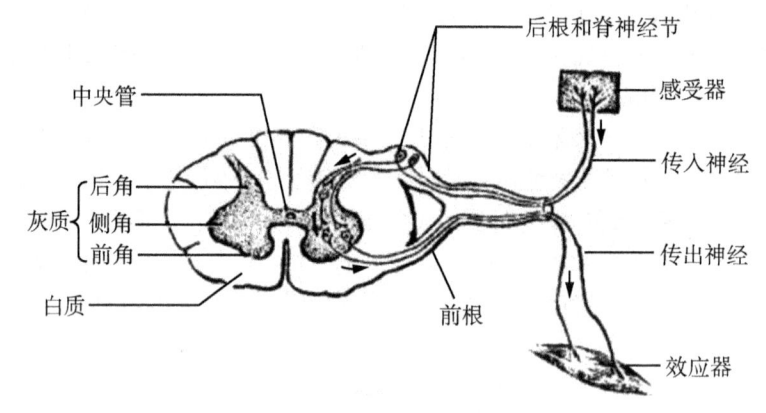

图2-2　脊髓反射弧模式图

资料来源：上海第二医学院生理教研组.1973.人体生理知识[M].上海：上海人民出版社.

脊髓的反射功能可以分为躯体反射（膝跳反射、吸吮反射等）和内脏反射（排尿反射、排便反射等）。除了反射功能外，脊髓还有传导功能：不仅将脊神经传来的感觉信息上行传入大脑，也将大脑发出的运动指令下行传达到身体各器官。

虽然脊髓能完成一些简单的反射功能，并将躯体组织和内脏与大脑的活动联系起来，但在神经系统中起主导作用的还是脑。

（一）脑的结构与功能

成年人的脑重约1 400克，位于坚硬的头盖骨里，并被脑脊髓液和脑膜包裹着。从外观看，脑包括左右两个半球，由一条被称为胼胝体的白质纤维束连接在一起。如果将脑从中间纵向刨开，可以看到脑自下而上由脑干、小脑、间脑、端脑组成（见图2-3）。

脑干呈不规则的柱状，自下而上由延髓、脑桥和中脑组成，通过延髓下连脊髓，通

---

① 反射是人体（或其他有机体）通过神经系统对内外环境的刺激做出的有规律的反应。

过脑桥连接小脑，通过中脑上接间脑，成为大脑、小脑与脊髓之间相互联系的重要通路。脑干两侧连接着第3—12对脑神经，接收除嗅觉和视觉之外的头部其他感觉信息。脑干内的白质由上行和下行的传导束，以及脑干各部发出的脑神经纤维组成；脑干内的灰质分散成大小不等的灰质块，称为"神经核"。脑干的功能与有机体的基本生命活动密切相关，具体说，延髓的主要功能是控制呼吸、心跳和消化，脑桥的主要功能是协助小脑控制身体平衡，而中脑则是视觉与听觉的反射中枢，主要功能是控制觉醒、注意和睡眠。

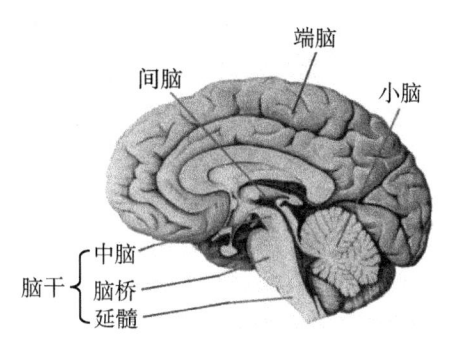

图 2-3 脑结构纵切图

小脑位于脑后侧下部，被大脑和脑干夹在中间。小脑分为左右两个半球，称小脑半球，中部是小脑蚓。小脑表面的薄层灰质称小脑皮质，下面的白质称小脑髓质。小脑上有上、中、下三对脚，分别与中脑、脑桥和延髓相连。小脑的主要功能是维持身体平衡，调节肌张力和协调随意运动。研究表明，小脑还具有短时记忆、认知、抑制情绪变动等功能。

间脑位于中脑和端脑之间，也分左右两侧，主要功能是连接脑干和大脑半球。间脑的体积非常小，不到中枢神经系统总体积的2%，但结构和功能却十分复杂。在结构上，间脑主要由丘脑和丘脑下部（下丘脑）组成。在功能上，丘脑是全身感觉信息传导路线的中继站，丘脑下部负责管理内脏活动，调节体温和维持水的平衡。

端脑也称大脑（通常人们认为大脑包括端脑和间脑，有时甚至包括整个脑），由左右两半球组成，是人类各种生命活动的最高调节中枢。端脑左右半球之间有一个纵列，在底部由被称为胼胝体的白质纤维束连接在一起。大脑半球的表层由神经元的细胞体和突触聚集成的灰质组成，称为大脑皮层或皮质，皮质的下方由神经元的轴突聚集成的白质组成，称为髓质。端脑内部有左右对称的侧脑室，以及由灰质团构成的基底核[①]（基底神经节）。端脑的功能是执行知觉、记忆、思维、语言和情感等高级神经活动，并且主要由大脑皮层实现。

（二）大脑皮层的结构与功能

大脑皮层（皮质）是人类中枢神经系统发展最晚，也是最完善的部分。从解剖学上看，大脑皮层是覆盖在大脑半球表面的灰质层，厚度为1.3～4.5mm。构成大脑的神经细胞，大部分集中在大脑皮层，约有140亿个。根据在进化过程中出现的时间先后，分为古皮层、旧皮层和新皮层。人类大脑半球表面完全被新皮层占据，而旧皮层和古皮层被挤压到大脑半球的底层，形成大脑的边缘系统，包括海马结构、海马旁回、内嗅区、齿状回、扣带回、乳头体及杏仁核。边缘系统的主要功能是通过与下丘脑及植物性神经

---

① 基底核中纹状体的主要功能是使肌肉的运动协调，维持躯体一定的姿势。

系统的联系，参与调解本能和情感行为，维持个体生存和物种延续。

　　半球表面的皮层折叠为凹进和突出的形状（凹进的部分叫沟或裂，突出的部分叫回），总面积达到2 200平方厘米。中央沟、外侧裂和顶枕裂三条大的沟裂将大脑皮层分为额叶、顶叶、颞叶与枕叶四个区域（见图2-4）。此外，在中央沟前面的区域，称为中央前回；在中央沟后面的区域，称为中央后回。

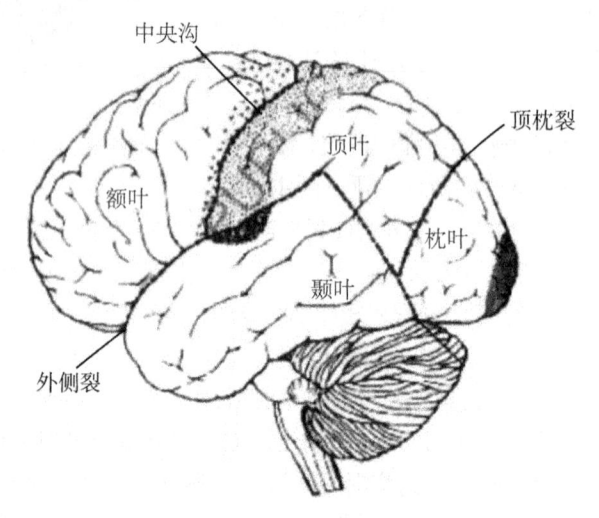

图 2-4　人类大脑皮层的主要分区

资料来源：乔纳森·R. 沃尔帕乌，伊丽莎白·温特·沃尔帕乌 . 2017. 脑—机接口：原理与实践［M］. 伏云发，等译 . 北京：国防工业出版社 .

　　大脑皮层的不同区域有不同的功能，可以分为感觉区、运动区、语言区和联合区（见图2-5），下面分别加以说明。

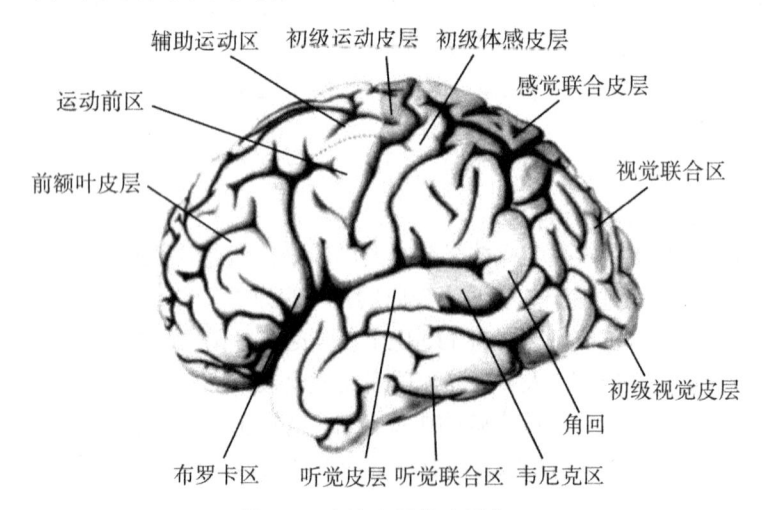

图 2-5　大脑皮层的功能分区

资料来源：顾凡及 . 2011. 脑科学的故事［M］. 上海：上海科学技术出版社 .

感觉区包括视觉区、听觉区和机体感觉区。其中，视觉区位于枕叶，专门处理由视网膜传入的视觉信息，产生视觉；听觉区位于颞叶，专门处理由耳朵传入的声音信息，产生听觉；机体感觉区位于中央后回，呈条带状，接受由皮肤、肌肉和内脏器官传入的感觉信号，产生触压觉、温度觉、痛觉、内脏感觉等。

运动区位于中央前回，呈条带状，主要功能是发出动作指令，支配和调节身体在空间的位置、姿势及身体各部分有意识的运动，如皱眉、写字、打字等。

语言区主要位于大脑左半球，由广大的脑区组成，分别控制语言的听、读、说、写。具体说，在颞叶后部和顶叶及枕叶的交界处，有一个听觉语言中枢（韦尼克区），与理解口头语言有关；在顶枕叶交界处，有一个视觉语言中枢，与理解书面语言有关；在额叶的后下方靠近外侧裂处，有一个运动性语言中枢（布罗卡区），通过邻近的运动区控制说话时舌头和颚的运动；在额中回后部，有一个语言书写中枢，可以与运动中枢的相关部分配合，控制文字的书写。

联合区是指大脑皮层中具有整合或联合功能的区域。这些区域不接收任何信息的直接输入，也很少直接支配身体的运动，主要功能是对信息进行整合加工。其中，感觉联合区位于感觉区附近的广大区域，负责对感觉区的信息进行高水平的知觉组织，与记忆有关；运动联合区位于运动前方，负责精细活动的协调；前额联合区位于运动区和运动联合区的前方，与注意、记忆、问题解决等心理过程有密切的关系。

虽然大脑不同区域承担不同的功能，但我们大部分感知、记忆、思维和情绪活动都是在大脑各部分的共同作用下完成的。

（三）神经元的结构与功能

从微观上看，中枢神经系统中的脑、脊髓，以及周围神经系统中的神经和神经节等都由神经组织构成，而神经组织则由神经元（神经细胞）和神经胶质细胞构成。虽然在数量上神经元少于神经胶质细胞，但神经元是神经组织的重要功能成分。神经元的功能是接受其他神经元的信号，并将这些信号转换为新的信号传递给其他神经元。根据传递信号的特点不同，神经元可以分为传入神经元（感觉神经元）、中间神经元（联合神经元）和传出神经元（运动神经元）。在成人的中枢神经系统中，传入神经元有百万以上，中间神经元超过百亿，而传出神经元只有数十万个。显然，中枢神经系统中绝大部分神经元是中间神经元。

虽然神经元的种类各不相同，但基本上都由胞体、突起和终末组成。胞体由细胞和细胞质组成，形态多样，在体积上只占神经元整体的很小部分，但在功能上是细胞代谢的中心。突起由胞体伸出，根据形态结构和功能不同，分为树突和轴突。其中，树突呈树状分支，功能是接收信号，并将信号传向胞体；轴突一般只有一个，细长且分支少，功能是将信号由胞体传出。突起的终末分布于外周器官，形成神经末梢，功能是感受体内外的刺激或支配效应器的活动。

根据突起的数量不同，可以将神经元分为假单极神经元、双极神经元和多级神经元三种类型。其中，假单极神经元只有一个分为两支的突起，主要分布在脊神经节和某些脑神经的感觉神经节；双极神经元自胞体两端各发出一个树突和一个轴突，主要分布在嗅黏膜、视网膜及内耳的前庭神经节和螺旋神经节；多级神经元有一个轴突和多个树突，是人体内数量最多的神经元，主要分布在脊髓、大脑皮质和小脑皮质中（见图2-6）。

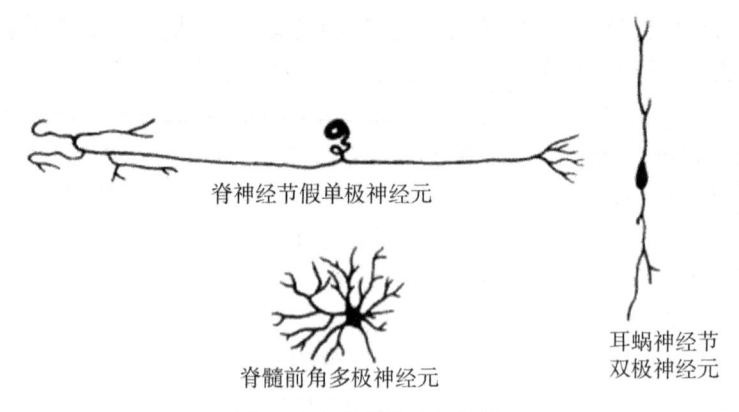

图 2-6 神经元的主要种类

资料来源：王尧，杜子威．1997．神经生物化学与分子生物学［M］．北京：人民卫生出版社．

从功能上看，假单极神经元多为感觉神经元，胞体位于神经节内，突起分布至外周器官，将刺激引发的神经冲动传向脊髓和脑；多级神经元多为运动神经元，胞体位于脑、脊髓和植物性神经节内，由轴突将神经冲动传至肌肉或腺体；双极神经元多为联合神经元，主要在上述两种神经元之间起联络作用。

神经元的基本功能是接收、传导和输出信息。那么，信息是如何在神经元的内部以及不同的神经元之间进行传递的呢？在神经元的内部，信息以生物电的形式沿着轴突快速传导，不会传向相互绝缘的其他神经元。在神经元之间，信息需要通过突触进行传递。神经元的轴突末端有许多外伸的末梢结构，每个末梢部分膨大形成突触小体，而突触就是突触小体与其他神经元的树突、胞体或轴突之间的间隙（见图2-7）。

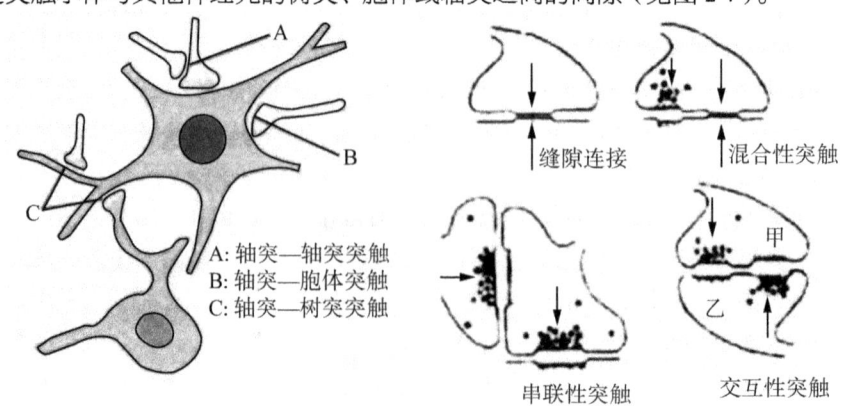

图 2-7 突触类型图

资料来源：施建蓉，赵铁建．2016．生理学［M］．4版．北京：中国中医药出版社．

每个神经元都有一千至一万个突触与其他神经元联系，而神经元之间的信息传递就是由突触承担的。实现信息传递的主要物质是突触小体内包含的神经递质。神经递质是一种化学物质，能够将突触前神经元的电信号转化为突触间隙的化学信号，然后再转化为突触后神经元的电信号。

二、脑的形成和发育

在出生前，脑的形成和发育在很大程度上由遗传决定。在出生后，尤其是在大脑皮层迅速发育的最初几个月里，是经验"塑造"了脑。

（一）新生儿脑的形成

人类中枢神经系统的形成和发育经历了神经元生长、分化、迁移、髓鞘化和突触形成等过程。在受精卵形成的第 18 天，就出现了神经系统的原始组织——神经板，到第 24 天（妊娠 3 周）时，神经板经过凹陷变成神经褶，进而形成神经管。沿着神经管的前后轴，依次呈现的是中枢神经系统的前脑、中脑、后脑和脊髓，并进一步细分为更加特殊的神经组织。神经板相邻的神经脊则逐渐形成包括周围神经系统在内的多种组织。在妊娠 5 周时，人类的胚胎中开始形成中枢神经系统和周围神经系统的雏形（见图 2-8）。

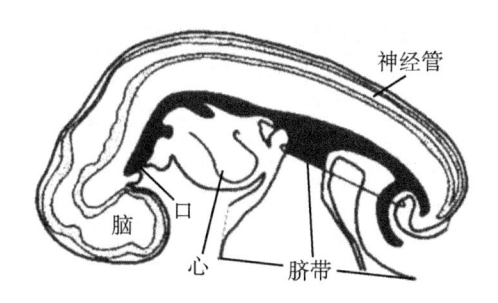

图 2-8　妊娠 5 周胚胎

资料来源：李铁才，李西峙 .2019. 相似性和相似原理［M］. 哈尔滨：哈尔滨工业大学出版社.

从妊娠 8 周开始，新生的神经元沿放射状排列的胶质纤维向外迁移，先后到达皮质内的终点，并在此处分化成不同的神经组织。妊娠 10 周后，部分神经元移动到神经管的顶端，开始形成大脑皮质的第一层。迁移较早的神经元形成深部皮质，迁移较晚的神经元形成表面皮质。

在妊娠 3~6 个月，不断增长的神经元呈连续波浪式向大脑半球表面迁移，由内向外形成新的细胞层。到妊娠 5 个月时，由 6 层细胞组成的大脑皮质已能被辨认出，神经元的数量达到惊人的 800 亿个。

在妊娠 7~9 个月，新的神经元继续形成，大脑皮质开始在颅骨内折叠，出现了沟和回。当各个脑区的神经元各归其位后，神经元开始形成轴突和树突，并通过突触在神经元之间建立广泛的联结，为相互之间的信息传递和脑区之间的协同作用打好基础。第一批突触大约在妊娠 23 周时开始形成。

到出生时，胎儿大脑在形态上几乎和成人相同，只是沟和回比成人浅；大脑皮质也已具备6层结构，但神经元之间的突触联结的数量还很少，尚未形成各区之间复杂的交织网络。

（二）脑的发育

脑的发育属于神经型生长模式，在个体发育过程中只存在一次突增期，主要发生在儿童早期。新生儿的脑重约为390克，已达成人脑重量的25%；出生后儿童脑重的增长速度是先快后慢的，3岁时达到1 000克左右，大约为成人脑重的65%；6~7岁时达到1 280克，12岁时达到1 400克，20岁左右时达到成人的水平，约为1 550克（许毅，2002）。需要说明的是，儿童时期脑重量的快速增长并不是由于神经细胞数量的增加，而是由于神经元之间突触的生长，以及神经纤维的伸长和髓鞘化。

1. 突触的生长和修剪

婴儿出生后神经元数量稳定下来，之后就不会有大的变化，发生变化的是神经元突触的快速增长。突触的形成要经历生长和修剪两个过程，突触的生长主要由遗传控制，而修剪则更多地取决于环境的刺激和塑造。不过，也有部分早期的突触联结是通过感觉刺激建立的，这些突触会改善和巩固脑的遗传设计"线路"。

虽然第一批突触在妊娠23周（6个月末）时就开始形成，但突触发生的过程在妊娠晚期才会加速，并且大部分突触都是在出生后形成的。在婴儿出生后不久，大脑皮层内的突触数量开始激增，并在2岁时达到高峰（见图2-9）。儿童突触生长的时间与他们的行为和认知能力的变化有密切关系。例如，在2个月时，突触快速增长，婴儿的本能反射逐渐消退；3个月时，视觉皮层的突触快速增长，婴儿开始伸手拿他们看到的物体。

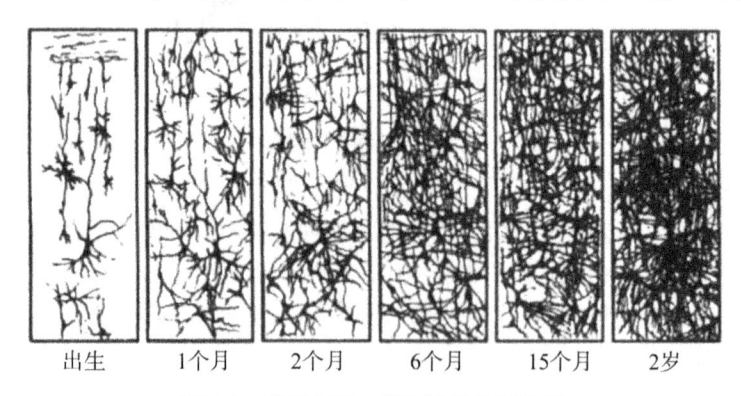

图2-9 从出生到2岁突触的快速生长

资料来源：罗伯特·索尔所，奥托·麦克林，金伯利·麦克林. 2018. 认知心理学 [M]. 8版. 邵志芳，等译. 上海：上海人民出版社.

在儿童成长的过程中，没有被反复激活的突触由于缺乏活动机会而消失。在青少年期，部分脑区会经历突触密度增加后修剪的过程（见图2-10）。如在前额皮层的某些区域，突触密度会增加，之后有一个平稳时期。在青春期后，会出现突触的减少和重构，最终突触密度会降到成人水平。

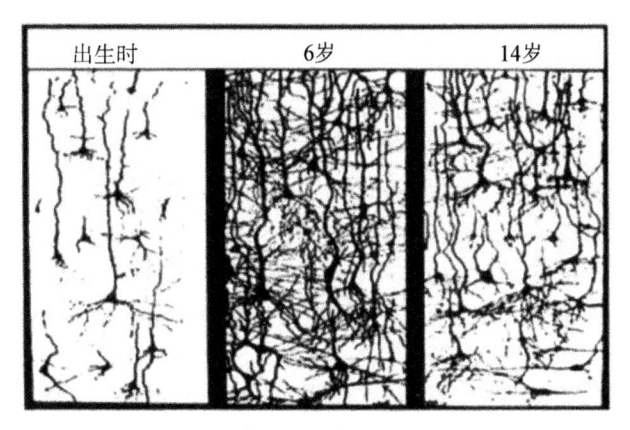

图 2-10　青少年时期的突触修剪

资料来源：范仲彤.2017.基层婴幼儿健康指南［M］.兰州：甘肃科学技术出版社.

2. 髓鞘的形成和发育

髓鞘形成是指在神经元轴突外包裹一层神经胶质细胞的过程，可以使神经冲动在轴突内传导，将与其他神经元传递的速度提高3倍以上。尽管大部分神经元的轴突在婴儿出生时就有髓鞘，但大脑皮层各个区域髓鞘化的速度并不一致，一些区域在很长一段时间内没有完全形成髓鞘。

负责呼吸和心跳的脑干区在出生时已充分髓鞘化。触觉是最早发育的感觉，与它有关的神经通路在出生时就已经髓鞘化了。视觉通路的髓鞘化从出生后开始，一直持续到出生后第5个月。听觉通路的髓鞘化开始于妊娠第5个月，直到儿童4岁时才完成。躯体运动区和感觉区在出生4个月后才形成髓鞘，使婴儿能够完成坐、站立和伸手够东西等有意识的动作。皮层额叶中负责注意和记忆的区域的髓鞘化会一直持续到成年早期才充分完成。

3. 神经元的死亡和生成

在脑生成和发育的过程中，伴随着神经元的生成和转移，几乎一半的神经元会死亡。具体说，在神经活动的过程中，那些重要的和活跃的神经元能够得到更多的能量而存活下来，而那些不太重要或不太活跃的神经元会因为得不到足够的能量而死亡。遗传基因生成了数量庞大的神经元，在神经系统最终成形之前，大脑一直在除去多余的神经元。即使在成人后，神经元的死亡也在持续进行，只是比发育时的速度慢得多。

直到20世纪末，科学家一直认为儿童期之后大脑就不再生成新的神经元。但研究发现，人类在整个生命过程中都在产生新的神经元，丰富的经验可以促使新的脑细胞生成。

三、儿童的身体发育与心理能力发展

神经系统的发育不仅直接影响身体的发育，而且是个体心理发展的重要物质基础。在心理发展中，感知能力与动作的发展是智力、情感、人格等复杂心理发展的基础。

(一)儿童身体发育

科学描述儿童身体发育的特点是一件非常重要,但也特别复杂的工作。根据格塞尔的成熟理论,身体各部位的发育是不均衡的,主要遵循头尾律和向心律。出生前,胎儿的生长发育遵循头尾律,即由上而下先发育头部,再发育躯干和下肢;出生后,婴儿则遵循向心律,各部分的发育顺序是:足→小腿→下肢→手→上肢,表现为自下而上、由四肢的远端向躯干发展的特点。总体来看,儿童身体形态的发育随年龄的增长而增长,但增长的趋势并不是直线上升,而是有两次生长加速期:第一次是从出生两个月到 2 岁,第二次是从 10~12 岁开始的青春期。

我国《国家学生体质与健康标准》测试的项目包括身体形态、身体机能、身体素质等方面的内容,下面分别从这些方面描述学生的身体发育情况。

1. 身体形态

身体形态是人体结构的外在表现,能有效地反映学生的身体匀称度、生长发育的水平及营养状况。身体形态对学生的生理机能、身体素质和运动能力具有重要的影响。身体形态主要通过身高、体重、BMI(体质指数)的测评进行评价。身高是反映人体骨骼生长发育和人体纵向高度的指标,受年龄、性别、种族、生活水平、体育锻炼、生活地理环境等因素的影响。体重是反映人体骨骼、肌肉、脂肪重量和发育状况的指标,主要受饮食营养的摄入和体育锻炼的影响。

单纯用身高或体重并不能反映一个人的身体形态,国际上常用的衡量身体形态的指标是 BMI。BMI 的大小可以反映个体体内脂肪重量情况。按中国的标准,BMI<18.5,低体重;BMI=18.5~23.9,体重正常;BMI=24.0~27.9,超重;BMI>28.0,肥胖(中国疾病预防控制中心慢性非传染性疾病预防控制中心,2008)。以上标准不适用于身体虚弱或长期不动的老人,也不适用于体内肌肉比例较高、骨骼较重的运动员等。对于未成年人,判定肥胖要参考正常生长曲线图表。有人建议,11~13 岁未成年人 BMI 小于 15.0 为营养不良;14~17 岁未成年人 BMI 小于 16.5 为营养不良(何明清,2007)。

2. 身体机能

身体机能指人体新陈代谢的功能,以及各器官、系统的工作效能,主要包括心血管机能、呼吸系统机能、感觉机能、平衡能力等。

在《国家学生体质与健康标准》中,主要测查呼吸系统机能,对应的体测项目为肺活量。肺活量是在不限时间的情况下,一次最大吸气后尽最大力量呼出的气体量,能够反映个体的肺通气功能,是评价人体呼吸系统机能的重要指标。个体肺活量的大小除了受到体重、身高、胸围等因素影响外,还与地理环境(主要是海拔高度)、运动等因素有密切的关系。肺活量大的个体,身体供氧能力更强。近 10 年来,我国学生肺活量持续增加,初中生增长最为明显。

3. 身体素质

身体素质指人体肌肉活动的基本能力,是人体各器官系统的机能在肌肉活动中的综合反映。判断身体素质的指标一般包括力量、速度、耐力、灵敏度、柔韧性等。一个人身体素质与遗传因素有关,但也受到后天营养和体育锻炼的影响。正确的锻炼方法,可以从各个方面提高身体素质水平。

在《国家学生体质与健康标准》中,中小学生身体素质体测的项目主要有仰卧起坐、引体向上、50米跑等。其中,仰卧起坐主要是测试学生的腹肌耐力;引体向上是评价力量和耐力的方法之一;50米跑主要测试速度、灵敏素质及神经系统灵活性的发展水平。

2019年9月,教育部发布第八次全国学生体质和健康调查结果,显示中小学生柔韧、力量、速度和耐力等素质总体出现好转,柔韧素质、力量素质小学生和初中生改善较其他年龄段明显(教育部体育卫生与艺术教育司,2021)。

(二)儿童感知能力发展

长久以来,由于婴儿既不能说话,也不能用熟练的行为做出反应,导致人们一直认为婴儿缺乏感知能力。然而,自20世纪60年代以来,随着偏好方法、眼动记录技术、习惯化与去习惯化范式等实验方法和技术的出现,心理学家对婴儿感知能力有了新的发现和认识。在1961年发表的研究中,范茨(Fants)给1~15周的婴儿呈现不同的图形,记录他们对各种图形注视的时间,发现3个月的婴儿可以区分出母亲的照片;5~7个月的婴儿可以区分不同的图形(陈英和,1996)。这个结果表明,婴儿很早就在感知和注意方面有了主动性和选择性。

利用各种新方法进行的实验研究表明,婴儿很早就表现出令人惊讶的感觉和知觉能力。

1. 听觉

妊娠25周时,胎儿就对声音有生理变化和身体运动的反应,新生儿更是具有明显的听觉能力,但听觉阈限[①]比成人高10~50个分贝。婴儿对高频声音的听觉发展早于对低频声音的听觉。此外,婴儿还能辨别熟悉的声音。例如,正在哭泣的婴儿如果听到其他新生儿的哭声,他们会继续哭泣;如果听到自己哭声的录音,他们就会很快停止哭泣。

在声音定位能力方面,婴儿在出生后几分钟就能根据声音定位,但到2~3个月时,这种反应几乎消失,到4~5个月时,这种能力又再次出现。对于这个现象,一种解释是:婴儿早期的声音定位能力是一种皮层下的反射事件,会随着脑的发育而消失,而4~5个月的声音定位能力是一种皮层反应事件。随着年龄的增长,婴儿对声音的定位越来越精确。

---

① 听觉阈限是指使人能够产生听觉感受的最小的声音刺激量。人类可以听到的声音频率为20~20 000Hz,但对于100~800Hz声音的感受性最好。20Hz以下和20 000Hz以上的强度再大,人耳也听不到。对于适宜频率范围的声音,声强达到10~15分贝就能被听觉灵敏的成人听到;声强超过120分贝,会使人耳产生痛觉。

儿童的听觉感受性一直处于增长中，12岁以后，随着大脑发育的成熟，辨别音高和音阶的能力也得到明显的提高。

2. 视觉

新生儿的视觉系统还没有完全发育，他们虽然能够看到刺激图案，但是视敏度①不到正常成人的十分之一。但在0～1岁，婴儿的视觉快速发展起来：到6个月时，婴儿的视敏度已经发展到成人的三分之一左右；到1岁时，婴儿的视觉已接近成人。在颜色视觉方面，新生儿能区分白色、红色、绿色等，2个月的婴儿能区分大多数颜色，4个月的婴儿对颜色的辨别就已达到成人的水平。此外，新生儿表现出对母亲面孔的偏好，随着年龄的增长，婴儿的视觉注意越来越多地投向新颖、复杂或让他惊奇的事物，表现出对外界环境明显的好奇心。

心理学家吉布森（Gibson）和沃克（Walk）利用视崖装置（见图2-11），研究婴儿是否具有深度知觉。研究发现，2个月大的婴儿就能够区分"浅滩"和"悬崖"；7个月的婴儿被放在"悬崖"上时，多数会表现出逃避的倾向，并出现心率加速的现象。

13～14岁，脑的发育逐渐趋于成熟，个体的视觉感受性提高，分辨各种颜色和色度的精确性增强，能比较熟练地掌握三维空间关系，远距离空间知觉也逐渐形成。

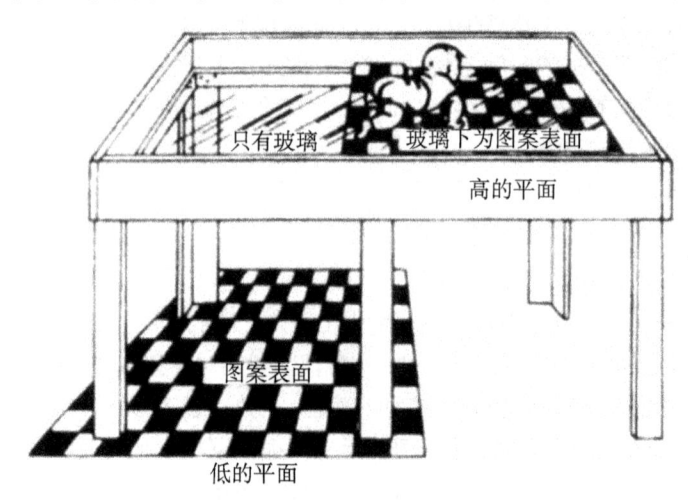

图 2-11　视崖装置示意图

资料来源：桑标．2012. 儿童心理学［M］．北京：开明出版社．

3. 跨通道知觉

所谓跨通道知觉，是指能够根据一种感觉特征，辨认通过另一感觉通道感受的刺激物的能力。研究发现，1个月大的婴儿已经能够通过视觉辨认他们吮吸过的物体，但这

---

① 视敏度是指人眼分辨物体细微结构的最大能力，通常用能分辨两点的最小视角来确定。所谓视角，是指物体上两点光线射入眼球，在晶状体光心前交叉所形成的夹角。正常眼能分辨的最小视角约为1分角，在最合适的条件下，最小视角可达0.5分角。

种跨通道知觉的能力非常低。视觉—听觉之间的跨通道知觉能力大约在 4 个月的时候出现。例如,当婴儿听到火车的声音越来越小的时候,他们更喜欢看火车开走的画面,而不是火车开过来的画面。

跨通道知觉能力还表现在,1 岁的婴儿会对通过多感觉通道感受到的刺激更感兴趣。在前面的视崖实验中,当妈妈在对面同时发出视觉和听觉信号时,1 岁的婴儿能更快地爬过视崖;当只有听觉信号时,他们爬过视崖的速度较慢;只有视觉信号时,他们爬过视崖的速度最慢。

关于跨通道知觉能力的作用,一种观点认为:对一个刺激的整体察觉有助于个体感觉能力的发展和分化,被称为感觉间冗余假设。根据这个假设,通过对某一刺激的跨通道知觉,婴儿能够获得该刺激的不同信息(声音、形象、气味等),不仅可以分辨不同的感觉信息,还可以将这些信息整合为一个有机的整体(谢弗,等,2016)。

(三)儿童的动作发展

婴儿出生后,有一些与生俱来的本能反射,由声音、光、触摸、体位等环境刺激引起。这些本能反射是非自主的行为。例如,如果用手指触摸新生儿的脸颊,他的头就会转向触摸的方向,称为觅食反射;如果有任何物体(奶嘴)碰到婴儿的嘴唇,他就会自动吸吮这一物体,称为吸吮反射。图 2-12 列出了一些常见的婴儿本能反射。

觅食反射　　吸吮反射　　抓握反射　　惊跳反射　　踏步反射

图 2-12　一些常见的婴儿本能反射

这些非自主的本能反射是由脑神经系统中脑干部位控制的,在婴儿 4 个月时,大脑皮质的发育提高了随意控制肌肉运动的能力,这些本能反射开始消失,出现抓取玩具,倒出积木等随意运动。随意运动能力的发展表现为身体各部位的运动技能,既是个体心理成长与发展的必要组成部分,也是智力、情感等复杂心理过程发展的重要基础。

婴儿期是儿童发展自己身体各部分并探索身体如何工作的时期,在这个时期儿童逐渐发展出随意运动能力。动作的发展也按一定的方向和顺序进行,主要表现为头尾律、近远律和大小律。其中,头尾律指动作发展遵循自上而下的规律,即头→颈→躯干→下肢;近远律指动作发展遵循由中心向外围发展的规律,即躯干→四肢→手和脚→手指和脚趾;大小律指先发展粗大动作,再发展精细动作。粗大动作指借助躯体的大肌肉完成的动作,主要包括抬头、翻身、坐、爬行、站立、行走、跑和跳等;精细动作指主要凭借手及手指等部位的小肌肉完成的动作,如抓握摇铃、撕纸、搭积木、抓勺子、翻书、绘画、写字、系鞋带等。

在动作发展的过程中，手眼协调能力至关重要。所谓手眼协调，是指在视觉配合下手的精细动作的协调性。手眼协调能力的发育对促进运动能力、智力和行为发展起着非常重要的作用。

研究发现，对于许多脊椎动物来说，中枢神经系统可以在不受意识控制和感觉输入的情况下，产生特定的、有节律的运动。例如，脑干中的中枢模式发生器可以诱发产生咀嚼、呼吸和吞咽等节律性的运动，脊髓中的中枢模式发生器则可以诱导移位或转身的发生。不过，这些特殊的现象并不意味着在正常的有意运动的过程中感觉输入和反馈不重要。

（四）动作发展的三种理论

个体出生后，神经系统的发育主要表现为动作能力发展。关于神经系统发育和动作发育的关系，主要有成熟理论、行为理论和动态系统理论。

成熟理论由美国心理学家格塞尔提出，主要从遗传学的角度阐述儿童发育过程中的智力和运动的发展规律。根据这个理论，个体的生理和心理发展都严格按照基因规定的顺序，有规律、有秩序地进行，各系统的发展顺序既不可超越，也不能相互调换。格塞尔将这种在基因决定和指导下的发展过程称为成熟。格塞尔也强调，环境因素对儿童发展起到支持、影响和具体化的作用，但不能产生或改变基本的发展形式和发展顺序。根据这个观点，只有当中枢神经系统的结构和行为相适应的时候，学习才会发生；在中枢神经系统发展之前，特殊的训练及学习收效非常小。

行为理论源于巴甫洛夫（Pavlov）的条件反射理论，以及桑代克（Thorndike）、华生、斯金纳（Skinner）等的理论，主要将人的行为解释为刺激—反应的联结，主张通过操纵刺激环境来建立和修改个体的行为模式。从神经机制的角度来看，一个特殊动作的重复训练可以使相关皮层的输入神经元的兴奋性增加，并增强皮层运动中枢中的神经元的兴奋性，从而巩固新的运动模式。根据这种解释，条件反射可以看成个体心理发展的标志。

动态系统理论由西伦（The len）等人提出，强调婴儿习得动作技能是为了满足知觉和活动的需要，是婴儿实现目标的具体手段。具体说，当婴儿想做某事时，他们就可能创造出一个新动作，这个动作由神经系统的发育、身体的生理特征和运动潜能、儿童想要实现的目标，以及儿童对环境中相关因素的感知等众多因素共同决定。根据动态系统理论，动作的发展并不是由基因决定的被动过程，而是婴儿在身体能力和环境条件的支持下，主动运用技能以完成某个目标的主动过程。

以上理论从不同角度解释个体的神经系统发育规律，能解释许多儿童生理和运动发展的现象。当前，因为动态系统理论考虑到众多内外部因素的影响，从而得到比较广泛的认可。

随堂巩固

1. 在下面的选项中，（　　）属于中枢神经系统。
   A. 脑神经　　　B. 大脑皮层　　　C. 脊髓　　　D. 脊神经
2. 在反射弧中，一般包含（　　）种神经元。
   A. 不包含神经元　B. 1种　　　　C. 2种　　　　D. 3种
3. 在大脑形成的过程中，第一批突触大约在（　　）形成。
   A. 妊娠5周　　B. 妊娠8周　　C. 妊娠20周　　D. 妊娠23周
4. 儿童出生后，大脑发育最快的时期是（　　）。
   A. 0～2岁　　B. 2～4岁　　　C. 5～7岁　　　D. 7岁以后
5. 在哪个年龄段，婴儿会喜欢看中等复杂和对比度高的新奇刺激？（　　）
   A. 0～2个月　B. 2～6个月　　C. 6～9个月　　D. 9～12个月
6. 当前，以下哪种动作发育的理论被广泛接受？（　　）
   A. 成熟理论　B. 条件反射理论　C. 行为主义理论　D. 动态系统理论

参考答案：1. BC　2. D　3. D　4. A　5. B　6. D

拓展阅读

1. 顾凡及. 2011. 脑科学的故事[M]. 上海：上海科学技术出版社.
2. 沃纳·卡尔，米迦勒·弗罗切尔. 2019. 人体解剖学彩色图谱[M]. 凌树才，吴仲敏，主译. 上海：上海科学技术出版社.
3. 吉尔·康奈尔，谢丽尔·麦卡锡. 2018. 运动塑造孩子的大脑：0—7岁关键运动全方案[M]. 方菁，等译. 北京：华夏出版社.

▶▶ 第二节　青春期的生理成长 ◀

本节内容包括青春期的含义和特征、青春期生理成长的基本特点和影响因素。重点阐述青春期危机的文化根源，以及男性和女性发身期生理成长的基本特点和生物学基础，并从营养、睡眠与运动、家庭和社会经济条件等方面，介绍影响青春期生理成长的环境因素。

一、青春期的含义和特征

在我国古代，男子年满20岁，女子年满15岁，就要举行成人仪式，然后，就可以结婚或参加社会活动。不同国家有不同形式的成人仪式，举办成人仪式的年龄也各不相同。然而，从儿童到成年人的转换并不是举办一个成人仪式那么简单，而是要经历一段很长时间的过渡期，这个过渡时期被称为青少年期。青少年期一般以发身期的开始为标志，但结束的时间则具有较大的随意性，表现为不同文化、不同历史时期的人们举行成人仪式的年龄各不相同。那么，青春期的含义是什么？青春期与青少年期又有什么关系呢？

（一）青春期的含义

从狭义上理解，青春期是一个生物学概念，指个体在生理上快速发育直至成熟的时期，与发身期的含义相同，源自拉丁语"pubertas"（意为具有生殖能力）。发身期一般以个体第二性征出现为开端，以生殖器官发育成熟，身高、骨骼等身体的生长和发育基本停止为终结。这是个体生殖系统发育成熟的时期，也是继婴儿期后，第二个生长发育的高峰期。

从广义上理解，青春期不仅是一个生物学概念，也是一个社会学概念，指个体从童年向成年过渡的时期，从自然人向社会人过渡的时期，与青少年期的含义相同，源自拉丁语"adolescere"（意为长大、成长或趋向成熟）。青少年期以生物性成熟和社会性成熟为基本特征，尤其强调社会性成熟。心理学家霍尔于1904年将"青少年期"写进自己的书中，并用"冲击和压力"来描述这个时期的特点。1958年，奥苏贝尔明确地将青少年期定义为"在生物性和社会性的成熟方面，由儿童向成人的过渡期"。

在本书中，采用广义上的青春期（即青少年期），关于狭义的理解则采用"发身期"这个表述。对于女性而言，发身期指少女从月经初潮开始至生殖器官发育成熟并具有生育能力的时期。关于这个时期的年龄范围并不统一，医学上一般将13~18岁定为发身期。1965年，世界卫生组织将10~20岁定为发身期。我国部分学校卫生工作者通过调查，提出青春期的年龄范围女子为9~21岁，男子为11~24岁（唐锡麟，1991）。目前，我国学者对于青春期的年龄范围达成以下共识：女性从11~12岁开始到17~18岁，男性从13~14岁开始到19~20岁（临床执业医师资格考试专家组，2020）。

（二）青春期的特征

由于青春期既是一个生物学概念，也是一个社会学概念，因此，在考察青春期的特点时，必须从生理、心理和社会等多个角度进行说明。

从生理角度来看，青春期的主要特点是激素分泌的增加，导致生理上的诸多变化，主要包括生长速度加快，性器官逐渐成熟，开始出现第二性征等。对于女性来说，进入青春期的显著标志是月经初潮，通常出现在13岁，第二性征主要是乳房隆起，盆骨宽度增加，皮下出现丰腴的脂肪，音调变高等；对于男性来说，进入青春期的显著标志是第一次射精，通常出现在15岁，第二性征主要是长胡子和胸毛，喉结突出，肌肉发达，骨骼粗壮、声音低沉等。男性和女性共同的第二性征是长出阴毛和腋毛。

从心理角度来看，很多人将青春期看成一个情绪非常不稳定的时期，并因此经常被偏离社会的同伴和危险行为困扰。心理学家霍林浩斯将青春期看成个体在婴儿期经历第一次断乳危机后的第二次危机，称为"心理断乳"，即从心理上摆脱对双亲的依赖。心理学家汤姆利兹认为，儿童期是外界的获得时代，而青春期则是内部的获得时代，由于不能适应这种变化，青春期初期的个体往往会陷入反抗、否定和不安的情绪之中。因此，汤姆利兹将青春期称为否定期或反抗期。此外，心理学家霍尔将青春期称为危机时期，还有人将青春期称为暴风骤雨时期。

从社会角度来看，青春期是从自然人转变为社会人的时期。在这一时期，个体开始认识到社会对个体的期待与要求、规范与限制，能够承担相应的责任与义务。德国心理学家斯普兰格将青春期描述为第二次诞生。与第一次诞生产生物质生命不同，第二次诞生重在个体人格和精神的发展，表现为发现自我和产生对未来生活的设想，逐渐进入生活的各个领域，并形成不同的人格类型。斯普兰格（1938）根据不同的生活态度和生活方式，将个体的人格分成经济型、理论型、艺术型、宗教型、政治型和社会型六种类型。

根据青春期特点在不同年龄段的表现，我们一般将青春期分为早期、中期和晚期三个阶段：（1）青春期早期指12～14岁，主要表现是适应身体发育的快速变化，以及由此带来的情绪困扰；（2）青春期中期指15～17岁，主要表现是在情感上与父母分开，并适应与同性和异性的交往；（3）青春期晚期指18～21岁，主要表现是在身体、心理上稳定下来，开始为自己的行为负责，并尝试离开家庭，成为真正独立的个体。

（三）青春期危机的文化根源

20世纪上半叶，在大多数欧美人的心目中，青春期是一个充满压力和紧张的危机时期。然而，人类学家米德对此有不同的看法，她认为，如果青春期焦虑是个体在生理成熟时期的生物学现象，那么，一切人类必定都会产生这样的现象。通过田野调查，米德指出性别角色并不是性别的生物学差异，而是反映了不同文化的差异，具有极大的可塑性。米德的基本观点是：个体是塑造了他与其他人共同点的文化模式的产物，但也随着婴儿长大成人并为人父母，又在重新解释、重新表达和释放中具有了独特性。这种个体与文化之间的互动是一个动态的、复杂的过程，通过这个过程，人类学会了怎样成为人，成为彼此不同的人。

20世纪60年代末，米德发现在新的时代背景下，文化传递由前喻文化和并喻文化向后喻文化过渡。在前喻文化中，社会变化缓慢，未来只是简单地重复过去，社会的延续既依靠老一代的期望，又依靠年轻人对老一代期望的复制；在并喻文化中，社会变化较快，现在成为未来的指导，所以年轻人不再向老一辈人学习，而是向同辈人学习；在后喻文化中，社会变化的速度进一步加快，代与代之间出现了明显的、普遍的断裂和隔阂，代表未来的是孩子，而不是父母或祖父母，年轻人成为权威，老一辈人不得不向年轻人学习他们未曾有过的经验。

面对这一现象，米德（1988）用大写字母拼出了"GENERATION GAP"这一名词，我国学者最初翻译为"世代隔阂"，后改为"代沟"，并得到广泛的运用。显然，代沟加剧了当代年轻人的青春期危机，也进一步证明了米德提出的青春期危机源于文化这个观点。

需要说明的是，虽然混乱和不安定的情况在青春期比其他时期更容易发生，但心理学家可能夸大了这种情况。事实上，大多数青少年并没有经历严重的压力和挑战，而是拥有健康的心理状态，享受着与家庭和朋友的良好关系。

二、青春期生理成长的基本特点

下面，将从发身期的基本现象、激素与发身期的关系、发身期的启动机制三个方面，进一步介绍青春期生理成长的基本特点。

（一）发身期的基本现象

发身期是指人类个体的生殖系统逐渐成熟的时期，一般将女性第一次月经（初潮）和男性第一次射精看成个体发身的开始。发身期的主要特点表现在第一性征和第二性征的变化。第一性征指男女生殖器官的不同外形和构造特征，由性染色体决定；第二性征也称副性征，指男女两性除了生殖器官以外的外貌特征区别，在进入青春期后才出现。男女两性在发身期年龄范围上存在着明显的差异。

女性进入发身期的标志是月经初潮，女性初潮的年龄一般在 9~16 岁，平均年龄是 13 岁。出现初潮说明有生育的可能，但由于生殖器官的功能还没有发育健全，所以月经周期也不规律。初潮后往往相隔数月、半年甚至一年后再来月经，要经过两年左右的时间月经周期才逐渐正常。女性生殖器官发育完全成熟，一般要到 18 岁左右。在整个发身期内，女性身体的变化主要有以下三个方面：在第一性征方面，随着卵巢的发育和性激素分泌的逐渐增加，女性内、外生殖器官的形态发生明显的变化；在第二性征方面，主要表现为乳房隆起，骨盆宽度增加，皮下出现丰腴的脂肪，音调变高，以及长出阴毛和腋毛；在体形方面，女性的生长突增发生在 10 岁左右，体形呈优美的曲线型。

男性发身期的标志是出现遗精现象，男性首次遗精的年龄在 12~16 岁，平均年龄是 15 岁，比女性初潮的年龄约晚 2 年。到 18 岁时，98％的男性都有遗精现象，说明男性生殖腺达到成熟状态。在发身期内，男性身体的变化主要有以下三个方面：在第一性征方面，主要表现为睾丸开始发育增大，阴茎也开始变粗变长，外生殖器的大小和外形逐渐接近成年人；在第二性征方面，主要表现为长胡子和胸毛，喉结突出，肌肉发达，骨骼粗壮，声音低沉等；在体形方面，男性的生长突增比女性晚 2~3 年，不过很快就会超过女性，在形态上，表现为肩膀变宽，臀部和腿部粗壮，身体修长。

在发身期内，发育的异常现象包括青春期早熟（性早熟或早熟）和青春期延迟（性晚熟或晚熟）两种情况。青春期早熟指青春期早于同龄人，而青春期延迟指个体青春期特征出现的时间比同龄人明显延迟。对于青春期早熟或延迟的年龄标准，研究者并没有形成一致的意见。如果男性在9岁前出现睾丸变大，女性在8岁前出现乳房发育，可能是青春期早熟的表现。如果男性在14岁时睾丸还没有发育或16岁时还没有出现骨骼生长突增，女性在14岁时乳房还未发育或15岁时还未出现骨骼生长突增，可能是青春期延迟。性早熟可分为真性、假性和不完全性三种类型。真性性早熟不仅有第二性征发生，而且也有性腺成熟（女性排卵，男性产生精子）；假性性早熟指第二性征提早出现，但性腺没有成熟；不完全性性早熟指仅有部分第二性征提早出现，以乳房增大或阴毛早现为主要表现。

早熟和晚熟对男性和女性有着不同的影响。在男性方面，早熟的男孩有更吸引人的外表，自我感觉更好，也更受人欢迎，但容易出现逃学等越轨行为。晚熟的男孩通常会在身高、力量和协调性等方面不如同龄人，并让他们在人际交往中感到自卑，甚至出现社交退缩。然而，也有研究发现，晚熟的男孩在好奇心、主动性和探险行为等方面得分较高，在解决新问题时更灵活，更有洞察力。

在女性方面，早熟的女孩通常更沉闷，不自信，不善于表达，不受同伴的欢迎，表现得也更顺从和被动，出现过早谈恋爱、抑郁等问题的可能性也更大；晚熟的女孩则有更高的主动性和社会性，富有表现力，好交际，有领导能力，更加受到同伴的喜爱。

（二）激素与发身期

身体在发身期出现的各种变化主要受到激素的调节和控制。那么，激素是一类什么样的物质？激素是怎么被发现的？又是怎样影响发身期的呢？

激素是一种高效生物活性物质，能够通过血液在细胞与细胞之间传递信息，调节和控制机体的代谢、生长、发育、繁殖、性欲、衰老等范围广泛的生理活动。1905年，英国生理学家斯塔林（Starling）和贝利斯（Bayliss）用"荷尔蒙"来指促胰液分泌激素这类无导管腺分泌的特殊化学物质。"Hormone"一词来自希腊文，是"刺激""激发"的意思，我国学者将它翻译为"激素"。激素的发现不仅使人类了解到一种新的化学物质，而且让人类知道一种机体调节的新机制，改变了之前认为机体单一受到神经系统调节的传统观念。这种通过激素在体内的传递来调节远处器官活动的新机制被称为"体液调节"。

自从斯塔林和贝利斯发现激素后，国际上便出现了寻找激素的热潮。目前，在低等和高等动物体内发现的激素已经有几十种，而且还不断有新的激素被发现。激素在血液中的含量极其微小，并且需要通过血液循环传递到相应的组织或器官才能起作用。血液中有多种激素，但每一种激素只能对特定组织或器官起作用。此外，在植物体内发现一些能够对植物的生长起促进或抑制作用的物质，称为植物生长素。

人体内的激素是由内分泌腺或内分泌细胞分泌的生物活性物质，主要分为两种类型，一类是含氮的物质，包括甲状腺素、肾上腺素、腺垂体的各种激素，以及胰岛素等；另一类是类固醇，如肾上腺皮质激素、性激素等。

激素对发身期的调节是沿着下丘脑—垂体—靶腺轴展开的。下丘脑中有一种古老的神经分泌细胞，这种细胞除了能被生物电激活，传导动作电位，以及对神经递质发生反应外，还可以分泌一些被称为调节因子的类激素物质，包括生长激素释放激素、促肾上腺皮质激素释放激素、促性腺激素释放激素、促甲状腺素释放激素等。这些调节因子由轴突末梢部位直接释放至血液中，可以刺激或抑制腺垂体分泌生长激素、促肾上腺皮质激素、促性腺激素、促甲状腺激素等。在这些激素中，生长激素直接作用于骨骼、肌肉，促进人体生长；而其他三种激素则分别作用于肾上腺皮质、性腺和甲状腺（这些接受作用的腺体叫"靶腺"），促使这些腺体分泌对应的肾上腺皮质激素、性激素、甲状腺素等。

在幼年时期，下丘脑—垂体—性腺轴（简称 HPG 轴）处于不活跃状态。临近发身期时，在肾上腺皮质激素的作用下，下丘脑开始活跃起来，分泌大量促性腺激素释放激素作用于腺垂体，使腺垂体释放促卵泡激素和促黄体生成激素，这两种激素作用于性腺，促使性腺分泌性激素。性激素作用于性器官和身体相关器官和组织，就促发了发身期性成熟的过程。

性激素主要包括雄激素、雌激素、孕激素等。雄激素主要是睾酮，13 岁的男性血液中睾酮的含量较儿童时期增加了 18 倍，而 13 岁的女性只增加了 2 倍。睾酮对男性的作用是促进精子的生成与成熟，促进附性器官的发育，以及促进第二性征的表现，此外，睾酮还能刺激男性中枢神经系统，表现为对异性的性欲和性行为。睾酮对女性的作用是促进阴毛、腋毛及粉刺的出现等。雌激素主要是雌二醇，14～15 岁的女性血液中雌二醇的含量较儿童时期增加了 8 倍，而同龄男性只增加了 2 倍。雌二醇对女性的作用是促进各附性器官的生长发育，促进乳腺导管发育，以及促进第二性征的表现，此外，雌二醇还能刺激女性中枢神经系统，激发性欲和性行为。孕激素的作用主要是促进子宫内膜增生，维持受精卵着床和妊娠，并与雌激素一起促进乳腺腺泡发育，为哺乳做好准备。

除了促进性腺分泌性激素外，腺垂体也刺激肾上腺分泌肾上腺素，促进第二性征发育，以增强个体的性吸引力。这个过程被称为肾上腺功能出现，比性腺功能出现早 2 年发生（大约在 7 岁）。

（三）发身期的启动机制

关于发身期的启动机制，一个需要回答的问题是："为什么 HPG 轴分泌的激素在发身期增多？"关于这一问题，目前主要有以下三种回答。

1. 反馈调节感受性变化说

这种观点认为，HPG 轴在童年时就已经存在，因此，男女儿童在小时候都分泌少量性激素。这些少量的性激素可以抑制下丘脑中的神经分泌细胞分泌各种调节因子，使得体内激素维持在一个较低的水平。进入青春期后，下丘脑对性激素的敏感性下降，少量的性激素不再能抑制下丘脑分泌各种调节因子。在调节因子的作用下，腺垂体及各种靶腺分泌的激素增加，启动了发身期。

2. 松果体退化说

这种观点认为，丘脑后部的松果体分泌的褪黑素具有抑制下丘脑神经分泌细胞分泌，以及抑制性腺发育的作用。在个体 7~10 岁时，松果体开始退化，导致褪黑素分泌减少，解除了对下丘脑神经分泌细胞的抑制，从而启动发身期。

3. 临界体质含量说

这种观点认为，发身期是皮下脂肪的增长达到了一定阈限值引起的，女性只有积累一定的身体脂肪之后才会进入发身期。有一些现象支持这个观点。例如，西方人青春期开始的临界体重为 30 千克，月经初潮的临界体重为 45~47 千克；肥胖儿童的初潮年龄相对较早，而体重较轻、体脂含量较少的个体初潮年龄较晚。此外，压力、疾病、营养不良、过度运动和过分消瘦都会延缓发身期的时间。

三、影响青春期生理成长的环境因素

青春期的生理成长除了受到遗传和激素等生物因素的影响外，还受到营养、睡眠与运动、家庭环境和社会经济状况等环境因素的影响。

（一）营养

在整个童年期，人体生长速度比较缓慢，进入青春期，身体快速生长。女性快速生长的年龄在 9~11 岁，而男性则是在 11~13.5 岁。在快速生长期间，女性每年身高增长约 9 cm，体重增加约 8 kg；男性身高增长约 10 cm，体重增加约 9 kg。快速生长发育需要足量的营养支持，主要包括蛋白质、脂肪、碳水化合物、维生素等。

蛋白质是生命的物质基础，主要功能是促进生长，更新身体组织，修复创伤，维持毛细血管流通。每天约有 3% 的蛋白质参与新陈代谢，完成人体的各种生理活动。青少年蛋白质供给不足的话，会生长发育迟缓、消瘦、体重过低、贫血、创伤不易愈合等，还容易感染各种疾病，严重缺乏还会产生智力障碍及营养性水肿。我国男性青少年每天所需的蛋白质供给量在 80~90 g，女性青少年每天所需的蛋白质供给量在 75~80 g。

脂类是脂肪和类脂的总称。脂肪是生命的物质基础，除存储和供给能量外，脂肪的主要功能是维持体温，保护内脏，缓冲外部压力，以及提供必需的脂肪酸和促进脂溶性维生素的吸收。类脂中的磷脂、糖脂和胆固醇构成细胞膜的类脂层，而胆固醇又是合成胆汁酸、维生素 D 和类固醇激素的原料。在脂肪摄入方面，不仅要控制脂肪摄入的总量，还要调整脂肪酸的摄入比例。饱和脂肪酸可以使血胆固醇升高，而不饱和脂肪酸则有助于降低血液中胆固醇的含量。因此，在日常饮食中补充一些富含不饱和脂肪酸的食物，对预防心血管疾病有积极的作用。

碳水化合物是为生命活动提供能量的重要营养素，食物中的葡萄糖、蔗糖、淀粉和纤维素等都属于碳水化合物。任何碳水化合物到体内经生化反应后最终都会分解为糖，因此也称为糖类。碳水化合物是构成细胞和组织的重要物质，除维持脑细胞的正常功能外，主要功能是为人体供给能量。碳水化合物每日为人体提供的热能占总热能的 60%～65%。需要说明的是，热能不是一种单纯的营养素，而是指各类食物的营养物质经消化后释放的热，主要满足人体的基础代谢、生长发育、人体活动和维持体温的需要。青少年对热能的需求超过从事轻体力劳动的成年人，且男性大于女性。我国男性青少年每天所需的热能供给量在 2 600～3 000 千卡，女性青少年每天所需的热能供给量在 2 500～2 700 千卡（任旭，沈建，1997）。

除了以上组成人体的三大物质以外，维生素是维持生命、生长和代谢必需的微量有机物，主要种类有维生素 A、B 族维生素、维生素 C 和维生素 D 等。维生素的供给量每天应不少于 700 国际单位（IU）才能满足青春期发育的需要；一个国际单位表示某种维生素一定的生物学效价。例如，1 个国际单位的维生素 A 大约为 0.0003mg，1 个国际单位的维生素 C 相当于 0.05mg。由于乳、蛋及动物性食品用量少，我国青少年膳食中维生素 A 普遍缺乏，主要来自胡萝卜素。

青春期个体发育旺盛，抗病能力强，体内各器官都处于生长发育阶段，器官损耗较少。因此，一般情况下，青少年的患病率较低。然而，青春期也会出现某些特殊的疾病，与营养相关的疾病主要有近视、龋齿、肺结核、月经不调、脱发、神经衰弱等。我国青少年近视的发病率极高，除了与用眼过度有关外，饮食中缺硒也是重要原因。近年来，青少年中高血压、肺结核等患病率明显上升。其中，高血压主要与肥胖儿的增加有关，而肥胖儿的出现大多与营养调适或者饮食多食盐有关。肺结核则是一种消耗性疾病，结核杆菌容易侵犯体质比较瘦弱的人，而且一旦患病，不加强营养就很难治愈。此外，青少年脱发及神经衰弱也与营养失调有关。

与月经有关的疾病在青春期比较常见，虽然初潮后月经不规律多为性发育不成熟所致，但也有不少是因营养不良而引起的。一些女孩为了苗条而减少吃脂肪类食物，导致身体消瘦，体内脂肪含量达不到一定比例而引起原发性或继发性闭经。青春期女孩出现贫血也比较常见，除了月经损耗外，更主要的还是与偏食、挑食、节食等导致蛋白质及铁等营养素摄入过少有关。

（二）睡眠与运动

在影响青少年生理成长的环境因素中，除了合理营养和预防疾病以外，还有充足的睡眠和适当的运动。

1. 睡眠对生理成长的影响

在青春期，生长激素的分泌与睡眠有密切的关系。研究发现，青少年在入睡后 30～40 分钟，血液中生长激素的浓度迅速升高，并在入睡后 1～2 小时达到高峰，然后浓度逐渐降低，在入睡后3小时降到最低。在其余时间里，血液中生长激素的浓度还会有第二次和第三次升高（钟青，1991）。生长激素在清醒状态下分泌非常少，如果睡眠时间晚，生长激素的分泌也会推迟；睡眠时间少，生长激素的分泌也少。此外，青少年在从事体力劳动和剧烈运动后，睡眠时生长激素的分泌会提早，分泌的数量也会增多。睡眠时生长激素的分泌量与年龄有关，从儿童期到青春期，睡眠时生长激素的分泌量快速增加，并在青春期达到高峰。成人后分泌量明显降低。青春期开始前只在睡眠时分泌，进入青春期后在睡眠及白天均分泌，分泌量增加7—8倍；此外，青春期前生长激素水平无性别差异，青春期开始后则女性高于男性（魏书珍，张秋业，1996）。

与儿童时期相比，青少年需要更长的睡眠时间，并且随着年龄的增长，需要更多的睡眠时间。睡眠时间太短，不仅会影响青少年的生长，而且会影响他们的学习。美国学者卡斯克顿（Carskadon）对青少年睡眠模式进行了大量研究，发现如果有机会想睡多久就睡多久，青少年平均睡眠时间为每天9小时25分钟。但多数青少年周一到周五的睡眠时间明显少于这一时间，他们往往会在周末补觉。研究发现，青少年时期褪黑素分泌比成人和儿童晚2小时。在青春期早期，松果体大约在晚间9点半分泌褪黑素；而在青春期晚期，松果体分泌褪黑素的时间要晚1小时。因此，让年龄较大的青少年推迟睡眠的时间，导致他们晚上睡眠不够，白天更容易犯困。2021年3月，我国教育部发布《关于进一步加强中小学睡眠管理工作的通知》中，要求"小学生每天睡眠时间应达到10小时，初中生应达到9小时，高中生应达到8小时"。

2. 运动对生理成长的影响

运动是促进身体正常发育和增强体质的重要手段，青少年的运动主要通过体育锻炼进行，对青春期生理成长具有重要的影响。

首先，合理的体育锻炼可以促进青少年身高增长和体重增加。一方面，体育锻炼可以促进人体的血液循环，改善骨组织的血液供应和代谢，加速造骨的过程，从而促进青少年身高的增长；另一方面，经常参加体育锻炼，能量消耗多，需要补充的营养物质也多，可以促使肌肉长得健壮。与不参加体育锻炼的青少年相比，经常参加体育锻炼的青少年平均高出约4厘米，体重增加均3千克，肺活量增加约1 000毫升（张清，2018）。

其次，合理的体育锻炼也可以使青少年呼吸机能和心脏机能得到增强。在体育锻炼时，一方面呼吸加深加大，使呼吸肌发达有力，促进呼吸系统发育；另一方面心脏的负荷加大，使心肌发达，心脏机能增强。与不参加体育锻炼的青少年相比，经常锻炼的青少年不仅肺活量大，而且脉搏次数较少。

最后，体育锻炼还能增强青少年的抗病能力和身体素质。体育锻炼可以使血液中的红细胞、白细胞和血红蛋白增加，血液循环加快，从而提高身体的营养水平和代谢水平，使循环系统和呼吸系统的抵抗能力得到明显增强，呼吸道疾病显著减少。

虽然运动和体育锻炼能增强青少年体质，促进青少年健康成长，但也要做到科学合理地运动，避免出现运动过量。青少年运动过量一般有两种情况：一种是由于运动时间过长、不科学的运动方法和不正确的运动姿势造成的运动过量，导致出现斜肩、习惯性脊柱弯曲等疾病；另一种是由于平时缺少锻炼，突然进行长时间的锻炼而造成的运动过量，导致出现疲惫、肌肉酸痛，并伴有头昏、食欲不振、心情烦躁等现象。女性运动过量可能会出现月经过多或紊乱。

青少年运动应注意做到以下几个方面：（1）要结合生长发展规律，进行全面的运动健身，促进身体各系统、各器官的正常发育；（2）要以发展身体的协调性和灵活性为主，适当加强力量和耐久力训练；（3）要把握好运动的强度和时间，做到运动适量；（4）在运动中要做到劳逸结合，并合理补充营养。

（三）家庭环境

在日常生活中可以观察到，生活在不太和谐或暗藏危机的家庭环境中的女孩会较早进入发身期。研究也发现，母亲对父母间冲突的报告数量，与女孩初潮的过早到来存在显著相关。一种解释是，夫妻争吵会使青少年情绪不安，本能地想早点长大成人，导致较早停止身高的增长。

从相反的角度看，发身期的出现也会增加青少年与父母之间的冲突，并导致亲子关系的疏远。这种变化既表现为冲突、抱怨和愤怒等消极行为的增多，也表现为微笑、支持等积极行为的减少。这些变化扰乱了儿童时期建立起来的亲子关系的平衡状态，导致家庭系统出现暂时的混乱。

此外，研究还发现，离异家庭（或者有继父的家庭）中的女孩初潮时间要早于非离异家庭中的女孩（赖斯，多金，2009）。并且，离异家庭中成长起来的青少年往往在身心发展上比同龄人提前，容易形成早熟人格。早熟人格有积极的一面，也有消极的一面。从积极的一面来看，具有早熟人格的个体往往独立性强，有主见，做事有目的性、有计划、有条理；从消极的一面来看，具有早熟人格的个体做事求稳，缺乏创造性，并容易形成冷漠、固执、孤僻等性格特点。

（四）社会经济状况

社会经济状况对青春期生理成长的影响，可以从发身期开始时间的长期变化趋势中观察到。一项研究对1845—1969年北欧部分国家和美国女孩月经初潮的平均年龄进行了比较，发现显著下降的趋势（见图2-13）。另有研究发现，100年前，美国女孩月经初潮的平均年龄是16岁，现在是12.8岁，年龄范围很广，早到10岁，晚至16岁（珍妮·艾里姆，唐·艾里姆，2009）。这个结果可以解释为不同时期社会经济状况对人们健康和营养条件的改善产生的影响。

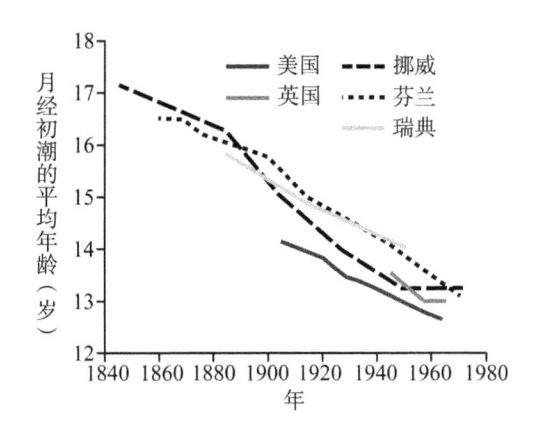

图 2-13　1845—1969 年北欧部分国家和美国女孩月经初潮的平均年龄

资料来源：桑特洛克.2013.青少年心理学［M］.寇彧,等译.北京：人民邮电出版社.

随堂巩固

1. 下面哪个词语不属于对青春期特点的描述？（　　）
   A. 心理断乳　　B. 发身期　　C. 反抗期　　D. 暴风骤雨时期
2. 在哪种文化下，老一辈人需要向年轻人学习？（　　）
   A. 前喻文化　　B. 并喻文化　　C. 后喻文化　　D. 后塑文化
3. 下面哪个部位不属于男性第二性征？（　　）
   A. 喉结　　B. 阴茎　　C. 胡须　　D. 肌肉
4. 在下面的项目中，哪些不属于 HPG 轴的组成部分？（　　）
   A. 松果体　　B. 性腺　　C. 下丘脑　　D. 垂体
5. 组成人体的三大物质不包括下面哪一项？（　　）
   A. 维生素　　B. 蛋白质　　C. 脂类　　D. 碳水化合物
6. 根据教育部相关文件，初中生每天睡眠时间应该是（　　）。
   A.7 小时　　B.8 小时　　C.9 小时　　D.10 小时

参考答案：1. C　2. C　3. B　4. A　5. A　6. C

拓展阅读

1. 玛格丽特·米德.1988.代沟［M］.曾胡,译.北京：光明日报出版社.
2. 陈静秋.2000.少男少女 100 问：送给中学生的礼物［M］.北京：社会科学文献出版社.
3. 阿德利亚安·伽罗万.2019.青春期的大脑发育：神经科学的解释［M］.刘丽丽,岳盈盈,译.北京：知识产权出版社.

本讲小结

1. 在中枢神经系统中，脊髓的主要功能是反射和传导；脑不仅控制呼吸、心跳、消化、觉醒、睡眠等基本生理功能，还执行知觉、记忆、思维、语言和情感等高级神经活动的功能。

2. 神经元的功能是接收其他神经元的信号，并将这些信号转换为新的信号传递给其他神经元。在中枢神经系统中，绝大部分神经元是中间神经元。在神经元之间传递信息主要依靠突触中的神经递质。

3. 脑的发育属于神经型生长模式，在个体发育过程中只存在一次突增期，主要发生在儿童早期。儿童时期脑重量的快速增长并不是由于神经细胞数量的增加，而是由于神经元之间突触的生长，以及神经纤维的伸长和髓鞘化。

4. 婴儿很早就在感知和注意方面有了主动性和选择性。跨通道知觉能力不仅有助于儿童分辨不同的感觉信息，也能帮助他们将这些信息整合为一个有机的整体。在儿童运动能力发展的过程中，手眼协调能力的发育对促进运动能力、智力和行为起着非常重要的作用。

5. 根据动态系统理论，动作的发展并不是由基因决定的被动过程，而是婴儿在身体能力和环境条件的支持下，运用技能以完成某个目标的主动过程。

6. 青春期不仅是一个生物学概念，也是一个社会学概念。从生物学上看，青春期与发身期的含义相同；从社会学的角度看，青春期与青少年期的含义相同。青春期的特点应该从生理、心理和社会三个方面进行描述。

7. 米德认为，青春期的危机和困难不是由先天因素决定的，而是由后天因素决定的。20世纪60年代以来，文化传递由前喻文化和并喻文化向后喻文化过渡，并表现出越来越明显的代沟。

8. 第一性征指男女生殖器官的不同外形和构造特征，由性染色体决定；第二性征也称副性征，指男女两性除了生殖器官以外的外貌特征区别，在进入青春期后才出现。

9. 青春期发育过程中身体出现的各种变化主要受到激素的调节和控制。发身期的出现是由于下丘脑—垂体—性腺轴（简称HPG轴）被激活，有三种观点解释HPG轴的激活机制。

10. 热能不是一种单纯的营养素，而是指各类食物的营养物质经消化后释放的热量，主要满足人体的基础代谢、生长发育、人体活动和维持体温的需要。

11. 青少年需要更长的睡眠时间，表现为青少年起床的时间越来越晚。

12. 合理的体育锻炼不仅可以促进青少年身高增长和体重增加，而且可以使青少年呼吸机能和心脏机能得到增强。

13. 生活在不太和谐或暗藏危机的家庭环境中的女孩会较早进入发身期，发身期的出现也会增加青少年与父母之间的冲突，并导致亲子关系的疏远。

总结练习

（一）选择题

1. 脑重量增加最快的时期是（　　）。
   A. 幼儿期　　　B. 婴儿期　　　C. 学前期　　　D. 学龄初期
2. 儿童心理现象开始发生的标志是（　　）。
   A. 吸吮反射　　B. 视觉　　　　C. 听觉　　　　D. 条件反射
3. 儿童动作发展最快的时期是（　　）。
   A. 幼儿期　　　B. 婴儿期　　　C. 学前期　　　D. 学龄初期
4. 世界卫生组织将哪一个年龄段界定为青春期？（　　）
   A. 13～18岁　　B. 10～20岁　　C. 10～21岁　　D. 11～21岁
5. 下面哪种现象不属于青春期发育异常？（　　）
   A. 真性性早熟　B. 假性性早熟　C. 近视　　　　D. 性晚熟
6. 下面有关青春期发育特点的叙述哪个是错误的？（　　）
   A. 身高和体重突增
   B. 出现第二性征
   C. 男性出现遗精，女性开始排卵
   D. 女性进入青春期的平均年龄比男性晚

（二）简答题

1. 简述中枢神经系统的构成和主要功能。
2. 简述脑的生成与发育的基本过程。
3. 简述0～2岁动作发展的基本规律。
4. 简述青春期的三个阶段及其主要特点。
5. 简述HPG轴激活的三种观点。
6. 为什么青少年需要更长的睡眠时间？

选择题参考答案：1. B　2. D　3. C　4. B　5. C　6. D

第三讲
智力与认知发展

> **概述**

  在人的心理成长和发展中，智力与认知能力的发展不仅与感知和运动能力的发展密切相关，而且与知识和技能的获得密切相关。前者主要依赖人的神经系统的成熟和个体出生后与外部环境的互动，而后者则主要依赖学校为个体提供的多种学习机会，尤其是语言、数学等抽象符号知识的学习机会。随着年龄的增长，尤其是进入青春期以后，个体不仅发展出较强的逻辑思维能力，而且能够通过元认知过程对自己的思维过程进行再加工。这些能力使初中阶段学生的智力（主要是流体智力）达到一个全新的高度，各种基于知识和经验的认知能力（主要是晶体智力）也得到迅速的发展。

  这一讲包括三节内容。第一节介绍智力测验和智力成长的基本规律，以及不同理论对智力组成要素的解释；第二节介绍认知的信息加工理论，并进一步解释智力成长的心理机制；第三节介绍元认知的含义和几种包含元认知的智力理论，并介绍如何在教学中培养学生的元认知能力。

> **关键词**

第一节	智力测验、智商、智力的二因素理论、发生认识论、文化历史理论、最近发展区、零点计划、多元智力理论
第二节	信息加工、存储模型、短时记忆（工作记忆）、加工水平模型、ACT模型、陈述性知识、程序性知识、产生式、自适应学习
第三节	元认知、元认知体验、元认知监控、反省智力、元成分、计划系统、元认知能力发展

知识结构图

第一节 智力的生成与发展

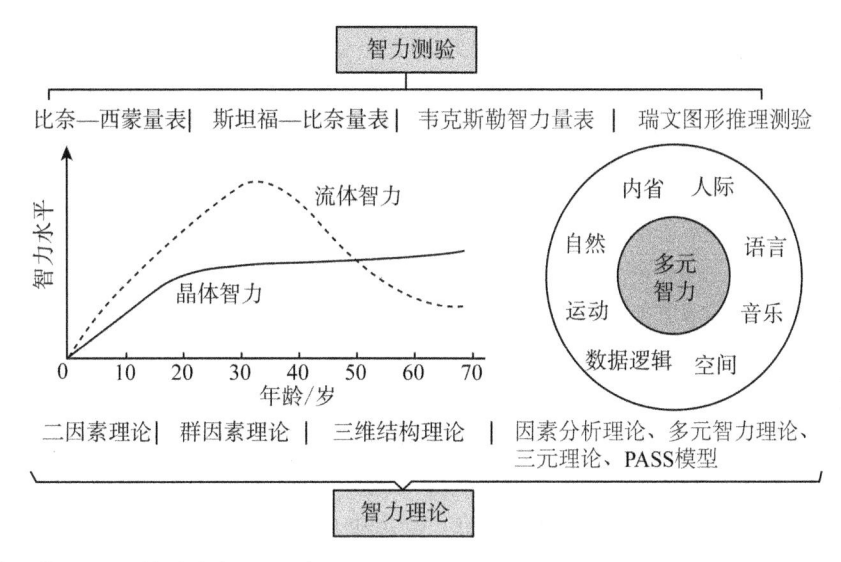

智力测验

比奈—西蒙量表 | 斯坦福—比奈量表 | 韦克斯勒智力量表 | 瑞文图形推理测验

智力水平曲线图：流体智力、晶体智力随年龄（0—70岁）的变化

多元智力：内省、人际、语言、音乐、空间、数据逻辑、运动、自然

二因素理论 | 群因素理论 | 三维结构理论 | 因素分析理论、多元智力理论、三元理论、PASS模型

智力理论

第二节 认知的信息加工理论

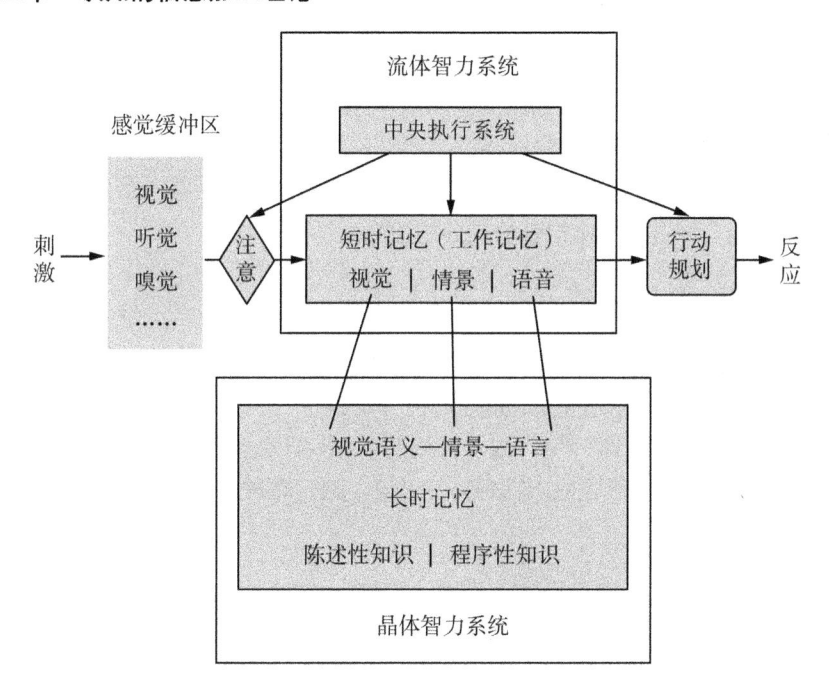

流体智力系统

刺激 → 感觉缓冲区（视觉、听觉、嗅觉……）→ 注意 → 短时记忆（工作记忆）：视觉 | 情景 | 语音 → 行动规划 → 反应

中央执行系统

晶体智力系统：视觉语义—情景—语言，长时记忆，陈述性知识 | 程序性知识

/ 051 ///

第三节 元认知与青少年思维发展

```
                    元认知知识 | 元认知体验 | 元认知监控
                              ╲  │  ╱
                              ╲ 构成 ╱
   元认知与青少年                 ◆                      鼓励学生表达
   思维发展         ◆ 应用    元认知    培养 ◆         给予学生理解反馈
                                                       让学生记录自己的思维过程
   元认知与教育                   ◆                      ……
   目标分类                    理论
                              ╱  │  ╲
                    真智力理论  智力三元理论  智力PASS模型
                   （反省智力） （元成分）   （计划系统）
```

学习目标

1. 说出常见的智力测验，能列举比率智商和离差智商的区别。
2. 说明发生认识论和文化历史理论的基本观点，解释图式和最近发展区的含义。
3. 说明多元智能理论的基本观点，并与传统智力理论进行对比。
4. 画出人的信息加工的基本过程，并将人与计算机进行类比。
5. 说明存储模型与加工水平模型的基本观点，解释短时记忆和工作记忆两个概念的区别和联系。
6. 比较 ACT 模型和自适应学习理论的不同。
7. 说出元认知的定义和成分。
8. 描述青少年思维的基本特点。
9. 解释教育目标分类学中包含的元认知成分。

引导性问题

1. 你做过智力测验吗？你知道几种智力测验量表？
2. 人的智力会随着年龄的增长而增长吗？
3. 你听说过"零点计划"吗？这个计划的名称有什么含义呢？
4. 为什么人们将计算机称为电脑呢？它与人脑有哪些相同的地方，又有哪些不同的地方？
5. 短时记忆和工作记忆是相同的吗？
6. 你知道陈述性知识与程序性知识的区别和联系吗？
7. 如何理解"元认知是关于认知的认知"这句话？
8. 青少年的思维有哪些特点？
9. 元认知与人的智力有什么关系？怎样才能培养元认知能力呢？

知识详解

▸▸ 第一节　智力的生成与发展 ◂

长久以来，关于智力的本质，以及是否存在不同类型的智力等问题，一直存在许多争论。心理学家通过开展智力测验、分析智力要素等方法，对智力的本质和特点、智力的发展过程、智力的分类等进行探索，试图解释智力发展的原因和机制，不断更新和推进人们对智力的认识，并为如何通过教育促进学生的智力发展提出了许多有价值的建议。

一、智力测验与智力理论

每个学校都存在一些学习困难的学生，有人会认为是他们的智商[①]较低。然而，虽然智力水平是影响学生学习的重要因素，但并不是唯一因素。许多学生学习困难，并不是因为智力水平低，而是因为存在一些特殊的学习能力缺陷，如注意力障碍、感觉统合失调、阅读困难、计算能力差等，而更多的学生可能只是因为没有掌握正确的学习方法，或者缺乏良好的学习习惯。

怎么才能确定某个学生学习困难是不是因为智力水平低下呢？大家可能会想到带学生做一次智力测验。然而，心理学家编制了各种不同的智力测验，该选哪一种测验？又如何理解智力测验的分数呢？

（一）智力测验

在 19 世纪，英国哲学家认为智力是以处理感觉信息的能力为基础的。受这一观点的影响，高尔顿于 1883 年设计了一系列任务来测量人的视觉、听觉、嗅觉、味觉等感知能力，并将这些任务称为"心理测验"，这算是世界上最早的智力测验了。然而，这些测验的结果与被测者的学习成绩只有很小的相关。直到 20 多年后，法国心理学家比奈（Binet）编制出世界上第一套真正的智力测验，开启了人类用量化方法研究智力的历程。

1. 比奈—西蒙量表

心理学家比奈和医生西蒙受法国教育部的委托，编制了一套能区分智力低下的学生和智力正常的学生的测验。比奈和西蒙没有采用感知任务，而是利用了一系列认知问题来评定儿童的智力。例如，要求儿童说出"昨天"和"明天"的不同。这些测验的得分与儿童的学习成绩高度相关，得到教育部门的认可。1905 年，世界上第一套智力测验——比奈—西蒙量表正式发布，并很快扩展到其他国家。发表第一个版本后，比奈和

[①] 智商就是通过智力测验获得的，用于描述一个人智力水平高低的分数。

西蒙又分别于 1908 年和 1911 年对第一个版本进行了修订。

比奈—西蒙量表适用于 3~18 岁儿童，每个年龄组都有 4~8 个题目，修订后的量表一共有 54 道题，题目示例见表 3-1。比奈用"智力年龄"来表示儿童的智力发展水平，计算方法如下：如果一个儿童答对 5 岁年龄组的所有问题，他的智力年龄的基数就是 5 岁；在 5 岁以后的问题中，每答对 5 道题，智力年龄就加 1 岁，一直加到 10 岁（需要答对 25 道题）；达到 10 岁智力年龄后，每答对 1 道题，加 5 个月的智力年龄，一直加到 12 岁（需要再答对 4 道题）；达到 12 岁智力年龄后，每答对 1 道题，加 7 个月的智力年龄，答对 5 道题，加 3 岁的智力年龄；达到 15 岁的智力年龄后，可以判定儿童属于优秀或天才。

表 3-1 比奈—西蒙量表题目示例

年龄（岁）	题目示例
3	指点鼻子、眼睛和嘴； 重复两位数字； 列举图画中物体； 说出自己的姓氏； 重复一个由 6 个音节组成的句子
6	区别早晨和晚上； 数出 13 便士； 在图画中指出画得丑和好看的脸
9	分出 9 种钱币的价值； 按顺序报出月份的名字； 回答简单的"理解问题"（如错过火车后怎么办？——等下一趟车）
12	用 3 个给定的词汇组成一个句子； 3 分钟内说出 60 个单词； 对 3 个抽象词进行定义（慈善、公正、善良）

资料来源：黄希庭. 2007. 心理学导论 [M]. 2 版. 北京：人民教育出版社.

由于存在非标准化和过于简陋等问题，现在比奈—西蒙量表已很少被使用，但这个量表在智力测验发展史上具有里程碑式的意义，为后续智力量表的编制提供了方向（戴海崎，张峰，2018）。

2. 斯坦福—比奈量表

1916 年，美国斯坦福大学心理学家推孟（Terman）对比奈—西蒙量表进行了修订，编制出斯坦福—比奈量表，并首次引入"比率智商"（IQ）这个后来被广泛采用的概念作为个体智力水平的指标，计算方法是：比率智商＝（智力年龄/实际年龄）×100。例如，一个 6 岁儿童如果答对了 7 岁组的所有问题，就可以认定该儿童的智力年龄为 7，那么他的比率智商就是 117。

此后，推孟等人对斯坦福—比奈量表进行了几次修订。其中，推孟主持修订的 1960 年版本采用了平均数为 100、标准差为 16 的离差智商代替比率智商作为个体智力水平的评估指标，离差智商是指个体智力在同一年龄组群体中所处的位置，通过计算个体原始得分距离平均值多少个标准差来衡量智商高低。

3. 韦克斯勒智力量表

比奈—西蒙量表和斯坦福—比奈量表适合评估儿童的智力。为了更好地对成人的智力进行评估，美国心理学家韦克斯勒（Wechsler）于 1939 年发表了韦克斯勒—贝尔韦量表，可用于儿童与成人。并以此为基础进行修订：1949 年，制定了韦氏儿童智力量表，适用于 6～16 岁的儿童；1955 年，制定了韦氏成人智力量表，适用于 16 岁以上人群；1967 年，制定了韦氏幼儿智力量表，适用于 4～6 岁幼儿。

韦克斯勒将智力解释为"个人行动有目的的、思维合理的、有效应对环境的一种聚集的或整体的能力"，他的成人智力量表包括 11 个分测验，其中，文字部分称为言语量表，包括常识、理解、心算、相似性、背数、词汇 6 个分测验；非文字部分称为操作量表，包括译码、填图、积木图案、图片排列、图像组合 5 个分测验。

韦氏儿童智力量表第五版（WISC-V）是现有最新的英文版本。该量表不仅会提供一个代表儿童"一般智力"的总量表智商，而且同时提供五个主要的指标分数：言语理解能力指数（VCI）、视觉空间能力指数（VSI）、流体推理指数（FRI）、工作记忆指数（WMI）和加工速度指数（PSI），具体量表结构见图 3-1。WISC-V 不仅可以为针对学习困难和认知缺陷的干预项目提供实证数据，而且可以评估儿童的认知发展水平。

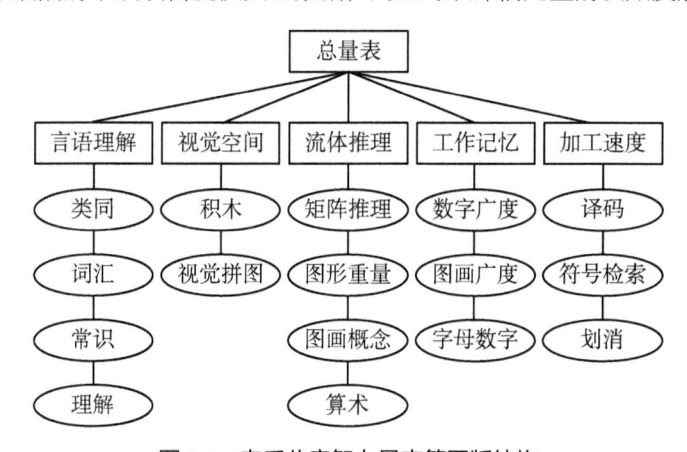

图 3-1　韦氏儿童智力量表第五版结构

资料来源：丁怡，肖非，范中豪，等 . 2016. 关于美国《韦氏儿童智力量表—第五版》的性能简介［J］. 中国特殊教育（7）:18-25.

4. 瑞文图形推理测验

瑞文图形推理测验是由英国心理学家瑞文（Raven）在 1938 年设计出的一种非文字智力测验，主要以图形作为施测手段，通过让个体完成一系列有规律的图形填空来测验个体的观察力和清晰思维的能力，题目形式见图3-2。

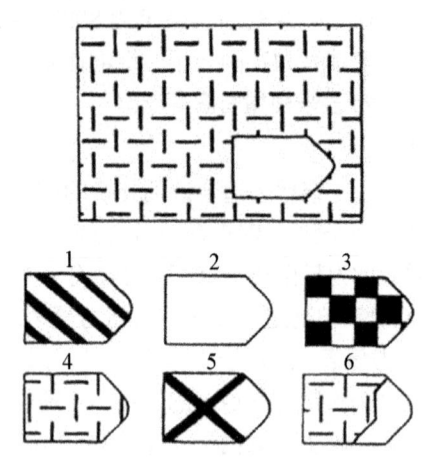

图 3-2 瑞文图形推理测验题目示例

瑞文图形推理测验可以进行单独施测，也可以进行团体施测，使用方便，省时省力，结果解释直观简单，具有较高的信度和效度。此外，瑞文测验适用的年龄范围广，测验对象不受文化、种族、语言的限制，并且可以用于聋哑儿童、文盲等，是目前使用较为广泛的一种智力测验工具。

上述提到的四种智力测验可以为评定个体的智力提供较为有效的参照。但需要注意的是，由于测验在实际使用中具有一定的局限性，所以施测者在使用这些测验时不能盲目地迷信测验结果，应结合多方面的信息进行综合判定，以免出现误判。

（二）智力理论

智力理论是心理学家对于智力的实质和构成要素所作阐述的总称。早期，人们认为智力是一种不可分割的整体能力，但随着研究的深入，逐渐发展出了智力二因素理论、群因素理论、三维结构理论、因素分析理论等不同的智力理论。

1. 智力二因素理论

1904年，英国心理学家斯皮尔曼（Spearman）提出智力二因素理论，认为智力由一般因素和特殊因素组成。其中，一般因素称为"G因素"，是完成任何活动都必备的共同因素，是决定个体智力水平的主要因素；特殊因素称为"S因素"，是完成某种活动必备的特有因素，只在特定的状态下表现出来，如口语能力、算数能力等。

2. 智力群因素理论

智力群因素理论由美国心理学家瑟斯顿（Thurstone）提出。他通过把智力测验中50多种不同的相关矩阵提供给多因素分析，提取出了一些他称为"基本智力"的因素，包括语词理解、言语流畅、推理、数字计算、机械记忆、知觉速度及空间知觉等，因此智力群因素理论也称基本心理能力论。斯皮尔曼的G因素似乎在瑟斯顿的分析中消失了，这一度成为英国和美国心理测验学家之间激烈争论的问题。瑟斯顿认为，基本智力本身是正相关的，当它们成为被分析的因素时，斯皮尔曼的 G 因素便恢复为次级的或超因素的。

3. 智力三维结构理论

智力三维结构理论由美国心理学家吉尔福特（Guilford）在 1967 年提出，从内容、操作和产品三个维度构建智力结构（见图 3-3），内容指智力活动的对象，包括图形、符号、语义、行为等（后来又增加了听觉）；操作指智力活动的过程，包括认知、记忆（后分为短时记忆和长时记忆）、聚合思维、发散思维、评价；产品指智力活动的结果，包括单位、分类、关系、系统、转换、蕴含。一个完整的智力活动是指通过对内容进行操作从而获得一个产品的过程。

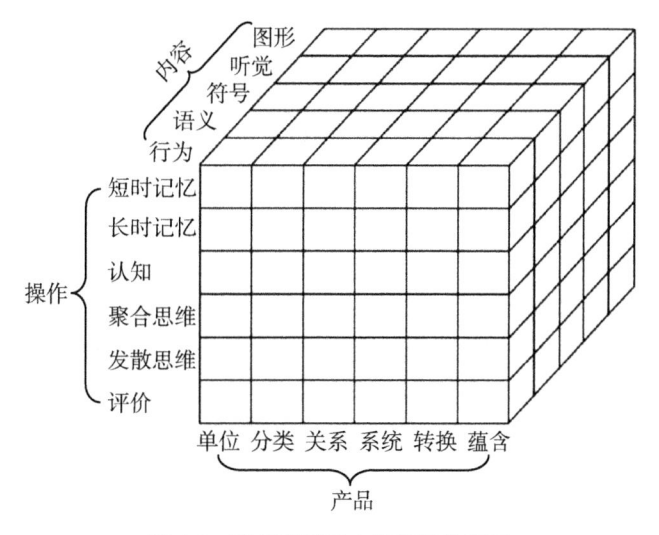

图 3-3　吉尔福特智力三维结构模型

4. 智力因素分析理论

早在 1943 年，美国心理学家卡特尔（Cattell）根据是否涉及知识经验，将认知分为两大类的观点。1966 年，霍恩（Horn）和卡特尔正式区分流体智力与晶体智力（也被翻译为液态智力和晶态智力）。其中，流体智力是在新情境中理解复杂关系的能力，如记忆、运算速度、推理能力、空间知觉等，这些能力主要受先天遗传因素影响，较少受后天经验的影响；晶体智力是在流体智力的基础上，通过后天学习而获得的能力，表现为利用已有知识和技能解决问题的能力。霍恩和卡特尔认为这两种智力是广泛存在的，都属于一般智力。为了区别于斯皮尔曼的 G 因素，他们将流体智力表示为 G_f，将晶体智力表示为 G_c。后来，霍恩和同事将以上两种智力进一步扩大到 9 种能力，包括流体智力（G_f）、晶体智力（G_c）、数学能力（G_q）、视觉加工能力（G_v）、听觉加工能力（G_a）、加工速度（G_s）、短时记忆（G_{stm}）、长时记忆检索（G_{lr}）、快速决策（CDS）。这些一般能力要素为各种智力测验提供了理论基础。

以上智力理论将智力狭隘地局限在语言和数理逻辑能力上，忽略了个体在其他方面的能力，并不能完整地揭示智力的本质和发展。20世纪80年代以后，随着智力研究的进一步深入，各种新的智力理论应运而生，主要包括美国心理学家加德纳（Gardner）提出的多元智力理论、美国心理学家斯滕伯格（Sternberg）的智力三元理论、加拿大心理学家戴斯（Das）等提出的PASS模型等相关内容后续章节会展开讨论。

二、智力发展的规律与机制

除了对智力的组成和结构进行探索外，心理学家对智力发展的规律也进行了深入的研究，并试图解释智力发展的心理机制，其中，最具有影响力的理论就是皮亚杰的发生认识论和维果茨基的历史文化理论。

（一）智力发展的一般规律

智力发展的规律可以从纵向和横向两个方面进行了解。从纵向上看，主要是智力随年龄增长的变化趋势；从横向上看，主要是同龄群本中不同个体间的智力差异。

1. 智力发展的年龄趋势

关于智力随年龄增长的变化规律，不同时期的心理学家进行了持续的探索。20世纪20年代，本特纳发现个体从出生到5岁的这段时间内，智力发展最快；5~10岁，智力发展持续上升；10~15岁，智力发展速度开始减缓；16~18岁，智力水平就基本稳定下来。1964年，美国心理学家布鲁姆（Bloom）绘制了个体智力与年龄之间的相关曲线图，发现如果将个体17岁时达到的智力水平看成100%，那么，个体从出生到4岁，潜在智力已经发展了50%；从4岁到8岁，又发展了30%；而从8岁到17岁，又发展了20%。这种关于儿童智力发展速率的假设被称为"布鲁姆百分比"（见图3-4）。

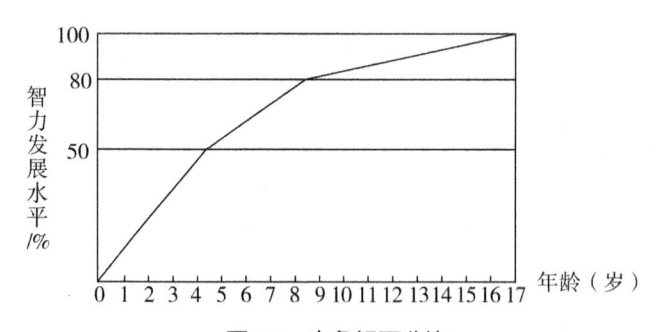

图3-4　布鲁姆百分比

资料来源：邱章乐，杨春鼎．2013．潜能教育［M］．北京：线装书局．

布鲁姆百分比只是假设，缺乏实证数据。美国发展心理学家贝利（Baylay）利用贝利婴儿发展量表、斯坦福—比奈智力量表和韦克斯勒成人智力量表等，对一个被试群体从出生开始做了长达36年的追踪研究，发现13岁以前，人的智力几乎呈直线上升发展；13岁后上升速度开始放缓；到25岁时智力达到高峰，并在26~36岁保持在高原水平；36岁开始有下降的趋势（桑标，2003）。这个研究为布鲁姆百分比假设提供了支持。

在卡特尔区分了流体智力和晶体智力后,一些研究发现,布鲁姆百分比假说只适用于流体智力。晶体智力在20岁以前增长迅速,20岁以后仍然缓慢增长,一直到60岁才开始衰退(见图3-5)。

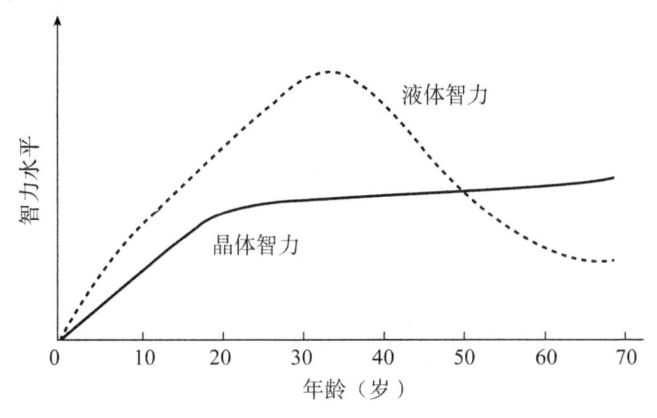

图 3-5 智力水平发展的年龄趋势
资料来源:黄希庭.2007.心理学导论[M].2版.北京:人民教育出版社.

更多研究发现,不同智力要素发展的进程各不相同。例如,美国心理学家迈尔斯等研究了某些能力在不同年龄阶段的平均发展水平,发现知觉能力在10~17岁时发展最好;记忆能力、动作和反应速度在18~29岁时发展最好;比较与判断能力在30~49岁时发展最好(徐厚道,2003)。

2. 智力分数的人群分布

智力分数的人群分布与智力落后、智力超常等概念密切相关。在大量智力测验研究的支持下,心理学家发现智商的人群分布情况呈现中间多两边少的倒U形正态分布。具体说,以100分为平均分,15分为标准差,那么,智商在85~115分的人占68.26%;智商在115~130分的人及在70~85分的人分别约占13.59%;智商超过130分的人和低于70分的人分别只占2.14%(见图3-6)。

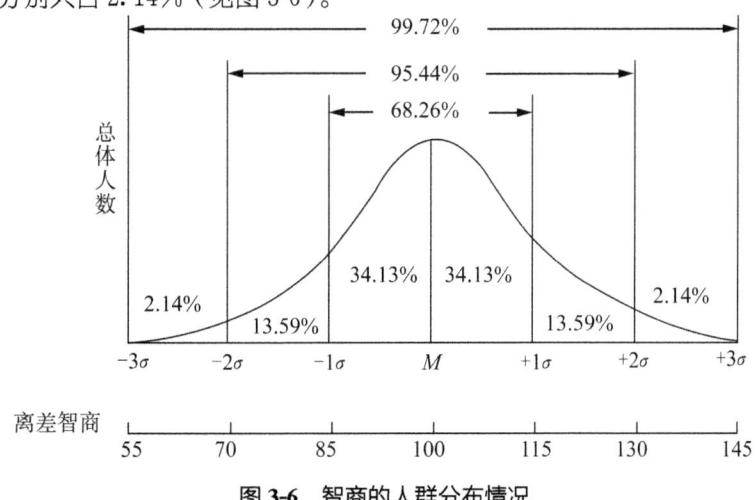

图 3-6 智商的人群分布情况

一般情况下，人们将智商超过 140 分的人称为智力超常者，在人群中仅占 0.8%（百里挑一）；将智商在 80~90 分的人称为学习困难者；将智商在 70~80 分的人称为迟钝者；将智商在 70 分以下的人称为智力缺陷者。

（二）皮亚杰的发生认识论

皮亚杰的发生认识论是心理学中很有影响力的心理发展理论。皮亚杰认为个体的智力发展既不是源于先天的成熟，也不是源于后天的经验，而是源于个体通过对一个或一组对象进行操作而实现的与环境的相互作用。皮亚杰将这种操作称为运算，将其定义为通过思维而不是行动实现的转换，也称心理运算。按照这种理解，个体的心理发展就是个体在与环境相互作用的过程中，通过各种运算不断建构心理结构，从而适应环境的过程。皮亚杰将心理运算的过程和建构的心理结构称为图式，并利用图式来解释个体适应环境的机制，描述人的认识发展过程。

1. 个体适应环境的机制

个体适应环境的机制可分为同化和顺应两个过程。同化与顺应是皮亚杰从生物学移植到心理学的概念，最早见于皮亚杰在 1936 年出版的《儿童智力的起源》。同化就是把环境因素纳入主体已有的图式之中，以丰富和加强主体的动作，引起图式力量的变化；顺应则是主体的图式不能同化客体，必须建立新图式或调整原有图式，引起图式的质的变化，使主体适应环境。

利用同化和顺应的观点解释个体适应环境的机制，当个体已有图式接收到外界的新刺激后，个体认知会出现一种不平衡的状态，并促使个体去适应新刺激：如果新刺激与已有图式一致，那么个体无须改变原有图式就可达到平衡状态，这个过程称为同化；如果新刺激与已有图式不一致，个体需要改变原有图式来适应新刺激才能达到平衡状态，这个过程称为顺应（见图 3-7）。简单地说，刺激输入的过滤或改变叫同化；内部图式的改变以适应现实叫顺应（石向实，1996）。

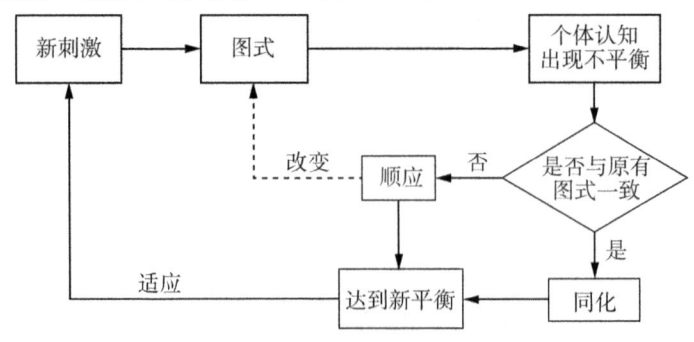

图 3-7 个体适应机制示意图

2. 认识发展的四个阶段

皮亚杰将人的认识发展过程分为四个阶段，并且指出了每个阶段对应的年龄。四个发展阶段对应的年龄和发展特点如下。

（1）感知运动阶段（0~2岁）

这个阶段的个体通过探索感知与运动的关系来获得动作经验。人们常常可以看到婴儿喜欢吸吮手指或者下意识地将物体放入口中啃咬，这些都是他们通过感知运动来获得经验的表现。随着运动协调能力的发展，婴儿在8~12个月的时候（感知运动阶段的晚期）获得了客体永恒性，表现为当一个对象从视野中消失时，婴儿也知道该对象仍然存在，并未真的消失。客体永恒性的获得是感知运动阶段智力发展的一个重要指标和成就，是儿童认知活动发展的基础。

（2）前运算阶段（2~7岁）

这个阶段的个体认为万物有灵，即使是桌椅板凳也是有生命的物体，并且他们大都以自我为中心，但这并不意味着他们是自私的，只是他们的认知程度还无法做到区分自己与他人的不同。他们的思维具有不可逆性和刻板性。例如，他们也许知道1加1等于2，但如果反过来问他们2减1等于几？他们可能就犯愁了。前运算阶段的儿童还有一个特点是在做判断时只能用一个标准或维度。例如，有两个10mL的量杯，一个量杯形状高瘦，一个量杯形状矮胖，有的儿童可能以"高矮"作为评判标准就会觉得高瘦的量杯装得多，而以"胖瘦"作为评判标准的儿童就会认为矮胖的量杯装得多。此外，这个阶段的儿童也没有形成守恒的概念，如果将前面提到的高瘦量杯里的水倒入矮胖量杯里，有的儿童就会认为水的量发生了变化。

（3）具体运算阶段（7~12岁）

这一阶段的个体思维有两个主要特点：一是形成了守恒的观念，能够从一个概念的各种具体变化中抓住实质或本质；二是具备了思维的可逆性，能进行群集运算，包括组合性、逆向性、结合性、同一性、重复性五个方面。此外，该阶段的个体已经可以进行简单的抽象思维，但必须借助于具体的事物。他们已经可以理解原则和规则，但不敢改变规则，只能刻板地遵守。

（4）形式运算阶段（12岁以后）

这一阶段的个体可以在头脑中将形式和内容分开，能够区分现实性与可能性，根据假设来进行逻辑推演，并通过逻辑推理、归纳和演绎的方式来解决问题。这个阶段个体的思维以命题的形式进行，具有可逆性、补偿性和灵活性的特点，抽象思维的程度接近成人水平，能够理解符号的意义、隐喻和直喻，并且对于事物具有一定的概括能力。皮亚杰认为，在具体运算阶段，个体习惯于解释具体的客观和具体事件的改变；而在形式运算阶段，个体习惯于形成并修正自己的想法，表现为能对事件提出假设并进行解释，形成符合逻辑的假说。

需要说明的是，教师在日常教学中对学生所处认知阶段进行判断时，应当以学生认知特点作为主要依据，而非简单地以儿童年龄划分认知阶段。

（三）维果茨基的文化历史理论

维果茨基创立的文化历史理论在许多方面不同于皮亚杰的发生认识论。根本区别在于，与皮亚杰强调个体通过与外部环境的直接交互作用而建立自己的心理结构不同，维果茨基认为人的心理是在掌握间接的社会文化经验的过程中产生和发展的，强调传递文化经验的教育在心理发展中起到的主导作用。

1. 低级心理机能和高级心理机能

维果茨基将人的心理机能分为低级心理机能和高级心理机能。其中，低级心理机能是指人与其他哺乳类动物共有的感知、注意和记忆的能力，这种心理机能由客体引起，是被动的且不随意的；高级心理机能是指人特有的解决问题、思考和计划等方面的能力，涉及语言及其他文化工具的使用，是由主体自觉发起的，是主动且随意的。这里所说的"随意的"不是我们日常生活中理解的"随便"或"不在意"，而是指"由意识控制"或者说"有意识的"。相反，"不随意的"则是指"不由意识控制的"或"无意识的"。

2. 内化与外化的心理发展机制

维果茨基认为人的心理从与他人的互动中发展而来，是一个受到文化产品、活动和概念等中介调节的过程，而语言是最重要的调节手段。他认为个体的心理会在环境和教育的影响下，由低级心理机能逐渐转化为高级心理机能。这个过程通过外部动作的内化和智力动作的外化实现，并且个体在高级心理机能发展的过程中会自动重组低级心理机能。例如，婴儿刚出生时并不具有高级心理机能，但当其感知且注意到妈妈在不断地用言语和动作向其重复拿东西的指令，那么他就会通过记忆将这个外部动作内化成他自身的心理结构，当被内化的动作被再次转化为外显的实际动作后，人的高级心理机能也随之形成了（王光荣，2009）。值得一提的是，外部动作的内化既可通过教学，也可通过日常生活、游戏和劳动等手段来实现。

3. 最近发展区（ZPD）

最近发展区是指学生独立活动时达到的解决问题的水平，与在他人帮助下能够达到的最佳解决问题的水平之间的差异。这个概念被广泛运用在学校教学中，提倡教师的教学要一直走在学生的现有水平之前，但又不可过分超出学生能够达到的潜在水平（见图 3-8）。如此教学既能激发学生的学习兴趣，又能为学生带来获得成功后的成就感，对促进学生发展十分有效。

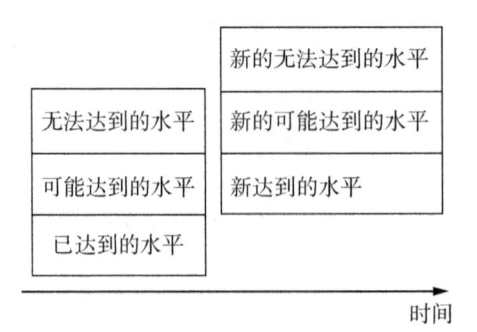

图 3-8 应用最近发展区的教学策略

受到最近发展区理论的启发，一种行之有效的教学方式——支架式教学流行开来。支架式教学是指学生在进行初次学习时，教师给予相应的支持，但随着学生学习的深入，教师的支持也会逐渐减少，直到学生有能力独立完成学习任务为止。

维果茨基在《高级心理机能发展》中提出"两种工具"的观点：一种是人与自然交往的工具，称为物质工具；一种是人与人交往的工具，即人类的语言和符号，称为心理工具。维果茨基认为，物质工具使人脱离了动物世界，而心理工具则使人的心理机能从低级上升到高级。因此，人的心理发展不再受生物规律制约，而是受社会历史发展规律制约。除维果茨基外，持这种观点的还有心理学家列昂节夫和鲁利亚，所以，这个学派也称"维列鲁学派"或"社会文化历史学派"。

三、"零点计划"与多元智力

1957 年，苏联成功发射第一颗人造卫星的消息对美国产生了巨大的冲击，美国的民众为自己国家落后于苏联而感到不满，并且开始质疑国家的教育部门是否出现了问题。经过广泛的调查发现，美国的科学教育是先进的，但艺术教育落后，正是美国科技人员较低的文化艺术素质导致了空间技术的落后（唐映红，2001）。

在美国哲学家和逻辑学家古德曼（Goodman）的倡导下，美国哈佛大学教育学院于 1967 年发起"零点计划"。该计划用"零点"命名，意指美国对文化艺术教育认识的空白。这个计划打算用 20 年的时间，组织 100 名科学家进行研究，并在 100 多所私立学校开展实验。

（一）理论基点

长期以来，哲学界和心理学界只普遍关注人类的语言和逻辑符号，以艺术为代表的表情和传播体系未曾受到关注。20 世纪 60 年代，古德曼在《艺术的语言》中提出有关人类运用各种主要符号体系的分类学，涵盖了各门艺术的符号体系，包括音乐、诗歌、体态和视觉图形等。由于古德曼从认识论的范畴来解释人类的符号体系，由他发起的"零点计划"吸引了一大批心理学家和教育学家，围绕艺术的概念学习和学习过程开展了多学科的研究。

"零点计划"的理论基础是认知心理学，核心是将艺术活动看成人类心理活动，强调艺术活动者必须在内部的心理过程中建构艺术的符号体系，不仅能够认读音乐的多样风格，洞察诗歌和文学作品中隐含的意义，而且能够适用抽象的形式和色彩渲染人类的各种情绪，创造各种情境。

（二）研究过程

自"零点计划"诞生以来，一共经历了三个阶段的发展。

第一个阶段是 20 世纪 70 年代，在哈佛大学心理学家帕金斯（Perkins）和加德纳的带领下，"零点计划"从对艺术教育的理念性问题的探索转向心理学研究。帕金斯领导的认知机能课题组主要研究成人的知觉和认知潜能；加德纳领导的发展心理课题组主要研究正常和天才儿童在符号运用方面的发展特征。

第二个阶段是20世纪80年代，"零点计划"在持续开展心理学研究之外，开始进行艺术教育的研究和开发，参与人数众多，涉及的项目也越来越多，成为涵盖多元智能理论、评价、理解、学校发展、教师培训等多个主题的大型研究课题。大部分研究主题涉及从学前到大学各阶段艺术教育的分析和应用，研究成果对艺术和人文学科的多个领域做出了重要的贡献。例如，关于儿童艺术潜能的研究发现，在某些艺术领域，幼童的能力可以达到惊人的水平；关于艺术发展个体差异的研究发现，跨领域同步发展的相关性较低，并且大脑的特定区域对应特定的认知能力，这个发现也促进了多元智力理论的提出。

第三个阶段是20世纪90年代以后，"零点计划"主要致力于对各类教学法和教学改革方案进行修改和完善，不仅极大地推动了美国的教育改革，对包含中国在内的其他国家来说也具有极大的借鉴意义。

（三）主要研究成果

"零点计划"的成果非常丰富，但对心理学、教育学冲击最大的是由加德纳在1983年提出的多元智力理论。在此之前，关于智力的研究主要沿着两条主线展开：一条线是强调智力的一般因素，将人的智力看成一种抽象通用能力；另一条线是强调智力的特殊因素，将人的智力分解为相互独立的要素和能力，通过对各个要素的简单相加作为智力水平的指标。这两种观点的共同缺点是脱离人类在实际生活、学习和工作中的心理和行为，缺乏真实的效度。

加德纳提出，应该把有关人类认知的多种研究综合成为一种具备神经生物学和文化学意义的形式，并概括出七种智力，即语言智力、数理—逻辑智力、音乐智力、空间智力、身体动觉智力、人际关系智力和内省智力，后来，又先后增加了自然能力和存在智力。表3-2对其中广泛传播的八种智力的含义进行了简要说明。

表3-2 加德纳多元智力的基本含义

语言智力	通过语言表达思想和沟通交流的能力，如演讲等
数理—逻辑智力	与运算和推理有关的能力，通常工作的对象为事物间的逻辑关系，如探索和研究等
音乐智力	与感受和表达音乐有关的能力，如演奏和唱歌等
空间智力	知觉和改变空间关系，并且通过空间关系表达思想和情感的能力，如绘画和雕刻等
身体动觉智力	运用肢体进行反应和表达思想和感情的能力，如跳舞和打篮球等
人际关系智力	与他人沟通和交往的能力，该能力涉及同理心的运用，如咨询和访谈等
内省智力	认识和反省自身的能力，如自我评估等
自然智力	适应和识别环境（自然环境和人造环境）并加以利用的能力，如探险等

加德纳认为，这八种智力相互依赖，互为补充，而个体独特的智力表现实质上就是这八种智力在不同程度上的排列组合。根据这个理论，每个学生的智力表现都是特殊的，所谓的"学困生"只是未找到合适的智力发展模式的"小种子"，教师应当根据学生不同的智力表现特点有针对性地加以指导，为每位学生将来成为"大树"提供合适的土壤。此外，教育的目的应该是培养学生智能的全面发展，但全面发展并不意味着平均发展，即在教学的过程中，要保证学生的优势领域得到良好发展，同时弱势领域的发展水平要在及格线上，不能拖累其他领域的发展。基于此，学生可尽量用自己的优势智力领域来提高弱势智力领域的发展，以确保自己能够达成智能全面发展的目标（刘沛，2001）。

与传统智力理论相对，多元智力理论认为：智力不是一成不变的。智力不仅可以被开发，而且可以通过多种途径展示出来；智力不能通过数字测量，只能在实际情境中，通过某种活动或者解决某个问题表现出来；智力不能区分个体的优劣，只能用来理解个体已有的能力及个体能够获得的能力。

（四）对心理学的启发

"零点计划"极大地提高了人们对于音乐等艺术教育的重视，使得艺术成为心理学及神经生物学基础研究的重要内容和对象。以音乐等艺术符号作为实验刺激的心理学或神经生物学研究，不仅能回答音乐教育、艺术教育中有关学习和儿童发展的问题，而且还能够为主流心理学提供以词语、数理逻辑为刺激源的研究根本无法考虑或想象的课题角度、方法及答案。

随堂巩固

1. 在多元文化的环境中，如果要评估学生的思维能力，采用哪种智力测验的方式更合适？（　　）
   A. 比奈—西蒙量表　　　　　　B. 斯坦福—比奈量表
   C. 瑞文图形推理测验　　　　　D. 韦克斯勒智力量表
2. 以下能力属于晶体智力的是（　　）。
   A. 记忆　　　B. 推理　　　C. 知觉　　　D. 言语理解
3. 与皮亚杰的认知发展理论相比，维果茨基的认知发展理论更强调（　　）。
   A. 社会起因　　B. 个体起因　　C. 婴儿期的发展　　D. 青少年期的发展
4. 皮亚杰认知阶段理论中哪个阶段的儿童持有"泛灵论"的观点？（　　）
   A. 感知运动阶段　B. 前运算阶段　C. 具体运算阶段　D. 形式运算阶段
5. 以下能够反映"最近发展区"理念的习语是（　　）。
   A. 温故而知新　　　　　　　　B. 跳一跳，够得着
   C. 授人以鱼不如授人以渔　　　D. 学然后知不足

6. 以下哪种智力不属于多元智力理论的智力成分？（　　）
A. 运动智力　　　　　　　　B. 数理—逻辑智力
C. 自然智力　　　　　　　　D. 艺术智力
参考答案：1. C　2. D　3. A　4. B　5. B　6. D

拓展阅读

1. 方明生，李筱雨. 2014. 百年回望：布鲁纳对皮亚杰与维果茨基的评价——《赞颂分歧：皮亚杰与维果茨基》解读 [J]. 全球教育展望，43 (10).
2. 丁芳，2009. 熊哲宏. 智慧的发生——皮亚杰学派心理学 [M]. 济南：山东教育出版社.
3. 霍力岩，等. 2003. 多元智力理论与多元智力课程研究 [M]. 北京：教育科学出版社.

▶▶ 第二节　认知的信息加工理论 ◀

认知的信息加工理论，也称信息加工心理学，是用信息加工的观点和术语来说明人的认知过程的心理学理论。根据这个理论，人的认知过程就是人在环境中获得、加工、储存和使用信息的过程。本节将介绍信息加工理论的基本观点，并在此基础上，重点解释信息加工过程的存储模型和加工水平模型，最后介绍与学校教育密切相关的两种认知发展理论及其在教学中的应用。

一、信息加工理论概要

20世纪40年代以来，计算机科学与技术快速发展起来，由此催生了信息加工心理学。信息加工心理学在20世纪50年代末兴起，在60年代涌现出一批解释知觉、记忆和思维的研究成果。1967年，美国心理学家奈瑟（Neisser）出版了《认知心理学》，标志着信息加工理论成为心理学的一个学派，正式登上心理学的历史舞台。

（一）将人类比作计算机

1944年，匈牙利数学家冯·诺依曼（von Neumann）提出了计算机的基本结构和工作方式，称为冯诺依曼机，包括五个组成部分：(1)输入设备，用于输入数据和程序；(2)存储器，用于记忆程序和数据；(3)运算器，用于加工处理数据；(4)控制器，用于控制整个程序运行；(5)输出设备，用于输出处理结果（见图3-9）。

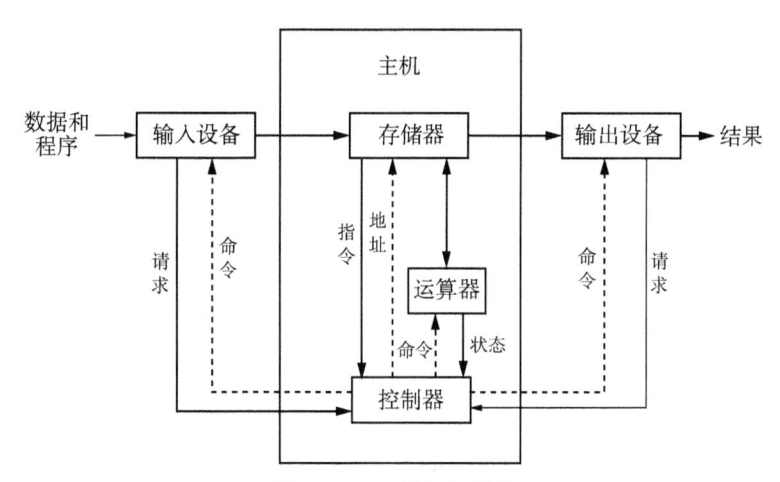

图 3-9　冯·诺伊曼结构

以冯·诺依曼机为原型的计算机是一种典型的信息加工系统。原始信息经由键盘、鼠标等输入设备输入计算机，在操作系统及软件程序的控制下，以一定的逻辑在运算器中被加工，再经由输出设备输出加工后的信息。在这个过程中，根据存储时间和读写频次的需要不同，原始信息、过程信息和加工完成的信息分别存储在计算单元缓存、内存、磁盘等不同的存储器中。

对计算机科学家来说，任何能够由人完成的解决逻辑问题的程序也能由计算机完成。英国计算机科学家图灵（Truing）将这种"机器"看成一种抽象的数学系统或计算过程，可以用一些基本的操作描述信息的状态或状态的变化。按照这个思路，人们能够采用具体的过程去描述信息的逻辑符号及对符号的操作，这些操作包括复制、转换、连接等。这就提示一些心理学家，概念等思维符号也可以像逻辑符号一样被操作，这些操作表现为心理过程。由此便产生一种新的观点，即人的大脑也可以被看成一个符号操作系统或信息加工系统。

这种观点最初由美国计算机科学家纽厄尔（Newell）和西蒙提出来，他们进一步提出可以将计算机和人脑的内容工作都看成符号操作系统。这就是以信息加工的观点研究人的认知过程的重要开端，并最终成为现代认知心理学的主流观点。按照这种观点，可以将人脑类比为一种特殊的"生物计算机"来对人类的信息加工机制进行研究。

计算机为心理学家将人看成信息加工系统提供了最方便的类比（见表 3-3）。我们可以将人的视、听、嗅、触等各种感觉器官类比为计算机的输入设备；将人的记忆类别为计算机的存储器（内存或硬盘）；将人的中枢神经系统类比为集成了存储器、控制器与运算器的中央处理单元（CPU）；将人的肌肉等执行器官的效应器类比为输出设备；生理机能、情绪反应及知识经验等控制人的行为的生理和心理机制，则可以类比为计算机的操作系统和应用软件。此外，我们甚至还可以将人的传入和传出神经类比为计算机主板的总线。

表 3-3 人类与计算机的信息加工系统类比

	计算机	人类
输入装置	键盘、麦克风、摄像头	感官（视觉、听觉、触觉等）
存储	内存、硬盘	记忆（短时记忆、长时记忆）
加工	CPU	中枢神经系统
输出装置	显示器、打印机	口语表达、面部表情、肢体表现
控制	操作系统、应用软件	生理机能、情绪、知识与经验

（二）信息加工的基本过程

现代信息论是由奈奎斯特（Nyquist）和香农（Shannon）等科学家从长期的通信实践与数理研究中发展起来的。一个完整的信息传输模型如图 3-10 所示。信息源（信源）是指在一次信息传输中产生信息的实体，可能是通信的某一方，也可能是某种待观测的客观信号源。与之对应，信息接收者就是在传输过程中的信息归宿，也被简称为"信宿"，信宿既可以是人也可以是某个物体。在信息论中，为保证信号的无差错传输及满足失真度的要求，原始信息应以信源与信道编码定理为依据，以特定的编码逻辑进行信息变换。发射器（编码器）的功能是将原始信号进行信号变换，转化为特定的可以有效传输的信息形式。信道即信息传输的通道，可以理解为抽象信道，也可以是具有物理意义的实际传送通道，如光纤、卫星、微波等。信息在传输过程的任意一个环节都有可能被各种因素干扰，干扰可以来自信息系统分层结构的任何一层，当噪声即干扰信号携带的信息大到一定程度时，会淹没在信道中传输的信息，从而导致传输失败。与发射器相对应的接收器，也是解码器，可根据传输协议将这种特定信息形式的信息变换为信息接收者需要的信号形式。

信息源 →信息→ 发射器（编码） →信号→ 信道 →接收信号→ 接收器（解码） →信息→ 信息接收者
↑噪声

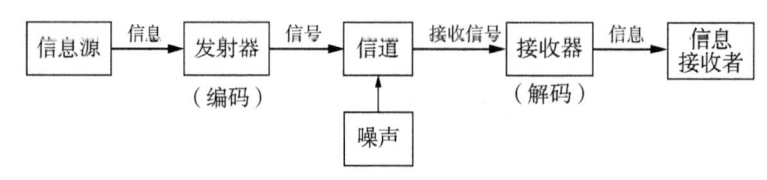

图 3-10 一个完整的信息传输模型

了解了信息传输的过程后，可以考察人类作为信息接收者对信息的加工过程。当接收者获得外界信息后，信息必须被转化为可以被接收者理解、记忆的符号形式进行保存。这种信息符号化的过程，也被称为信息编码。对这些初始信息转化后的形式，信息接收者可以进行各种各样的内部加工或者把信号结构转换成更有用的表象，这个过程被称为信息再编码。经历以上过程，加工后的信息将以新的形式被存储。如果这些信息需要被解释或进一步输出，则需要对信息进行解码或将信息与系统中的其他信息加以比较和联结。这些过程完成后，再以解决任务的方式输出。

人的认知过程也可以看成一种典型的信息加工过程（见图3-11）。外界信息经过传输被人感知后，人体便形成了感觉。感觉本身可能是某种化学反应产生的电信号。大脑对感觉信息进行浅层加工，便可以形成知觉信息。比如，吃糖形成"甜"的知觉，触火形成"烫"的知觉。感觉信号无法形成记忆，只有被编码的知觉信息才可以被人理解并记忆。表象是基于感觉和知觉的高级感性认知。比如，只是看到或想起了糖，就能回想起甜的知觉与喜悦情绪；只是看到了火，便能回想起烫的知觉与恐惧情绪。

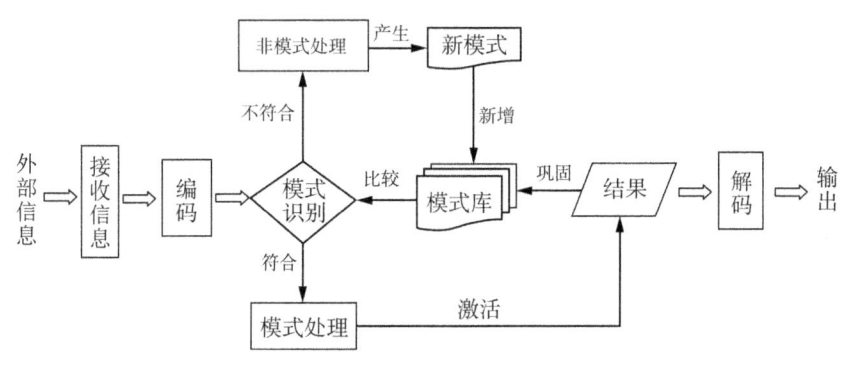

图 3-11 认知过程的信息加工

与皮亚杰发生认识论中个体适应机制类似，信息加工理论中也有类似于同化和顺应的过程，即利用已存储的信息对新的刺激进行有效解释的过程，称为模式识别。当被编码的信息与旧有的模式相符时，个体就会启动模式处理，直接激活旧有模式下会发生的结果。如果被编码的信息与旧有模式不相符，个体就会通过非模式处理产生新的模式，并且将新的模式纳入已有的模式库中，从而调节和巩固原有模式会产生的结果。

（三）主要研究方法

在研究人的信息加工特点和规律的过程中，信息加工心理学发展出以下几种独特的研究方法。例如，利用眼动跟踪、错误模型分析、口语分析报告法，考察被试的心理加工过程，从而建立关于认知机能的模型；利用图表和流程图精确绘制儿童或成人面临难题时采用的解决方法的具体步骤，形成心理加工过程的模型；利用计算机模拟法，将一些心理操作过程的细节编写成电脑程序，通过电脑模拟检验人的心理加工过程。

二、信息加工模型

信息加工心理学的核心思想是将认知看成信息在一个系统中经历的过程，研究者认为信息会历经不同阶段的加工，并在此过程中形成中间或最终产物储存于特定的位置。因此，确定这些阶段和存储位置，以及具体运作方法就成了信息加工心理学主要的研究目标。由此，心理学家提出了多种信息加工模型，包括存储模型（双重记忆模型）、加工水平模型、平行分布加工模型等。

（一）存储模型

类似于计算机，人类的信息加工系统包括硬件上的存储系统与软件上的控制过程。许多模型都假定不同种类的记忆分开存储，其中阿特金森（Atkinson）和希夫林（Shiffrin）提出的多重存储模型影响最大。多重存储模型假定，记忆由三种记忆存储构成：感觉登记、短时记忆和长时记忆（见图3-12）。

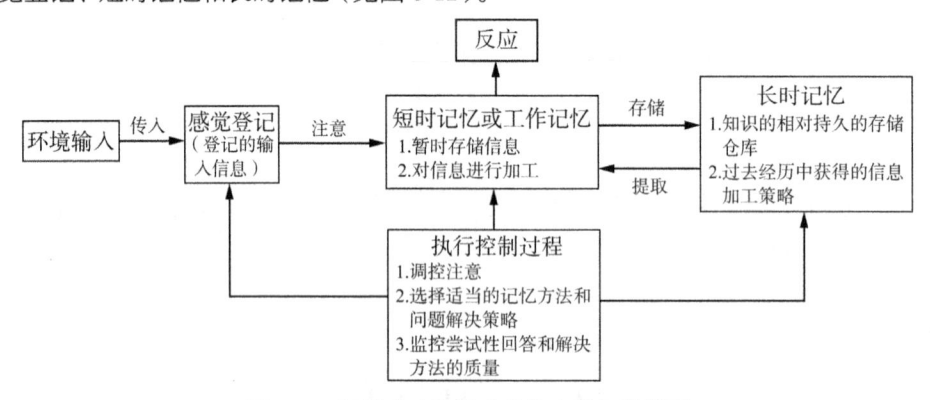

图3-12 阿特金森和希夫林的多重存储模型

资料来源：谢弗，等．2005．发展心理学：儿童与青少年［M］．6版．北京：中国轻工业出版社．

阿特金森和希夫林将外界刺激输入后形成感觉的过程称为感觉登记，具体表现为光、声、触感等原始信息直接复现并被暂时储存。这种信息储存具有极大的信息量、极短的储存时间（毫秒级）及存储不稳定等特点。当人脑"注意到"登记的感觉时，信息被转换为短时记忆进行储存。短时记忆只能储存少量的信息，但储存时间可以被延长到几秒钟甚至更长。例如，在短时间内记住他人口述的电话号码，就是一种听觉登记转化为短时记忆的过程。人类各种有意识的智力活动都源于这个过程。短时记忆中的信息得到进一步加工，就会转入长时记忆。长时记忆不仅时间很长，而且有近乎无限的存储空间，其中包含着人类通过学习与实践获得的大量知识和经验。在存储模型中，还有一个执行控制过程，作用是决定哪些信息由感觉登记转入短时记忆或进一步加工形成长时记忆，以及采用何种转换形式。

根据多重存储模型，用于保存信息的感觉登记、短时记忆和长时记忆相当于系统的硬件，是人类天生的、普遍存在的，随着年龄的增长，信息储存量会发生变化。对信息的流动与加工进行控制的过程（执行控制过程）相当于系统的软件，不是天生的，而是在后天的学习与实践中获得并不断优化的。采用类比的说法，随着年龄增长，存储硬件会发展成为一台存储容量更大的计算机，控制过程会发展为规模更大的程序和策略。

1974年，巴德利（Baddeley）和希契（Hitch）在模拟短时记忆的实验基础上，用"工作记忆"代替了原来"短时记忆"的概念（中国人工智能学会，2003）。简单地用电脑做比喻的话，长时记忆就是人脑这台计算机的"硬盘"，里面存储着海量的信息；工作记忆就是大脑的"缓存",能让人们在其中暂时放置和处理一些信息,并将它们与其他信息产生联系或转换为新的信息。我们能在某一时刻快速保存、注意或者维持的信息的数目就是工作记忆的容量,这个容量非常有限。脑科学研究发现,大脑的前额叶皮层是我们大脑的"CPU",负责将外界的输入信息(视觉、听觉等感官刺激)和"硬盘"里面存储的某些信息(长时记忆中的经验和知识等)放进"缓存"(工作记忆)里面进行相关运算。

存储模型也面临许多挑战。首先,在查明这些"硬件"单位的确切容量时遇到的困难,使一些研究者怀疑它们是否存在。一些心理学家认为,记忆存储系统只有一种,但在该记忆存储系统中信息加工的水平是多样的。其次,一些与该模型不一致的实验发现,也使得心理学家对该模型中记忆的信息存储方式提出质疑。比如,被认为保持时间只在毫秒级的感觉登记中的视觉信息被发现可以达到 25 s;短时记忆的容量曾被认为是 7±2 个组块,但实际上可以达到 20 个组块。这些问题的存在导致许多心理学家转向通过加工水平模型来解释记忆过程。

(二)加工水平模型

加工水平模型是由克雷克(Craik)和洛克哈特(Lockhart)提出的一种记忆研究方法。该模型并不假设记忆存在不同的储存系统,而是强调人在编码信息时采取了不同水平的信息加工过程,信息的存储水平取决于信息的编码方式,深层的信息加工带来的记忆存储效果要高于表层的信息加工(斯滕伯格,威廉姆斯,2003)。

1972 年,加拿大心理学图尔文(Tulving)的研究发现,个体对在特定时间和地点经历的情景或事件,以及事件之间关系的记忆,很容易发生变化和遗忘;对单词、概念、定律及抽象观念这类不依赖于时间和地点的记忆不容易发生变化和遗忘。根据研究结果,他将长时记忆区分为情景记忆和语义记忆。情景记忆是指对个体以某种方式参加过的特定事件的记忆。语义记忆是对世界的一般知识的记忆,按照事物的类别、属性、概括等抽象规则进行组织。相对于情景记忆,语义记忆的加工层次更深。

克雷克和图尔文在 1975 年合作进行了经典的加工水平实验。他们在实验中先给被试呈现一个单词,紧跟着询问被试问题,要求被试在尽可能短的时间内对问题做出反应。这些问题分为三类:第一类是询问被试所示单词是否以大写字母印刷,第二类是询问被试所示单词是否与另一个单词押韵,第三类是询问被试该单词能否填入某个不完整的句子中(见图 3-13)。

加工水平		问题
浅层水平	结构加工	单词是否以大写字母印刷
中等水平	语音加工	单词是否与另一个单词押韵
深层水平	语义加工	单词能否填入某个不完整的句子中

图 3-13 加工水平实验问题

回答这三类问题时，被试将被引发对该单词的三种不同水平的加工：结构加工、语音加工、语义加工。实验结果表明，被试在回答语义加工的问题时，比回答语音加工和结构加工问题花了更多的时间，说明加工水平越深层，人的反应潜伏期就越长（见图3-14）。在随后对被试进行的记忆再认测试中发现，经过语义加工的单词记得最牢，而语音加工的单词次之。为了进一步排除不同加工过程中记忆时间的影响，他们后续继续补充了一项对比实验，实验结论得出即使不断重复浅层次的加工过程，经过较为深度加工的信息记忆效果仍然最好（加洛蒂，2015）。根据加工水平模型的观点，只有更深入地分析材料而不是借助于复述或重复，才能真正地提高记忆效率。

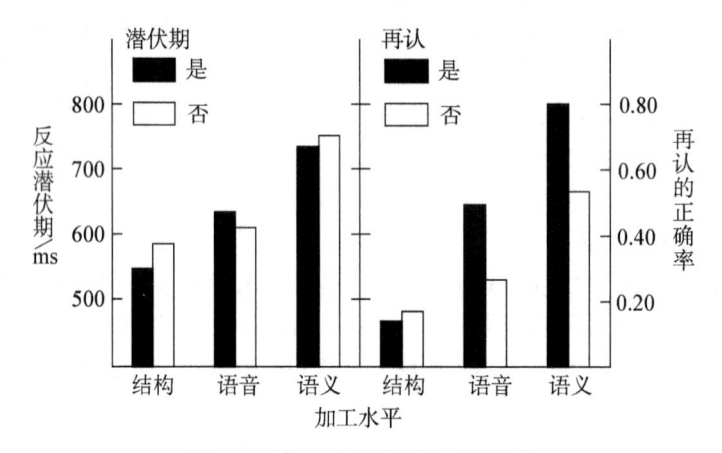

图 3-14 加工水平模型的实验结果

资料来源：鲁忠义，杜建政．2005．记忆心理学［M］．北京：人民教育出版社．

但怎样的加工才是深层次的呢？ 克雷克与图尔文最初将加工深度等同于语义加工的程度，而鲍尔（Bower）和卡林（Karlin）的研究却发现非言语刺激也能得到类似的结果。加工水平模型面对的巨大挑战在于对信息加工深度的定义是模糊的。

尽管从这个角度说加工水平模型存在一定的问题，但加工水平模型使记忆研究者开始注意到信息编码方式和编码条件的重要性，也促使心理学家开始关注呈现材料的类型对于结果的影响，由此催生了许多新的发现。比如，罗杰斯（Rogers）等人发现记忆材料与自我相联系时的记忆效果显著优于其他编码条件，这种现象称为自我参照效应。罗杰斯等人准备了40个人格形容词作为实验材料，通过向每组被试分别提出关于这40个形容词的特定问题，从而引导被试对单词形成不同水平的信息加工：（1）结构组：字母大吗？（2）音素组：韵脚相同吗？（3）语义组：意义相同吗？（4）自我评定组：描述的情况是你吗？ 最后被试需要对形容词进行自由回忆。研究结果显示，自我评定组的记忆成绩优于包括语义加工在内的其他三种编码条件。

巴德利和希契提出工作记忆由中央执行系统、语音回路和视空间模板三个子系统构成的观点，为加工水平模型提供了解释依据。在三个子系统中，中央执行系统的主要功能是协调工作记忆中各子系统功能，控制编码和提取的策略，操纵注意系统，以及从长时记忆中提取信息；语音回路负责以声音为基础的信息储存与控制，能通过默读重新激活消退着的语音表征,并能将书面语言转换为语音代码;视空间模板主要负责储存和加工视觉空间信息,可能包含视觉和空间两个分系统。在三个子系统中,语音回路和视空间模板两个子系统是分离的。然而,许多研究证明,即使是简单的言语单元也都是言语和视觉编码的结合,说明语音回路和视空间模板的信息应该在某种水平上存在着相互作用。

2000年,巴德利将原有模型修正为四成分模型,增加了情景缓冲器,并加入了工作记忆与长时记忆的联系(见图3-15)。修正后的模型分为三个层次:第一层是中央执行系统,完成最高级的控制过程;第二层包括视空间模板、情景缓冲器和语音环路三个辅助的子系统,分别承担视觉空间、语音各类信息的暂时加工;第三层是长时记忆系统,包括视觉语义、情景长时记忆和语言。其中,第一、第二层属于流体系统,不随学习的改变而改变;第三层属于晶体系统,可以随学习而提升(张裕鼎,2018)。

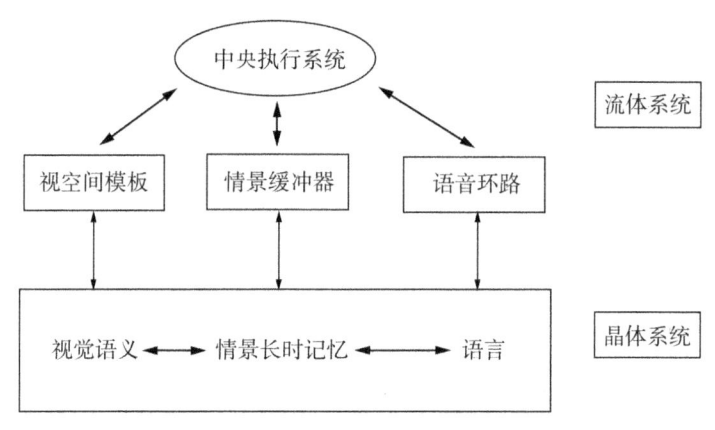

图3-15 巴德利的四成分工作记忆模型

(三)平行分布加工模型

20世纪80年代以后,随着计算机科学、神经科学和心理语言学的发展,一些心理学家认识到计算机系统的串行加工模型不足以解释人各种复杂的认识活动,于是提出了信息的平行分布加工模型(简称PDP),也称神经网络模型。这种模型的最早形式是20世纪50年代的知觉模型,70年代末期马尔的知觉计算模型也对其有重要影响。1982年由鲁梅哈特和麦克莱兰领导的一个研究小组提出了平行分布加工模型,并于1986年出版《平行分布加工:认知的微观结构的探索》,自此这个模型受到了普遍重视并很快流行起来。

平行分布加工模型假设认知系统由成千上万个相互联系的加工单元组成,每个单元都具有相同的简单功能,即输入、输出和激活状态。各加工单元间的联结有输入性联结和输出性联结两种方式,加工单元之间的信息传递遵循着传播规则和激活规则。在信息输入以后,大脑内有关单元同时活动相互联系,完成加工过程。加工单元的联结模式或联结强度可以由经验加以调整,知觉、动作或思维都是加工单位间联结模式和强度改变的结果。

平行分布加工模型并不把记忆看作储存在大脑中的一组事实或事件，而把记忆看作事件以成组或单元模式被获得时的一组关系，大脑储存的是这些模式单元间建立的联结。学习也就是建立单元间适当的联结强度，在一定的环境下激活正确的模式。这个模型可以解释从知觉到思维的各个领域中的广泛问题，可以模拟熟练打字时的手指运动，也可以解释根据动物的特征辨别不同的动物类型，等等。当前的人工智能系统就是按照平行分布加工模式构造出来的。

三、认知发展理论及其应用

作为长时记忆的重要组成部分，知识可以分为陈述性知识与程序性知识。通俗地说，陈述性知识是关于"是什么"的知识，而程序性知识是关于"怎么做"的知识，也称过程性知识。传统的学习方法将学生看作一个知识的"存储器"，侧重于陈述性知识的传授和记忆。认知心理学则将学生理解为一个自适应的产生式系统，强调通过获取程序性知识发展学生的认知技能。信息加工视角的认知发展理论的出现为改善青少年认知能力提供了有效的指导理论。

（一）ACT模型

为了模拟人类的高级心理活动，美国心理学家安德森（Anderson）于1976年提出一个关于人类认知激活和人脑信息加工活动的理论模型，称为记忆的适应性控制思维模型（朱新明，李亦菲，1997），简称ACT模型（见图3-16）。ACT模型经过了两次迭代，发展为ACT*模型和ACT-R模型，下面着重介绍ACT-R模型。

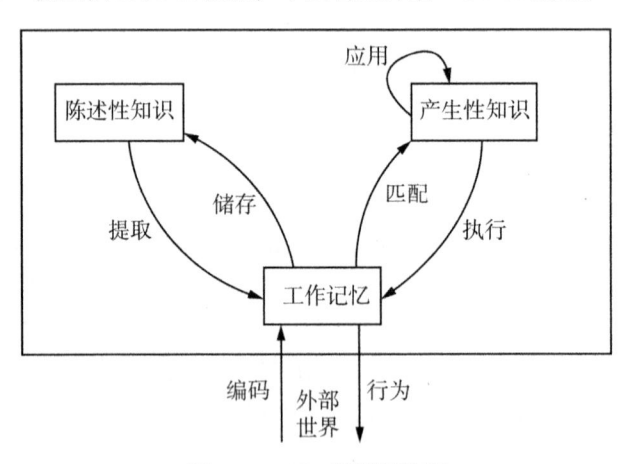

图3-16　ACT模型结构图
资料来源：桂诗春.1991.实验心理语言学纲要——语言的感知、理解与产生[M].长沙：湖南教育出版社.

由ACT模型的结构图可以看出，该模型由陈述性知识、产生式知识（程序性知识）和工作记忆三个部分构成。

1. 陈述性知识

安德森认为陈述性知识是以命题网络的形式进行表征的。命题网络由类型不同且相互联结的命题节点构成，当其中一个节点受到外部或内部刺激的影响时，该节点会被开启，而这个节点的开启又可能会附带地激活与之相连的其他节点。不同的命题节点通过不同的结构链接在一起，如主谓结构和关系论证结构等。在主谓结构中，一个命题包含一个主语的链接（S）和一个谓语的链接（P）。例如，在图 3-17 所示的命题网络中，(a) 命题中就包含主语"考试"和谓语"容易"这两个链接，所以 (a) 命题是"考试是容易的"。而当 (a) 命题放到 (b) 命题中，就又构成了 (b) 命题的主语，(b) 命题的谓语是"偶然的"，由此可得到 (b) 命题是"考试容易是偶然的"。由此可以看出，陈述性知识就存储于这些命题节点构成的结构中。

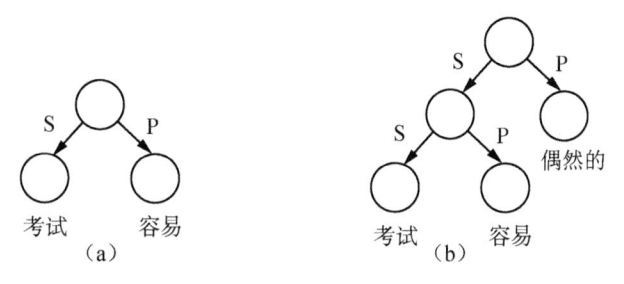

图 3-17 命题网络

资料来源：张积家，张启睿 . 2016. 心理语言学：研究及其进展 [M].
上卷 . 武汉：华中科技大学出版社 .

2. 产生式知识

在 ACT 模型中，程序性知识是用产生式规则进行表征的，称为产生式知识。产生式规则由"条件"和"行动"（"动作"）两个部分组成，通常以"如果—那么"的形式呈现，一般表述为：如果条件 X 被满足，那么采取行动 Y。例如，一位行人如果想穿过有红绿灯的路口，那么他需要激活如表 3-4 所示的产生式系统。

表 3-4 产生式系统示例

产生式	条件	行动
P_1	如果为红灯	那么停
P_2	如果为绿灯	那么穿过路口
P_3	如果为绿灯 且处于行走状态 且左脚踩在人行道上	那么抬起右脚走路
P_4	如果为绿灯 且处于行走状态 且右脚踩在人行道上	那么抬起左脚走路

如果一个产生式系统的条件越多，那么产生式系统就会越复杂，因为必须要同时满足多种不同的条件，才会产生行动。与计算机类似，人类的产生式系统也存在故障。例如，在表 3-4 第三个产生式中，如果个体读取到的信息是抬起左脚走路，那么个体的行动将会感到困难（斯滕伯格，2006），这也是为什么有的人经常会在跳舞时感到肢体不协调。

3. 工作记忆

在 ACT 模型中，工作记忆扮演着处理器的角色，包含时刻高度激活的陈述性知识及产生式系统中的行动信息。外部的信息被个体接收后存储在长时间保持的陈述性记忆中，当外部或内部的刺激激活了陈述性知识的命题网络后，有用的信息会被提取到工作记忆当中。此时陈述性知识作为条件进入产生式知识中，与之匹配的产生式规则也将得到激活，从而产生相应的行动信息，行动信息最终会被收录到工作记忆中，由工作记忆执行。根据条件匹配相应行动的过程就被称为"应用"。

基于 ACT 模型，可知个体需要先通过将信息编码为陈述性知识，之后才能获得相应的产生式规则，由此可以得到一种三段式的产生式学习的方法（朱新明，李亦菲，1999）。

第一，解释陈述性知识。当个体对某领域的知识及其应用不太了解时，可以先利用一般的策略性产生式解释陈述性知识，或者通过类比形成新的产生式解释陈述性知识。例如，一个学生在遇到一个他从前没有做过的几何题时，可以用某种一般的解题方法来解决这个具体的问题，从而形成新的产生式规则；也可以通过类比将另一个产生式规则用于这个问题以获得新的产生式规则。

第二，编辑产生式。当个体已经积累了一定的陈述性知识时，可以通过编辑过程，将陈述性知识转化成程序性知识，这个过程包含程序化和合成两个子过程。通过程序化，个体可将目标领域内特定的陈述性知识融入产生式规则，从而形成解决特定问题的产生式。而通过合成，个体可以将一些相关的产生式聚合成更大的产生式。

第三，优化产生式。随着个体获得的产生式越来越多，个体需要对已具有的产生式进行一定的优化。个体可通过"概括"总结出应用范围更广的一般的产生式规则；还可通过"辨别"对一般产生式的条件进行限定，使它们在较小的范围起作用。

（二）自适应学习理论

在机器学习领域，产生式系统成功地模拟了人解决问题的行为，并建构了具有学习功能的计算机程序。有研究表明，人作为自适应产生式系统，和计算机一样，能够通过分析有解答步骤的例题获取新的产生式，从而解决类似的问题。基于此，西蒙和我国心理学家朱新明提出了自适应学习理论。

自适应学习理论认为个体能够在示例学习中主动地发现和获得知识。示例学习是"例中学"和"做中学"的有机统一，强调学生要在考察实例和解决问题的过程中，通过发现新的方法和程序来完成特定的任务，并习得相应的知识和技能。通过示例学习，学生能直接获取产生式规则，并运用这些规则解决问题。而在利用产生式规则解决问题时，又要以识别产生的条件为前提，学生对产生式条件线索识别是否敏感，直接影响产生式规则的匹配、初选、运用和优化的过程。值得一提的是，在示例学习中，学生往往很快就可以形成产生式规则，其余大部分时间用来熟悉各种问题模式，使解决问题的操作熟练化（朱新明，李亦菲，朱丹，1998）。

1. 知识的产生式表征

与安德森的 ACT 模型不同，自适应学习理论认为，陈述性知识和程序性知识都可以用产生式规则进行表征，它们在人的心理上没有本质上的差异，命题只是产生式的特殊表现形式。因为从内部角度看，知识在人的记忆中是以符号之间的联结关系存储的，都可以被抽象地表示为"如果……那么……"的形式。

因此，当某个人掌握了某领域内的知识，就意味着他的记忆系统中存储了大量的与该领域有关的概念、原则、程序和事实的产生式，这使得他能够在相关的情境中注意到这些产生式的条件，并且当条件被满足时，他就会激活相应的动作。

2. 条件建构—优化理论

在自适应学习理论中，程序性知识的获得是通过示例学习完成的，分为两个阶段：第一个阶段为条件建构阶段，个体首先需要通过示例学习寻找关键线索，再利用这些线索形成产生式的条件部分，并与相应的动作结合，才能形成产生式规则；第二个阶段为条件优化阶段，指的是在解决问题的过程中，个体可以通过对条件进行精细加工，从而获得新的产生式或者对已有产生式进行调整。这两个阶段的认知加工都是围绕产生式的条件部分进行的。条件建构使被试由"不会"到"会"，条件优化则使被试由"会"到"熟练"。

以上只是从微观上解释某一特定程序性知识的获得过程，如果从某个知识领域认知机能发展的角度解释学习过程，可以得到认知技能发展的五等级模型。这个模型强调认知技能的发展会经历手段—目的分析、条件再认、顺向推理、直觉、条件建构这五个阶段（李亦菲，2004）。

第一，手段—目的分析阶段。在这一阶段，个体面临的问题大多是新问题，解决问题的条件对于个体来说是不熟悉和陌生的。因此，在这一阶段个体通常会从目标状态出发，通过评估初始状态与目标状态的差距来确认达成目标所需的条件，然后再根据这一条件所需的操作将要达到的最终目标拆分成一个个递进的子目标，接着再根据这些子目标所需的条件采取相应的手段，当一个个子目标被完成后，就能实现最终目标。手段—目的分析法属于问题解决的启发性策略，是一种不断减少当前状态与目标状态之间的差别而逐步前进的策略，往往用于解决新问题，表现为认知技能的初始阶段。

第二，条件再认阶段。此时个体已经累积了一定数量的解决同类问题的经验，对于解决问题所需的条件和手段已经非常熟悉，因此可以通过直接再认已经熟悉的条件来确立子目标，并激活与之相匹配的产生式规则来解决问题。在这一阶段，个体能够顺利地解决熟悉的问题，在认知技能上表现为熟练的操作。

第三，顺向推理阶段。在面对领域内常规的但不太熟悉的问题时，个体有能力从问题的初始状态出发，通过已有的知识扩展和顺向推理，获得问题的解决方法。在这一阶段，个体熟悉领域内各种类型的问题，并积累了各种解决问题的方法和策略，能够将需要解决的问题对应到某一类问题，快速调用相应的方法加以解决。

第四，直觉阶段。这一阶段是顺向推理的升华，个体既有能力对常规问题进行快速的顺向推理，又有能力找到新的方法解决非常规问题。在找到解决问题的新方法的过程中，个体不依赖手段—目的分析法，而是表现为一种快速生成方法的"直觉"。

第五，条件建构阶段。个体在面对目标或条件不完整、不确定的结构不良问题时，可以对问题的信息进行整合和补充，建构出适当的条件，并根据建构的条件激活相应的产生式知识解决问题。这里的条件建构不同于示例学习过程中的条件建构，主要区别在于示例学习中的条件建构是由教师精心设计过的，提供的材料也是结构良好的，其目的在于获取新知识，而认知技能发展中的条件建构，主要是指在复杂模糊的问题情境中通过建构条件解决任务。

3. 示例演练教学法的应用

根据自适应理论，在学习某种程序性知识时，学生不仅要掌握产生式的动作，更重要的是掌握这些动作执行的适当条件。在传统教学中，教学者要么只强调陈述性知识，要么只关注产生式知识的动作部分，而忽略正确运用这些动作的适当条件。即使学生通过低效率的知识学习，对概念、定律烂熟于心，却依然不知道如何运用这些知识或应该运用哪些知识。也就是说，知识并没有与激活他们的条件联系起来。针对这个现象，自适应学习理论强调通过加强对产生式条件的学习，从而使学生在学习过程中学得高效，学得彻底。

根据上述观点，朱新明等提出了示例演练教学法，将示例学习与实践学习有机统一起来。从课程设计的角度来看，示例演练教学法包括以下三点：（1）促进学习者通过获取产生式规则来掌握所学的知识；（2）使学习者通过主动的、自适应的学习，高效率地获取知识；（3）促进学习者通过加强对产生式条件的学习，培养熟练进行顺向推理的技能和创造性思维能力。

在大量理论研究和实践的基础上，朱新明等总结出示例演练教学法的10条课程设计原则（朱新明，李亦菲，1998）。

原则1：将学科知识表示为产生式。

原则2：以"例题+问题+小结"的形式组织学习材料。

原则3：从具体的例题和问题中获取抽象的知识。

原则4：减轻认知负荷。

原则5：促进理解的学习。

原则6：为个别化教学设计学习材料。
原则7：通过条件建构获取产生式。
原则8：在适当的水平上概括产生式。
原则9：熟悉产生式条件的各种变式。
原则10：教会学生如何进行示例学习。

简要地说，示例演练教学法在课堂教学中的应用主要有以下几个特点。

第一，打破传统的"教师教，学生学"的课堂教学模式，根据知识之间的内在逻辑关系，按照由浅入深、由简到繁的方式将有解题步骤的例题和问题组合起来，让学生通过自己动手动脑在考察例题和解决问题中获得产生式。这样做一方面能够充分调动学生的积极性，让学生逐步体会成功，激起他们主动学习的兴趣；另一方面也能够使学生深入理解所学的知识，培养他们分析和解决问题的能力。

第二，教材中的演练习题在旁边都附有正确答案，学生每做完一道题都可以及时核对答案。这样做一方面可以减轻学生的认知负荷；另一方面也可以保证示例学习的有效性和问题解决的即时性，使学生顺利地掌握所学的知识。

第三，充分利用课堂时间进行补漏答疑，在学生示例学习的基础上重点强调最重要的和最基本的知识，以此加深学生对于知识点的印象。此外，可以用每堂课设置相应的课堂测验来代替课后作业，由学生独立完成，并由教师当堂评判。这样做既可以使教师充分了解学生的知识掌握程度，也可以使学生当堂消化所学的知识。同时课外作业布置的减少也能够大大减轻学生的作业负担，教师也可以从繁重的批改作业的劳动中解放出来。

第四，面向全体学生，实施个别化教学。除了一般教学外，对于优秀的学生和落后的学生都要采取相应的个性化辅导，帮助他们解决在学习中的需求和困难，以此使得他们的个性与能力能够得到充分的发挥。此外，还可以以兴趣小组和合作学习的形式让优秀学生帮扶落后学生，促进班级形成一种互帮互学的进取之风。

随堂巩固

1. 下列哪项属于人类信息加工系统中的存储装置？（　　）
A. 感官　　　B. 记忆　　　C. 效应器　　　D. 肌肉
2. 执行控制的过程又被称作什么过程？（　　）
A. 认知过程　　B. 元认知过程　　C. 行动过程　　D. 动机过程
3. "语音加工"属于哪一层加工水平？（　　）
A. 浅层水平　　B. 表层水平　　C. 中等水平　　D. 深层水平

4. 在 ACT 模型中，陈述性知识是以什么形式进行表征的？（　　）
A. 命题网络　　　B. 产生式规则　　C. 流程图　　　D. 陈述句
5. ACT 模型包含下列哪几个部分？（　　）
A. 陈述性知识　　B. 产生式知识　　C. 工作记忆　　D. 感受器
6. 以下属于示例学习的是？（　　）
A. 例中学　　　B. 归纳学习　　C. 解释学习　　D. 做中学
参考答案：1. B　2. B　3. C　4. A　5. ABC　6. AD

拓展阅读

1. 罗伯特·索尔所，奥托·麦克林，金伯利·麦克林. 2018. 认知心理学 [M]. 8 版. 邵志芳, 等译. 上海：上海人民出版社.
2. 张积家, 张启睿. 2016. 心理语言学：研究及其进展 [M]. 上卷. 武汉：华中科技大学出版社.
3. 朱新明, 李亦菲. 1998. 示例演练教学法 [M]. 沈阳：辽宁人民出版社.

▶▶ 第三节　元认知与青少年思维发展 ◀

在上一讲信息加工理论的存储模型中，我们提到了一个执行控制过程，这个过程能决定哪些感觉信息将被注意进入短时记忆，哪些感觉信息需要进一步处理及如何处理，从而进入长时记忆。1976 年，这个执行控制过程被美国心理学家弗拉维尔（Flavell）称为"元认知"，成为心理学家密切关注的一种心理过程，并被看作认知活动的核心。

在本节中，我们将介绍元认知的定义、构成、神经基础，及其在教育目标中的地位，然后说明青少年思维发展的特点，以及元认知对智力理论的影响，最后简要介绍如何在教学中培养学生的元认知能力。

一、元认知概要

虽然元认知这个概念在 1976 年才被提出，但"元"这个概念很早就被哲学家关注和讨论。19 世纪末，法国实证主义哲学奠基人孔德（Comte）对心理学领域的自我意识产生了怀疑，他认为"思考者无法将自己分成两个部分：一个部分进行思考，而另一部分却在观察这种思考"。这一怀疑被称为孔德悖论。这个疑问忽略了认识过程中客体的变化，具体说，作为认识主体的人在将外部事物作为加工的对象时，认识的客体是外部事物；但当人将自己认识的过程和结果作为加工的对象时，认识的客体就是认识的过程或结果（姜元杰，2007）。也就是说，人始终是认识的主体，变化的只是认识的对象或客体。作为思考者的人并不是在思考的同时成为被思考的对象，而是在不同的时间思考不同的对象。

为了更好地反驳孔德悖论，哲学家塔斯基（Tarski）在1956年引入"元"这一概念，并将"元＊＊＊"解释为"对＊＊＊的＊＊＊"。按照这一句式，"元认知"就是"对认知的认知"或"关于认知的认知"。下面，就让我们来了解心理学家如何理解和解释元认知，元认知又是怎样被引入教育目标之中的。

（一）元认知的定义和构成

1976年，弗拉维尔首次提出"元认知"这个概念时，将它定义为"个体关于自己的认知过程及认知结果或其他相关事情的知识"，后又在1981年修正为"反映或调节人的认知活动的知识或认知活动"。后一种定义被学界普遍接受，即元认知既是反映认知活动的知识，也是调节认知活动的认知活动。

从现象上看，元认知是一种自动化的加工过程。例如，在面对一张考试试卷时，学生能很快判断自己所学的知识是否能够应对；在答题过程中，学生也能随时根据自己的答题情况调整答题策略。

从内在机制的角度看，一个元认知的基础模型包括客体水平和元水平两个层次的认知活动：处在低层次的客体水平的认知活动会向元水平传送自己当前的活动状态，这个过程被称为监督；而处在高层次的元水平中包含有关认知目标和目标达成方式的信息，这些信息会从元水平向客体水平的认知活动下达下一步行动的指令，这个过程被称为控制；当信息在客体水平和元水平之间来回流动共享时，元认知活动就可持续地进行，确保认知目标的达成（见图3-18）。

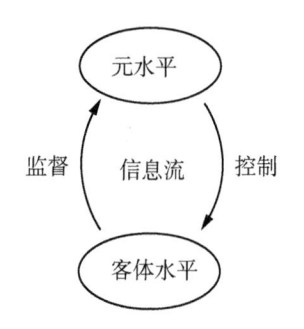

图 3-18　一个元认知的基础模型

关于元认知的成分，国外一些学者将元认知分为元认知知识和元认知监控两个部分。我国学者则将元认知分为三种成分：董奇认为元认知除了元认知知识和元认知监控外，还包含元认知体验（董奇，1989）；张庆林将元认知解释为"个人对自己的认知加工过程的自我觉察、自我评价和自我调节"（汪玲，方平，郭德俊，1999）；汪玲等将元认知分为元认知知识、元认知体验和元认知技能（张庆林，邱江，2005）。虽然不同学者对元认知三种成分的表述不同，但我们一般认为元认知的成分包括元认知知识、元认知体验和元认知监控。

1. **元认知知识**

元认知知识指个体对于认知活动过程和结果的一般性认识，由个体的经验累积而成。弗拉维尔进一步将元认知知识分为主体元认知知识、任务元认知知识和策略元认知知识三类。主体元认知知识指个体对于自我和他人的认知，如个体能够清晰地认识到自己的优势和劣势、思维和行为的模式、自己与他人的区别等；任务元认知知识指个体对于活动任务的认识，包括活动所需的材料、目的和影响因素等；策略元认知知识指个体对于完成活动任务的方法的认识，包括对方法的操作、方法的有效性、方法的运用条件等的认识。

2. 元认知体验

元认知体验指个体在活动中产生的情绪体验。比如，个体在解决问题的过程中感受到的困难或顺畅感都属于元认知体验的一种。通俗地说，元认知体验是伴随实践活动而产生的情绪感受。

3. 元认知监控

元认知监控指个体将认知作为活动的对象，对认知活动进行计划、监控、调节的过程，具体表现为个体首先需要根据认知活动的目标进行计划，其次在认知活动的过程中监控计划的实施，最后根据监控的结果相应地调整和补救。

元认知监控与元认知知识的不同在于，元认知知识是可以表述的、可外显化的，但是元认知监控是一种内隐的心理活动过程，通常不易于表述。并且，元认知监控的过程需要用到元认知知识。汪玲等人认为，元认知体验能够为个体调节认知活动提供相关信息，如果没有元认知体验，元认知调节也无法进行。

（二）元认知的神经基础

元认知并不只是人们提出的一个概念构想，其存在也得到了认知神经科学临床研究的支持。实证研究表明，元认知活动与人的大脑额叶有关联。具体说，额叶可进行高级认知活动调节和运动控制等活动，如评估外界刺激、目标设定等功能（沈政，林庶芝，2014），并且在这些活动中起着决定性的作用。例如，狗失去前额叶后，它们就无法根据自己的目的采取准确的行动，因为它们无法排除与行动无关的因素（斯米尔诺夫，等，1984）。

在对人的元认知研究中，知晓感和学习判断经常被作为元记忆的测查指标。其中，知晓感指人们知道某个问题的答案，但是不能够准确地用语言进行表达；学习判断指人们对自己在进行某个领域学习后的学习效果的评估。弗莱明（Fleming）和多兰（Dolan）在2012年的研究中发现元认知的准确性与大脑前额叶皮层的灰质体积具有相关性，并且元认知可能被独立的神经控制。这个发现是对孔德悖论的有力反击。

（三）元认知与教育目标分类学

教育目标分类学是指将各门学科教育或教学目标按同一标准分类使之规范化、系列化的理论，旨在为目标和评价的科学化设计提供技术性指导（顾明远，1999）。目前流行的教育目标分类学体系包括认知领域、情感领域和动作技能领域，分别于1956、1969、1972年出版，前两册由布鲁姆和克拉斯沃尔（Krathwohl）等编写，第三分册由哈罗和辛普森编写，是20世纪下半叶很有影响的教育著作。虽然教育目标分类学对教育实践产生了巨大的影响，但对教育目标分类学的批评也从未间断，各种改良的目标分类框架也不断出现。改良的一个主要方面，就是将元认知的要素引入目标分类体系。

最早将元认知引入教育目标领域的是第一代教学设计的代表人物，美国心理学家加涅（Gagne）。1977年，加涅在再版的《学习的条件》中，提出了五种学习结果的划分，即言语信息、智慧技能、认知策略、动作技能、态度。加涅的学习结果划分在三大领域之外补充了"认知策略"，扩展了布鲁姆教育目标分类学的领域。"认知策略"虽然没有采用"元认知"的表述，但包含了元认知监控的含义。这种划分只是从内容维度区分教育目标，没有考虑掌握水平，而布鲁姆教育目标分类学的特色，正是将认知领域的学习区分为了解、理解、应用、分析、综合、评价六个水平。值得一提的是，虽然"评价"水平通常主要针对客观知识，但当其针对元认知知识时具有元认知的特征。

被称为第二代教学设计之父的梅瑞尔（Merrill）提出了成分显示理论（邬美娜，2004），在综合考虑内容和掌握水平的基础上，建立了一个内容—绩效二维模型。其中，内容维度包括事实、概念、过程和原理四个方面；绩效维度包括记忆、运用和发现三个等级。梅瑞尔根据这两个维度，定义了13种学习行为（见表3-5）。

表3-5　内容—绩效二维模型

绩效	内容			
	事实	概念	过程	原理
发现	—	陈述或定义	陈述步骤	陈述关系
运用	—	识别或分类	演示	解释原因预测
记忆	回忆或再认	复现 辨认特征 辨认实例	复现 辨认步骤 辨认实例	复现 辨认原理 辨认实例

2001年，安德森和克拉斯沃尔对布鲁姆的目标分类进行了修订，提出了适用于学习、教学和测评的认知目标分类二维模型。修订后的模型按照"认知过程"和"知识"两个维度来构造教育目标体系。其中，认知过程维度包括由低到高的六种加工，分别是记忆、理解、应用、分析、评价、创造；知识维度分为事实性知识、概念性知识、程序性知识和元认知知识。作为知识维度的一个组成部分，元认知知识指个体对一般认知过程和自身认知过程的知识，包括关于情境和条件的知识和关于自我的知识两个方面，具体表现为如何解决问题和认知任务的策略性或反思性知识。将元认知知识引入教育目标分析体系体现了人们对元认知的重视，拓展了学习内容的范围。

美国课程改革专家马扎诺（Marzano，2012）认为，安德森等人修订的布鲁姆教育目标分类看到了认知过程和知识存在相互作用，但没有从实际操作上解决认知过程与知识融合的问题。为解决这一问题，马扎诺提出了新教育目标分类学。这种分类学按照"知识"和"加工水平"两个维度构建教育目标体系，其中，知识维度包括信息、心智程序和心理动作程序三个方面；加工水平维度分为认知系统，包括信息提取、理解、分析和知识应用四个层次，另外加上元认知系统和自我系统，共六个层次。

马扎诺在加工水平维度增加了自我系统和元认知系统作为高层级的水平。其中，自我系统的功能包括重要性检查、效能检查、情感反映检查和动机检查；元认知系统的主要功能是制定目标、过程监控、清晰度监测和准确度监测。马扎诺认为学习行为的水平不仅因为学习内容或认知过程的复杂程度而变化，还可能因个体对内容的熟悉程度而变化。根据这个观点，马扎诺不再沿用认知行为复杂性这个标准，而是采用信息流作为组织原则，具体如下：当学习任务出现时，个体会通过自我系统判断是否进行这个学习任务；如果个体决定开始学习任务，元认知系统就会对任务的目标进行判断，并且对任务过程和任务的效率进行监控；由此获得的信息会被传递给认知系统，最终由认知系统进行认知和完成学习任务。显然，这种模型通过自我系统将情感因素转化为学习的动力，并通过元认知系统对认知层面的学习活动进行组织和监控。

2019 年，我国学者冯友梅和李艺从分类学、教育学、心理学和认识论四个方面，对布鲁姆教育目标分类学及后续各种改良的分类框架进行了系统的批判，并以皮亚杰的发生认识论为基础，提出一个由知识通达思维的"三层架构学习目标"，将教学目标分为学科知识、问题解决、学科思维三个层次（钟柏昌，李艺，2018）。该模型的优点是在学习内容上突破了学科知识的局限，拓展到实践层面和思维层面，但没有对三个层面的内容提出加工方式或加工水平的要求。

为了克服以上局限，可以在学科课程层面建立一个内容—过程二维目标体系。在这个体系中，内容维度包括学科知识、项目实践、思维方法三个方面，分别对应学科素养的三个层次；过程维度包括动机、理解、应用、创造和评价五种过程（见表 3-6）。这种模型不仅将学习内容从学科知识拓展到项目实践和思维方法，而且对每一层面的内容，形成情感驱动（动机）、认知加工（理解、应用和创造）和元认知调节（评价）的系统整合，打破了单纯关注认知加工的局限。

表 3-6 内容—过程二维课程目标体系

内容	过程				
	动机	理解	应用	创造	评价
学科知识	好奇心	陈述知识	应用知识	优化知识	自我检查
项目实践	责任感	解释方案	实施方案	产出成果	过程复盘
思维方法	效能感	陈述方法	运用方法	生成策略	自我反思

在撰写课堂教学层面的目标时，可以从内容维度展开，对不同的内容提出不同水平的过程要求。在提炼总体教育层面的目标时，可以从过程维度展开，对不同的过程水平提出对应的概括性要求。例如，"动机"对应"情感态度"，"理解"对应"推理能力"，"应用"对应"实践能力"，"创造"对应"创新能力"，"评价"对应"反思能力"

或"批判性思维能力"。由此,课程层面的目标结构上连总体教育目标,下接课堂教学目标,形成一个上下贯通的目标体系。

二、青少年思维的特点

青少年思维发展是大脑发育成熟和后天学习双重作用的结果。11～13岁的个体大脑的额叶发育还不成熟,反应和行动更多地受到杏仁核的影响,主要依靠感性经验,具有冲动性。13岁以后,个体脑重量与脑容积增加,大脑额叶发育成熟,随着工作记忆容量的不断扩大,抽象思维能力和元认知能力快速发展起来。此外,随着年龄的增长和学习经验的积累,青少年长时记忆中存储的知识数量不断增加,能够解决需要多学科知识和技能的复杂问题。但青少年运用这些能力的经验还比较缺乏,因此青少年思维表现出明显的自我中心主义、浅显化和片面化的特点。

(一)青少年思维的成熟性

青少年思维上的成熟是随着大脑发育成熟而发展的。有研究表明青少年期神经纤维髓鞘化完成,大脑白质和灰质体积变大,大脑皮层增厚,这些脑部发育有助于青少年的意识、言语和身体动作等方面变得更丰富,为青少年思维和智力的发展提供可能(林崇德,2019),而青少年思维的成熟性主要表现在以下几个方面。

1. 讨论抽象概念

随着大脑发育的成熟,青少年的抽象逻辑思维逐渐占据优势地位,并逐渐由经验型转向理论型。经验型思维的青少年仍然依靠感性的经验进行判断和活动,但具有理论型思维的青少年则可以不依赖具象的事物去理解历史时间和他人的空间,并能够从一般的知识中概括出规律,用某个符号来代表其他符号。例如,用 x 代表某个未知数。到了青少年发展的中后期,个体逐渐可以开始讨论各类抽象的概念。

2. 思考可能性

相对于具体运算阶段的儿童,青少年通常可以不受此时此地的限制,先思考各项事物的可能性,再从实际入手检验可能性是否成立。此外,根据埃里克森(Erikson)的人格发展阶段论(相关内容见本书133页),青少年发展的主要任务是建立自我同一性,因此,青少年对于可能性的思考并不止步于课程知识的学习,还包括对未来的憧憬和自己理想的思考。教师要注重给予学生恰当的生涯指导,以便学生能够根据自己的个性选择合适的升学就业方向。

3. 能够进行假设—演绎推理

青少年处于皮亚杰认知发展阶段中的形式运算阶段,他们除了能够使用经验—归纳推理外,还可以更多地使用假设—演绎推理进行思考,即他们能够根据自己预想的可能性提出假设,对假设进行解释推理和在实际中检验假设。这种思维的方式是理论的、预计性的,也是青少年思维成熟的重要标志,并且随着假设—演绎推理思维的发展,青少年的辩证思维也会获得明显发展。

4. 思维开始具有独立性和批判性

青少年的思维活动相较于以往表现出明显的自我监控能力，这使得青少年思维开始具有独立性和批判性，具体表现为青少年能够自觉地对自己的思维过程进行元认知监控，这不仅会让青少年开始思考自己的思维过程，形成内省的习惯，还会使青少年多次对成人说的话或者书本上的知识提出质疑和批判。

有些教师和家长会将此认定为叛逆的表现，因而对青少年进行责罚和压制，但这会抑制青少年的进取心和求知欲，对于青少年的成长和智力发展来说是不利的。因此，对于青少年的质疑和批判精神，家长和教师应给予足够的尊重和爱护，并引导青少年将这种批判性思维用在合适的地方。

5. 理解比喻、隐喻、双关语等

青少年思维成熟还有一个比较明显的特点，就是青少年能够开始从文本中获得丰富的意义，能理解文字背后更深层的含义。比如，能理解比喻、隐喻、双关语等语法修辞。

（二）青少年思维的不成熟性

受到社会经验缺乏等因素的影响，青少年的思维发展具有不成熟性，具有爱批评争论、优柔寡断、言行不一和自我中心主义的特点（帕帕拉，奥尔兹，费尔德曼，2013）。

1. 爱批评争论

青少年出于急于独立、向他人证明自己能力的想法，会抓住一切可以展示自己论证能力的机会，同父母、教师及同学争论。并且当青少年批判精神过强时，他们会以自己的判断作为正确标准去批判世界。这两种特点可能会导致青少年在社交环境中难以适应。

2. 优柔寡断

青少年在面对多种选择时会缺乏做出选择的有效策略。比如，在周末时间会纠结于先写作业还是先出去玩，这对青少年的行动效率可能有一定的影响，并导致拖延的发生。

3. 言行不一

受到环境和社会赞许性的影响，有些青少年不能将观点和行动统一起来，他们通常会表达大部分人都支持的观点，但在实际执行的过程中又会依据自己的内心倾向做事。导致这一现象的原因很可能是，这些青少年没有真正地理解道德的本质内涵，仍然处于道德他律的阶段，如果任其发展可能会导致青少年养成爱撒谎的行为习惯。

4. 自我中心主义

与前运算阶段的自我中心不同，青少年阶段的自我中心主义更具社会指向性（蔡笑岳，2007），具体表现为"假想观众"和"个人神话"。"假想观众"指的是青少年认为其他人会如同自己一样一直关注着自己。比如，一个女生在课堂上回答错了问题，她会一直感到羞愧，因为她觉得同学们都会记得她回答错了问题，但其实其他人并没有将这件事放在心上。"个人神话"指的是青少年认为自己总是与众不同，这更像是一种自恋的行为。比如，青少年常常会说："我太厉害了/我跟别人不一样，我可以……"这种带有社会指向性的表达。自我中心主义不一定出现在所有青少年身上，也不是青少年阶段专有的特点，一般从青少年时期开始出现，有可能会一直持续到成年。如果没有得到正确引导的话，青少年可能会因此过于自卑或自傲，从而误入歧途。

因为青少年仍处于成长之中，仍然具有无限的发展可能，所以这些青少年不成熟的特质都需要家长和教师用足够的耐心和包容，将青少年引向正确的方向。特别需要注意的是，作为成人不能强行用成人的标准去要求青少年，揠苗助长反而会适得其反。

三、元认知能力的发展与培养

元认知在人的智力活动中起着十分重要的作用。自从元认知概念被提出后，元认知和智力的关系就成为心理学家关注的重点。例如，在加德纳提出的多元智力理论中，内省智力的核心就是元认知能力。下面将简要介绍元认知与智力的关系，描述青少年元认知能力发展的基本过程，并对提高学生元认知能力提出建议。

（一）元认知与智力

关于元认知与智力的关系，心理学家普遍认同元认知是智力的重要组成部分。20世纪80年代以后提出的各种智力理论也都纳入了元认知，但对元认知在智力中的作用提出了不同的看法。代表性的理论包括斯滕伯格的智力三元理论、戴斯的智力 PASS 模型，以及帕金斯的真智力理论。

1. 智力三元理论中的元成分

1985年，美国心理学家斯滕伯格提出智力三元理论。这个理论尝试将智力放在一个统一的社会、生理和心理测验的情境中考察，包括三个亚理论：成分亚理论、经验亚理论和情境亚理论（见图 3-19）。

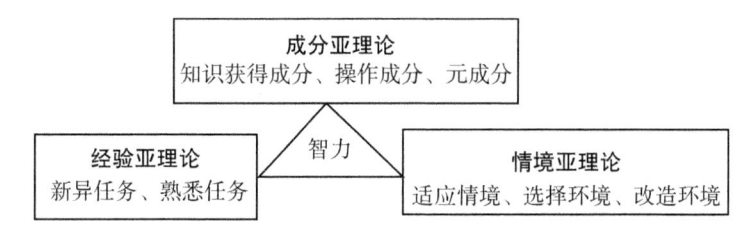

图 3-19 斯滕伯格的智力三元理论

在成分亚理论中，斯滕伯格将智力的内部成分分为知识获得成分、操作成分和元成分。知识获得成分指获取和保存新信息的过程，主要负责新信息的编码和存储。操作成分指接受外部信息，将信息保持在短时记忆中，从长时记忆提取信息，以及做出决策的过程。元成分是指对操作成分和知识获得成分进行控制，主要包括认识需要完成的任务，选择所需的各种操作，选择整合操作的方法，选择信息的表征与组织形式，分配所需的资源，对操作过程进行监控，理解反馈的意义，以及根据反馈信息采取行动。

经验亚理论涉及内部成分与外部世界的关系，指根据经验来调整运用的成分从而达成目标的能力，既包括有效应对新异任务的能力，也包括自动应对熟悉任务的能力。在应对新异任务时，良好的目标依赖于元认知对操作成分的调节方式；在应对熟悉任务（打字、开车）时，良好的目标依赖于操作成分的自动化执行。

情境亚理论涉及个体所处的社会文化环境对智力行为的影响。在这一视野下，智力就是个体对与自己有关的现实世界环境有目的地适应、选择和改造的心理活动。通过这些心理活动，个体能够逐渐达到适应环境的最佳状态。

2. 智力PASS模型中的元认知

智力PASS模型由加拿大心理学家戴斯等人在20世纪90年代提出。这个模型的指导思想是"必须将智力看成认知过程来重构智力概念"。最初，这个模型只是作为一种信息加工模型，后来才被解释为一种智力模型。PASS模型认为个体的智力活动包含计划—注意—同时性加工—继时性加工四种认知过程。根据苏联心理学家鲁利亚对大脑皮层三级功能区的划分，这四种认知过程分属于三个不同的系统（见图3-20）。

第一机能系统也称注意—唤醒系统，功能是使大脑处于一种合适的唤醒状态，使人产生选择性注意或分配性注意。注意指个体关注特定的刺激，并对特定的刺激做出反应；唤醒指个体能够在不降低效率的情况下，同时关注不同的刺激或进行不同的操作。

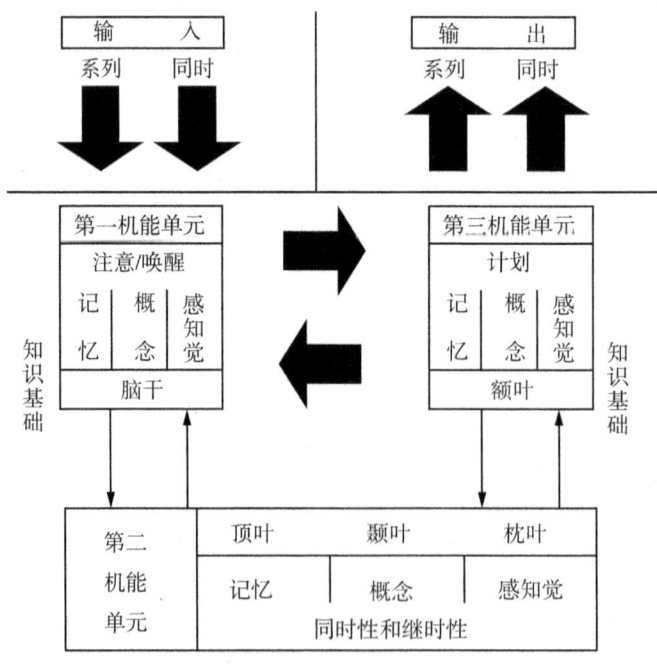

图3-20 智力PASS模型

资料来源：梁宁建.2011.心理学导论[M].上海：上海教育出版社.

第二机能系统也称信息加工系统（编码—加工系统），主要功能是接收、解释、转换和存储外部信息，对应同时性加工和继时性加工。这是两个并列的编码加工过程，前者指个体能够同时对输入的信息进行加工，如图形辨认、人脸识别等；后者指个体须完成前一阶段的信息加工后才能进行下一阶段的信息加工，如数字背诵、动作模仿和系列记忆等。

第三机能系统也称计划系统，是智力活动中层级最高的系统，主要负责认知过程的计划安排，包括确定目标，制定和选择策略，对操作过程进行监控和调节等。计划系统的运行依赖于注意—唤醒系统和编码—加工系统，但又同时对这两个系统起着监控和调节的作用。

计划系统的存在使得整个智力活动形成了一个完整的整体，因为只有通过计划系统，个体的注意才会持续地保持在目标上，并且通过计划系统，个体才能够适时地评估当前状态和目标状态之间的差距，从而采用正确的信息加工方式。显然计划系统属于元认知的范畴。

3. 真智力理论中的反省智力

1995年，"零点计划"负责人之一帕金斯提出真智力理论，将智力分为神经智力、经验智力和反省智力。其中，神经智力是指神经系统的有效性和准确度，是先天遗传的，相当于流体智力；经验智力是指个体积累的不同领域的知识和经验，受后天影响较大，相当于晶体智力；反省智力则是指解决问题，学习和完成挑战智力任务的一般策略，与元认知能力密切相关。帕金斯认为三种智力虽不能相互替代，但是能够相互补偿，其中最明显的就是反省智力能够有效地调控神经智力和经验智力提供的资源，让它们得到有效的利用，反省智力还可以对经验智力加以补偿，并补充神经智力的欠缺（王晓辰，李其维，李清，2009）。

帕金斯主张通过课程培养学生的反省智力，主要包括以下内容：（1）教会学生如何学习知识，涉及理解、记忆等思维方法的技能；（2）培养稳定的思维习惯，包括信念、意志、动机等习惯；（3）教会思维语言的有效应用，包括猜测、假设、判断和确认等思维语言；（4）掌握高阶知识，探寻知识背后的背景、特点、价值和应用。

（二）元认知能力的发展

长期以来，人们更多地关注以智力为代表的认知能力的发展，但较少关注元认知能力的发展。1985年，斯利夫（Slife）等的研究发现，两组认知能力相当的儿童在两类元认知能力的表现上存在显著差异：一组儿童对于自己解题技能的知识较不准确，而另一组儿童在监测自己的成绩方面较不准确。这说明元认知能力和认知能力是两种不同的能力。研究表明，元认知能力的发展具有以下五个方面的特点。

1. 从他控到自控

在个体还未形成自我意识之前或者还未获得关于元认知监控的知识之前，个体对于活动的监控主要依赖他人进行，如父母和教师的耳提面命。但是随着个体的成长和思维的成熟，他们会通过观察模仿将这种他控的元认知逐渐内化为自控的过程。根据维果茨基和鲁利亚的观点，这种转化的实现是借助语言来进行的：个体会先通过听别人说来了解活动监控的方法，然后再通过自言自语进行练习，当个体熟练到可以不用出声就能完成活动监控时，元认知监控就得到了完全内化，进而就变成了个体自控的活动。

2. 从不自觉到自觉再到自动化

在小学阶段，学生完成作业后不会自主地对作业进行批改，但随着家长、教师的教导和个体实践活动的增多，学生会开始自觉地对自己的学习活动进行检查和纠正。个体逐渐意识到元认知的活动能够有助于他们更好地完成目标，但此时他们的元认知活动还需要意识的控制。当个体自觉进行元认知活动的次数足够多后，他们的元认知活动就能达到自动化，元认知活动过程就会被极大简化，从刺激出现到做出反应之间几乎不需要有任何意识上的控制。

3. 从单维到多维

从元认知的活动内容上看，由于受到自我中心主义的影响，前运算阶段的个体在进行元认知监控时只能关注到活动的某些方面，能够操纵的元认知活动内容量有限。但到了青少年时期，个体就能够在元认知活动时做到多维度的全面考虑，能够操控的元认知对象的内容量也会逐渐增多。

4. 从局部到整体

从元认知的活动阶段上看，元认知建立初期的个体只能对活动中的某个阶段进行监控。随着能力的增长，个体能够逐渐对某几个阶段同时进行监控，最终个体可以从目标开始对整个活动进行整体的监控和调节。

5. 敏感性和迁移性提高

元认知的敏感性指的是个体对于活动过程能够做出及时的和恰当的调整和修正，而迁移性则是指个体能够将元认知的方式和过程从一个情境迁移到另一个类似的情境中。随着这两种元认知特性的提高，个体的活动方式也会更灵活和完善。例如，青少年的元认知敏感性和迁移性都显著高于儿童，因而他们能够比儿童更好地管理和控制他们的思维，反省自己的思想和情感，并发展适合自己的学习策略。

综上所述，个体元认知的发展过程同认知一样也是一个由浅入深、由简单到复杂的循序渐进的过程，所以教师在进行教学时，应当通过观察和询问来确定学生的元认知发展阶段，从而采取适合学生的元认知培养策略。

（三）有利于元认知培养的教学策略

除一般认知能力外，元认知能力也是影响学生学习的重要因素。具有元认知能力的学习者能够自主学习，并在学习过程中调节和控制自己的认知活动。1990，斯旺森（Swanson）的研究发现，不论一般能力倾向高或低，两个高元认知能力组的学生都比两个低元认知能力组的学生成绩要好。教师该怎样在教学中培养学生的元认知能力呢？下面是一些可以参考的教学策略：鼓励学生说出自己的想法；对学生的所有理解给出反馈；引导学生记录自己在解题过程中的思维方式；引导学生解释解题方法的应用条件；鼓励学生回想自己高效完成的事情，并给这些方法命名；鼓励学生向他人讲解自己的解题过程；鼓励学生了解别人的思维技能。

> **随堂巩固**
>
> 1. 元认知的成分包括下列哪些？（　　）
> A. 元认知情绪　　B. 元认知监控　　C. 元认知体验　　D. 元认知知识
> 2. 元认知与以下人脑中的哪个区域高度相关？（　　）
> A. 颞叶　　　　　B. 枕叶　　　　　C. 顶叶　　　　　D. 额叶
> 3. 在马扎诺教育目标分类中，加工过程涉及哪三个系统？（　　）
> A. 元认知系统　　B. 自我系统　　　C. 认知系统　　　D. 记忆系统
> 4. 从信息加工的功能来说，青少年主要有哪些变化？（　　）
> A. 抽象逻辑思维增强　　　　　　B. 元认知能力增强
> C. 抽象思维由经验型转向理论型　　D. 能够进行假设—演绎推理
> 5. 青少年思维的不成熟性具体表现为以下哪几个方面？（　　）
> A. 言行不一　　B. 自我中心主义　　C. 优柔寡断　　D. 爱批评争论
> 6. 智力三元理论中，成分亚理论将智力划分为哪些维度？（　　）
> A. 知识获得成分　B. 操作成分　　C. 情境适应成分　D. 元成分
> 参考答案：1. BCD　2. D　3. ABC　4. ABD　5. ABCD　6. ABD

> **拓展阅读**
>
> 1. 马扎诺，肯德尔. 2012. 教育目标的新分类学[M]. 2版. 高凌飚，吴有昌，苏峻，译. 北京：教育科学出版社.
> 2. 斯米尔诺夫 A A，鲁利亚 A P，涅贝利岑. 1984. 心理学的自然科学基础[M]. 李翼鹏，魏明庠，等译. 北京：科学出版社.

本讲小结

1. 智商的全称是智力商数，是衡量一个人智力水平的数字指标，可以通过智力测验获得。目前智力测验有：斯坦福—比奈量表、瑞文图形测验、韦氏智力量表等。

2. 皮亚杰从个体的角度论述了智力发展的过程，认为智力的成熟得益于个体对于环境的不断适应，而这种不断适应的过程需要依托图式进行。图式又称认知结构，指的是个体的行为或思维模式。在个体不断适应环境的过程中，图式也会不断变化和扩充，以便使个体能够有应对新环境的方法和条件。

3. 维果茨基从社会互动的角度论述了智力发展的过程，提出了在今天的教学中仍然非常重要的一个概念——最近发展区，指的是学生独立活动时解决问题的现有水平与在成人的帮助下能够达到的最佳水平之间的差距，强调教师的教学要落在这个差距内，以保证学生拥有持续学习的兴趣和动力。

4. 多元智力理论指出人的智力由多种成分构成，且智力成分并不局限于语言和数理逻辑能力，这使得其他领域的天才有了更多的发展机会，也为当今学校开展个性化教学提供了重要指导。

5. 人脑的信息加工过程同计算机一样，都会经历接收信息、编码、存储、解码和输出的过程，并且在这个过程中，个体感觉到的初始信号是无法形成记忆的，只有被编码的知觉信息才可以被个体理解并记忆。

6. 存储模型和加工水平模型是信息加工模型中最有代表性的两类，它们的主要区别在于记忆存储形式不同。存储模型认为个体的记忆是分开存储的，加工水平模型则认为不存在不同的记忆存储系统。

7. 存储模型认为记忆可分为：感觉登记、短时记忆和长时记忆。外界的信息被人体进行感觉登记后可以在人脑中短暂存储；当感觉登记的信息被人脑"注意"到后，会被编码为短时记忆，此时信息存储的时间可以达到几秒钟甚至更长；当短时记忆被进一步加工成为长时记忆后，信息就可以在人脑中长期储存。

8. 加工水平模型认为决定存储水平高低的是信息的编码方式，信息加工的水平越深，信息的存储效果也就越好。

9. 安德森的ACT模型解释了个体的高级心理活动过程，主要由陈述性知识、产生式知识和工作记忆组成。此外，安德森认为陈述性知识是用命题网络的形式表征的，而程序性知识则是用产生式规则表征的。

10. 在ACT模型中，工作记忆将有用的信息从陈述性知识中提取出来时，会激活相应的产生式知识，此时提取出的陈述性知识将作为条件激活行动信息，行动信息最后会通过工作记忆作用到外部环境。

11. 西蒙和朱新明提出的自适应学习理论认为，无论是陈述性知识还是程序性知识都可以用产生式进行表征，并指出示例学习是指让学生在考察实例和解决问题的过程中自主学习，过程可以被分为条件建构和条件优化，其中条件建构的过程是学生形成产生式的过程，条件优化的过程是学生优化产生式的过程。

12. 元认知是个体认知的认知，相对于认知来说是一个上位概念。

13. 元认知的成分包括元认知知识、元认知体验和元认知监控。元认知知识指的是个体对于认知活动过程和结果的认知，是元认知进行监控的基础。元认知体验指的是伴随认知活动产生的认知或者情绪上的体验，能够为元认知监控提供必要的信息。元认知监控指的是个体对整个认知活动进行的计划、监控和调节。

总结练习

（一）选择题

1. 一个学生理解了"物质决定意识，意识反作用于物质"的含义。按照皮亚杰的认知发展阶段理论，此学生的思维发展水平处于（　　）。
   A. 感知运动阶段　　　　　　　B. 前运算阶段
   C. 具体运算阶段　　　　　　　D. 形式运算阶段

2. 张老师在设置教学目标时，既考虑学生的现有知识水平，也考虑他们在老师指导下可以达到的水平。维果茨基将这两种水平之间的差距称为（　　）。
   A. 教学支架　　B. 最近发展区　　C. 先行组织者　　D. 自我差异性

3. 在多元智力理论中，（　　）智力与一个人对图形的敏感度和想象力有关。
   A. 数理逻辑智力　B. 空间智力　　C. 自然智力　　D. 运动智力

4. 信息加工的研究方法有（　　）。
   A. 流程图法　　B. 计算机模拟法　C. 观察法　　D. 眼动跟踪

5. 下列选项中存储时间最短的记忆为（　　）。
   A. 感觉登记　　B. 短时记忆　　C. 工作记忆　　D. 长时记忆

6. 元认知监控包括下列哪些过程？（　　）
   A. 计划　　　　B. 监控　　　　C. 调节　　　　D. 推理

7. 元认知知识包括哪些知识？（　　）
   A. 主体元认知知识　　　　　　B. 任务元认知知识
   C. 情绪元认知知识　　　　　　D. 策略元认知知识

8. 智力 PASS 模型的核心系统是哪个？（　　）
   A. 注意—唤醒系统　　　　　　B. 编码—加工系统
   C. 计划系统　　　　　　　　　D. 记忆系统

（二）简答题

1. 请简述同化和顺应的过程。
2. 请简述最近发展区并举例。
3. 请根据多元智力理论谈谈教师在日常教学中如何开展个性化教育？
4. 简述存储模型的工作机制。
5. 简述 ACT 模型的工作机制。
6. 简述示例学习的信息加工过程。
7. 简述认知与元认知的差异。
8. 列举青少年思维不成熟的表现，并给出相应的教学建议。
9. 简述元认知发展的特点。

选择题参考答案：1. D　2. B　3. B　4. ABD　5. A　6. ABC　7. ABD　8. C

第四讲
情绪与情感发展

概述

每个人都有喜、怒、哀、恶、惧等原始情绪，在原始情绪的基础上，每个人还在与其他人互动的过程中，发展出骄傲、害羞、嫉妒、尴尬、责任等更为复杂的高级情绪。在心理学中，将各种原始情绪称为基本情绪，将复杂的高级情绪称为情感。由于高级情绪或情感是由每个人成长的社会环境和文化决定的，因此，也常被称为社会情感。基本情绪和社会情感是个体生存和发展的重要条件，积极的情绪和情感有利于个体建立自己与他人、环境的良好互动关系，提升个体的社会适应能力。

本讲包括两节。第一节系统地介绍基本情绪的种类、状态、表现及功能，介绍情绪智力的构成及情绪调节的方法和策略。第二节阐述情绪与情感的区别与联系，并介绍阿德勒（Adler）的社会情感理论、美国学业、社会与情感联合会的社会情感学习课程体系，以及《OECD学习罗盘2030》对社会情感能力的解释和测评。

关键词

第一节	情绪种类、情绪表现、情绪状态、情绪功能、情绪智力、情绪调节、情绪ABC理论、认知重评、表达抑制
第二节	情感、观点采择、移情、社会情感学习、OECD 2030学习框架、测评框架

知识结构图

第一节 基本情绪的成长与发展

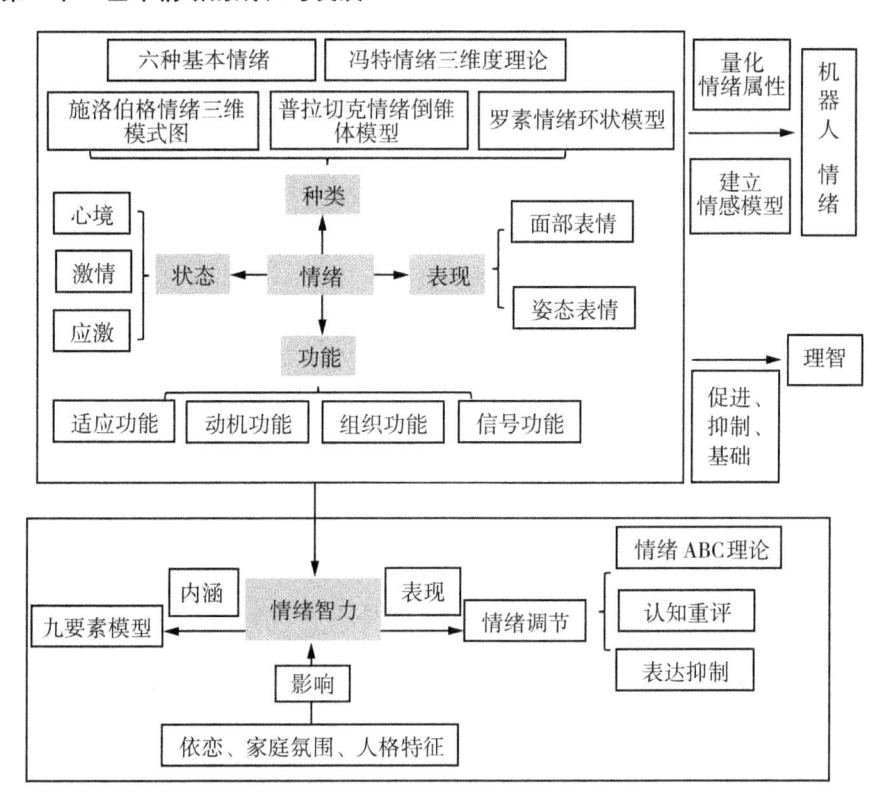

情绪
- 种类
  - 六种基本情绪
  - 冯特情绪三维度理论
  - 施洛伯格情绪三维模式图
  - 普拉切克情绪倒锥体模型
  - 罗素情绪环状模型
- 状态
  - 心境
  - 激情
  - 应激
- 表现
  - 面部表情
  - 姿态表情
- 功能
  - 适应功能
  - 动机功能
  - 组织功能
  - 信号功能

机器人情绪
- 量化情绪属性
- 建立情感模型

理智：促进、抑制、基础

情绪智力
- 内涵
- 九要素模型
- 表现
- 情绪调节
  - 情绪ABC理论
  - 认知重评
  - 表达抑制
- 影响：依恋、家庭氛围、人格特征

第二节 社会情感的发展与学习

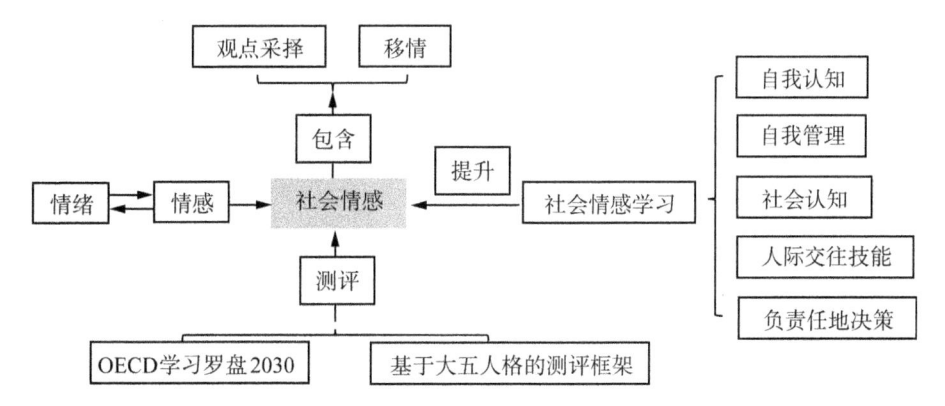

社会情感
- 情绪 ↔ 情感
- 包含：观点采择、移情
- 提升：社会情感学习
  - 自我认知
  - 自我管理
  - 社会认知
  - 人际交往技能
  - 负责任地决策
- 测评
  - OECD学习罗盘2030
  - 基于大五人格的测评框架

学习目标

1. 熟悉情绪的种类及表现，以及情绪的多种分类维度。
2. 列举情绪的基本功能，了解情绪在个体生长与发展中的作用。
3. 理解情绪与理智的关系。
4. 了解情绪智力的构成与功能。
5. 说出情绪调节的相关理论、方法与策略。
6. 辨析情绪与情感的联系与区别，了解情感的种类。
7. 说出观点采择与移情的含义及发展阶段。
8. 了解社会情感学习的课程体系及测评框架。

引导性问题

1. 我们常说的情绪包括哪些种类？
2. 我们如何辨别他人的情绪？
3. 情绪对个体的生存和发展有什么作用？
4. 情绪与理智的关系是什么？
5. 有哪些常见的调节情绪方法和策略？
6. "唉，只剩半杯水了"和"太好了，还有半杯水"，为什么同一个事物会引发个体不同的情绪？
7. 情绪与情感的关系是什么？情感是如何分类的？
8. 儿童观点采择与移情的发展，分别包含哪几个阶段？
9. 社会情感学习主要提升了哪些核心能力？
10. 判断儿童社会情感发展水平的工具有哪些？

知识详解

▶▶ 第一节　基本情绪的成长与发展 ◀

情绪是一种非常复杂的心理现象，以至于很难给出一个直接的定义。一般认为，情绪是以个体的愿望和需要为中介的一种心理活动，是个体对客观事物的态度体验及相应的行为反应（郭德俊，2005）。本节将介绍基本情绪的内容、状态和表现，阐述情绪的功能及其与理智的关系，在此基础上，说明情绪智力的构成及情绪调节的方法和策略。

一、基本情绪的内容与表现

描述情绪的词汇非常多，如高兴、愤怒、难过、害怕、厌恶、沮丧、失望、愧疚等。

在这些词汇中,有些描述了人的基本情绪,有些则描述了由多种基本情绪组合而成的复合情绪。基本情绪是人类与动物从出生就具有的,每一种基本情绪都有一套特殊的神经生理机制、内在体验和外在表现,并有相对应的适应功能。下面主要介绍基本情绪的内容和表现。

（一）情绪的内容

不同心理学家认为基本情绪的内容是不一样的。汤姆金斯（Tomkins）在 1970 年区分了兴趣、害怕、惊讶、愤怒、痛苦和高兴六种基本情绪；艾克曼（Ekman）则提出另外六种基本情绪,即高兴、愤怒、惊奇、恐惧、厌恶和悲伤。1994 年,格雷（Gray）提出三种基本的情绪系统,即行为趋近系统（如高兴）、攻击和逃跑系统（如愤怒）、行为抑制系统（如焦虑）。

斯坦（Stein）和特拉巴舍（Trabasso）根据个体与目标事物的关系,将基本情绪分为快乐、悲伤、愤怒和害怕,分别对应于获得目标、丧失目标、目标受阻和目标不确定。按照这个标准,还可以补充厌恶（排斥目标）和惊奇（察觉目标）两种基本情绪。这样,就得到艾克曼区分的六种基本情绪。下面,对六种基本情绪的含义加以简要说明。

1. 惊奇

惊奇是个体察觉到超出自己预期的目标事物时感受到的情绪。根据程度不同,可以分为新鲜感、新奇感、惊讶、惊愕、震惊、惊呆、惊厥。惊奇是好奇心的源泉,驱使人们寻找隐藏在新异事物背后的意义。

2. 厌恶

心理学家罗金（Roggin）提出,厌恶本质上是肮脏或者恶心的东西给人造成的一种口腔感觉。人们普遍厌恶的东西主要是人自身产生的一些物质：呕吐物、粪便、尿液、黏液还有血。4 岁以前的个体会因为食物不好吃而不吃,但是还不懂得厌恶。4 岁以后,厌恶才发展成为个体的一种基本情绪,并扩展到对各种排斥对象的情绪反应。

3. 快乐

快乐是个体获得目标事物（需要得到满足）时感受到的情绪。根据程度不同,可以分为满意、愉快、欢乐、狂喜。新生儿不同时期快乐的表现形式不同。刚出生几周的新生儿在吃饱时,面对温柔的抚摸和声音会笑；3 个月的婴儿与人交流时经常笑；3 个月后,婴儿会出现哈哈大笑。

4. 愤怒

愤怒是个体目的和期待无法达到或一再受到阻碍时感受到的情绪。根据程度不同,可以分为：不满、生气、愠怒、大怒、暴怒。愤怒是一种强烈的社会信号,人们通过向照料者传达"我需要安慰"的信息,以减少自己的痛苦。年龄较大的个体能够识别痛苦的来源和包含障碍的目标。

5. 恐惧

恐惧是个体企图摆脱、逃离某种危险情境而又无能为力时感受到的情绪。如果危险情境一直持续，无法消除，就会演变为焦虑。婴儿早期不会出现恐惧反应，他们还没有抵御危险和保护自己的运动能力。6个月后，恐惧产生并开始发展。最常见的恐惧是对陌生人的恐惧，称为"陌生人焦虑"。

6. 悲伤

悲伤是个体失去有价值的东西时感受到的情绪，也称忧愁或忧伤，往往伴随着哭泣。根据程度不同，可以分为：遗憾、失望、难过、悲伤、悲痛。悲伤也是一种对痛苦刺激的反应，但比愤怒出现的次数少。对儿童来说，悲伤大多发生在亲子交流严重受挫的时候。儿童常常在与熟悉的照料者长期分离，或得不到成年人的细心照顾时出现极度悲伤。

（二）情绪的维度和分类体系

德国心理学家冯特（Wundt）最早提出情绪的三维度理论，对后来的研究产生了巨大影响。冯特认为情绪需要从愉快—不愉快、激动—平静、紧张—松弛三个维度来描述，每一种情绪都分布在这三个维度的两极之间不同的位置。1954年，施洛伯格（Schloberg）通过对面部表情的研究，建立了一个三维模式图，椭圆面的长轴为愉快—不愉快维度、短轴为注意—拒绝维度，垂直于椭圆面的轴则是激活水平维度，三个不同水平的整合可以得到各种情绪。

1970年，普拉切克（Plutchik）从强度、相似性、两极性三个维度描述情绪，并绘制了一个倒锥体模型来描述三个维度之间的关系（黄希庭，郑涌，2015；见图4-1）。锥体的横截面被划分为愤怒、厌恶、悲伤、惊奇、惧怕、接纳、快乐、期待八种基本情绪，相邻的情绪是相似的，对角位置的情绪是对立的。锥体自下而上表示情绪由弱到强的变化。基本情绪以外的其他情绪都是在八种基本情绪的基础上混合派生出来的。例如，期待＋快乐＝乐观；惊奇＋悲伤＝失望等。

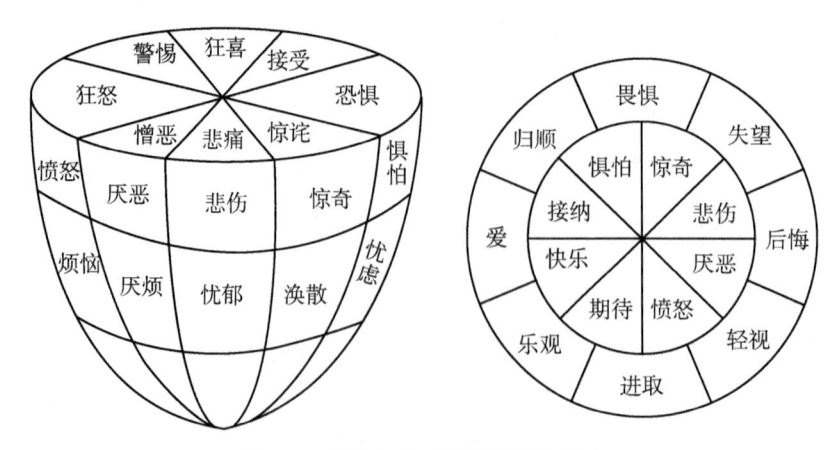

图 4-1 普拉切克的情绪倒锥体模型

1980年，罗素（Russell）从愉快度（消极—积极）和强度（低唤起—高唤起）两个维度对情绪进行分类，形成情绪分类的环状模式（见图4-2）。在这个分类体系中，"积极—高唤起"情绪包括快乐、兴奋、激动等；"消极—高唤起"情绪包括恐惧、紧张、厌恶等；"消极—低唤起"情绪包括悲伤、厌倦、疲惫等；"积极—低唤起"情绪包括平静、乐观、安心等。

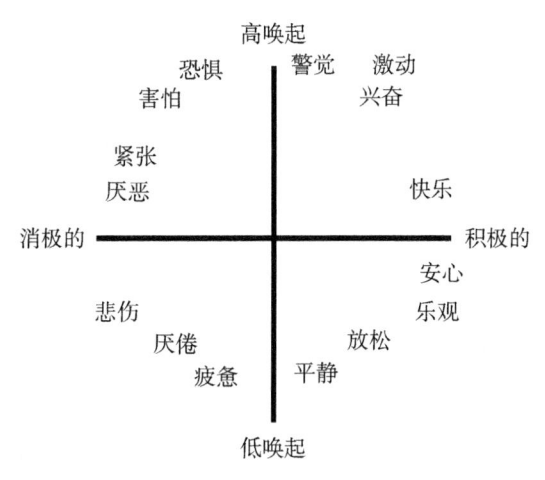

```
                        高唤起
            恐惧      警觉    激动
            害怕              兴奋

            紧张
            厌恶                  快乐
消极的 ━━━━━━━━━━━━┼━━━━━━━━━━━━ 积极的
                              安心
            悲伤              乐观
            厌倦        放松
                疲惫  平静

                        低唤起
```

图 4-2　罗素的情绪环状模型

此外，1977年，伊扎德（Izard）从愉快度、紧张度、激动度和确定度四个维度描述情绪，并将情绪分为愤怒、恐惧、痛苦、愉快、厌恶、惊奇、羞耻感、内疚感、兴趣、悲伤和轻蔑十一种。1995年，郎（Lang）等将情绪看成在面对突发事件时，个体为趋近或退避做准备的短暂的心理生理反应，并利用SAM情绪反应量表，按照愉悦度、唤醒度、控制感三个维度，开发了"国际情绪图片系统"，成为在情绪研究中广泛应用的规范情绪刺激系统（尹剑春，2017）。

人的本能反应是趋利避害，而情绪只是伴随各种反应的内心体验：一方面，主动趋近有利的刺激，对应的情绪体验是快乐（称为积极情绪）；另一方面，主动回避有害的刺激，对应的情绪体验是厌恶、恐惧、愤怒等（称为消极情绪）。根据趋利避害的原则，可以建立一个由刺激（有利的—有害的）和反应（趋近—回避）构成的分析框架（见图4-3），用于描述情绪变化的动态过程。首先，个体在平静状态下察觉到意外刺激，产生惊奇情绪，并引发进一步的探究行为，表现为对意外刺激的好奇心。其次，个体通过探究对刺激的效价做出判断，如果是有利的（正效价），则产生快乐情绪，并力图趋近刺激；如果是有害的（负效价），则激发厌恶情绪，并试图回避刺激。接下来，需要区分有利刺激和有害刺激。对于有利的刺激，如果趋近行为成功，则回归平静状态；如果趋近行为失败，则产生焦虑情绪，并引发对刺激的希望。对于有害刺激，如果回避行为成功，则回归平静状态；如果回避行为失败，则引发恐惧情绪。恐惧情绪将会进一步引发个体的逃离行为，如果成功，则回归平静状态；如果失败，则引发愤怒情绪。愤怒情绪引发被试驱离（或破坏）刺激，如果驱离成功，个体回归平静状态；如果驱离不成功，个体会感到失望，并产生忧虑情绪。如果个体适应有害的刺激，则回归平静状态；如果个体丧失有价值的事务，就会出现悲伤情绪。悲伤情绪不仅有利于个体回归平静，而且成为自身需要帮助的信号，有可能获得他人帮助，从而带来新的希望，并回归平静状态。在平静状态下，新的意外刺激会引发个体的好奇心，并引发新一轮情绪变化。

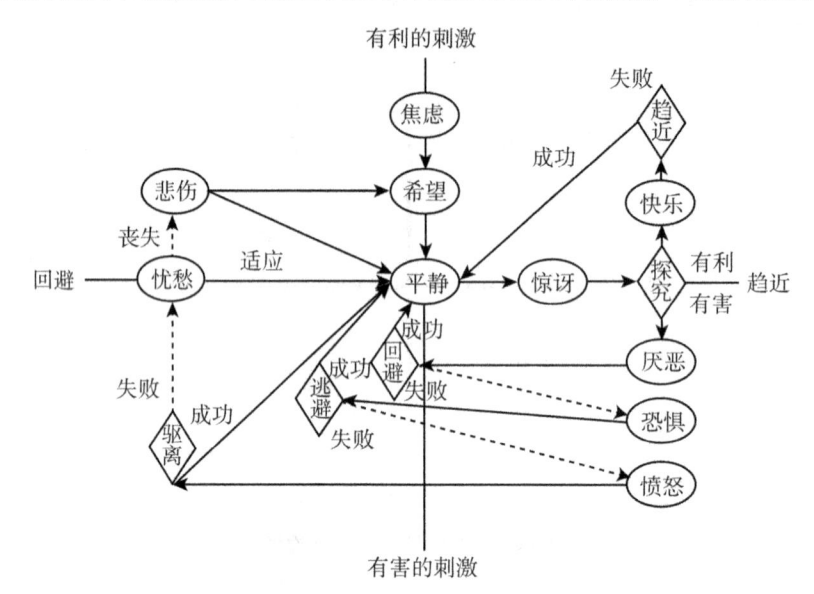

图4-3 基于趋利避害分析框架的动态情绪模型

（三）情绪状态

情绪状态是指特定情境下情绪活动在强度、紧张度和持续时间上的综合表现，主要可以分为心境、激情和应激三种状态。

1. 心境

心境是指一种微弱而持久的，具有弥漫性的一般情绪状态，往往不是由某种特定刺激引起的，并且不指向特定对象，能够广泛地影响个体的各种活动。

遭遇生活重大变故，失去生活中的重要他人，很可能使个体在很长一段时间内一蹶不振，情绪低落。心境的具体表现与人格特征有关，同一事件对一些人的心境影响较小，而对另一些人的影响则较大。例如，面对体育比赛的失利，性格开朗的人往往认为胜败乃兵家常事，坦然接受失败的结果；而性格敏感的人则可能忧心忡忡，萎靡不振。积极乐观的心境，可以提高人的工作与学习效率，有益身心健康，能够提升生活幸福感；消极悲观的心境，则会降低人的认知活动效率，使人兴趣减退，丧失信心和希望，不利于个体合理面对挫折与挑战并积极解决问题。

2. 激情

激情是一种短暂的、强烈的和爆发性的情绪状态，通常是由对个体有重大意义的客观刺激引起的，表现为暴怒、狂喜、悲痛等强烈情绪。

激情往往伴随着生理变化和明显的外部行为表现。例如，暴怒时全身肌肉紧绷，双目怒睁，咬牙切齿等；狂喜时眉开眼笑，手舞足蹈。激情对人们的影响具有两面性：一方面，激情会使个体出现"意识狭窄"现象，理智分析能力受到抑制，自我控制能力减弱；另一方面，激情也能够在一些特殊的情境下激励个体勇敢拼搏。培养积极的意志品质，提高自我觉察能力和情绪调控能力，可以帮助个体意识到并有效调节激情状态。

3. 应激

应激是个体在遇到意外危险或面临某种突发事件时，为动员自己的全部力量迅速采取行动的身心高度紧张的状态。

个体在应激状态下，会出现一系列生理反应。例如，肌肉紧张，血压、心率、呼吸及腺体活动明显加快等。这些变化有助于个体适应急剧变化的环境刺激，维护机体功能的完整性。应激状态的时间可短可长，短时的应激通常导致全身的快速反应，长期的应激则会导致机体功能紊乱，甚至崩溃。应激状态的出现与个体所处的情境特征及个体对自己应对能力的评估有关。

（四）情绪的表现

情绪是一种内部的主观体验[①]，但在情绪发生时，又常常伴随着可以观察到的某种外部表现，称为表情，包括面部表情、姿态表情、语调表情三种类型。这些非言语的表达形式，可以帮助个体在无语言沟通的情况下，快速了解他人的情绪状态。

1. 面部表情

面部表情是指通过眼部肌肉、颜面肌肉和口部肌肉的变化来表现各种情绪状态。婴儿早期就表现出来好奇、惊讶、高兴、恐惧、愤怒、伤心等情绪。有研究显示，当母亲和10周的婴儿用愉快和不愉快的两种情绪交流时，婴儿会表现出愉快、感兴趣、悲伤和愤怒的表情（彭聃龄，2004）。这些表情也出现在黑猩猩身上。不同国度、不同文化习俗的人，表达情绪的面部表情是相同的。

艾克曼的实验证明，人脸的不同部位在表达情绪时作用不同。例如，眼睛对表达忧伤、惊骇最重要；口部对表达快乐、怨恨、厌恶最重要；前额能提供惊奇的信号；眼睛、嘴和前额等共同作用，对表达愤怒情绪很重要。面部会清晰地呈现高兴、惊讶、恐惧、生气、悲伤、厌恶、轻蔑等多种基本情绪，但个体也可以有意识地控制自己的面部表情，给他人造成假象。

随着计算机技术和人工智能技术及其他相关学科的迅猛发展，出现了面部表情识别技术。这种技术能够从给定的图像或视频中分离出特定的表情，实现计算机对人脸表情的识别与理解，在心理学研究、智能监控、虚拟现实及合成动画等领域有着巨大的应用价值。

[①] 心理学家将个体对情绪的主观体验称为"感受"或"感情"，解释为情绪过程的一种内在表现形式，与外显的表情和内在的生理反应一起，构成完整的情绪。

2. 姿态表情

人的情绪特征可以通过人体的姿态自发地表达出来，从而形成不同的姿态表情，可以分为身体表情和手势表情两种类型，图4-4是一些常见的姿态表情。

1.好奇　2.疑惑　3.不感兴趣　4.拒绝　5.观察

6.自我满足　7.欢迎　8.果断　9.隐秘　10.探究

11.专注　12.暴怒　13.激动　14.舒展

15.奇怪支配、怀疑　16.鬼鬼祟祟　17.羞怯　18.思索　19.做作

图4-4 常见的姿态表情

（1）身体表情

身体表情是表达情绪的重要方式。人在不同的情绪状态下，身体姿态会发生变化，如高兴时捧腹大笑，恐惧时紧缩双肩，紧张时坐立不安，厌恶时身体后退等。身体表情是我们表达情绪时的不自觉的反应，但也可以通过有意识地觉察自己的身体动作，反复练习，控制自己在不同情绪下的姿态。

（2）手势表情

手势通常和言语配合使用，如表达赞成/反对时同时做出鼓掌/摆手，表达接纳/拒绝时同时做出张开双臂/甩手等。手势也可以单独使用来表达情感、思想，做出开始或停止、前进或后退等指示。例如，无奈时摊手，兴奋时挥舞手，伸开手并用手指向手心勾表示"过来"等。下面是一些常见的姿态表情。

手势表情是人们后天习得的，代表的含义存在个体差异，还受社会文化和传统习俗的影响，同一种手势在不同地域和民族可能表达不同的情绪。

3. 语音/语调表情

言语是人们沟通思想的工具。其中，语音的高低、强弱、抑扬顿挫等，也是说话者表达情绪的手段。例如，痛苦时发出呻吟的声音，愉快时大声地笑，紧张时发出颤抖的声音，愤怒时大声地喊叫。语音表情也可以通过练习得以控制。例如，在演讲时放慢语速，提高音量，让听众感觉到演讲者的自信和放松；在朗诵时熟练运用音色和语调，深情饱满，表达不同人物角色的内心活动。

二、情绪的功能与作用

作为一种心理活动，情绪是有机体生存、发展和适应环境的手段。下面将介绍情绪的基本功能，解释情绪与理智的关系，并介绍对机器人情绪的研究，深化人们对情绪本质的认识。

（一）情绪的基本功能

作为一种应对环境变化的快速反应过程，情绪不仅能够维持个体的生存，促进个体的发展，而且有利于人际关系的建立。

1. 适应功能

情绪的适应功能表现在人类进化和个体成长两个方面。从人类进化的角度看，高级灵长类动物和类人猿就已经发展出与现代人类相似的表情，可以表达快乐、恐惧、愤怒、悲伤等基本情绪。婴儿呱呱坠地后，还不具备独立生存和言语交际能力，主要通过哭和笑来传递饥饿或满足等信息，以获得成人的帮助和抚养；儿童可以通过微笑传递接纳和友好等信息，以更好地与同伴社交。

2. 信号功能

信号功能是情绪最核心的功能，对个体进行人际沟通具有重要的意义，主要通过各种表情来实现。从发生的时间来看，表情交流比言语交流出现得更早，在实际使用过程中，很大程度上弥补了言语交流的不足。情绪的适应功能也是通过信号功能来实现的。

3. 动机功能

个体的需要是行为动机的主要来源，而情绪能表达因需要不能满足而产生的动力，因而也具有动机作用。例如，个体在饥饿时会体会到焦虑，从而增强寻找事物的动力，成为进食行为的强大动力。一般情况，积极的情绪对个体的趋利行为有推动作用，而各种消极情绪则会使个体努力回避厌恶性刺激。

4. 组织功能

情绪在心理活动的过程中起着监督和组织的作用。积极的情绪，尤其是中等强度的愉快情绪，对活动起着协调和促进的作用。消极的情绪对活动起着瓦解和破坏的作用，当个体处于痛苦、悲伤、沮丧的情绪时，意志力减退，学习与工作进程受到干扰，无法高效投入各类活动中。

2001年，弗里德里克森（Fredrickson）提出积极情绪的拓展与建构理论（见图4-5），强调积极情绪可以拓展与建构个体的内在资源，而内在资源又可以产生更多的积极情绪（盖笑松，2020）。

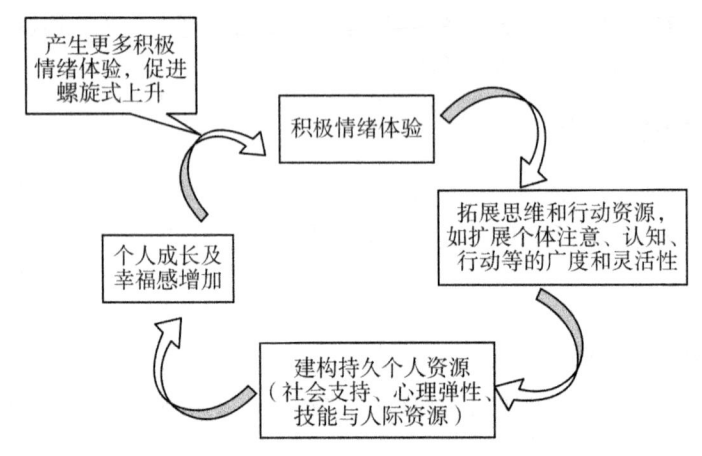

图 4-5　积极情绪的拓展与建构理论结构图

（二）情绪与理智的关系

情绪与理智的关系是情绪组织功能的重要表现。然而，由于情绪具有两极性，情绪到底是妨碍理智，还是促进理智，成为众多学者长期争论的话题。

1. 情绪妨碍理智

西方和东方的传统思想都将情绪看成源自本能欲望，妨碍个体的理性认识的冲动或激情，并认为个体的情绪与理智是对立的。在西方，柏拉图认为，理智意味着个体合乎理性地行动，而受情绪支配的个体往往会丧失理智，只有抑制甚至将情绪完全革除，才能真正认识到世界的本质。

将情绪和理智对立起来的观点影响非常深远，当代心理学家彼得斯（Peters，1961）也认为情绪是在被动状态下对对象的判断，而且这种判断往往会被情绪扰乱，也就是说，个体不能适当地控制他们的情绪，而是要听从情绪的摆布。

2. 情绪促进理智

与前面情绪妨碍理智的观点相反，一些学者认为情绪对理智有促进作用。例如，歌德曾说过，人只能认识自己所爱的对象，并且，人越是热爱认识的对象，对对象的认识就越深刻和完整。帕斯卡尔也说过，认识对象只有首先呈现在爱的过程中，然后感知才能描述它们，理性才能判断它们。德国哲学家舍勒（Scheler）则进一步明确地提出"爱是认识的基础"，认为在爱和认知之间存在一种奠基与被奠基的关系。

以上观点得到现代心理学研究的证实。鲍尔研究发现，当人心情好时，容易回忆起带有愉快情绪色彩的材料；当人的情绪低落时，则容易回忆起那些带有消极情绪色彩的材料；如果材料在某种情绪状态下被识记，那么这些材料在同样的情绪状态下也更容易被回忆出来，这种现象被称为心境—记忆一致性效应。

美国神经科学家达马西奥（Damasio，2018）用一系列游戏研究情绪对个体决策的影响，发现一般人会放弃令自己产生恐惧的高风险决策，转而做出损失较小的决策；那些中央前额叶受损的被试虽然能意识到高风险决策会带来更大的损失，但也经常会选择高风险决策。根据这个实验结果，达马西奥推测，不能在现实环境中体验情绪，有可能会使个体无法做出理性的判断。

3. 情绪基于理智

情绪基于理智的观点有多种不同的版本。古希腊哲学家亚里士多德将情绪看作人类高级认知与低级的纯感官欲望结合的产物，他指出：一种情绪能与另一种情绪区分开来，不在于感官与生理唤醒的不同，而在于信念的不同。例如，一个人身体方面的反应被认为是愤怒，是因为他的如下信念：一些行为让他感到自己受到侮辱或伤害。1950年，阿诺德（Arnold）提出情绪的认知评估理论，认为外部刺激激发什么样的情绪，取决于个体对外部刺激的评价。例如，我们在书本中看到蛇的图画并不觉得害怕，因为此时大脑皮层的评定为"假的"或者"低风险"，而在实际生活中遇到蛇，往往会感到恐惧，因为此时大脑的评定为"真的"或者"高风险"。1968年，拉扎鲁斯（Lazarus）将个体对外部刺激的评价进一步扩展到对一个人可能采取行动的评价，认为情绪是通过认知评价决定和完成的对意义的反应：情绪的发展不但来自环境信息，而且依赖于短时的或持续的评价。

麦克莱恩（MacLean）提出三重脑理论，认为人脑是由三种不同功能的脑拼凑起来的：最下层的脑干是从爬行动物的脑遗传下来的，称为"爬行脑"，主要负责心跳、呼吸等基本生理机能；中间层的边缘系统是从哺乳动物遗传下来的，称为"古哺乳脑"，与情绪的产生有关；最上层的大脑皮层称为"新哺乳脑"，负责语言、预测、决策、抽象思维等，是产生理智的区域。这个理论不仅为研究脑的进化发展指明了方向，而且对理解情绪与理智的关系提供了一个全新的视角。

根据这个理论，大脑的前额叶皮层中的控制系统对边缘系统具有调节作用，控制着人的情绪反应。在这个观点下，如果一个人无法控制自己的情绪，他就会被认为是缺乏意志力的。然而，神经科学家勒杜克斯（LeDoux）发现，大脑皮层对情绪的调节是有限的，边缘系统可以自动对情绪刺激做出反应，并且当边缘系统处于掌控地位时，大脑皮层本身的活动还会受到抑制。在这里，"情绪妨碍理智"的观点似乎再次得到神经科学的支持。

（三）机器人能产生情绪吗？

随着研究的深入，心理学家开始从信息加工的角度研究情绪产生的机制和功能。信息加工心理学的先驱西蒙将情绪解释为一种导致行为中断的心理过程，可以使主体对突发的环境改变做出快速反应。具体说，一个人经常会同时设定好几个目标，在某个时间处理其中一个目标时，会于意识之外监控其他目标的进展情况，当某个目标出现问题时，就会产生情绪，转而处理出现问题的目标。根据这种解释，情绪来源于对目标进展情况的监控和评估：进展顺利时，就会产生积极情绪，并保持对原有目标的加工；进展不顺利时，就会出现消极情绪，并中断对原来目标的加工，转向其他目标。

随着对情绪的理解越来越深入，科学家试图制造出有情绪的机器人。在英国的一项家政机器人研究中，研究人员故意让一个机器人在协助志愿者煎鸡蛋的过程中将鸡蛋掉到地上，然后试图去补救这个失误，并呈现出懊悔的表情。结果发现，与高效且完美的机器人相比，志愿者更愿意与这个出错的机器人合作，因为机器人的情绪表达可以降低人们对它出现失误的不满，并加深对它的好感。问题在于，我们可以制造出一个真正有情绪的机器人吗？

有研究者通过建模的方式，将情绪转换成对应的数学模型，通过编程将模型嵌入机器人中。具备这些程序的机器人就拥有了基本情绪，并能初步模仿人类完成相关任务（王国江，等，2006）。一些研究者认为，为了让机器人做出恰当的表情，必须解决三个关键问题：第一，当前处于什么场景？第二，用户有什么表现？第三，在当前情况下，根据人类的常识，做出什么样的表情才是恰当的？要想让机器人做到以上三点，具有很大的挑战（中国科学技术大学新闻中心，2017）。

三、情绪智力与情绪调节

情绪智力一词最早出现在 1960 年洛伊纳（Leuner）的《情绪智力与解放》一文中，但直到 1990 年，由心理学家萨洛维（Salovey）和梅耶（Mayer）系统阐述后，才受到学术界的关注。1994 年，《纽约时报》的科学记者戈尔曼（Goleman）发起成立学业、社会与情感学习联合会（Collaborative for Academic, Social and Emotional Learning, CASEL），并于 1995 年出版《情商：为什么情商比智商更重要》，自此情绪智力成为讨论的热点。下面将对情绪智力的概念进行简要分析，介绍情绪智力的九要素模型，在此基础上，介绍情绪调节的方法和策略，以及个体情绪调节能力发展的主要阶段。

（一）情绪智力的概念

1990 年，萨洛维和梅耶将情绪智力定义为监视自己和他人的感受和情绪，辨别不同情绪并利用这些信息来指导自己思维和行动的能力，并建构了情绪智力的三因素模型。这个模型将情绪智力分为情绪的感知和表达、情绪的管理、运用情绪解决问题三个方面的能力：情绪的感知和表达包括对自己情绪的感知和表达，以及对他人情绪的感知和表达；情绪的管理包括对自己情绪的管理和对他人情绪的管理；运用情绪解决问题则包括灵活的计划、创造性地思考、转移注意焦点、引发动机四个方面。

1994 年，亨斯坦（Herrnstein）和默里强调了情绪智力对个人成功的重要性，并设计了五个条目来测量情绪智力：（1）个人如何激励自己越挫越勇；（2）如何克制情绪，延缓满足自我;(3)如何调节自己的情绪,避免因过度沮丧而影响思考能力;(4)如何做到遇事为他人着想;(5)如何做到对个人的未来永远抱有希望。

1995年,戈尔曼称情绪智力为"情商"(EQ),并将其定义为察觉自己和他人的感受,进行自我激励,有效地管理自己与他人关系中的情绪的能力,分为了解自身情绪、管理情绪、自我激励、识别他人的情绪、处理人际关系五个方面。戈尔曼认为,一个人的情绪和理智应保持平衡,情绪推动理智的活动,理智则修正、调节、控制情绪的冲动,人生的成功与否,取决于情绪和理智是否协调合作。简单地说,个体不仅需要有高的智商,也需要有高的情商。

以色列心理学家巴昂(Bar-on)早在1983年就开始研究影响心理幸福感的情绪功能和社会功能的关键成分,并在1997年编制了一个测量情绪智力的标准化量表(EQ-i)。该量表由133个题目构成,将情绪和社会智力分为个人内部成分、人际成分、压力管理成分、适应性成分、一般心境成分五个维度,包含15个因素(郭德俊,2017)。梅耶和萨洛维认为,EQ-i测出的特征是人格测验已经测到的特质,与梅耶等人编制的情绪智力测验(MSCEIT)的相容效度很低。

1997年,梅耶和萨洛维在情绪智力三因素模型的基础上,增加了"情绪对思维的促进能力",形成了情绪智力的四因素模型,包括感知和表达自己或他人的情绪、促进情绪思考、理解和分析情绪、调节自己或他人情绪的能力四个方面。

2000年,我国学者许远理和李亦菲提出情绪智力九要素理论。这个理论将情绪智力定义为加工和处理情绪信息和情绪性问题的能力,并从"对象"和"操作形式"两个维度分析情绪智力的内涵,每个维度由三个水平组成,构成九种情绪能力(见表4-1)。

表4-1 情绪智力九要素理论

	自身情绪	他人情绪	环境情绪
感知与理解	√	√	√
表达与共情	√	√	√
调节与控制	√	√	√

在"对象"方面,该模型认为情绪存在于个体内部、人际互动、人与环境的互动中,因而将情绪智力的加工对象分为自身情绪、他人情绪、环境情绪三个方面。根据加工对象不同,可以将情绪智力分为内省情绪智力、人际情绪智力和生态情绪智力三个方面。

在"操作形式"方面,该模型将情绪智力的加工分为感知与理解、表达与共情、调节与控制三种形式。其中,感知和理解是个体对情绪信息的觉察、识别和解释,包括认知自己情绪、认识他人情绪、认识环境情绪三种能力要素;表达与共情是对情绪信息的反应,包括表达自己情绪、体验他人情绪、描述环境情绪三种能力要素;调节与控制是对情绪性问题的应对和处理,包括调节自己情绪、调节他人情绪、调节环境情绪三种能力要素。

2002年，许远理在两个维度的基础上，增加了"内容"（积极情绪、消极情绪）这个维度，构成情绪智力的三维结构模型，将情绪智力分为18种能力要素。

（二）情绪调节的方法与策略

情绪调节是个体调整和控制自己与他人情绪的过程，包括对消极情绪、积极情绪的增强、维持和降低等多个方面。心理学家对情绪调节的方法与策略进行了研究，提出了不同的理论模型。

1. 情绪 ABC 理论

在弗洛伊德的精神分析理论中，个体的目标能激发一种精神能量，以激励个体顺利完成目标，当完成目标的行为受到阻碍，个体就会感受到挫折，并对阻碍目标实现的对象进行攻击。这种观点称为"挫折—攻击假说"。

艾利斯（Ellis）认为，挫折事件并不会必然导致个体的攻击行为，攻击行为的发生取决于个体对挫折事件的认识或信念。具体说，个体的情绪和行为（C）并不是由诱发事件（A）本身直接引起的，而是由面对事件的个体对事件的理解和评价（B）引起的，这种观点称为情绪 ABC 理论。

根据情绪 ABC 理论，合理的、正向的解释与评价，会使个体对事件产生积极和适度的反应，而不合理的信念则导致个体产生不恰当的情绪和行为反应。例如，一个学生在学习时，作业被助教严厉指出问题时，如果学生将这个事件解释为"自己能力不足"，就会产生消极情绪，从而放弃学习；如果学生将这个事件解释为"提升能力的机会"，就会产生积极情绪，进而更加努力地学习（见图 4-6）。

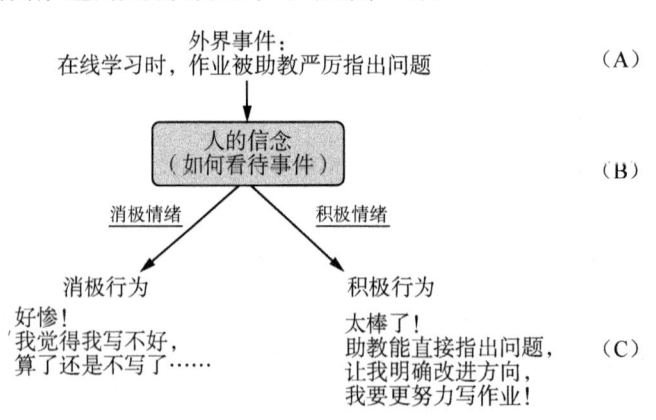

图 4-6 情绪 ABC 理论示例

2. 两种情绪调节策略

格罗斯（Gross）将情绪调节分为先行关注情绪调节和反应关注情绪调节，并提出情景选择、情景修正、注意分配、认知重评和表达抑制五种条件策略（王振宏，郭德俊，2003）。其中，情景选择策略指个体通过趋近或避开某些人、时间与场合来调节情绪；情景修正指对问题或情绪事件进行初步地控制，努力改变情景；注意分配指努力使注意集中于一个特定的话题或任务；认知重评指通过改变对情绪事件的理解或对个人意义的认识来降低情绪反应；表达抑制指通过抑制将要发生的或正在发生的情绪反应来降低主观情绪体验（见图4-7）。

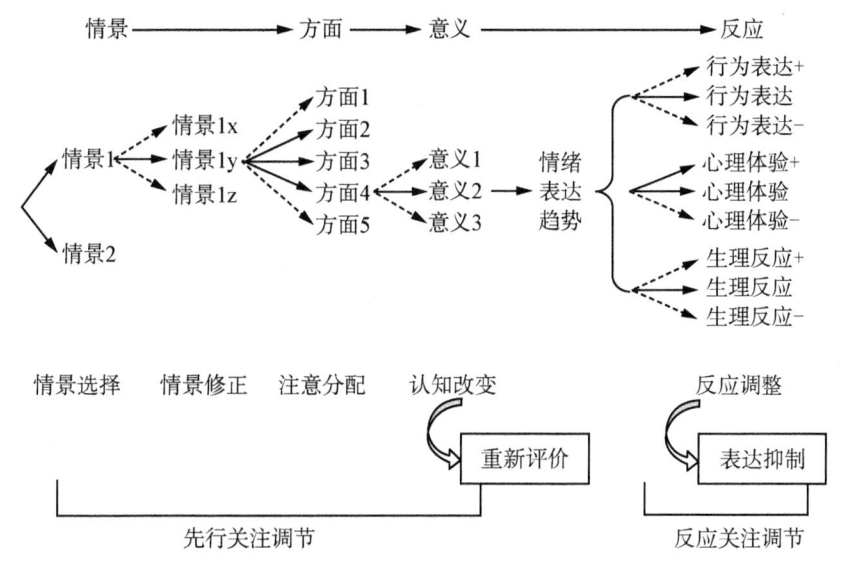

图4-7 格罗斯的情绪调节过程模型图

资料来源：桑特罗克.2011.心理学导论[M].吴恩为，等译.上海：上海社会科学院出版社.

格罗斯等研究了认知重评、表达抑制两种情绪调节策略对生活满意度、幸福、抑郁的影响，结果发现采用表达抑制策略的个体，更容易出现消极的结果，具有较低的正情绪体验和较少的正情绪表达行为；而采用认知重评策略的个体更容易出现积极的结果，具有更多正情绪体验和表达行为。在临床上，表达抑制策略更容易使个体出现情绪调节障碍，而采用认知重评策略会降低个体抑郁出现的可能性，增强生活满意度（程利，等，2009）。

（三）情绪调节能力的发展

情绪紊乱是儿童心理不成熟的一个重要特征，儿童调节和表达消极情绪的能力逐渐增强，是儿童心理发展的表现。

1. 婴儿的情绪调节

婴儿的情绪来源于自身的生理需求和外部情境的刺激，主要包括喜悦、愤怒、恐惧、嫉妒和依恋五种类型。随着年龄的增长，婴儿的情绪类型更加多样，也具有更多的功能和意义。

特罗尼克（Tronick）和罗斯巴特（Rothbart）发现，婴儿早期在生理需求无法满足时，会通过吮吸手指或脚趾等自我安慰的行为来缓解消极情绪。2～3个月的婴儿可以通过转移视线避开不愉快的环境刺激，减少不良情绪。除了依靠自身安慰，照料者的影响也很重要。宝宝出生后的 6 个月内，会依靠照料者给予的支持性情绪调节自身的不良情绪；出生后的第 2 年，照料者的支持与指导逐渐从主导变为辅助，幼儿开始自我调节，逐步学习独立使用各种情绪调节策略（雷静，2012）。

美国心理学家安斯沃斯（Ainsworth）通过观察记录婴儿在陌生情境中的情绪及行为表现，将婴儿依恋分为三种类型：安全型依恋、回避型依恋、矛盾型依恋。拥有良好的、安全的依恋关系的婴儿对自己、对父母、对同伴有更强的信任，在人际关系中更容易获得安全感，很少出现哭闹、焦虑、愤怒等表现，更容易形成积极稳定的情绪及健全的人格（何洁，2009）。

2. 幼儿的情绪调节

幼儿已经开始使用多种情绪调节策略，主要表现为阻止感觉输入、自言自语、转变目标等。阻止感觉输入是最基本的情绪调节策略，包括捂住眼睛或耳朵，不去看或听他们不开心的景象或声音，看到陌生人转身离开等。自言自语是自我安慰的行为之一，可以通过"妈妈说她很快就回来""我不是小孩子了"等安慰自己的话语，调节自己的情绪。使用言语的同时，可能会伴有吸吮手指、挠头、揪衣服等动作。转变目标，如被排除在游戏之外后决定不玩，没有拿到想要的玩具时找其他替代玩具。

此外，积极活动、寻求他人安慰和被动行为等也是幼儿使用频率较高的情绪调节策略。使用积极活动策略的幼儿会主动改变当前面临的场景，如面对陌生人时主动与陌生人交流，在与母亲分开后想办法找回妈妈等。使用寻求他人安慰策略的幼儿会主动寻求能帮助自己改变当前场景的资源，如在妈妈的陪同下与陌生人玩。使用被动行为策略的幼儿会做出应对当前场景的行为，如面对陌生人一直怒视，在母亲离开后一直盯着房门，什么也不做。

3. 儿童的情绪调节

大部分儿童拥有一套适当的控制情绪的技巧，选择何种策略依赖于已有的经验和认知判断。如果引发情绪的事件在他们能控制的范围内，他们认为解决问题和寻求社会支持是最佳策略。若结果不是他们能控制的，他们选择逃离或重新定义情形。

与幼儿相比，儿童更常用内部策略来控制感情，这种转变是因为在童年中期元认知的发展。当情绪的自我调节发展良好时，儿童获得了情绪的自我效能——能控制自己情绪体验的一种感觉，并形成了令人快慰的自我意象和积极的世界观。这一切在儿童面临情绪挑战时能给予他们更多的帮助。

4. 青少年情绪的特点

随着个体进入青春期，社会化程度不断加深，自我意识增强，与他人和环境的互动增加，青少年的情绪表现出突出的不成熟、不稳定、两极化特征，主要表现为以下几个方面。

第一，易感性与兴奋性。需要、评价、预期处于变化和不平衡状态，从而导致青少年情绪的易感与兴奋。

第二，丰富多彩。活动领域的扩展、生理的成熟、社会环境的复杂，以及这些因素之间的相互交织，为青少年情绪体验提供了十分丰富的来源。

第三，易起伏波动。情绪变化迅速，反应快平息也快，情绪维持时间较短，表现为喜怒无常。青少年常常因为受到挫折、批评而极度沮丧，因为受到表扬、奖励而极端开心。

第四，内隐与外显并存。虽仍带有儿童纯真、单一的情绪特点，但当情绪表现与他人和社会对其评价不一致时，青少年往往对情绪表现进行掩饰、克制甚至采用逆反的方式。

随堂巩固

1. 六种基本情绪不包括（　　）。
   A. 悲伤　　　　B. 内疚　　　　C. 惊奇　　　　D. 羞愧
2. 情绪和情感作为个体反映客观世界的一种形式，具有的功能包括（　　）。
   A. 适应功能　　B. 信号功能　　C. 动机功能　　D. 组织功能
3. 当个体遇到对其有重大意义的事件时，会出现"意识狭窄"现象，此时（　　）。
   A. 人们无法控制自己的行为　　　B. 出现意识消失的情况
   C. 理性分析能力受到抑制　　　　D. 对发生的鲁莽行为可以不负责任
4. 青少年的情绪特征包括（　　）。
   A. 易感性与兴奋性　　　　　　　B. 丰富多彩
   C. 易波动　　　　　　　　　　　D. 内隐与外显并存
5. 构成情绪九要素模型的维度包括（　　）。
   A. 对象　　　　B. 表现形式　　C. 操作形式　　D. 强度
6. 婴幼儿喜欢成人接触、抚摸，这种情绪反应是为了满足儿童的（　　）
   A. 生理需要　　　　　　　　　　B. 情绪表达性需要
   C. 自我调节需要　　　　　　　　D. 社会性需要

参考答案：1. D　2. ABCD　3. C　4. AC　5. AC　6. C

拓展阅读

1. 斯托曼. 2016. 情绪心理学——从日常生活到理论[M]. 5版. 王力, 译. 北京：中国轻工业出版社.
2. 许远理, 李亦菲. 2000. 情绪智力魔方——情绪智力的9要素理论[M]. 北京：北京广播学院出版社.
3. 蔡秀玲, 杨智馨. 2001. 情绪管理[M]. 合肥：安徽人民出版社.

▶▶ 第二节　社会情感的发展与学习 ◀

在日常生活中，情绪和情感被整合在"感情"这个词语中，广泛地用于描述人的情绪、情感状态，以及与需要、愿望相关的感受。在心理学中，情绪和情感则是两个相互区别又紧密联系的概念。本节将对情绪和情感的概念进行辨析，重点说明社会情感的含义，以及作为社会情感重要基础的观点采择能力及移情能力的发展阶段。在此基础上，介绍社会情感学习对青少年成长的意义。

一、社会情感概述

情绪和情感都是个体对与自己的需要密切相关的客观事物的体验，但两者之间有明显的区别。一般说来，情绪由事物的物理或化学特性引发，与个体的生理需要直接相关，涉及个体的生存；情感由事物的价值特性引发，与个体的人际关系、社会环境及秩序有关，涉及个体的发展。

（一）情绪与情感的区别与联系

关于情绪和情感的区别，心理学家从不同的角度进行了说明。阿诺德从产生的原因对情绪和情感进行区分，认为情绪产生于个体对知觉的或想象的对象的积极或消极的评价，而情感则产生于个体对某些事物的作用是有益还是有害的评价。1992年吉尔根（Gilgen）则将情感看成一种弥散性和无组织性的支配行为的心理过程，既不同于认知，也不同于动机。相比之下，知觉是具有高度组织倾向、有意识焦点、有明确指向性的心理过程，而动机则是认知和情绪共同作用的过程。

综合来看，可以从适用主体、表现特征、表现强度和出现的时间方面，对情绪和情感进行对比（见表4-2）。

表4-2　对情绪和情感的多角度对比

	情绪	情感
适用主体	可用于人类和动物	只用于人类
表现特征	情境性、不稳定性	深刻性、稳定性和长期性
表现强度	较为强烈，冲动性大，具有明显的外部表现	一般较微弱，较少有冲动性，外部表现也不明显
出现时间	出现较早	出现较迟

虽然情绪与情感具有明确的区别，但两者之间是相互联系、难以分离的。一方面，情感是在情绪的基础上形成的，是情绪的深化和本质内容，并需要通过情绪表现出来；另一方面，情绪的表现和变化受已形成的情感的制约，在情绪中蕴含着情感，反映着情感的深度。

（二）情感的分类

在心理学中，一般根据对象和判断标准不同，将情感分为道德感、审美感和理智感三种类型。其中，道德感是按照一定的道德标准评价自己或他人的思想、意图和行为时产生的情感体验，表现为对善行的欣赏和欢喜，对恶行的痛恨或后悔等；审美感是按照一定的审美标准对外界事物进行评价时产生的情感体验，包括自然美感、社会美感和艺术美感等，表现为喜爱符合审美标准的事物，厌恶不符合审美标准的事物；理智感是人在智力活动中认识和评价事物时产生的情感体验，表现为好奇心、求知欲，以及对知识的热爱等。

除以上分类外，还可以根据其他标准对情感进行分类。例如，根据价值的性质不同，可以将情感分为正向情感和负向情感。其中，正向情感指个体对正向价值的增加或负向价值减少产生的情感，如愉快、感激、庆幸等；负向情感指个体对正向价值减少或负向价值增加产生的情感，如痛苦、鄙视、仇恨、嫉妒等。根据对象不同，可以将情感分为对具体事物的情感和对特定人物的情感。其中，对人物的情感又可以分为对自己的情感，对朋友或同伴的情感，对敌人或对手的情感等。将"价值的性质"和"对象"两个维度组合，可以得到一个情感分类系统（见表4-3）。

表4-3 情感分类

	正向价值增加	正向价值减少
事物	留恋、满意、期盼	厌倦、痛苦、焦虑
同伴/朋友	怀念、佩服、信任	失望、痛心、担忧
对手/敌人	怀恨、嫉妒、羡慕	庆幸、嘲笑、蔑视
自己	自豪、得意、自信	惭愧、自责、自卑

（三）阿德勒的社会情感理论

个体心理学创始人阿德勒在《自卑与超越》中，从生活意义的角度对社会情感的价值进行了阐述。他指出："属于个人的意义是毫无意义的，真正的意义只产生于人际交往的过程中。我们的理想和行为也是如此，只有当它们对于他人有意义时，才是真正有意义的。"如果一个人根据自己总结出的人生意义行事，并且以全部的情感朝着人生目标努力，他会不断调整自己，逐渐培养出社会情感，并在事件中让这种情感日臻成熟。阿德勒认为，组成群体的动物和人只有通过群体的联结，才能克服个体的不成熟，而社会情感就是将自己和他人联系起来，与他人合作完成任务，并使自己成为对社会有用的人的愿望。

社会情感在儿童心理的正常发展中起着决定性和指导性作用，是儿童正常发展的晴雨表，是儿童发展水平的判断标准之一。社会情感的学习可以促进儿童的语言能力、逻辑思维能力的发展，可以给儿童安全感，作为生活的主要支撑，促进儿童寻找人生的意义与价值。同时，可以引导儿童尊重他人和集体的权利，建立良好的与他人及社会的互动模式，懂得关心、爱护、尊重和共情他人与集体，形成道德观念。

阿德勒强调，培养儿童的社会情感要从很小的时候就给儿童细致的保护和关怀，要善于发现并改变不利于儿童成长的环境因素，因为儿童所犯的错误往往与不良的环境紧密相连。儿童学习社会情感的环境主要包括家庭环境和学校环境。营造温馨有爱的家庭氛围，让儿童感受到安全感、信任感与幸福感，这些积极的体验会让儿童在成长中更加自信与乐观，更有勇气去探索外部世界。互帮互助的班级环境可以引导儿童正确处理合作与竞争关系，学习与他人和谐相处，培养儿童的学习兴趣，鼓励与指导儿童在面对困难和挑战时，积极应对，寻找合适的解决方法。

父母和教师要善于理解儿童的问题和情绪，了解他们行为背后的深层原因，将有害的心理连根拔除。面对儿童出现的问题，要使用积极的、肯定的言语及态度教育与引导儿童，长篇累牍的道德说教没有用处，否定性评价更是会抑制儿童的自信。也就是说，父母与教师不可以给儿童贴标签，从道德上评判与形容儿童，而是要与他们成为朋友。

二、社会情感的发展

瑞吉欧模式是继蒙台梭利模式后的另一种幼儿教育模式，强调儿童是自身成长和发展的主角，强调学习是个体和群体构建的过程，重视通过互动与合作，帮助儿童用自己的方式去认识世界，发现答案。在这一模式中，有四大类社会情感发展有助于儿童的入学准备，分别是发展并保持与其他儿童的关系，建立并保持与教师的关系，参与小组合作，作为班级群体的一员开展行动（丹尼尔·沙因费尔德，等，2014）。这四类发展都涉及儿童与他人对话和互动的能力，并与观点采择能力、移情能力密切相关。

（一）观点采择能力

皮亚杰认为，在儿童发展过程中，自我与他人的关系逐渐从自我中心主义转化为去自我中心化。处于自我中心的儿童总是从自己的视角看待外部事物，不能意识到自己看待事物的视角可能与他人不同。在"三山实验"中，皮亚杰在桌上错落摆放三座山丘模型，先让儿童从前、后、左、右不同方位观察模型，然后看四张从前、后、左、右四个方位所拍摄的山丘照片，并让儿童指出和自己站在不同方位的另外一个人看到的景象与哪张照片一样。研究发现，儿童总是报告自己看到的景象，表现为明显的自我中心化。

去自我中心化表现为观点采择能力和心理理论的出现。观点采择是指儿童能够摆脱自我中心，从他人或第三者的视角看问题，可以看作一种转换视角的能力。研究发现，儿童在 4 岁左右，开始摆脱自我中心，发展出观点采择能力。

心理学家提出了各种描述儿童观点采择能力发展阶段的模型，主要有以下两种观点。

弗拉维尔从元认知的角度，将观点采择的认知活动分为四个阶段：（1）存在阶段，儿童认识到对于某个事件或情境，不同人有不同的视角；（2）需要阶段，儿童认识到为达到人际交往的目标，有必要对他人的视角做出推断；（3）推论阶段，儿童推断出某一特定情境中他人的视角；（4）应用阶段，儿童将自己推断出的信息应用于人际交往，决定与别人的交往方式。

塞尔曼（Selman）利用"霍莉爬树"①这类两难故事研究儿童的观点采择能力，并根据儿童的反应将观点采择能力的发展分为五个阶段（见表 4-4）。

表 4-4 观点采择能力发展的五个阶段

年龄	阶段	特点
6 岁以前	自我中心阶段	只能从自己的角度看问题，不能区分自己的观点和他人的观点
6~8 岁	社会信息阶段	意识到别人有不同的理解和观点，但不能理解差异的原因
8~10 岁	自我反省阶段	意识到每个人都知道别人有自己的思想和情感，即使得到相同的信息，个体也能认识到自己和他人的观点会有所不同
10~12 岁	第三视角阶段	能从第三者的角度来看待自己与他人的相互作用，而不局限在自己与对方的互动中
12 以上	社会习俗阶段	认识到每个人都要考虑社会系统的共同观点，如道德、法律、公共秩序等

（二）移情或共情

移情是观点采择能力在情感发展中的表现，指能够从他人的视角看问题，理解他人的情绪，并与他人共同感受或以同样的方式予以情绪性的回应，也称共情。移情包括两种认知成分（采择他人观点和辨别、命名他人情感状态），以及一种情感成分（移情反应）。

移情可以激发和促进个体亲社会行为的发展，减少攻击性行为。在人际交往中，具有移情能力的个体更容易出现安抚、鼓励、帮助、合作和分享等亲社会行为（李辽，

---

① 霍莉是一个 8 岁的女孩，她喜欢爬树。在邻居所有的孩子中她最会爬树。一天，当她从一棵高树上爬下时，从离地面不高的树枝上掉了下来，但没有摔伤。她的爸爸看到了，很担心，要求霍莉以后不要爬树了，霍莉答应了。后来有一天，霍莉和她的朋友遇到了肖恩。肖恩的猫夹在了树上下不来了，必须立即想办法把猫救下来，不然猫就会从树上摔下来。只有霍莉一个人能够爬上树把猫救下来，但她记起曾答应爸爸再也不爬树了。

1990），在互动中能关注到群体的情感需求，觉察与理解他人的愉悦和痛苦，并给予适当的情绪性回应。

弗拉维尔认为，移情可以分为非理解性移情、移情性情感理解、非移情性情感理解三种类型。其中，非理解性移情指看到他人的表情会产生相似表情，但并没有社会认知的成分，如6个月婴儿看到成人伤心或生气的表情就可能哭或皱眉。移情性情感理解，指识别他人的情绪状态，并产生相似的情绪反应，如4~5岁的儿童能正确判断各种基本情绪产生的原因，但倾向于强调外部原因而非内部原因，他们可以预测有某种情绪的玩伴下一步会做什么，甚至可以意识到一种情绪会在未来一段时间内如何影响人的行为。儿童认为人可以同时经历不止一种情绪，这些情绪可能有积极的也可能有消极的，并且强度不同。学龄儿童开始意识到人的情绪和表现未必一致，懂得他人的表情不一定是其内心的真实写照。非移情性情感理解指认识到他人的情感体验，但没有相似的反应。此时，对他人情感体验的认知和思考起到了很大的作用。

霍夫曼认为，移情能力是在对他人想法与情绪的觉察和理解的基础上产生和发展的。个体从最开始不能区分自己和他人的异同，到意识到他人是独立于自己的客体，接着意识到他人也具有一套属于自己的内在情感与思维，最后明白每个人都有与现在发展状态相联系的成长史和经验。移情的发展可以分为以下四个阶段。

第一阶段，普遍性移情。1岁内婴儿看到其他人摔跤而哭泣时，自己也要哭出来，并往母亲怀里挤，好像自己也在经受痛苦。这个阶段的婴儿无法区分自己与他人。

第二阶段，自我中心的移情。1~2岁的幼儿看到其他人哭泣时，会拖着自己的母亲去抚慰他。这表明幼儿的自我意识开始萌芽，能初步意识到痛苦是他人的还是自己的。

第三阶段，对他人情感的移情。即使受害者不在现场，2~3岁的幼儿也会因获悉关于他的不幸信息而唤起移情性情感。幼儿能逐渐区分自己和他人的不同情绪状态，意识到自己和他人不同的情绪情感、需要和理解等。

第四阶段，对他人生活状况的移情。4岁以后的儿童能从当前情境中跳出来，从更广阔的生活经历来看待他人感受的愉悦和痛苦，关注整个群体或阶层（贫困者、受压迫者、流浪者、发展迟滞者等）的困境。

儿童根据他人的情绪反应来处理自己不确定的情况，这个过程称为社会参照。父母和其他照料者是儿童有效的情绪信息来源。如果父母能培养和鼓励儿童对他人的情绪敏感，儿童长大后更懂得同情他人的疾苦。但如果家庭教育中父母以急躁、惩罚为主，儿童在很小的时候就会中断移情的发展。情绪消极的儿童不善于控制自己的情绪，在关心、同情等亲社会行为方面也比较欠缺。所以，在向儿童讲道理的同时，要让儿童换位思考，有意识地觉察他人的情绪。

三、社会情感学习

社会情感学习的思想最早可追溯到桑代克于1920年对社会智力、具体智力和抽象智力的区分。加德纳提出的多元智力理论，将内省智力和人际智力纳入智力的范围，梅耶和萨洛维提出的情绪智力则为社会情感学习打下了坚实的理论基础。这个部分将介绍社会情感能力的主要内容和培养途径，并以《OECD 学习罗盘 2030》为例，说明社会情感能力在学生发展中的重要地位。

（一）社会情感能力的内容

美国学业、社会和情感学习联合会，提出将"社会情感学习"列为从幼儿园到高中各个年级的必修课程，旨在提升学生的社会技能和情绪情感方面的能力。1997 年，学业、社会和情感学习联合会出版《促进社会情感学习：教育者指南》，提出社会情感学习的五种核心能力，分别是自我意识能力、自我管理能力、社会意识能力、人际交往技能和负责任的决策能力（石义堂，李守红，2013）。

1. 自我意识能力

自我意识能力指对自己的身心状态、情绪感受、兴趣、能力、价值观和性格优势有准确的判断和认识，对学习和生活能保持自信心，有坚定的意志。

2. 自我管理能力

自我管理能力指能采用多种情绪调节策略来管理和应对焦虑、紧张、沮丧等不良情绪，控制冲动，面对困难和挫折做到坚持不懈，敢于尝试，在学业方面能够设置合理的学习目标，利用各种资源帮助与监督自己向目标靠近，并在学习过程中及时调整方向与方法。

3. 社会意识能力

社会意识能力指能认识个人与他人想法、情绪、行为方式等的异同，学会欣赏他人的长处，取长补短；能够理解他人、共情他人；学会发现并有效利用家庭、学校和社会资源。

4. 人际交往技能

人际交往技能指能合理看待竞争与合作，建立并保持健康和谐的人际关系，避免不当的社会压力；有效预防、解决人际冲突；善于利用身边的资源，能在需要时及时向他人求助。

5. 负责任的决策能力

负责任的决策能力指能全面考虑道德与法律标准、社会秩序，尊重他人，在综合分析不同行为可能出现的结果基础上理性决策；能将决策的方法与技巧迁移至学习和社会生活中；能对自己所处的学校、社区等系统的健康发展做出一定贡献。

我国学者毛亚庆将社会情感学习解释为个体在参与社会生产活动，结成复杂社会关系中产生的个性化心理体验、心理感受及做出的行为反应，是一种特殊的社会心理现象、社会心理过程和清晰管理能力。毛亚庆从"自我—他人—集体"三个维度出发，构造出包括自我认知、自我管理、他人认知、他人管理、集体认知、集体管理 6 个维度，共 18 项技能的中国学生社会情感能力模型（杨传利，毛亚庆，2017；见表 4-5）。

表 4-5　中国学生社会情感能力模型

维度	技能
自我认知	自知、自信、自尊
自我管理	调试、反省、坚忍和进取心
他人认知	同理心、尊重他人、富有亲和力
他人管理	理解、包容、化解冲突、人际交往
集体认知	归属感、亲社会意识
集体管理	与人合作、遵守规范、亲社会行为

（二）社会情感学习的培养途径和效果

2002 年，联合国教科文组织向全球 140 个国家发布了实施社会情感学习的十大基本原则，开始在全球范围推广社会情感学习。2011 年发表的一项针对 213 个研究，包含 27 万多学生样本的元分析表明，社会情感学习课程取得了以下成效：(1) 对有无行为和情感问题的学生都有效；(2) 对幼儿园到中学的学生都有效（无论人种和族群，来自城市、郊区还是农村）；(3) 提高了学生的社会情感技能、对自己和他人的态度、与学校的连接，以及积极的社会行为，减少了问题行为和情绪困扰；(4) 广泛提高学生的学业表现达 11 个百分点（陈德云，熊建辉，寇曦月，2019）。

2011 年 9 月，我国在贵州、新疆、广西、云南、重庆五个试点实施"中国教育部—联合国儿童基金会社会情感学习项目"，并逐渐扩展到东部、中部、西部 11 个省份，共 500 多所中小学校。社会情感学习项目团队开发了"社会情感学习课堂教学材料"（1—6 年级），还开发了《社会情感学习校长指导手册》《社会情感学习教师指导手册》等。实践表明，社会情感学习项目在我国西部贫困地区的寄宿制学校管理、校园欺凌问题、留守儿童教育、学习处境不利儿童及特殊儿童关爱等方面取得了良好的效果。陈瑛华和毛亚庆 2016 年以我国西部 2 省 16 所小学 3 832 名学生为对象进行的研究中，发现社会情感能力在家庭资本对学生学业成绩影响中起完全中介作用。

社会情感学习在学校的实施强调整校推进，包括实施有效的教学，营造良好的校园氛围和建立有效的家、校、社区合作等多种途径。我国学者提出通过以下四种途径开展社会情感学习：(1) 实施社会情感学习课程，组织学生学习社会情感的各项技能，并在日常生活的不同情境中应用；(2) 营造积极的学校和班级环境，使学生感到自己是学校及班集体中重要的和有价值的成员；(3) 运用社会情感学习理念开展学科教学，通过多种形式培养学生形成适应社会的人格特质和行为方式；(4) 开展社会情感学习的实践活动，让学生走入社会生活，参与社区和社会实践活动，获得社会生活必需的生活技能和心理品质，增强学生社会使命感和责任感（吕晓娟，2020）。

(三)OECD学习罗盘2030

当前,气候变化、数字化、人工智能等正在促使教育的目标和方法发生根本性的变化。在这个背景下,教育系统该培养学生什么样的知识、技能、态度和价值观呢?为回答这个问题,世界经济合作与发展组织(OECD)于2015年启动了未来的教育与技能2030项目:一方面,研制"OECD 2030学习框架",明确塑造面向2030年的未来人类必需的知识、技能和价值观;另一方面,构建课程知识库,指导全球的教学设计。

2019年5月,OECD发布《OECD学习罗盘2030》(OECD 2030学习框架的实施报告)。《OECD学习罗盘2030》不再采用以往惯用的方式细化特定的知识和技能,而是强调通过开展利用知识、技能、态度和价值观的教育教学活动,帮助学生"在陌生环境中自定航向"(见图4-8)。

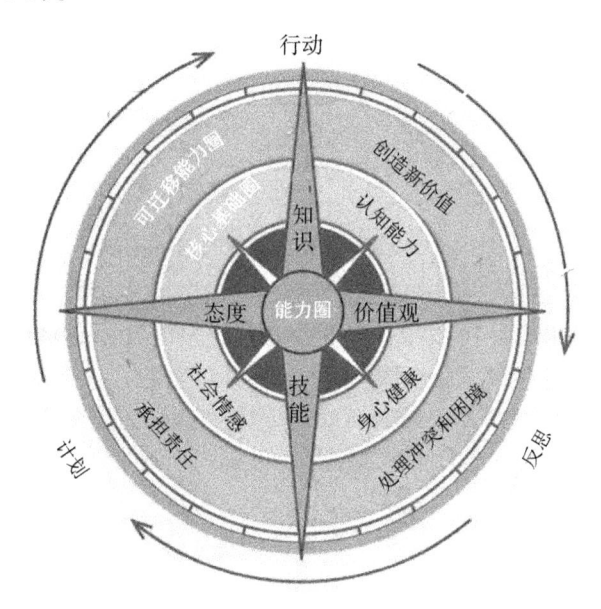

图 4-8 OECD学习罗盘

OECD学习罗盘是一个四圈层结构:最内圈是能力圈,由知识、技能、态度和价值观整合而成;第二圈是核心基础圈,由认知能力、身心健康、社会情感三个要素构成;第三圈是可迁移能力圈,由创造新价值、处理冲突和困境、承担责任三种能力构成;最外圈是发展循环圈,由"计划—行动—反思"三个环节构成。该模型隐喻着每个学生都应该有自己的学习罗盘,罗盘表征的位置因人而异,不同学生的学习路径也是不同的,但最终目标都是借助社区资源,指向个人和社会成长的实现(李学书,2020)。

《OECD学习罗盘2030》将"社会情感"作为核心基础的重要组成部分,OECD成立社会情感能力调查项目,以大五人格理论为依据,制定社会情感能力的五个评估指标(见图4-9),包括任务表现(对应尽责性)、情绪调节(对应神经质)、思想开发(对应开放性)、合作(对应宜人性)和人际交往(对应外倾性)。每个指标又分为三个方面；任务表现包括成就导向、自我控制和坚持力；情绪调节包括抗压力、乐观和情绪控制；合作包括共情、信任和合作；思想开放包括好奇心、包容与创造力；人际交往包括社会性、决断与活力。同时，综合考虑学生的整体感受和对自己知识、能力、思维等的评价，将复合技能也纳入测评体系，包括批判性思维、元认知、自我效能（徐瑾劼，杨雨欣，2021）。

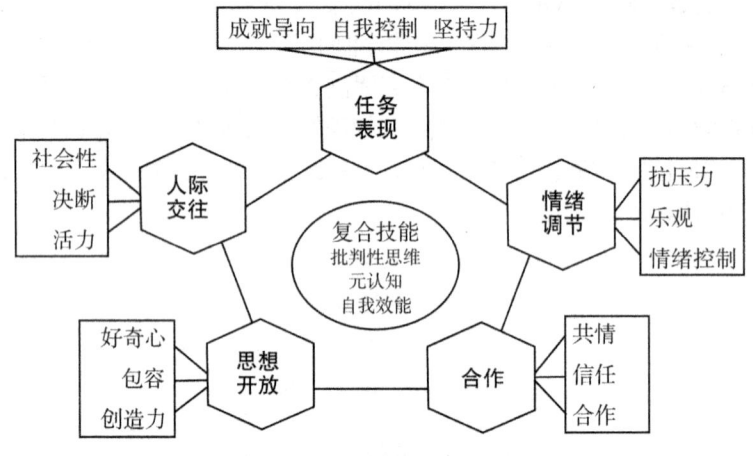

图 4-9 以大五人格为基础的测评框架

社会情感能力调查项目组在中国苏州、芬兰赫尔辛基、加拿大渥太华等 10 个城市开展调查，每个城市随机选取 10 岁和 15 岁的学生各 3 000 名，采用测评框架测量社会性、自我控制、乐观、信任等 15 项社会情感能力，及其对学生学习生活的影响。调查显示，社会情感能力的提升对学生学业成绩和心理健康都有明显的促进作用。学业表现方面，好奇心、坚持两类社会情感能力能够有效提升阅读、数学的水平，信任感与数学学业表现的提高关系紧密（屈廖健，刘华聪，2020）。

《OECD 学习罗盘 2030》将建构"学生主体性"作为学习的核心，内涵是为了实现"幸福 2030"，必须让学生从教育中完成蜕变，成为有目标、有反思意识的主体，积极地投身到学习过程中，实现自己理解和认可的目标，而不是简单从教师那里接受固定的教学或指导。学生主体性既可以看作发展过程也可以看作预期目标，表现为学生参与世界的责任感，并能通过参与世界积极影响人类、事件及环境。为未来做好准备的学生需要在他们的教育历程及整个人生中不断发挥自己的主体性。

为了帮助学生构建主体性，教育者不仅要关注学习者的个性，而且要关注学生与教师、同辈、家庭和社区的关系。由此，《OECD 学习罗盘 2030》还提出"协作主体性"这个概念指代帮助学习者实现目标的各种关系的总和，强调不仅将学生看作学习者，而且要将教师、学校管理者、家长和社区都看作学习者。

《OECD 学习罗盘 2030》特别将自身及 PISA 评估与分析框架加以区别，指出两者之间有三点差异：（1）前者关注学习，而后者关注评估；（2）前者为学生应该走向哪里提供了一张地图，后者则提供了学生离特定领域的目标有多远的相关信息；（3）前者不是一个课程框架，不关注学生的学习内容，而是强调学生多层面、多维度学习的重要性，后者在设计中考虑了学生有机会通过课程学习到什么（唐科莉，2019）。

随堂巩固

1. 情绪和情感的区别表现在（　　）。
   A. 情绪是感情反映的过程；情感代表的是感情的内容
   B. 情绪适用于动物和人；情感只适用于人
   C. 情感比情绪具有更大的稳定性、深刻性和持久性
   D. 情绪有外在表现；情感没有外在表现
2. 人类高级的社会情感有（　　）。
   A. 道德感　　　B. 审美感　　　C. 归属感　　　D. 理智感
3. 培养幼儿良好的情绪与情感应注意（　　）。
   A. 营造良好的情绪环境　　　B. 成人的情绪自控
   C. 采取积极的教育态度　　　D. 帮助儿童练习使用情绪调节策略
4. 根据塞尔曼对观点采择的研究，儿童能从中立的第三者的角度看待自己与别人的想法与行为，这属于（　　）。
   A. 自我中心阶段　　　B. 社会信息阶段
   C. 自我反省阶段　　　D. 第三视角阶段
5. 社会情感学习的五大核心能力包括自我意识能力、自我管理能力与（　　）。
   A. 社会意识能力　　　B. 情绪调节能力
   C. 人际交往技能　　　D. 负责任的决策能力
6. 基于大五人格理论的社会情感学习能力评估指标中，任务表现方面包括（　　）。
   A. 成就导向　　　B. 自我控制　　　C. 好奇心　　　D. 坚持力

参考答案：1. BC　2. ABD　3. ACD　4. D　5. ACD　6. ABD

拓展阅读

1. 阿尔弗雷德·阿德勒. 2018. 儿童成长心理学：儿童的人格形成及其培养[M]. 刘建金，译. 北京：中国法制出版社.
2. 张文新. 1999. 儿童社会性发展[M]. 北京：北京师范大学出版社.
3. 经济合作与发展组织. 2022. 回到教育的未来：OECD关于学校教育的四种图景[M]. 窦卫霖，张悦晨，王淑琦，译. 上海：上海教育出版社.

本讲小结

1. 情绪与情感是个体对外界客观事物的态度和反应，都包含个体独特的主观感受、外部表现、生理信号，都具有适应、信号、动机、组织功能，都可以通过面部表情、身体、手势、语音语调表现出来，实现生存和适应社会的目的。

2. 按生物进化的角度，情绪可以分为基本情绪和复合情绪，基本情绪包括惊奇、快乐、愤怒、悲伤、厌恶、恐惧六种。按情绪维度的角度，包括冯特提出的情绪三维理论、施洛伯格的情绪三维度、普拉切克建构的情绪倒锥体模型、罗素的情绪环状模型等。按情绪状态的角度，包含心境、激情和应激三种。

3. 情绪和情感在适用主体、表现特征、表现强度和出现的时间方面，都有较大的差别，但两者相互联系。情感是在多次情绪体验的基础上形成的，并通过情绪表现出来。情绪的表现和变化受已形成的情感的制约。情绪是情感的基础和外部表现，反映了情感的深度；情感是情绪的深化和本质内容。

4. 阿诺德的情绪认知评估理论也指出，外部刺激出现时，产生什么样的情绪，取决于个体对外部刺激的评价。个体对同一刺激情境的评价不同，产生的情绪反应也不同。

5. 建模将情绪转换为算法，建立情绪相对应的数学模型，使机器人可以识别和表现情绪，但机器人的情绪只能称为机械情绪，不能算是人类的情绪。

6. 情绪智力是个体识别、理解、调节情绪，并运用情绪表达自我，促进与他人及社会协调一致的能力。从"对象"和"操作形式"两个维度可以构成情绪智力的九要素模型。

7. 情绪调节是个体调整和控制自己与他人情绪的过程，可以帮助个体应对社会交往和环境中的矛盾与冲突。

8. 艾利斯的情绪 ABC 理论指出，个体的情绪和行为（C），并不是由诱发事件（A）直接引起的，而是由个体对事件的理解和评价（B）引起的。

9. 格罗斯提出了情绪调节过程中常用的两种策略：认知重评和表达抑制。认知重评即对引发情绪的事件重新解释和理解，表达抑制是对情绪表达的调整，抑制正在发生或即将发生的情绪表达行为。

10. 阿德勒认为社会情感是将自己和他人联系起来，与他人合作完成任务，并使自己成为对社会有用的人的愿望，包括理智感、道德感和审美感。社会情感在儿童心理的正常发展中起着决定性和指导性作用，是儿童发展水平的判断标准之一。温馨有爱的家庭氛围，互帮互助的班级环境，都有利于培养儿童的社会情感。

11. 观点采择能力是指设身处地理解他人的思想、愿望、情感等的能力，包括知觉的观点采择、认知的观点采择、情感的观点采择三个方面。

12. 塞尔曼将观点采择能力的发展分为五个阶段，即自我中心阶段、社会信息阶段、自我反省阶段、第三视角阶段、社会习俗阶段。

13. 移情是观点采择能力在情绪情感认知发展中的表现，能够从他人的视角看问题，理解别人的情绪状态，并和他人共同感受或以同样的方式予以情绪性的回应，包括非理解性移情、移情性情感理解、非移情性情感理解三种类型。

14. 霍夫曼将移情的发展分为普遍性移情、自我中心的移情、对他人情感的移情、对他人生活状况的移情四个阶段。

15. 美国学术、社会和情感学习联合会将社会情感能力定义为个体理解和管理情感，设定和实现积极目标，理解他人观点，建立和维持积极的关系，做出负责任的决定，以及能够建设性地处理人际关系的能力。他们提出了社会情感学习的五种核心能力，分别是自我意识能力、自我管理能力、社会意识能力、人际交往技能和负责任的决策能力。

16. 《OECD学习罗盘2030》的核心是发展"学生主体性"，其内涵是利用知识、技能、态度与价值观，帮助学生"在陌生环境中自定航向"，提出了培养学生创造新价值、勇于担责任及学会解难题三大变革能力，以及阅读、计算、数字素养、数据素养和健康素养等基本技能及素养。

17. OECD以大五人格理论为依据，界定了社会情感能力的五个评估指标，包括任务表现、情绪调节、思想开发、合作、人际交往，以及对学生综合感受、知识、能力、思维评价的复合技能。

总结练习

（一）选择题

1. 积极的心情可以调节和促进活动，消极的心情会破坏和瓦解行动，说明心情具有（　　）。
    A. 适应功能　　　B. 组织功能　　　C. 动机功能　　　D. 信号功能
2. "急中生智"描述的一种情绪状态是（　　）。
    A. 心境　　　　　B. 激情　　　　　C. 应激　　　　　D. 理智
3. 在荒郊野外看见老虎，人们会感到害怕，而看到动物园笼子中的老虎，不但不怕反而会感到高兴，这种现象说明（　　）。
    A. 刺激决定情绪　　　　　　　　　B. 认知决定情绪
    C. 生理唤醒决定情绪　　　　　　　D. 身体状态决定情绪
4. "只有知之深，才有爱之切"，这是（　　）的影响。
    A. 认知对情感　　B. 情感对认知　　C. 需要对情感　　D. 情感对需要

5. 儿童开始意识到他人有不同的观点，但不能理解这种差异的原因，其观点采择能力所处的阶段是（　　）。

    A. 社会信息阶段   B. 自我反省阶段

    C. 第三视角阶段   D. 社会习俗阶段

6. 下列属于情绪而不属于情感的是（　　）。

    A. 对艺术作品的欣赏   B. 对祖国的热爱

    C. 助人为乐的幸福感   D. 高考被录取带来的喜悦

7. 基于"大五人格模型"的社会情感学习能力评估指标包括任务表现、情绪调节和（　　）。

    A. 人际交往   B. 性格   C. 合作   D. 思想开放

8. 《OECD学习罗盘2030》提到的三种可迁移能力包括（　　）。

    A. 创造新价值   B. 承担责任

    C. 处理冲突和困境   D. 数据处理

（二）简答题

1. 简述情绪与情感的区别与联系。

2. 简述霍夫曼提出的移情发展的四个阶段及其特点。

3. 简述评估儿童社会情感能力的工具及具体内容。

4. 有哪些常用的情绪调节策略？请列举三种并举例说明。

5. 简述情绪的基本功能及作用。

选择题参考答案：1. B　2. C　3. B　4. A　5. A　6. D　7. ACD　8. ABC

第五讲
人格与个性发展

概述

人格和个性决定个体的行为方式，影响着个体生活的方方面面。青少年心理发展的主要任务之一是人格与个性的发展，就是个体不断成为"自己"的过程。个体在家庭、学校等社会文化的影响下，通过不断地认识自我，逐渐实现自我同一性。了解人格的动力、结构和发展规律，塑造健全的人格，对于促进个体的健康成长具有举足轻重的意义。

这一讲分为两节。在第一节将对人格和个性的概念进行解释，重点介绍三种主要的人格理论，并阐述个性的结构及其发展的一般规律。第二节围绕"自我"这个人格要素展开论述，重点介绍自我概念、自我同一性、自尊等相关内容。

关键词

第一节	人格、个性、气质、性格、能力、无意识、本我、特质、根源特质、大五人格、自我实现、动机圈
第二节	自我、自我理解、自我概念、身份认同、自我同一性、同一性早闭、自尊

知识结构图

第一节 人格结构与个性发展理论

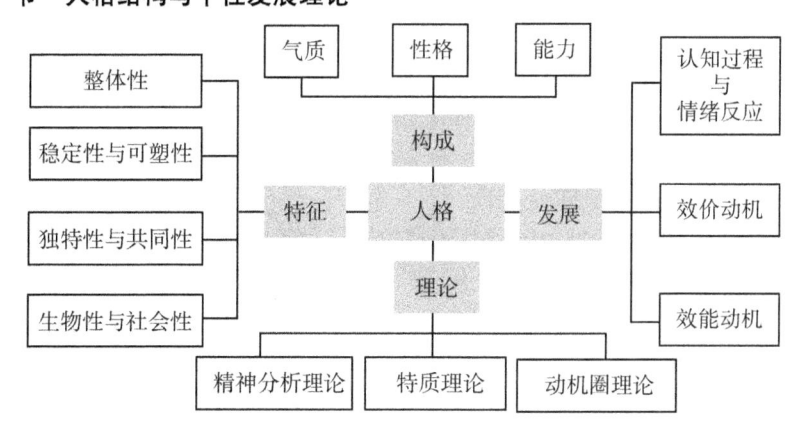

特征：整体性、稳定性与可塑性、独特性与共同性、生物性与社会性

构成：气质、性格、能力

发展：认知过程与情绪反应、效价动机、效能动机

理论：精神分析理论、特质理论、动机圈理论

第二节 自我概念与个性发展

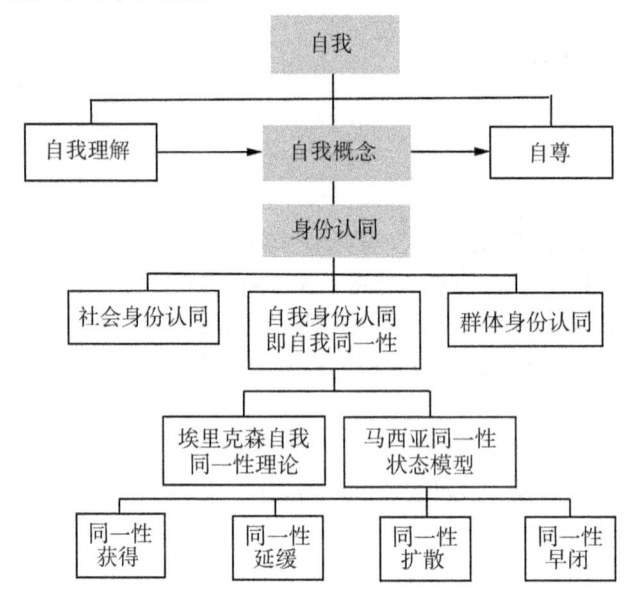

```
                    自我
          ┌──────────┼──────────┐
      自我理解 → 自我概念      自尊
                    │
                 身份认同
          ┌─────────┼─────────┐
     社会身份认同  自我身份认同   群体身份认同
                  即自我同一性
                    │
              ┌─────┴─────┐
          埃里克森自我    马西亚同一性
          同一性理论      状态模型
                    ┌───┬───┬───┐
                  同一性 同一性 同一性 同一性
                  获得  延缓  扩散  早闭
```

学习目标

1. 说出人格与个性的含义与特征。
2. 了解精神分析理论、特质理论、动机圈理论三种主要人格理论的基本观点。
3. 说出自我理解、自我概念、自我同一性和自尊等重要概念的基本含义。
4. 了解自我同一性的相关理论，说出身份认同的三种主要类型。
5. 了解自尊的含义及与青少年个性发展的关系。

引导性问题

1. 人格与个性有什么区别与联系？
2. 心理学各流派关于人格的基本观点是什么？
3. 动机是怎样影响人格发展的？
4. 自我概念是否等同于真实自我？
5. 自我同一性的形成过程中会经历哪些阶段，呈现怎样的状态？
6. 哪些因素会影响青少年的自尊水平？个体的自尊水平又是怎样影响其个性发展的呢？

> 知识详解

▶▶ 第一节 人格结构与个性发展理论 ◀

人格是指个体稳定而独特的心理倾向与心理特性的总和。长久以来，人格心理学家对人格的概念与特征、人格的结构、人格的发展等进行了系统性的研究，深入地揭示了个体心理活动的丰富内涵。本节在解读人格和个性的概念的基础上，介绍精神分析理论、特质理论和动机圈理论等理论的核心观点，阐述人格与个性的结构及个性发展的一般规律。

一、人格与个性概述

在心理学中，人格和个性是两个紧密联系在一起的概念。不同学者对两个概念的描述不同，但也在诸多方面存在一致性。

（一）人格与个性的含义

人格（personality）一词源于拉丁文"persona"，本义指面具。最初，古希腊的戏剧演员通过戴面具使观众区分真实的自己和自己扮演的角色。出于剧情需要，演员会佩戴不同的面具。通过面具，观众就可以了解剧中人物的性格和身份，预测他的行为。此后，这个词汇逐渐被引申为人格。一方面，人格就好比是个体在人生舞台上表现出的种种言行；另一方面，人格也指面具背后被隐藏的真实的自我（李晓文，2008）。

个性一词是我国心理学家对俄语中"личность"一词的翻译。苏联心理学家鲁宾斯坦认为"личность"一词源于拉丁文"persona"（高玉祥，2002）。由此可以看出，"人格"一词是从英语文献中翻译过来的，"个性"一词是从俄语文献中翻译过来的，而俄语文献中的表述也和英语文献中的表述都源于拉丁文"persona"。显然，"个性"与"人格"实际上是同源的。

从内涵上看，"人格"是个体在先天遗传素质的基础上，通过与社会环境的相互作用而形成的带有倾向性的、本质的、比较稳定的心理特征的总和，主要表现为兴趣、爱好、能力、气质、性格等。而"个性"一词除了以上含义外，还指一个人不同于其他人的个别性或独特性。在本书中，除非特别说明，一般都将"个性"与"人格"作为同义词使用。

（二）人格与个性的特征

人格与个性的内涵极其丰富，但基本特征主要有以下四个方面。

1. **整体性**

虽然人格与个性由多种成分或特质组成，但在个体身上，人格并不是这些成分或特质的简单相加。这些成分或特质密切相连、相互作用，形成一个有机的整体。个体的行为表现不仅是某个特定成分独立运作的结果，还是各个成分交互作用、协调一致的结果。

2. 稳定性与可塑性

人格的稳定性表现为跨时间的持续性和跨情境的一致性。个体在社会化过程中，在一定的社会历史条件下，通过与社会环境的交互作用，会逐渐形成一定的行为动机、性格、理想信念与价值观等。人格特征在各个年龄阶段都保持相对的稳定。在一定时期内，虽然个体的行为可能会随着情境的变化而有所不同，但是个体内在的人格特征却不会因具体情境的变化而发生改变（陈少华，2010）。

人格虽然具有稳定性，但并不意味着人格是不可改变的，人格具有可变性或可塑性。现实生活是十分复杂的，社会制度、生产关系的改变，重大事件的影响，以及自身健康状况的改变等，都有可能重塑个体的人格。相对于成年人而言，正在成长中的儿童和青少年面对环境改变时的自我调控能力较弱，人格更容易发生改变。

3. 独特性与共同性

由于人格结构的多样性和复杂性，每个人的人格都有独特之处。即使是双胞胎的气质、性格、能力、兴趣、理想和价值观等也不可能完全相同。

人格具有独特性与人格存在共同性并不矛盾。某个群体或某个民族中的个体，往往在心理和行为上存在着某些共性，具有相同的、典型的人格特征。研究表明，在特定社会文化的影响下，大多数中国人都具有谦虚、中庸、服从权威、崇尚合作、坚持集体主义价值观等共同的人格特征。

4. 生物性与社会性

一个人既是生物人，也是社会人，这也就意味着人格是生物性与社会性的统一。生物因素是人格形成的物质基础，为人格的发展提供了可能性，影响着人格发展的方式及人格形成的难易程度。人格不是先天就自然产生的，而是个体在社会化的过程中，通过社会活动和社会交往逐渐形成的。社会因素将人格形成的可能性变成了现实。

（三）人格与个性的基本要素

作为个体稳定的心理特征，人格和个性表现为一个人气质、能力、性格等多个方面的整合。

1. 气质

气质是个体心理活动的动力特征，体现了人的生物属性，是个体之间个性差异的基础。气质这个概念由来已久，古希腊学者希波克拉底提出，人体内有四种体液，分别是血液、黏液、黄胆汁和黑胆汁，并据此将人分为了四种类型：多血质、黏液质、胆汁质和抑郁质。罗马医生盖伦发展了希波克拉底的体液说，将人体内体液混合比例命名为"temperamentum"，成为气质（temperament）概念的来源。尽管希波克拉底等人对气质的分类缺乏科学依据，但多血质、黏液质、胆汁质和抑郁质的名称一直沿用至今。

除体液说外，常见的气质类型的学说还有体型说、血型说和激素说等，这些学说分别从个体的体型、血型和内分泌腺的发达程度对人的气质进行了划分。

俄国心理学家巴甫洛夫在动物实验基础上提出了气质的高级神经活动类型学说。他认为个体的高级神经活动有兴奋和抑制两个基本过程，表现为强度、均衡性和灵活性三种特性。神经过程的强度是指神经细胞的工作强度，即兴奋和抑制能力的强弱；均衡性是指兴奋和抑制之间的相对关系；灵活性则是指当个体面对环境条件变化时兴奋或抑制相互转化的速度。根据神经过程和这些特性之间的不同组合，人的高级神经活动类型可以被划分为四种：（1）强而不平衡——不可遏制型，通常表现为极易兴奋而难以抑制，特点是容易冲动，对应胆汁质；（2）强、平衡而灵活——活泼型，兴奋过程和抑制过程都比较强，且二者容易转换，表现为反应敏捷、活泼好动，对应多血质；（3）强、平衡而不灵活——安静型，兴奋和抑制过程都比较强，但二者不容易转换，表现为安静、沉着但反应迟缓，对应黏液质；（4）弱——抑制型，兴奋和抑制过程都比较弱，往往表现为反应迟缓、胆小怕事，对应抑郁质。人的高级神经活动类型与气质类型之间的对应关系见表5-1。巴甫洛夫的高级神经活动类型学说为气质产生的生理基础提供了较为科学的解释，因而得到了较为广泛的认可。

表5-1　高级神经活动类型与气质类型对应关系

高级神经活动过程	高级神经活动类型	气质类型
强、不平衡	不可遏制型	胆汁质
强、平衡、灵活	活泼型	多血质
强、平衡、不灵活	安静型	黏液质
弱	抑制型	抑郁质

2. 性格

性格是个体对现实的稳定的态度和习惯化的行为方式，体现了人的社会属性，是个性差异的核心。所谓稳定的态度，是指个体对于现实生活中的人、事物、思想观念等的相对持久的、一贯的反应倾向。态度决定了行为方式，稳定的态度使与态度相适应的行为方式逐渐形成习惯，自然而然地表现出来。不同于气质，性格是在社会生活实践中逐渐形成的，受社会历史文化的影响，有明显的社会道德评价的意义，反映了个体的伦理道德习性，是一个人社会属性的体现。

性格类型理论包括性格的单一类型理论、对立类型理论和并列类型理论等。单一类型理论认为，人的性格类型是依据个体是否具有某种特殊人格特征来确定的。例如，心理学家法利（Farley）提出的"T型人格"概念，将热衷于追求刺激和冒险的人称为T型人格者。

对立类型理论将人的性格分为两个相反的方向。例如，荣格（Jung）提出了内—外倾人格类型学说，认为个体的性格可以依据其自身的兴趣和关注点的指向性来划分。当一个人的兴趣和关注点更多地指向外部客体时，他就是外倾人格，反之则为内倾人格。外倾的人性格热情奔放，善于人际交往，却容易思虑不周；内倾的人往往敏感谨慎，深思熟虑，但可能会面临人际困难。弗里德曼（Friedman）等将人的性格分为 A 型人格和 B 型人格。A 型人格的主要特点是具有进取心、自信心及竞争意识，但容易急躁；B 型人格则性格温和，不急不躁，容易产生满足感。

并列类型理论包括职业人格类型理论、九型人格理论等。霍兰德（Holand）基于自己的职业咨询经验将人的性格划分为现实型、研究型、艺术型、社会型、企业型和常规型，将人的性格类型、兴趣和职业相联系，为个体的职业选择提供了指导。九型人格理论在综合考虑兴趣、思维、价值观等因素基础上，将人的性格分为九类，即完美型、助人型、成就型、自我型、理智型、疑惑型、活跃型、领袖型及和平型。九种性格类型并没有好坏之分，个体明确自己的性格类型能够帮助自身更好地认识自我，处理人际，应对事务。

3. 能力

在日常生活中，我们经常可以听到某人的社交能力很强，某人具有一定的语言能力等这些有关于能力的表述。作为一种重要的人格成分，能力是指使活动得以顺利进行，并直接影响活动效率的一种个性心理特征，是个体在长期实践活动的基础上形成的。

根据不同的分类标准，能力可以被分为一般能力和特殊能力；认知能力、操作能力和社交能力；模仿能力和创造能力，等等。在生活中，人们经常将"能力"和"智力"两个概念混用。严格地说，两个概念还是有区别的。能力是个体在从事特定活动中表现出来的综合的个性心理特征，而智力则是个体感知、记忆和加工各种符号的基本能力；智力是能力的内在基础，而能力则是智力的外在表现。

除了智力以外，能力还与知识和技能密切相关。布鲁姆教育目标分类学的修订版将人的认知过程分为记忆、理解、应用、分析、评价和创造六个方面。其中记忆和理解主要针对事实和概念等陈述性知识；应用主要针对程序性知识，表现为操作技能和认知技能；分析、评价和创造则对应于能力，既包括个体利用所学知识和技能完成特定任务的问题解决能力，也包括个体掌握知识和技能所需的学习能力。

二、三种主要的人格理论

人格理论是人格心理学家用来描述或解释个体的心理和行为的一套假设系统或参考框架，主要回答人格的动力、结构、发展等问题。目前，西方心理学中的人格理论主要包括精神分析理论、特质理论、人本主义理论、行为主义理论、社会学习理论及认知主义理论等。下面介绍精神分析理论、特质理论和人本主义理论。

（一）精神分析理论

奥地利心理学家、精神分析理论的创始人弗洛伊德于 19 世纪末 20 世纪初创立了科学心理学史上的第一个综合性的人格理论体系——精神分析理论。之后，荣格、阿德勒等人进一步发展了弗洛伊德的古典精神分析理论，形成了新精神分析理论。

1. 古典精神分析理论

弗洛伊德在临床治疗中发现某些神经症和精神病源自心理障碍，并且无意识的性心理可能在其中起着重要的作用。在这个发现的基础上，弗洛伊德相继出版《癔症研究》《梦的解析》《性学三论》等重要著作，完成了他的精神分析理论的建立和扩展，并将精神分析从一种单纯治疗心理疾病的方法，发展成为解释人类人格的理论体系。

在早期理论中，弗洛伊德将人格分为意识、前意识、无意识三个水平，其中，意识指个人能够直接感知觉察的心理活动，具有现实性，内容主要来自感官对外部世界的感知；无意识又称潜意识，既包括个体本能的原始冲动，也包含由于被意识厌恶而被压抑的记忆、动机和需要等；前意识是个体加以注意便能觉察到的心理内容，是无意识和意识的中介环节，主要功能是负责稽查、识破无意识的伪装，将痛苦的经验和为社会道德所不容的原始冲动压抑在无意识之中。

后来，弗洛伊德对这个模型进行了改进，新模型将人格分为本我、自我和超我三个组成部分。其中，本我由个体先天本能和原始欲望组成，隐藏在无意识的深层，是人格结构中的生物成分，遵循快乐原则，以满足被压抑的欲望为目的，追求绝对的快乐，是心理能量的供给源；自我是人格中理智的、符合现实的部分（心理成分），在遵循现实原则的基础上，为本我服务，使本我的基本需要得到满足，同时也协调本我与超我之间的冲突，保护个体不受伤害；超我是人格中代表社会价值和规范的部分（社会成分），遵循道德原则，力图限制本我的私欲，监督本我和自我。这三种力量中，本我完全活动在无意识水平，而自我和超我则在所有水平上活动（见图5-1）。

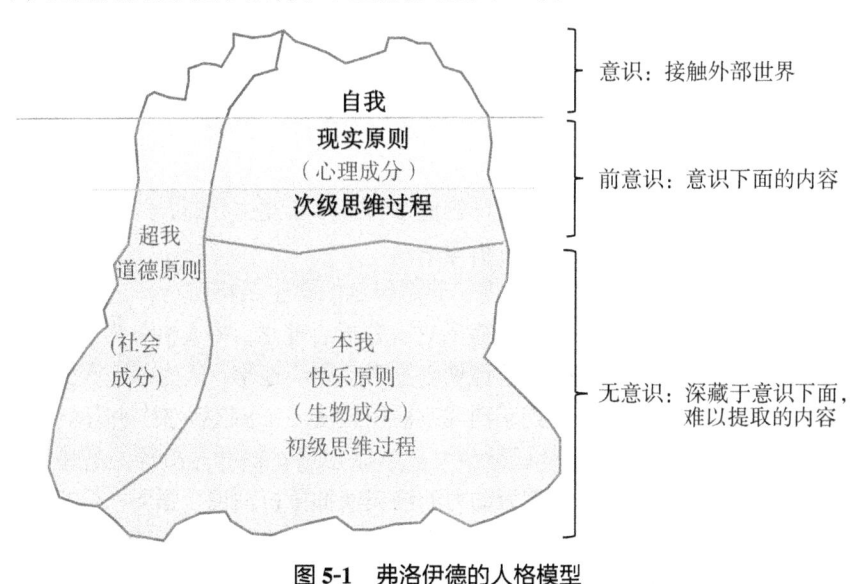

图5-1　弗洛伊德的人格模型

在这种人格结构中，本我、自我、超我三者之间相互独立又相互制约，力图维持一种微妙的平衡。然而，这种平衡只是相对的、暂时的。当个体觉察到周围现实环境中的危险，或担心失去对本我的控制而引发危险，或意识到自己的想法不符合道德准则时，就可能会产生现实焦虑、神经质焦虑或道德焦虑。（郑雪，2017）为了改变焦虑的状态，保持人格的统一，自我就创造出了一些保护性机制。弗洛伊德将这些保护机制称为自我防御机制，主要内容见图5-2。

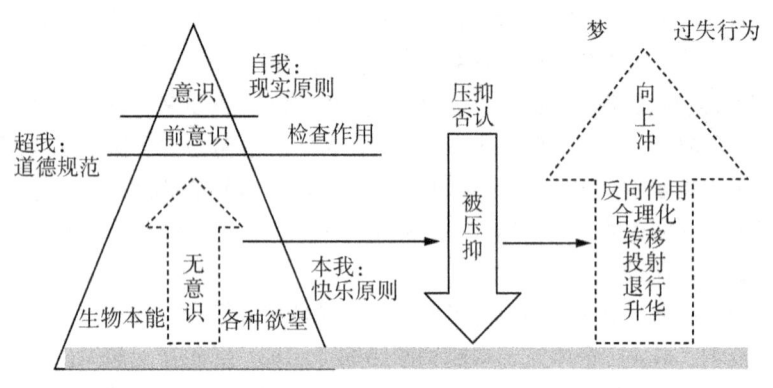

图 5-2　心理防御机制

压抑是最基本的自我防御机制，是其他防御机制运行的基础。通过压抑，个体将所有痛苦和焦虑压制在本我中，防止其进入意识层面。否认也是最早形成的自我防御机制之一。当巨大的痛苦袭来，人们可能会激动地说道："这不是真的！不可能，我不相信！"通过逃避现实减轻内心的焦虑。此外，常见的自我防御机制还有反向作用、合理化、转移、投射、退行和升华等，这些防御机制之间并不相互排斥，有时还会同时发生，有效地维护个体人格的稳定性和一致性。防御机制并不能让个体内心的痛苦和冲突消失。这些痛苦和冲突依然在无意识层面积极活动，不断地寻求出路，并通过梦、口误、过失行为或神经症等被人们觉察。

2. 新精神分析理论

在精神分析理论创建之后，弗洛伊德的追随者就不断发生分裂，并各自建立了自己的理论体系，这些理论被称为新精神分析理论。

在20世纪初精神分析蓬勃发展之时，弗洛伊德的学生荣格和合作者阿德勒就与其分道扬镳，分别创立了自己的学说。荣格创立了分析心理学，将人格分为意识的自我、个人无意识和集体无意识三个部分。阿德勒创立了个体心理学，认为每个人天生都因生理缺陷而怀有自卑情结，并用一生追求自我改善和完美，以求超额弥补缺陷。

以埃里克森等为代表的精神分析社会文化学派也是新精神分析理论的重要组成部分。他们反对以本我为核心、以性欲为动力的经典精神分析理论，强调社会文化因素对人类行为的重大影响，关注新社会带来的无意义感、精神异化、焦虑、孤独和恐惧。

埃里克森提出的心理社会发展阶段理论，将个体人格的发展分为八个阶段，分别为：信任对不信任、自主对羞愧怀疑、主动对内疚、勤奋对自卑、同一性对角色混乱、亲密对孤独、繁殖对停滞及自我完善对悲观绝望。每个阶段都要面临一个特殊的社会心理任务，即发展危机（见表5-2）。

表5-2 埃里克森人格发展的八个阶段

发展阶段	年龄范围	中心问题
信任对不信任	0~1.5岁	我能相信他人吗？
自主对羞愧怀疑	1.5~3岁	我能独自行动吗？
主动对内疚	3~6岁	我能成功地执行自己的计划吗？
勤奋对自卑	6~12岁	与别人相比我是有能力的吗？
同一性对角色混乱	12~20岁	我到底是谁？
亲密对孤独	20~25岁	我为某种关系做好准备了吗？
繁殖对停滞	25~65岁	我留下我的痕迹了吗？
自我完善对悲观绝望	65岁以后	我的生命最终是有意义的吗？

埃里克森认为，八个阶段的先后顺序和年龄范围都是固定不变并由人的生物基础决定的，各个阶段面临的中心问题和危机是否能够顺利解决，则由个体的自我发展与社会环境的相互作用决定。危机的顺利解决是人格健康发展的前提，将会为后一阶段的发展奠基；危机得不到解决则会削弱自我力量，造成发展障碍。例如，在婴儿期，个体十分依赖成人的照料，如果父母能够给予他们足够的关心和照顾，婴儿则会对周围的人产生基本的信任感，感受到世界的美好，这种信任感是人格健康发展的基础。如果婴儿的基本需要没有得到满足，他们将不再愿意相信他人，产生逃避和退缩。在1.5~3岁这个时期，个体会对外界产生好奇和探索的欲望，想要自主从事很多事务。如果成人能够对他们的行为加以引导，给予他们一定的自主性，他们就会形成良好的意志品质，发展出自主解决问题、克服困难的能力。反之，如果父母对这个时期的儿童处处加以控制，不允许其自主探索，将会导致儿童缺乏自信，产生过度的怀疑和羞怯。在这八个阶段中，青年期是埃里克森关注的重点。这个阶段个体的主要发展任务是获得自我同一性，克服同一性混乱。

埃里克森将人格发展的重点聚焦于自我和社会的相互作用，关注社会与家庭对个体人格发展的影响，对理解人格的形成和发展、促进学生心理发展具有重要价值。

（二）特质理论

人格的特质理论就是以特质概念为基础建立起来的人格理论，主张用多个基本的特质来描述人格。特质理论的研究起源于20世纪40年代的美国，主要的代表人物有奥尔波特（Allport）、卡特尔、艾森克（Eysenck）等。

1. 奥尔波特的特质理论

奥尔波特是人格特质理论的创始人和主要推进者，他认为精神分析理论过于强调无意识对人的影响，忽视了意识的作用。奥尔波特重视人格的个体性，直接从个体行为特点出发来探讨人格问题，并提出"特质"这个概念来描述人格。奥尔波特将特质看成人格最基本的测量单位，既可以通过外部的刺激产生相应的反应，也能够主动激发和引导个体行为的产生。具有不同特质的个体，对于同一个刺激物产生的反应也不同（徐学俊，2015）。

根据被描述的对象不同，特质首先可以分为共同特质和个人特质，共同特质是同一个文化形态下的个体共同具有的特质；而个人特质是指某一个特定个体具有的特质。个人特质又可以进一步被分为首要特质、中心特质和次要特质。其中，首要特质是个体行为的主要动机和优势倾向，影响着一个人的方方面面，只有在少数人身上才能够被观察到，如林黛玉的首要特质是多愁善感，葛朗台的首要特质是吝啬等。中心特质虽不像首要特质那样具有绝对的支配性，但也决定着个体的行为。奥尔波特认为每个人的中心特质约为7个左右。次要特质是个体在特定场合下可能会产生的某些特质，往往受到情境的制约，更像是某种习惯或者态度，不是人格的决定因素。奥尔波特关于特质的分类见图5-3。

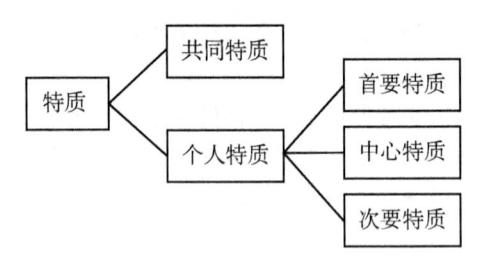

图 5-3 奥尔波特关于特质的分类

2. 卡特尔的特质理论

卡特尔是应用因素分析法研究人格特质的代表人物。受化学元素周期表的启发，卡特尔用因素分析法对人格特质进行了分析，提出了基于人格特质的理论模型。模型由上到下分成四层：共同特质和个别特质；表面特质和根源特质；体质特质和环境特质；能力特质、气质特质和动力特质。这些特质之间紧密联系，共同组成人格的结构（见图5-4）。

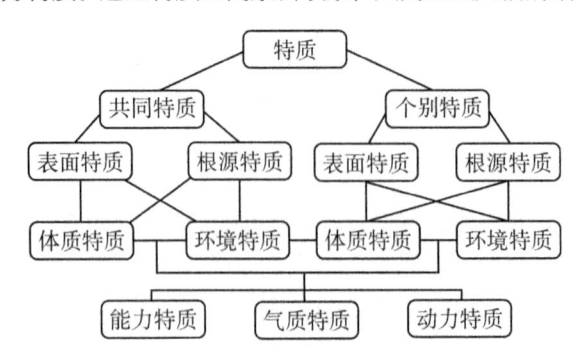

图 5-4 卡特尔人格特质理论模型

卡特尔首先从个体与群体的角度区分出两类特质——共同特质与个别特质。一个群体中所有成员共同具有的特质为共同特质，某个个体独具的特质为个别特质。然而，即使是一个群体中每位成员都共同具有的某些特质，在个体身上的强度和情况也并不相同。随着情境的变化，同一个个体在不同时间的特质强度也会发生变化。此外，卡特尔从特质的层次上区分出表面特质与根源特质。表面特质是通过观察就可以发现的个体的外部行为特点。根源特质是深藏于人格结构内部，以表面特质为媒介，必须通过因素分析才能够发现的特质。根源特质是人格结构中最重要的部分，也是个体行为的最终根源。体质特质和环境特质，前者是由遗传因素决定的，后者则是受环境的影响而形成的。还有些特质是决定个体处理问题的成效的，称为能力特质。最重要的一种能力特质是智力。气质特质也是由遗传决定的，表现为个体的行事风格。动力特质则是人格的动机因素，对个体的行为起着激发和导向的作用。

卡特尔的主要贡献在于提出了根源特质。他利用因素分析法最终得出了16种根源特质，即乐群性、聪慧性、稳定性、恃强性、兴奋性、有恒性、敢为性、敏感性、怀疑性、幻想性、世故性、忧虑性、实验性、独立性、自律性、紧张性，并据此编制了卡特尔16种人格因素问卷。这16种人格因素在个体身上的不同组合，就构成了个体独特的人格，完整地反映了个体个性的全貌。这个问卷被广泛应用于人格研究和社会实践当中，促进了人格理论的发展。

3. 艾森克人格维度理论

英国心理学家艾森克认为人格维度才是描述人格的确切指标，并提出人格结构层次模型和人格的基本维度。

艾森克把人格结构分成类型水平、特质水平、习惯反应水平和特殊反应水平。其中，最下层的特殊反应水平是个体对于某一次实验的反应或对日常生活中经验的反应。上一层的习惯反应水平则是个体在相同情境下可能会重复出现的特定反应。再上一层是特质水平，该水平是个体通过观察一些不同习惯反应之间的共同联系得出的。最上面的类型水平是由不同特质水平组成的，它是不同特质的共同基础。例如，图中的可塑性、持续性、主观性等特质的共同基础是内倾型（见图5-5）。

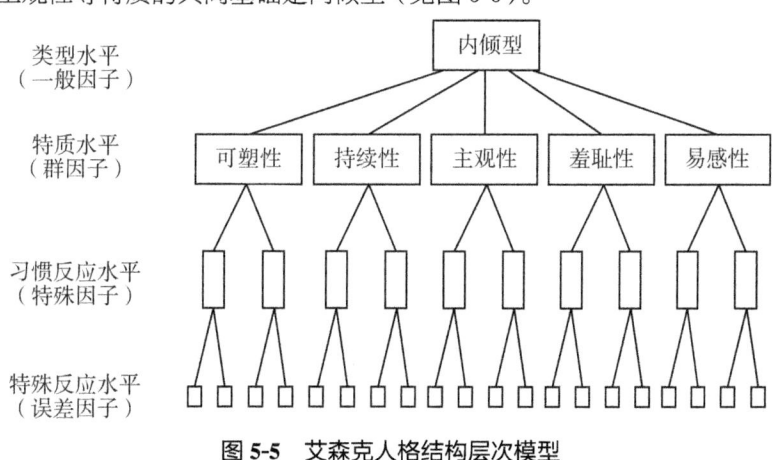

图5-5 艾森克人格结构层次模型

在人格的维度方面，艾森克认为，内外倾、神经质与精神质是人格的三个基本维度。其中，前两个维度相互组合，构成了四种人格类型，即稳定—外倾、稳定—内倾、不稳定—外倾和不稳定—内倾。四种人格类型又包含了32种人格特质，这四种人格类型与体液说恰巧分别对应（见图5-6）。1975年，艾森克以三个人格维度为基础，编制了艾森克人格问卷（EPQ），作为验证人格维度理论的工具。

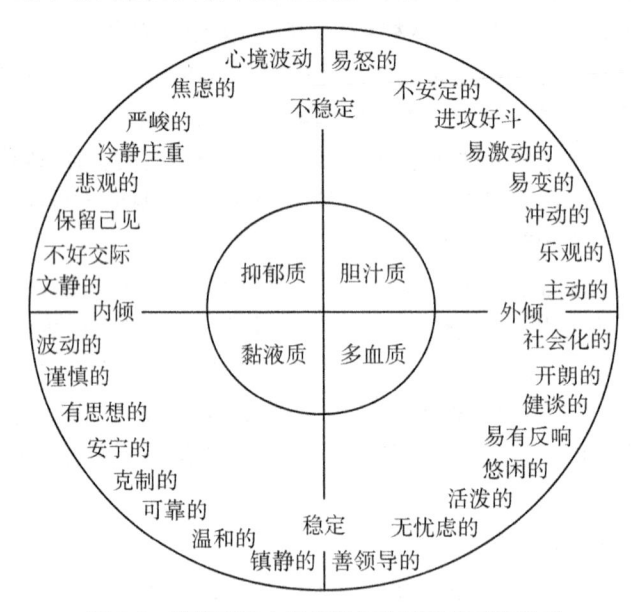

图5-6 艾森克的人格类型与体液说的对应关系

4. 大五人格理论

1949年，菲斯克（Fiske）在分析由卡特尔开发的特质时，发现有五个因素在自我评价、观察者评价和同伴评价的样本中反复出现，并将这五个因素称为：自信的自我表达、社会适应性、从众、情绪控制、智力。1961年，塔佩斯（Tupes）和克里斯塔（Christal）用因素分析法对卡特尔的8组样本进行了再分析，也发现了五个因素（陈少华，2018）。此后，研究者对这五个因素进行验证，得到被广泛认可的五个人格因素：开放性、尽责性、外倾性、宜人性和神经质。五种人格因素的含义见表5-3。

表5-3 大五人格的高分和低分特征

	高分特征	低分特征
开放性	不墨守成规，喜欢新事物，独立思考	比较传统，喜欢熟悉的事物
尽责性	做事有计划，有条理，并能持之以恒	马虎大意，容易见异思迁，不可靠
外倾性	爱交际，精力充沛，乐观、友好和自信	含蓄、自主与稳健
宜人性	乐于助人，可靠、富有同情心	抱有敌意，为人多疑
神经质	容易因为日常生活的压力而感到心烦意乱	自我调适良好，不易于出现极端反应

（三）人本主义理论

人本主义心理学兴起于20世纪五六十年代的美国，并在七八十年代得到迅速发展。在此之前，西方心理学界由精神分析和行为主义各自占据着半壁江山。人本主义心理学既反对行为主义把人等同于动物，只研究人的行为，不理解人的内在本性；又批评弗洛伊德只研究神经症和精神病人，不考察正常人的心理，被称为心理学的"第三势力"。

人本主义心理学先驱罗杰斯在心理治疗实践中，建立了人格的自我理论。该理论认为，每个人都生活在仅有自己能够知晓的主观世界中，以独特的方式感知世界并对它们赋予意义，这便是"现象场"。在现象场中，有一部分是个体有关于自身的感知和认识，称为自我概念（self concept），是个体对自己心理现象的全部经验，是人格的结构基础。当自我概念与现实中的实际经验呈现出协调一致的状态时，个体便是整合的、真实而适应的人，反之，个体就会体验到人格的不协调状态。自我概念可进一步区分为现实自我和理想自我。现实自我是指当前真实存在的、实际的自我，理想自我是个体所希望的自我形象。这两种自我是否和谐与趋近，也直接影响着个体心理健康的质量。

关于人格的动力，罗杰斯认为，每个人天生都拥有朝着积极方向成长的力量，即自我实现的倾向。个体在自我实现倾向的驱使下发展，追求自我和自我概念的扩充和实现。自我概念并非与生俱来，而是在个体与他人和环境的相互作用中逐渐形成。在最初的自我概念形成后，个体的自我实现倾向便被激活，推动着个体在环境中尝试各种活动并积累大量经验。通过机体评估过程，个体会区分出并保留那些令人感到愉快、符合自我实现倾向的积极经验。其中有一种积极经验是依赖于他人的肯定和关爱所产生的，罗杰斯称这种条件为"价值条件"。当个体的行为符合他人或社会的价值标准时，才能得到他人的尊重和肯定。久而久之，个体在追求这种积极体验的过程中，不自觉地将这些价值条件内化，变成自我的一部分。当内化了的价值条件发挥的作用超过机体评价过程时，个体原本自我实现的倾向就会受到阻碍，人格便会受到损害。

与前人不同，罗杰斯用积极的视角看待人格，关注人格健康向上的方面。在临床应用中，罗杰斯创立了一种人本主义心理治疗体系，开创了"患者中心疗法"，倡导以人为中心，在真诚一致、无条件积极关注、共情的氛围中，激发当事人自身做出积极改变的巨大潜能，重新获得自我实现的正常发展，对心理咨询与治疗做出了巨大贡献。

三、个性的结构与发展

人格心理学家创立了丰富的人格理论，关于个性的心理结构也有许多不同的看法。目前，具有一定影响力、较为系统完整的个性结构理论包括弗洛伊德的人格结构理论、勒温的个性结构理论、人格结构的认知理论及动机圈理论等。下面将介绍由苏联心理学家所提出的个性的动机圈理论，并通过对动机的分类，建立了一个基于三类动机的个性结构模型。

（一）个性的动机圈理论

动机圈理论是由苏联心理学家包若维奇提出的一种个性动力结构理论。该理论认为，个性是稳定的动机和为实现动机而形成的行为方式的统一体，个性的结构以动机为核心，四周排列着各种个性品质的完整结构，称为动机圈。

在个性的动机圈结构中，核心部分中包含了许多动机，这些动机可以按照稳定性或占优势的程度分为不同的等级，其中最高形式的动机是信念和理想，统领着整个动机圈。在信念和理想的外围，还有兴趣、追求、意向等各种各样的动机。动机的性质决定着个性倾向性，换句话说，个性结构外围部分的任何一种个性品质，都和某种动机相连（见图5-7）。人体的个性倾向性，道德水平等在很大程度上取决于动机圈内占优势的、稳定的动机。

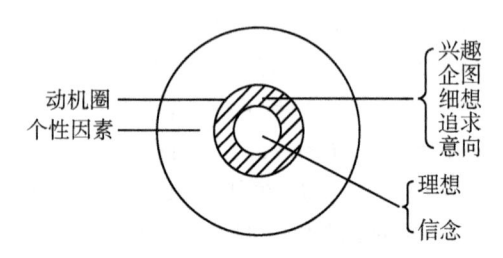

图5-7　个性动机圈理论结构图

资料来源：杨启玉，程明成等.1990.青年品德心理学[M].郑州：河南人民出版社.

包若维奇认为，动机是在原始需要（对外界印象的需要、认识的需要、游戏的需要等）基础上发展起来的，可以分为学习动机和泛社会动机两大类。学习动机包括学习兴趣、智力活动、积极性和掌握技能等；泛社会动机包括社会交往、获取好评、在群体中占有一定地位、道德信念，以及理想和世界观（见图5-8）。

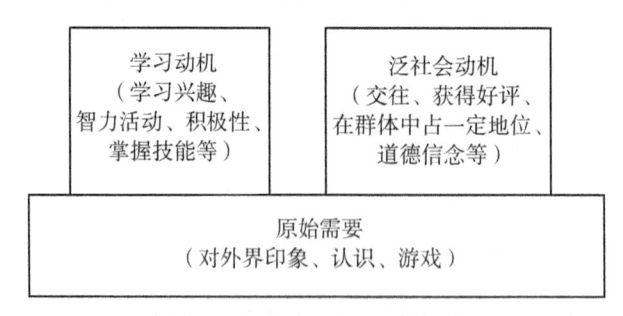

图5-8　包若维奇关于动机的分类

支持动机圈理论的学者强调，在儿童和青少年道德的发展中应特别注重理想信念的培养，并养成与此相应的习惯。我们可以通过调节和改变客观情境，帮助他们产生新的动机。新的动机一旦产生，就会促进个体形成新的个性品质（周元，江畅，1988）。此外，个体个性的发展与个体不同年龄阶段具有的特殊动机结构密切相关。因此，教育工作者在对儿童青少年开展教育活动时，必须考虑他们现有的动机和需要，真正地为儿童所接受，才能够产生更好的教育效果。

动机圈理论看到了个性结构各成分之间的复杂关系，在动机的基础上展开分析，揭示了动机对个体个性品质的制约作用，具有一定的合理性，对于我们了解个体道德的形成和发展有一定的启发和借鉴意义，但该理论缺乏具体的实验研究证据作为其理论系统的科学依据，对于动机的等级具体是如何排列，非优势动机又是如何发挥作用等问题论述不清。

（二）基于三类动机的个性发展模型

动机圈理论从人的需要出发，将动机分为学习动机和泛社会动机。两类动机从行为的功能或满足某种需要的价值进行定义，属于"效价动机"。随着研究的深入，心理学家发现个体行为的动机并不单纯由行为的功能所决定，还受到个体对行为结果的期望及对自身能力评估的影响，并据此提出新的动机类型。

1964年，弗鲁姆（Vroom）提出动机的"期望理论"，强调人的积极性被调动的程度取决于对行动结果的价值评价（"效价"）和其实现可能的期望的乘积：激动力量＝效价×期望值。也就是说，目标满足个体需要的价值越大，个体对达成目标的把握程度越大，个体追求这个目标的积极性就越大。阿特金森提出成就动机的概念，并将成就动机分为追求成功的倾向和避免失败的倾向。其中，追求成功的倾向（T_s）是追求成功的动机（M_s）、对成功的主观期望概率（P_s）及成功的诱因价值（I_s）三者乘积的函数（$T_s = M_s \times P_s \times I_s$）；避免失败的倾向（$T_{af}$）是避免失败的动机（$M_{af}$）、对失败的主观期望概率（$P_f$）及失败的负面价值（$I_f$）三者乘积的函数（$T_{af} = M_{af} \times P_f \times I_f$）。成就动机的大小等于追求成功倾向的强度减去避免失败倾向的强度。阿特金森发现，成功的主观概率越低（任务越困难），成功的积极价值（成功后体验到的自豪感）越高；失败的概率越高（任务越困难），失败的负面价值（失败后体验到的羞愧感）越低。根据这个理论，如果一个人追求成功的倾向大于避免失败的倾向，他会选择成功概率约为50%的任务，而不愿意去做完全不可能成功或稳操胜券的任务；相反，如果一个人避免失败的倾向大于追求成功的倾向，那么他会选择非常容易或非常困难的任务，前者可使他们免遭失败，后者可以使他们在失败时减少羞愧感。

20世纪60年代，怀特（White）提出效能动机的概念，将其定义为个体对周围环境发生作用或产生影响的动机，并认为这种动机在童年早期是一种本我能量的释放方式，后来转变为更为复杂的能力动机，即在处理与外部世界关系时力图对其产生影响的动机。怀特认为，实现某一目标的动机和满足能力动机不同，前者只是满足个体的某种需要，而后者则与个体自身不断增长的能力有关，能使个体获得更高的掌控感或主体性（卡弗，沙伊尔，2011）。

20世纪70年代，班杜拉在《思想和行为的社会基础》中用"自我效能感"这个概念解释个体对自己能力的期望在行为动机中所发挥的作用。班杜拉认为，行为的出现不是由于随后的强化，而是由于人认识到行为与强化之间的依赖关系后对下一步强化的期望，并将期望分为结果期望和效能期望。结果期望指的是人对自己某种行为导致某种结果（成功或失败）的推测；而效能期望指的则是人对自己从事某种行为的能力的推测或判断。一个人确信自己有能力进行某一活动，就会产生高度的"自我效能感"，并会去进行这个活动。班杜拉认为，由于不同领域活动所需要的能力各不相同，自我效能感都是与特定领域相联系的，并不存在一般的自我效能感。然而，也有研究者试图找到一般自我效能感。一般自我效能感实际上是一个人的自尊水平，对特定领域绩效的预测力并不显著。

与自我效能感相对应的一个概念是"习得性无助"。塞里格曼和梅耶将习得性无助定义为个体在不断失败的过程中学会以自暴自弃的方式来对待自己无能为力的情境。其他心理学家通过一系列的实验，发现人类个体在多次遭遇付出努力但没有成功后的经历后，会丧失对自己能力的信念，即使在能够成功的情况下也不愿意做出任何努力。这种现象说明失败的经历作为惩罚因素，不仅能降低个体对成功结果的期望，也能降低个体的自我效能感；与之相反，取得成功（正强化）或避免失败（负强化）作为奖励因素，不仅能提升个体对成果结果的期望，也能提高个体的自我效能感。

综合以上观点，可以将人的动机分为效价动机、效能动机和成就动机三种类型，三种动机依次出现，共同决定个体的行为。第一，个体接触到能满足某种需要的诱因（如食物）或威胁个体生存的诱因（如巨大的声响），产生基本的情绪反应（受到个体气质类型的调节）；第二，个体在自身性格特征的影响下，对诱因满足某种需要或威胁自身生存的程度做出价值判断（初级评估），产生效价动机；第三，个体通过对外部支持或阻碍的认知（成本认知），对自己趋近或回避诱因的能力做出判断（次级评估），产生效能动机；第四，个体根据自己在特定归因认知影响形成的成功或失败的经验（事后评估），产生对行为结果的期望动机；第五，个体在效价动机、效能动机和期望动机的综合影响下，做出追求成功或回避失败的行为，行为本身会增强个体的能力，而对行为结果的反馈则不仅能够通过满足或不满足个体的需要影响性格，而且能够影响个体的归因认知（见图5-9）。

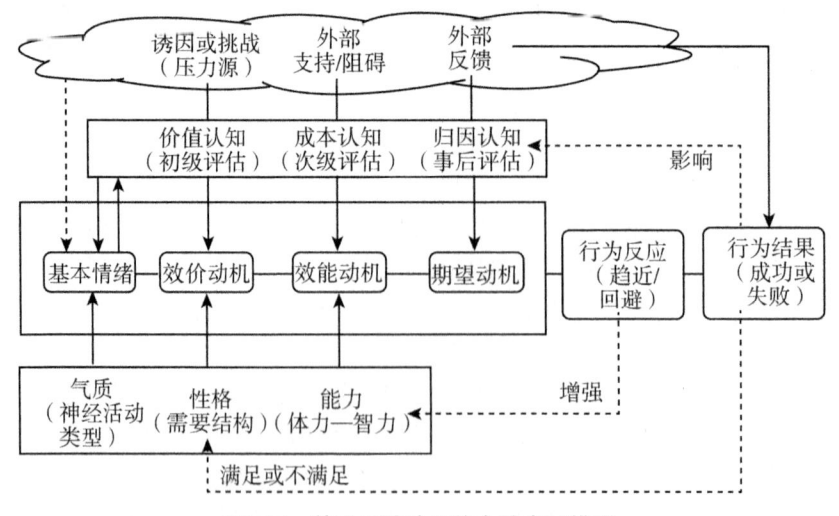

图5-9 基于三种动机的个性发展模型

根据这个模型,我们可以对动机与个性发展的关系做出如下判断:(1)个体行为是以基本情绪为依托,由效价动机、效能动机和期望动机综合作用的结果;(2)个体的基本情绪、效价动机和效能动机分别受到气质类型、性格特征和能力的影响,期望动机则受到归因认知的影响;(3)个体行为的结果对其能力、性格和归因认知产生影响,并持续塑造其个性心理特征。

随堂巩固

1. 巴甫洛夫认为高级神经活动的两个基本过程有哪几种基本特性?(　　)
   A. 强度　　　　B. 均衡性　　　　C. 兴奋性　　　　D. 灵活性
2. 在弗洛伊德的理论中,哪个概念是人格中理智的、符合现实的部分?(　　)
   A. 本我　　　　B. 自我　　　　C. 超我　　　　D. 以上均是
3. 卡特尔人格特质理论的主要贡献在于提出了(　　)。
   A. 表面特质　　B. 共同特质　　C. 根源特质　　D. 中心特质
4. 大五人格不包括以下哪个维度?(　　)
   A. 神经质　　　B. 精神质　　　C. 外倾性　　　D. 随和性
5. 在动机圈理论中,最高形式的动机是?(　　)
   A. 意向　　　　B. 追求　　　　C. 兴趣　　　　D. 理想和信念
6. 以下哪些动机共同决定个体的行为?(　　)
   A. 效价动机　　B. 成就动机　　C. 效能动机　　D. 期望动机

参考答案:1. ABD　2. B　3. C　4. B　5. D　6. ACD

拓展阅读

1. 郑雪. 2017. 人格心理学[M]. 广州:暨南大学出版社.
2. 艾伦. 2011. 人格理论:发展、成长与多样性[M]. 5版. 陈英敏,济林芹,王美萍,等译. 上海:上海教育出版社.
3. 盖伊. 2015. 弗洛伊德传[M]. 龚卓军,高志仁,梁永安,译. 北京:商务印书馆.

▶▶ 第二节　自我概念与个性发展 ◀

上一节介绍的人格特质理论主要是建立在词汇分析和心理测量的基础之上的,目的是分析人格的基本要素;虽然精神分析理论、人本主义理论及动机圈理论关注人格发展的动力，但没有很好地解释人格和个性的发展心理机制。发展心理学将人格和个性看成一个动态发展的结构，并从"自我"的角度解释人格和个性发展的心理机制，涉及自我理解、自我概念、自我同一性、自尊等概念。本节在辨析"自我"和"自我概念""自我理解"等概念的基础上，重点介绍埃里克森和马西亚的自我同一性理论，并将简要描述自尊与青少年个性发展的关系。

一、自我理解与自我概念

（一）自我、自我理解与自我概念的含义

在弗洛伊德的人格结构模型中，自我（ego）是与感知觉和思维有关的心理成分，从属于本我和超我，在本我、超我和现实世界之间维持一种脆弱的平衡。与弗洛伊德提出的"自我"概念不同，威廉·詹姆斯（W. James）定义的自我（self）由主体我（I）和客体我（me）两部分组成。其中，主体我是个体能经验、知觉、想象、选择和计划的主体，也称"纯粹的自我"；客体我是所有个体可以称为属于他的全部事物，包括他的身体、衣物、妻子、朋友、工作及心理力量等，也称"经验自我"（李晓东，1998）。詹姆斯认为，主体我是不可决定的，因此，从实证研究的需要出发，应将注意力聚焦于客体我的研究，并提出"自我概念"（self-concept）一词来描述客体我的构成与特点。他将自我概念定义为客体我，是个体对自己的身体、他人心目中的自己，以及自己的心理倾向等反省意识，由身体我、社会我和精神我组成。这一解释对自我概念的研究产生了广泛的影响。

人本主义心理学家罗杰斯将主体我和客体我的概念整合到一起，将自我概念解释为个人现象场中与个人自身有关的内容，是个人自我知觉的组织系统和看待自身的方式。根据这一解释，对于个体的个性和行为具有重要意义的是具有主观性、未必符合客观事实的"自我概念"，而非真实自我（金盛华，1996）。罗杰斯区分了两种自我概念：现实自我（the self）和理想自我（the ideal self）。前者是指我认为我是怎样的人，后者则是指我希望我成为怎样的人。现实自我和理想自我的协调一致对于个体人格的健康发展十分重要，当两者差距较大时，就容易引发心理问题。此外，不准确的自我概念也可能会导致心理问题的产生。

1988年，戴蒙（Damon）和哈特（Hart）提出"自我理解"（self understanding）这一概念，将其定义为个体对自己思想、行为、感觉、态度、信念等的认知表征，包括主体我和客体我两方面的知识。根据自我理解的抽象程度，可分为个人记忆、自我表征和自我理论三种类型。个人记忆指个体认为对自己有特殊重要意义的生命片段；自我表征指一系列自我描述的特征；自我理论则是综合评价个人记忆、表征等所有自我特征基础上形成的理论框架，具有定向和预测未来的功能。

（二）多重自我概念

1955年，美国心理学家约瑟夫（Joseph）和哈里（Harry）认为人对自我的认识是在自

我观察和他人回馈中不断探索、不断整合的过程，整合的程度越高，自我概念就越真实，整合程度不高，人的自我概念就会出现较大偏差。在此基础上，他们根据"自己知道—自己不知道"和"别人知道—别人不知道"这两个维度，将每个人的自我划分成四个部分，即开放我、隐藏我、背脊我和未知我（见图 5-10），后来被称为"乔哈里窗"。

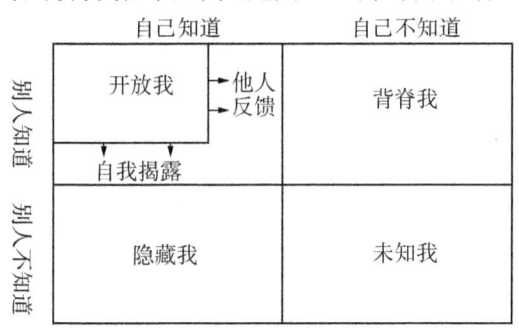

图 5-10　乔哈里窗

开放我是自己很了解，别人也很了解的，真实透明的自我，如姓名、性别、兴趣、性格等。开放我的大小会随着自我揭露和他人反馈的情况而变化。勇于自我揭露会扩大开放我，他人反馈越多，开放我也会越大。

隐藏我是自己知道，别人不知道的自我特质。事实上，我们每个人都是选择性揭露者，会向他人透露一些关于自己的信息，也会隐藏一些秘密，有时也会因为不同的互动对象，而调整隐藏我的大小。

背脊我是别人知道，自己却不知道的自我。所谓"当局者迷，旁观者清"，个体可能存在某些自己未意识到但他人可以注意到的特点或习惯，如一些口头禅、口音等。

未知我是他人不了解，自己也不了解的部分，如个体未曾觉察的潜能或压抑下来的记忆、经验等。这些潜力或积压在个体内心深处的信息，可以通过一些契机被激发出来，如心理治疗、催眠等，转变为个体知道的部分。

沙维尔森（Shavelson）等人提出了自我概念的多维度多层次模型（见图 5-11）。该模型包括三个层次，位于最上层的一般自我概念由学业自我概念和非学业自我概念构成，学业自我概念又分为语文、历史、数学等具体学科自我概念，非学业自我概念又包括身体、情绪和社会等自我概念。当个体的自我概念层次上升时，自我概念的稳定性会增加；当个体的自我概念层次下降时，自我概念的稳定性则会降低。

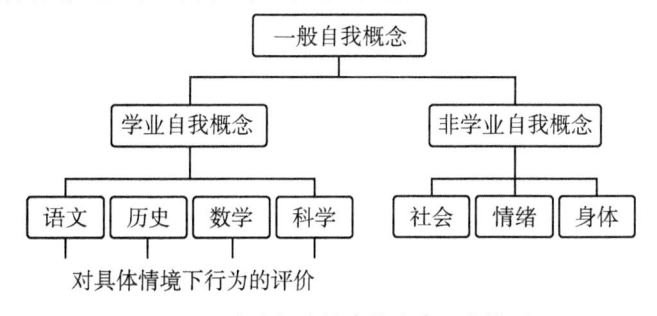

图 5-11　自我概念的多维度多层次模型

(三)青少年自我概念的特点

青少年期是个体身体生长发育和心理成长发展的重要时期,是自我概念发展的关键时期。处于这个时期的青少年往往具有一种强烈的探索意识,对于自己是谁、将要成为什么样的人等抱有极大的好奇心。而随着青少年生理发育的成熟、认知能力的提高,以及社会角色的改变,青少年的自我概念在内容和结构上都表现出了显著不同于以往的特点。

1. 更抽象,更复杂

青少年的自我概念具有抽象化的色彩,他们在自我描述时经常会使用一些抽象的词语,如敏感、友善、宽容、焦虑、抑郁等。同时,他们也更倾向于把自己的一些特质和特定的情境相联系,能意识到不同情境下各种自我之间的不一致性,并因此感到困扰。

2. 真实自我和虚假自我

真实自我和虚假自我同时存在于青少年的自我概念中。一方面,在家人或亲密朋友面前,青少年通常会表现真实的自我;另一方面,为了获得他人的接纳或在同班同学面前表现出他人期望的样子,他们也会有选择地呈现虚假的自我。一些青少年不喜欢自己表现虚假自我的行为,也有些青少年并不会因此而感到困扰。

3. 理想自我和可能自我

作为真实自我的补充,青少年逐渐发展起构建理想自我的能力。青少年的现实自我和理想自我之间往往存在着较大的差距,他们能够区分现实自我和理想自我,并意识到两者之间的差距。很多个体因此会产生失败感和自我批评,甚至产生抑郁。

自我概念不仅包括我们是什么样子,还包括我们可能成为什么样子,这就是可能自我。可能自我包括积极的可能自我和消极的可能自我,快乐的可能自我、成功的可能自我、自信的可能自我都属于积极的可能自我;沮丧的可能自我、失败的可能自我则属于消极的可能自我。青少年时期,个体对于可能自我有着极其丰富的想象,他们的行为也深刻地受到可能自我的影响。

4. 自我中心倾向

在青少年时期,个体容易沉迷于自己的想法和感受。一方面,他们十分关注自己,并认为他人也一样关注着自己;另一方面,他们强调"个人神话",把自己想象为独特的自我,时刻站在舞台的中央,把周围人视为观众。例如,一个处于青少年期的女孩走过人群时,她可能会认为所有的人都在注意她的穿着和打扮。此外,他们还倾向于否认自己的消极特征,认为自己是特殊的、不朽的,不会受到任何伤害。这种过分夸大自己感受和体验的现象就是一种带有强烈主观色彩的自我中心倾向。

5. 理想主义和救世主情结

青少年抽象思维的发展使得他们能够超越现实进行可能性假设,从而构建出一个理想化的完美世界。在这个完美世界中,没有不公平、歧视和缺点。而青少年区分可能性和真实情况的能力又促使他们将可能性与现实比较,当发现现实不如理想时,青少年会成为一个批判性的观察者。有些青少年会将自己看作拯救人类的救世主，很容易同情社会中的弱者、穷人和被压迫的受害者，很容易自发产生强烈的使命感和责任感。

二、自我同一性与身份认同

为了应对在家庭、同伴、学校和社区等不同情境中生活的需要，青少年创造了多样化的自我概念。整合这些不同的自我概念，成为青少年成长发展的一个重要任务。形式运算思维使得他们有可能将各种自我概念进行整合，发展出一个一致的、连贯的自我理论，表现为自我同一性的形成。

自我同一性又称自我认同，是个体对过去、现在、将来"自己是谁"，以及"自己将会怎样"的主观感觉和体验。自我同一性的确立是个体人格健康发展的前提，关系到青少年对于自身价值和人生意义的体验。在有关自我同一性的理论中，埃里克森和马西亚的论述最具有代表性。

（一）埃里克森的自我同一性理论

埃里克森是美国著名的发展心理学家和精神分析学家，被称为"自我同一性之父"。他基于临床实践经验最早提出了自我同一性的问题：当时他发现有些从第二次世界大战返回的士兵无法将自己的生活连接起来，他们正经历着生活的一致性和连续性缺失的障碍，埃里克森将这种情况描述为自我同一性的缺失。

1. 自我同一性的含义

关于自我同一性，埃里克森并未给出明确和严密的定义。从他对自我同一性多个角度的经验性描述中，我们可以总结出以下几方面具体含义。

第一，埃里克森把自我同一性看作与自我有关的概念，是由性别、兴趣、人格、关系、职业、信仰等许多碎片组成的自我画像；第二，自我同一性意味着连续性、一贯性和一致性，自我同一性是"一种熟悉自身的感觉""一种知道自己将会怎样生活的感觉"，拥有自我同一性的个体能够认同自己，对自己的过去、现在和希望的将来之间能够产生内在的连续性、一致性和方向感（陈香，2010）；第三，自我同一性还指个体自身的独特性，即具有自我同一性的个体在意识上会感受到自己的存在是一个独立的个体，自己是不同于其他人的（周红梅，郭永玉，2006）。此外，自我同一性是自我对社会环境的适应性反应，形成自我同一性的个体会意识到自己对他人是有意义的存在。

正如埃里克森自己认为的那样，自我同一性概念是一个极为复杂，仍待扩展与修订的概念。自我同一性的确立，也是贯穿个体一生的问题。

2. 同一性实现与忠诚的美德

自我同一性是埃里克森心理社会发展阶段理论中的一个重要概念。在社会发展的八个阶段中，青少年期（12～20岁）是埃里克森关注的重点。这一阶段个体的主要发展任务就是获得自我同一性，克服同一性混乱。当青少年能够对自己的过去、现在和将来，产生内在相同和连续之感，解决了职业选择、价值观形成和性别认同三个问题后，同一性就形成了。

那些能满意地解决同一性危机的青少年会形成忠诚的美德，即对所爱的人、朋友和同伴保持忠诚、信任或归属感，或者认同某一价值观、意识形态等。忠诚的美德意味着个体在社会上找到了自己的位置，有能力按照社会规范去生活，尽管社会规范可能存在着不完善和不和谐之处。这也并非是要求青少年接受不完善，而是意味着能在既定的现实中找到自己的位置，并在这个位置中奉献自我，实现自己的价值。

3. 同一性混乱的两种表现

在完成同一性确立的过程中，有些青少年通过探索最终得知了"我是谁""什么是我想要的生活"；有些青少年则没有这么幸运，他们游离于各种角色之间，没有稳定的工作、人际关系和价值观，不知道自己将何去何从，陷入了同一性混乱的局面，还有些青少年会发展出消极的自我同一性。消极的自我同一性是指个体没有成功形成一个稳定的、可靠的自我意识，从而拒绝社会倡导的爱情、职业和信仰，接受社会摒弃的、怪异的事物，表现为狂热主义和拒偿两种极端形式。

狂热主义，即同一性过度，指个体过分地卷入特定团体或某种亚文化中的特定角色而绝对地排他，坚信自己的方式是唯一的方式。这些青少年将其他人召集在自己的周围，将自己的信念和生活方式强加于人而不考虑其他人的感受。这种过于自我状态，容易导致自我中心、个人崇拜等不良社会态度。

拒偿，即同一性缺乏，指个体拒绝在成人社会中应担任的角色，甚至否定自己的同一性需要。这些青少年容易将自己从主流社会的规范中分离出来，卷入崇拜组织等，易发生暴力等破坏性的行为（夏征农，陈至立，2013）。

值得关注的是，实际上，同一性危机在青少年期很少能得到完全解决，同一性发展贯穿生命全程，是一个不断迷失和重新获得的循环过程。

（二）马西亚的同一性状态模型

马西亚从复杂的自我同一性概念中分析出两个维度，将自我同一性作为可以被观察的事情来研究，超越了现象学的经验描述，被称为自我同一性研究的集大成者。

1. 马西亚对自我同一性的界定

马西亚认为自我同一性是指个体将自身动力、能力、信仰和历史进行组织，纳入一个连贯一致的自我形象中，从而形成的一种动态自我结构。在内容方面，同一性包括对各种选择和决定的深思熟虑，特别是关于工作、价值观、意识形态和承诺等方面。同时，马西亚也指出，将自我的各个成分整合在一起是一个长期的、持久的过程，伴随着对各种角色的多次否定和肯定。

2. 同一性状态模型

青少年的自我同一性发展具有明显的个体差异。为了能够更好地探究青少年集体的自我同一性程度和状态，马西亚将自我同一性理论观点进行了操作化。

马西亚从埃里克森对自我同一性的描述中分析出两个概念：一是个体应对自我同一性形成任务时所采用的策略——探索，二是同一性探索的结果——承诺。探索是指在实现个人职业选择、性别角色、理想信念等不同方面的同一性的过程中主动探询；承诺是指在上述方面形成的坚定和牢固的决定，以及对相应实践活动的投入。马西亚根据个体是否经历探索、达到承诺将自我同一性状态分为了四种类型，最终形成了同一性状态模型（见图 5-12）。

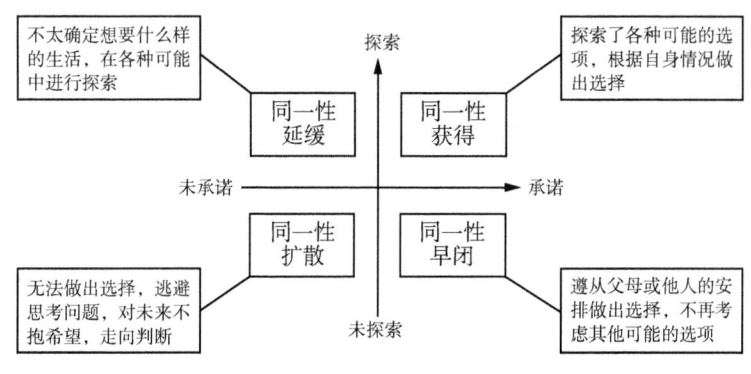

图 5-12 同一性状态模型

同一性获得，是指个体进行了积极的探索，在仔细斟酌各种选择的基础上，对性别角色、职业、人际关系及理想信念等方面形成了确定的看法并做出了坚定的自我承诺。

同一性延缓，是指个体仍处于自我探索的过程中，暂时还未对自己的理想、职业和信仰等建立稳定的看法，没有对特定的目标和价值观等做出有意识的投入。

同一性扩散，也称同一性混乱，是指个体没有仔细思考或探索过各种同一性问题，不去探索各种选择，缺乏清晰的方向，也未对特定的价值观或社会角色做出清晰承诺的状态。这类青少年往往表现为既不考虑未来，也不关心现在。

同一性早闭，即同一性拒斥，处于这类同一性状态的青少年在还未体验过明确的探索时就已对自己的职业选择、价值观等做出了承诺。他们在自我探索中缺乏能动性和主体意识，习惯听从于父母等权威他人的安排或者依赖他人做出选择。

四种同一性状态并非一成不变，随着年龄的增长和经验的增加，个体可能会在不同的状态之间发生转化，而青少年期的自我同一性将为成人期奠定坚实的基础。对青少年自我同一性发展状态的界定和明确，有助于我们发现并更有针对性地解决他们在人格发展中的问题。

日本心理学家加藤厚根据马西亚提出的同一性状态模型编制了《自我同一性状态量表》，量表内容分为三个维度：过去的危机、现在的自我投入、将来投入的愿望。其中，过去的危机指个体在经历中是否遇到过茫然困惑的时期；现在的自我投入指个体为实现自我价值、达到既定目标的投入程度；将来投入的愿望指未来期望投入的态度，表现为是否具有积极探索的信念。三个维度的组合形成自我同一性的六种状态：（1）同一性形成（A 状态）；（2）积极的延缓（M 状态）；（3）权威接纳（F 状态）；（4）同一性扩散（D 状态）；（5）同一性确立—权威接纳状态（A-F 状态）；（6）同一性扩散—积极延缓状态（D-M 状态）。其中，A-F 状态和 D-M 状态是两种过渡状态。

（三）身份认同的三个层次

在日常生活中，人们常用"身份"一词来表明自己是谁，归属于何种群体。英国社会学家詹金斯（Jenkins）认为，将"身份"作为一个名词探讨的同时，要更关注其动词含义——"身份认同"。詹金斯将身份认同解释为个体与某物或某人（如一个朋友、一个体育团队或一种意识形态）取得的"联系和连接关系"，是一种"在个人之间、集体之间及个人与体系之间有关相似和相依关系的系统性的建构和意义表征"（Mccrone，Bechhofer，2015）。在身份认同的研究中，心理学和哲学主要关注自我身份，而社会学则更加关注个人的社会身份或集体身份。下面，分别介绍自我身份认同、集体身份认同和社会身份认同的含义。

自我身份认同，强调自我的心理和身体体验，以自我为核心，同时也包含个体对特定文化的认同，称为"个体身份认同"。个体在特定文化机构的影响下，主动或被动地参与文化实践活动，以实现其自我身份认同和个体身份认同。

集体身份认同是指文化主体在两个不同文化群体或亚群体之间进行抉择。种族认同是一种典型的集体身份认同。在部族社会或封建宗法社会，姓氏、血缘、性别等共同构成了牢固不变的身份认同机制。在现代社会，身份认同主要指个体在强势与弱势文化之间进行的集体身份选择，由此产生了强烈的思想震荡和巨大的精神磨难，呈现为一种焦虑与希冀、痛苦与喜悦并存的主体体验，可以被称为"混合身份认同"。

社会身份认同是作为社会成员的个体对其自身归属某个社会群体的知识，以及因其群体成员身份而拥有的情感和价值意义，是个体社会归属的定位，强调人的社会属性。泰弗尔（Tajfel）等人创立的社会认同理论提出，个体将通过社会分类，对自己所属的社会群体产生认同，并产生内群体偏好和外群体偏见。这种认同主要源于其社会成员身份。该理论将社会认同分为三个阶段，包括社会类别化、社会比较和积极区分。

各种身份认同反映了个体与自我、他人和集体之间的动态关系，其中，社会身份认同和集体身份认同都强调个体与某一种文化或社会群体之间的联系，两种身份认同都需要通过自我身份认同的心理和身体体验才能真正实现。根据这种理解，个体的心理成长与发展就是个体在特定文化或社会背景下获得多元化的身份认同的过程。

三、自尊与个性发展

自尊也被称为自我尊重、自我价值、自我意象，是个体在对自身价值进行判断、评价的基础上，形成的对自己的情感性体验。积极的自尊不仅与良好个性的形成和人格的成熟关系密切，还会影响个体的社会适应性进而促进其社会性的发展。

（一）自尊的含义

自尊与自我概念是两个极易被混淆的概念，两者既有差别又紧密相关。一般认为，自我概念是指个体有关自我的认识和评价，而自尊则侧重于由此产生的情绪和情感。自尊的特点主要有以下三个方面：一是积极性，自尊水平高的人对自身的价值判断、情绪体验及对自身行为的影响都是积极的；二是主观性，自尊是评价主体对自身带有强烈主观色彩的判断、认识和评价结果，有时可能与自己的实际情况不符；三是相对稳定性，个体在一段时间内的自尊水平不会发生变化，但也因生活经验的影响缓慢改变。

詹姆斯认为自尊即个体的成就感，自尊的水平取决于其在实现目标过程中成功或者失败的感受，并提出了一个著名的自尊公式：自尊＝成功/抱负。波普（Pope）和麦克黑尔（McHale）认为自尊由"知觉自我"与"理想自我"两个维度构成，自尊的水平受到两者之间一致性的影响：当知觉自我与理想自我相一致时，个体就会产生积极的自尊，反之，则会产生消极的自尊。库珀·史密斯将自尊分为重要性、能力、品德和权力四个要素。苏珊·哈特（S. Harter）在其编制的青少年自我感知量表中，从外貌特征、运动胜任力、行为举止、社交接纳度、学业胜任力、工作胜任力、亲密友谊、浪漫吸引力八个方面描述了青少年自尊，得到了研究者的广泛认可。

青少年的自尊反映了他们对自己是否聪明或有吸引力等方面的感知，但这种感知不一定正确。个体的高自尊可能源于对自己优点的正确感知，也可能是个人自大、浮夸或优越感的表现；低自尊可能反映一个人对自己弱点的正确感知，也可能反映一种歪曲的甚至病态的不安全感或自卑感。我们可以通过了解青少年的自尊水平及明确其背后反映的问题，帮助青少年及时避免因错误感知而产生的消极情绪，保持心理健康。

（二）影响自尊的主要因素

年龄、性别、外貌和个体在应对困难时采用的应对方式等都或多或少影响着个体的自尊水平。家庭因素、学校因素、社会因素是影响个体自尊的环境因素。家庭是个体成长的最主要场所，家庭教养方式、家庭结构及家庭经济状况等也均与青少年的自尊水平密切相关。学校是个体学习、生活的另一重要场景，青少年在学校中的适应情况，以及感知到的同伴关系、师生关系等都会让处于心理敏感期的他们发生自尊变化。

哈特的一项调查研究结果中显示，身体外貌、学业胜任力、社交接纳度、行为举止及运动胜任力分别列于影响个体自尊水平的前五位，这个结果在美国样本及其他国家样本中均得到了支持。

首先，青少年的整体自尊与身体外貌的相关性最强，并且，个体感知到的外貌与一般性自我价值的强相关不仅限于青少年，从儿童早期到中年都是如此。其次，研究结果显示，对于自尊有着次要影响的学业成绩与学生的自尊只有中等程度的相关。较高的自尊不一定导致更好的学业表现，同样，提高学生自尊也并不总能获得学业表现的提升。另外，家庭与社会对个体自尊也有着显著影响。随着家庭凝聚力的增强，如见面时间增加、沟通质量提高等，青少年的自尊水平将随着时间而有所提升。能给予温暖感、支持感，有同情心和有权威的父母更有可能培养出高自尊的孩子。同伴的社会认同，也是青少年自尊形成的重要原因之一。

（三）自尊与个性发展

1. 不同年龄段自尊的变化

在某一段时间内，个体的自尊水平具有相对稳定性，而放眼人的一生，自尊水平会随着年龄的增长整体呈现波动状态。个体的自尊水平整体呈以下发展特点（见图5-13）。

在小学阶段，个体的自尊水平相对稳定，而当他们进入青春期后，自尊水平会出现明显下降（Harter，1982）。这种变化可能与个体自我意识的迅速发展，以及环境的变化有很大的关系。当青少年初次经历假想观众时，他们会很在意他人对自己所作所为的评价，自尊感就会不由自主地下降。随着个体迈入成年期，大多数人的自尊水平会呈现缓慢上升的趋势，逐渐恢复至较高水平。这可能是因为成人能够更好地接纳并适应自己的体貌，与父母的关系也比青春期有所改善，在学业上摆脱了高中的压力，更能适应同伴评价，或能够接纳更多社会事务，可以做一些以前不能做的事情等。不过在这期间，若遇到环境发生较大改变或压力事件时，个体的自尊水平也会有波动下降的情况出现。直至65~70岁，个体的自尊水平会再次出现下降，且不可逆转。这种下降可能是由于老年个体在身心各个方面发生的剧烈变化导致的，包括退休、丧偶、疾病，以及社会经济地位的下降等。此外，从性别方面而言，男性的自尊水平整体上高于女性。

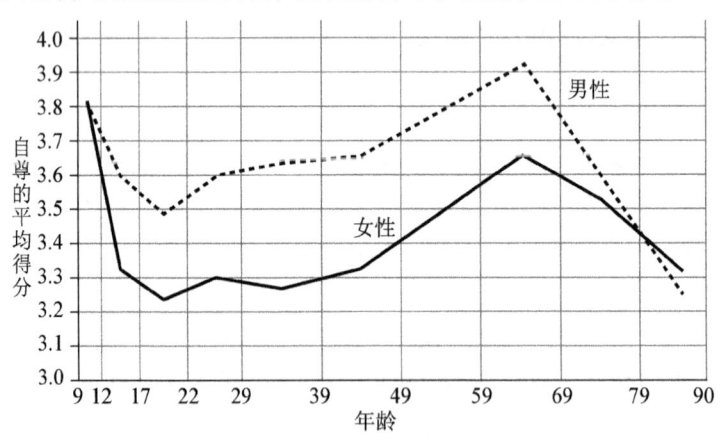

图5-13 不同年龄自尊水平变化图

2. 不同时代青少年自尊的变化

生活在不同时代的个体，会带有不同社会文化环境的烙印。现有的研究发现，90年代大学生的自尊普遍高于60年代的大学生，原因可能是自尊运动的发展和学校对于自尊发展的积极鼓励。

3. 自尊水平与青少年个性

大量研究结果显示，青少年自尊水平与其个性的发展具有极强的相关性，影响着个性发展的方方面面，制约着个性的发展方向。一方面，出于对自己价值的充分肯定，高自尊的个体往往容易表现出较强的独立性、主动性、创造性、乐群性，有较强的适应能力，更容易实施亲社会行为，并更善于经营良好的人际关系；另一方面，低自尊的个体常常因为无法充分感知到自我价值，而把大部分精力用于证明自己的价值上，表现出消极、退缩、无益于自我个性发展的行为。低自尊会使他们产生严重的自卑心理，最怕别人看不起自己，对自己要求苛刻，很难与自己和睦相处。另外，对于某些青少年来说，低自尊还会引发各种问题，如消极沉沦，害怕与人交往，无法建立亲密关系，出现社会适应严重不良，极度敏感，易受伤害，总是充满了孤独感、焦虑感。久而久之，低自尊的个体容易形成攻击型、回避型或贪婪型的个性，严重者还可能会产生抑郁、犯罪等危机。

因此，重视青少年的自尊发展，保护和培养青少年的积极自尊，对于促进他们产生积极的情绪情感，做出亲社会行为，防止心理问题和形成健康人格具有重要的意义。

随堂巩固

1. 西方最早将自我概念引入心理学研究领域的是以下哪位心理学家？（　　）
   A. 罗杰斯　　　B. 詹姆斯　　　C. 沙维尔森　　　D. 皮亚杰
2. 在乔哈里视窗理论中，自己不知道而别人知道的自我被称为？（　　）
   A. 开放我　　　B. 隐藏我　　　C. 背脊我　　　D. 未知我
3. 以下选项中哪些是埃里克森指出的消极的自我同一性的极端形式？（　　）
   A. 自我中心主义　B. 狂热主义　C. 拒偿　D. 理想主义
4. 在马西亚提出的同一性状态模型中，未经历危机和探索就做出选择的个体，其自我同一性的发展类型属于（　　）。
   A. 同一性获得　B. 同一性延缓　C. 同一性扩散　D. 同一性早闭
5. 詹姆斯关于自尊的经典公式是（　　）。
   A. 自尊＝成功/自信　　　　B. 自尊＝成功/抱负
   C. 自尊＝自信/抱负　　　　D. 自尊＝抱负/成功
6. 从普遍意义上说，哪个时期个体的自尊水平可能会出现明显的下降？
（　　）
   A. 童年时期　　B. 青春期　　C. 成人初期　　D. 中年时期

参考答案：1. B　2. C　3. BC　4. D　5. B　6. B

拓展阅读

1. 王振宏. 2012. 青少年心理发展与教育［M］. 西安：陕西师范大学出版总社有限公司.
2. 埃里克·H. 埃里克森. 2018. 同一性：青少年认同机制［M］. 孙名之，译. 北京：中央编译出版社.
3. 克里斯托夫·安德烈. 2018. 自尊的力量［M］. 余春红，高巍，译. 北京：北京科学技术出版社.
4. 斯蒂芬妮·斯塔尔. 2018. 认同自己如何超越与生俱来的弱点［M］. 陈佳，译. 天津：天津人民出版社.

本讲小结

1. 人格与个性是同义词，指个体稳定而独特的心理倾向与心理特性的总和，具有整体性、稳定性与可塑性、独特性与共同性、生物性与社会性。

2. 作为个体稳定的心理特征，人格和个性表现为一个人气质、性格、能力等多个方面的整合。

3. 弗洛伊德将人格分为本我、自我和超我三个部分。本我遵循快乐原则，自我遵循现实原则，超我遵循道德原则。

4. 压抑是最基本的自我防御机制，此外，常见的自我防御机制还有反向作用、合理化、转移、投射、退行和升华等。

5. 埃里克森将个体人格的发展划分为八个阶段，分别为：信任对不信任、自主对羞愧怀疑、主动对内疚、勤奋对自卑、同一性对角色混乱、亲密对孤独、繁殖对停滞，以及自我完善对悲观绝望。

6. 奥尔波特将特质首先分为共同特质和个人特质，其中个人特质又包括首要特质、中心特质和次要特质。

7. 卡特尔对人格特质理论的主要贡献在于提出了根源特质。他利用因素分析法最终得出了16种根源特质，并据此编制了卡特尔16种人格因素问卷。

8. 艾森克用维度来描述人格，认为内外倾、神经质与精神质是人格的三对基本维度。

9. 大五人格包括开放性、尽责性、外倾性、宜人性和神经质。

10. 自我指个人的反身意识或自我意识，即人格中被个体自身意识到的部分，分为主体我与客体我两个方面。

11. 自我概念是人格的核心，是个体对自己某方面特征的认识和评价，也称自我认识或自我意识，是个体从有关自己的一切观念、思想和情感中抽象出来的图式。

12. 乔哈里视窗理论根据"自己知道—自己不知道"和"别人知道—别人不知道"两个维度，将每个人的自我划分成四个部分，即开放我、隐藏我、背脊我和未知我。

13. 身份认同是自我概念中的重要组成部分，包括自我身份认同、社会身份认同和集体社会认同等。

14. 埃里克森最早提出了自我同一性的概念，拥有自我同一性的个体能够认同自己，对自己的过去、现在和所希望的将来之间能够产生内在的连续性、一致性和方向感；感受到自己的存在是一个独立的个体；意识到自己对他人是有意义的存在。

15. 根据马西亚的同一性理论，自我同一性状态可分为同一性获得、同一性延缓、同一性扩散和同一性早闭四种类型。

16. 自尊，也被称为自我尊重、自我价值、自我意象，是个体在对自身价值进行判断、评价的基础上，形成的对自己的情感性体验，与自我概念既有差别又紧密相关。

17. 个体的年龄、性别、外貌及在应对困难时采用的应对方式等都或多或少影响着其自尊水平。此外，家庭教养方式、同伴关系、师生关系等环境因素也都深刻影响着个体的自尊水平。

总结练习

（一）选择题

1. "江山易改，本性难移"反映了人格的什么特征？（　　）
   A. 稳定性　　B. 生物性　　C. 整体性　　D. 独特性
2. 本我的活动遵循（　　）。
   A. 快乐原则　B. 现实原则　C. 道德原则　D. 法律原则
3. 把人格特质分为个人特质和共同特质的心理学家是（　　）。
   A. 艾森克　　B. 卡特尔　　C. 奥尔波特　D. 罗杰斯
4. 积极的可能自我包括（　　）。
   A. 成功的自我　B. 沮丧的自我　C. 自信的自我　D. 痛苦的自我
5. 最早提出自我同一性概念的是（　　）。
   A. 皮亚杰　　B. 詹姆斯　　C. 马西亚　　D. 埃里克森
6. 会对个体自尊水平产生影响的因素有（　　）。
   A. 年龄　　B. 外貌　　C. 家庭经济水平　D. 同伴关系

（二）简答题

1. 简述人格的特征。
2. 简述弗洛伊德精神分析理论中的自我防御机制。
3. 简述自我概念的含义。
4. 简述马西亚同一性状态模型。
5. 简述自尊对青少年个性发展的影响。

选择题参考答案：1. A 2. A 3. C 4. AC 5. D 6. ABCD

第六讲
社会性与社会性发展

概述

作为人最本质的属性，社会性对儿童和青少年的心理健康、学业学习和生涯发展等具有重要影响。当今社会需要的人才，不仅应当具有丰富的学识、健康的身体，更应当具有健全的人格和良好的社会适应能力。个体的社会性是在社会化的过程中发展起来的。个体在家庭、学校、大众媒体等多种渠道的影响下，逐渐适应社会生活，融入社会，不断实现自身社会性的发展，从自然人发展为社会人。

这一讲分为两节。第一节介绍社会性的基本含义，以及社会化的基本任务、类型和主要途径；第二节从亲子依恋、同伴关系、同伴群体及亲社会行为四个方面，介绍社会性发展的主要内容。

关键词

第一节	社会性、社会性发展、社会化、早期社会化和发展社会化、预期社会化和再社会化、反向社会化和双向社会化、参照群体
第二节	人际关系、亲子依恋、同伴关系、同伴友谊、异性交往、爱情三元理论、同伴群体、亲社会行为、助人行为、利他行为

知识结构图

第一节 社会性与社会化

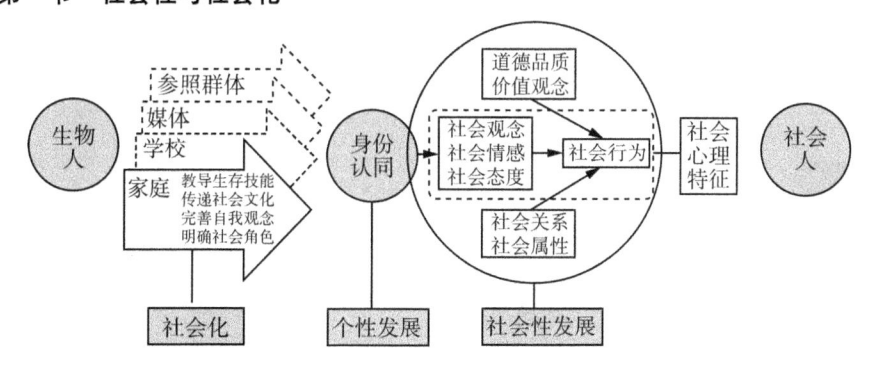

第二节 社会性发展的主要内容

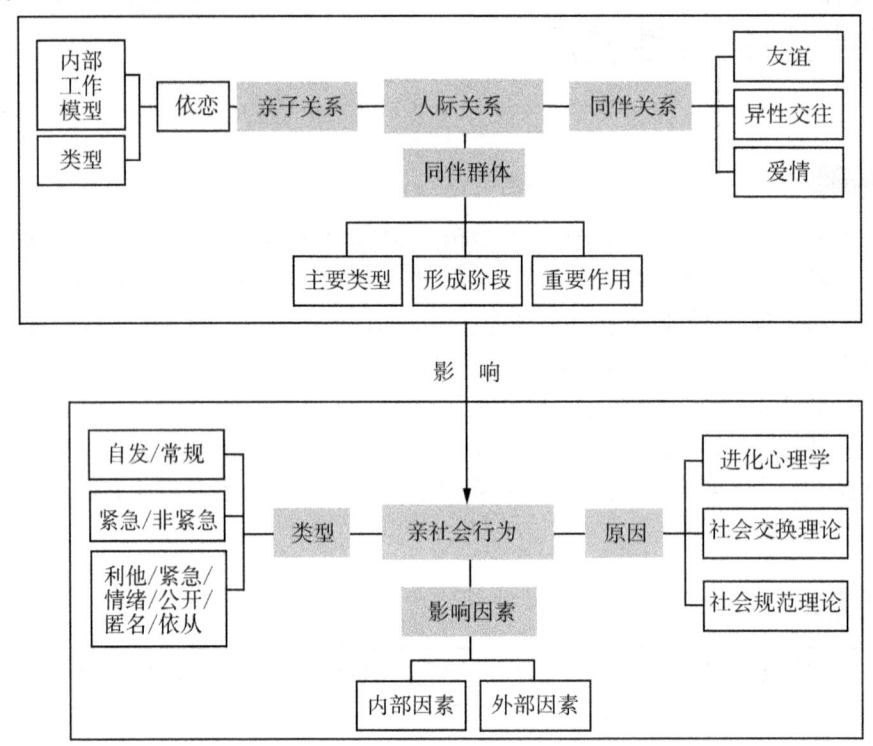

```
[内部工作模型]───[依恋]───[亲子关系]───[人际关系]───[同伴关系]───[友谊]
[类型]                                                      ├──[异性交往]
                                     │                      └──[爱情]
                                  [同伴群体]
                        ┌────────────┼────────────┐
                    [主要类型]   [形成阶段]   [重要作用]
```

影　响

```
[自发/常规]
[紧急/非紧急]──[类型]──[亲社会行为]──[原因]──[进化心理学]
[利他/紧急/                                  ├──[社会交换理论]
 情绪/公开/                                  └──[社会规范理论]
 匿名/依从]         [影响因素]
                ┌──────┴──────┐
            [内部因素]      [外部因素]
```

学习目标

1. 说出社会性发展的含义和主要内容。
2. 了解社会化的内容、类型和主要途径。
3. 了解依恋的内部工作模型和类型。
4. 了解友谊的发展阶段和青少年友谊的特点。
5. 了解同伴群体的含义、分类及其对于青少年心理发展的意义。
6. 说出亲社会行为的含义并了解亲社会行为的决策过程和影响因素。

引导性问题

1. 人的社会性是与生俱来且一成不变的吗?
2. 社会化的施教主体有哪些? 它们是如何发挥作用的?
3. 哪一种依恋类型的婴儿更依赖母亲?
4. 青少年时期的友谊有哪些突出特点?
5. 同伴群体对于青少年的心理发展有什么重要影响?
6. 利他行为、助人行为和亲社会行为有什么区别和联系?

> 知识详解

▶▶ 第一节　社会性与社会化 ◀

每个人从出生起，就身处一定的社会环境，在与周围环境和他人的交往中逐渐发展出某些社会性特征。这个从自然人发展成社会人的过程就是社会化，即个体社会性发展的过程。通过社会化，个体具备了作为社会成员应有的社会心理特征，从而能够更好地进行社会交往，适应社会生活。这一节将介绍社会性和社会性发展的基本含义，并简要说明社会化的特点、任务和主要途径等。

一、社会性与社会性发展概述

在西方心理学研究中，将社会性发展作为专业术语来表示儿童在社会性方面的发展始于20世纪80年代（孔维民，2020）。相关学者将个体在社会生活中获得的社会性方面的成长与变化，称为社会性发展。下面将介绍社会性和社会性发展的含义，以及不同学科视角下的研究重点。

（一）社会性和社会性发展的含义

社会性有广义和狭义两种理解。从广义上看，社会性是与人作为生物个体的生物性相对而言的，指人在社会生存过程中形成的社会特征的总和，包括人的社会心理特征、政治特性、道德特性、经济特性、审美特性、哲学特性等（陈会昌，1994）；从狭义上看，社会性是与人的身体、认知、情感等方面的发展并列的心理特性，指个体在社会交往过程中获得的各种人际关系，以及在处理人际关系时表现出来的心理倾向性。

广义的社会性发展是个体社会化，其结果是个体获得对特定社会环境的适应能力，称为社会能力，包括身体运动、语言、学习兴趣和态度、社会情感、道德品质等。狭义的社会性发展是以人际交往为基础的个体心理特征与能力的发展，获得的社会能力是发起、形成和维持各种人际关系的能力，主要表现为家庭人际关系、同伴关系、群体适应、亲社会行为、社会性问题解决等方面。随着年龄的增长，社会活动范围的逐渐扩大及社会能力的提高，个体的社会性也在不断发展和变化。

（二）不同学科视角下的社会性发展

个体的社会性发展是多学科领域关注的对象。由于学科性质和任务的不同，不同学科对社会性发展的研究角度和重点也有所不同。

社会学主要从宏观视角看待社会性发展，将其解释为个体的社会属性不断完善和社会参与能力逐步提高的过程，主要涉及以下内容（郑淮，2007）：（1）个体参与基本社会生活所需的道德品质、价值观念、行为规范，以及相应的生活态度和行为习惯的发展；（2）个体参与社会公共实践形成的社会关系和社会属性，积累的社会经验和社会资本的发展；（3）个体承担社会责任和社会角色所需的交往技能和自我调节能力的发展（郑淮，2007）。

心理学主要从微观视角看待社会性发展，将其解释为在个体与他人关系中表现出来的社会心理和行为特征的发展，主要包括社会观念、社会情感、社会态度和社会行为四个方面。

社会观念是指个体对各类人及各种关系的一般认识或看法，主要包括以下三个方面：（1）对个体的认识，如对自己和他人的各种心理活动、思想观点及个性品质等的看法；（2）对人与人之间的各种双边关系的认识，如对友谊、服从权威、冲突和合作等的看法；（3）对群体内部或群体之间各种社会关系的认识，如对社会规则、职业、集体中不同角色等的看法（刘儒德，2007）。

社会情感指个体在社会生活、人际交往中产生的内心感受与心理体验，可以分为积极情感（高兴、愉快、自尊、集体荣誉感等）和消极情感（悲伤、愤怒、焦虑、害怕和嫉妒等）。

社会态度指个体对某种社会现象、他人或集体的价值判断和评价性反应，包括认知信念、情感和行为倾向性三个因素，具有具体性、内在性和持久性。

社会行为是指个体在交往活动中对他人或某事、某物表现出来的一系列行为反应，主要表现在亲社会行为、攻击性行为和社会退缩行为等方面。亲社会行为指人们在社会交往中表现出来的帮助、关心、友善、捐赠和分享等有利于他人和社会的积极社会性行为。攻击性行为又称侵犯行为，指出于故意目的而实施的一种伤害行为，属于消极社会行为。社会退缩行为则指个体在社会交往情境中主动将自己孤立于他人和群体之外，回避与他人交往的一种行为。

二、社会化的内容和主要类型

社会化是指广义上的社会性发展，指个体通过社会文化的熏陶，由自然人转变为社会人，走向社会公共生活，融入现实社会，形成一定社会心理特征的过程。个体在社会化的过程中，一方面接受社会群体的信仰与价值观，掌握其他成员认可的心理与行为方式；另一方面也用自己的信仰与价值观影响着他人，积极地改造社会。

社会化具有社会强制性、主观能动性和毕生持续性的特点。社会强制性是指个体出生后便不可避免地置身于复杂的社会环境之中，直接或间接地受到社会环境的影响；主观能动性指个体不仅能够有选择地将社会文化内化，而且还能够将内化了的社会文化创造性地外化，影响其他个体的社会化（俞国良，2012）；毕生持续性指个体的社会化是贯穿一生的过程。下面，对社会化的内容和主要类型加以简要说明。

（一）社会化的内容

社会化具有规范个体行为，促进个体成长，以及维护社会秩序的功能，表现为使个体获得生活必需的基本知识、技能、行为方式、生活习惯等。从内容来看，社会化可以分为以下四个方面（吴增基，吴鹏森，苏振芳，2014）。

第一，教导生存技能。生存技能包括生活技能和职业技能两个方面。生活技能指个体维持生存的基本能力，主要包括吃饭、走路、穿衣等；职业技能是在社会中谋求生存的本领，包括从事各种生产劳动或服务性劳动的技能。

第二，传递社会文化。社会文化的核心内容是价值观念体系和社会规范体系。其中，价值观念体系是某种社会的共同理想和稳定信念，引导成员的社会行为；社会规范体系是为了维护社会秩序而针对其成员制定的一整套行为准则和方式。社会化要求个体接受并内化社会价值观念，学习社会规范，提高社会适应能力。

第三，完善自我观念。自我观念既包括对自己生理、心理状况的认识，也包括对自己与他人、社会的相互关系的认识，主要表现为身份认同，包括自我身份认同、社会身份认同和集体身份认同等。通过社会化，个体能够形成完整的自我观念和身份认同，形成独特的人格特质。

第四，明确社会角色。社会角色这个概念由社会学家米德从戏剧中借鉴而来，社会学将社会角色定义为个体在社会群体中被赋予的身份及该身份应发挥的功能；心理学则将社会角色定义为在社会系统中与一定社会位置相关联的、符合社会要求的一套个人行为模式。个体社会化的结果，就是个体在社会中担当一定的社会角色，按照相应的规范行事。

青少年时期社会化的内容也称青少年的发展课题，指个体在青少年时期为了融入社会必须完成的学习训练目标，主要包括掌握有关的社会规范和生活技能，学习走出学校后自立所需的职业技能，获得成功地扮演各种社会角色所需的社会能力等。哈维赫斯特将青少年期的发展课题分为以下三个方面：（1）同龄群体的发展，包括学习与同龄人之间的熟练交往，学习性别任务和角色；（2）独立性的发展，包括认识自己的身体构造并有效使用身体，在情绪上摆脱父母及其他成人的控制，具有经济上独立的信心，准备选择职业，为结婚和家庭生活做准备，发展作为社会成员所必需的知识和态度；（3）人生观的发展，包括寻求并确定有社会责任的行为，学习作为行为准则的价值观和伦理体系。

（二）社会化的主要类型

人的一生都在持续进行着各种类型的社会化，如早期社会化和发展社会化，预期社会化和再社会化，反向社会化和双向社会化等。

早期社会化主要是指从幼儿时期到青少年时期的社会化，也称基本社会化，主要内容包括掌握语言，内化社会规范，形成社会关系等。早期社会化有两个特点，一是社会化主体的不成熟，二是社会化执行者的多样性。这两个特点导致社会化的主体无所适从，只能凭感觉和好奇心行事，产生角色冲突，难以实现自我认同。发展社会化，是在早期社会化基础上进行的，是在工作中继续学习知识、经验和行为规范，以适应新环境，承担新角色，完成新任务。

预期社会化是指个体在社会化的过程中，演练自己未来的职业、职位和社会关系，既包括学校开设课程和活动帮助学生为将来要担任的角色做准备，也包括职业培训、军队训练等。再社会化是个体从原有的生活方式向另一种新的生活方式转变、适应和内化的过程，需要个体抛弃以前的行为模式，并努力接受新的行为模式，通常会使个体陷入巨大的压力中。再社会化一般发生在少管所（工读学校）、监狱、精神病院等全控机构中。全控机构指机构在单一的权威下控制人生活的所有方面，实际上是一个微型的小社会（谢弗，2009）。

个体社会化是由生物人转变为社会人的过程，在这个过程中，成年人尤其是父母与教师，是儿童和青少年的重要教育者。在20世纪60年代，社会学家米德提出，在后喻文化中，由于知识更新速度不断加快，许多成年人无法及时掌握新知识和技能，原先处于被教化者地位的晚辈开始充当教化者的角色，因而出现年轻一代将知识、文化传递给前辈的反向社会化过程。这样，就出现了双向社会化的过程，即在上一代人向下一代传递文化和实施教化的同时，下一代人也反过来向上一代人施加影响，向他们传授新的知识、技能和价值观。米德指出，从社会学的角度看，对话就是两代人之间的双向社会化（庞树奇，范明林，2011）。

三、社会化的途径

社会化涉及一系列个人、群体和机构，这些统称为社会化主体。根据在社会化过程中的地位不同，可以将社会化主体分为施教者和受教者两类角色。施教者通过社会教化影响受教者，而受教者则通过个体内化接受施教者的影响。

（一）社会教化

社会教化是社会通过各种途径对其社会成员实施社会化影响的过程，可以理解为广义的教育。对于青少年学生而言，社会教化的主要途径包括家庭、学校、大众媒体和参照群体四个方面。

1. 家庭

家庭是个体接受教化的第一个社会化主体和文化环境，父母则是个体在儿童时期的主要施教者。个体适应社会所需要的待人接物、习俗礼仪、日常生活知识、人际关系常识等，基本上都是在家庭中获得的。家长对儿童的教育有支配的权力，是儿童心目中最早的权威。家庭中父母的教养方式、亲子关系、兄弟姊妹之间的关系等，都对个体人格和心理品质的发展起着潜移默化的作用。不同的家长素质各不相同，大部分家长都没有在教育方式上受过系统、规范的训练，因此，一些个体不能健康地成长，与家长的素质欠缺和教育方式不当有直接的关系。

2. 学校

个体进入学龄期后，学校就取代家庭，成为儿童接受教化的主阵地。作为专门的教育机构，学校按照系统、严密的规章制度，由经过专业训练的教师向学生传授科学文化知识，并引导学生形成正确的价值观，遵守社会道德规范。除了受到教师开展的正规教育的影响外，个体在学校中还在与同学的交往中，学会处理合作、竞争、冲突等各种复杂的人际关系，提高自己的社交能力，为今后走进社会打下良好的基础。

3. 大众媒体

随着信息社会的快速发展，报刊、报纸、广播、影视等传统的大众媒体和新兴的网络媒体都具有信息量大、时效性强、形式丰富、影响广泛的特点，成为个体接受教化的重要途径之一。大众媒体主要有传播知识经验，倡导社会规范，宣传社会榜样，传递文化遗产等方面的社会功能。长期以来，各类大众媒体都是在特定组织机构的管理和监控下运行的，因而具有明显的介入性和导向性。随着网络的发展和普及，自媒体蓬勃发展起来，为普通民众获得并分享自己的见闻、知识和技能提供了便利，对传统媒体造成了极大的冲击，成为不容忽视的社会化主体。

4. 参照群体

参照群体这个概念最早由社会学家海曼（Hyman）提出，指个体在确定自己的地位时与之进行对比的群体。后来，凯利（Kelly）将参照群体分为两种类型，一种是为了自我评价而用作比较标准的群体，另一种是被当作个体价值观念、规范和态度的源泉的群体。从形式上看，参照群体可以是真实的个体人物（明星、运动员、科学家等）或群体人物（球队、音乐组合、政党等），也可以是虚拟的形象（如动画人物）。此外，根据个体与群体的关系，可以将参照群体分为两类：一类是个体属于其中的参照群体，如家庭、班级、同伴群体等；另一类是个体不属于其中，但倾慕和向往的榜样群体，如运动员、军人等。

需要说明的是，作为对青少年社会化影响最大的参照群体，同伴群体既有利于个体社会化的正常进行，也可能阻碍个体的社会化。例如，如果个体在同伴群体中地位较低，往往会出现自卑、猜忌等消极社会情绪，影响正常的社会化。

（二）个体内化

个体内化是个体接受社会教化的影响，将从各种途径获得的知识转化为内部现实的过程。个体内化的主要方式包括观察学习、认知加工、角色扮演、主观认同等。

1. 观察学习

观察学习也称模仿学习，是个体在观察榜样行为的基础上，试图复制或再现榜样行为的过程。观察学习通常在个体观察到榜样行为受到奖励时发生，如果观察到榜样行为受到惩罚，个体就会力图避免出现这种行为。班杜拉将观察学习称为社会认知学习，并将其过程分为注意、保持、再现和动机四个阶段。

2. 认知加工

认知加工是个体通过感知、记忆、思维、想象等心理活动，将现实世界的信息转为内部心理表征的过程。个体对外部信息的认知加工不是一个机械的简单再现过程,而是对外部信息进行选择性加工,并在已有知识经验的影响下对信息进行补充和修正的过程。

3. 角色扮演

角色扮演是一种综合性的学习过程,包括扮演真实角色,扮演假想角色,以及暂时充当某一角色三种类型。角色扮演是在一定的人际交互作用中进行的,有利于个体直观地了解某一社会角色的工作内容,并亲身体验该角色的情感。作为综合实践活动课程的一种实践方式,职业体验属于角色扮演。需要说明的是,暂时充当某种角色可分为代职和冒充两种情况。前者如短期体验生活、岗位实习等形式,是社会许可的;后者如冒充警察收取违规司机的财物,冒充金融机构的工作人员进行诈骗等,是社会所不允许的,甚至是违法的。

4. 主观认同

主观认同是个体将自己看成某一个体或某一群体的成员,自觉地接受其价值观,并刻意模仿其行为的过程,也称自居。被认同的个体称为重要他人,被认同的群体则是参照群体。父母是儿童的重要他人,认同父母是儿童社会化的一种主要内化方式;进入学龄期后,教师逐渐替代家长,成为学生的重要他人;进入青春期后,同伴群体或明星成为青少年学生主观认同的参照群体。

总体来说,社会化是个体由生物人转变为社会人的过程。在这个过程中,个体一方面逐渐形成自我概念和身份认同,从而实现个性的全面发展,获得自身的独特性;另一方面获得参与基本社会生活所需的道德品质、价值观念、社会关系和社会属性,并实现社会观念、社会情感、社会态度和社会行为等社会心理和行为特征的发展,从而完成社会性的发展,成为具有社会属性的社会人。

随堂巩固

1. 在心理学视角中,社会性发展的主要内容包括(　　)。
   A. 社会观念　　B. 社会情感　　C. 道德品质　　D. 社会行为
2. 社会化有哪些基本任务?(　　)
   A. 教导生存技能　　　　B. 传递社会文化
   C. 明确社会角色　　　　D. 完善自我观念
3. 在所有的社会化类型中,基本社会化是指以下哪种社会化类型?(　　)
   A. 预期社会化　　B. 早期社会化　　C. 再社会化　　D. 发展社会化
4. 年轻一代将知识、文化传递给上一代的过程属于哪种类型的社会化?(　　)
   A. 再社会化　　B. 发展社会化　　C. 反向社会化　　D. 预期社会化

> 5. 社会教化的主要途径包括（　　）。
> A. 家庭　　　　B. 学校　　　　C. 同伴群体　　　　D. 大众媒体
> 6. 关于社会化，下列表述正确的是（　　）。
> A. 社会化具有社会强制性
> B. 社会化是使个体由生物人成长为社会人的过程
> C. 社会化是贯穿一生的持续过程
> D. 社会化必须通过学校进行
> 参考答案：1. ABD　2. ABC　3. B　4. C　5. ABD　6. ABCD

> **拓展阅读**
> 1. 俞国良，辛自强. 2004. 社会性发展心理学[M]. 合肥：安徽教育出版社.
> 2. 章志光. 2008. 社会心理学[M]. 北京：人民教育出版社.
> 3. 陈彦宏. 2018. 传承与变迁：互联网时代青少年社会性发展研究[M]. 北京：中国书籍出版社.

▶▶第二节　社会性发展的主要内容◀

社会性发展的主要内容包括社会认知能力、人际关系、性别角色、亲社会行为、攻击行为等方面的发展。其中，社会认知能力的发展既是广义的智力发展的重要组成部分，也是社会性发展的重要内容。从对象上看，社会认知能力主要包括对个体的认知能力、对人际关系的认知能力，以及对群体与社会系统的认知能力三个方面；从形式上看，主要表现为观点采择能力和心理理论。第四讲已经介绍了观点采择能力和心理理论的发展，本节主要介绍人际关系和亲社会行为的发展。

一、人际关系发展

从社会性发展的角度看，青少年的人际关系主要包括亲子关系、师生关系、同伴关系等，这些关系既是青少年社会性发展的重要内容，也是影响青少年社会性发展的重要因素。下面，主要介绍青少年的亲子关系、同伴关系和同伴群体中的人际关系。

（一）亲子关系

亲子关系主要指父母与子女的关系，也包括隔代的祖辈与孙辈之间的关系。在亲子关系中，亲子依恋得到广泛的关注和研究。依恋是指个体对特定他人的长久持续的情感联系。在发展心理学中，亲子依恋特指婴儿与父母或其他照料者之间形成的情感联结，主要表现为身体的亲近，以及分离的焦虑和痛苦。

20世纪60年代，英国心理学家鲍尔比（Bowlby）发现，战争中失去父母被收养于孤儿院的儿童尽管在身体上得到了很好的照护，却依然表现出了严重的心理障碍。根据这种现象，鲍尔比提出了依恋理论，说明亲子分离对于儿童带来的心理伤害，后来又提出依恋的内部工作模型。依恋的内部工作模型是一种婴儿在与照料者的互动之中形成的对自我、他人和人际关系的认知表征，主要用于解释事件并形成对人际关系的期望（谢弗，2016）。若婴儿在寻求关注时得到了照料者及时的回应和照顾，他们就会认为他人是值得信赖和依靠的，形成针对他人的积极的内部工作模型，同时，也相信自己是值得被爱的，并形成针对自己的积极的内部工作模型。反之，忽视或者虐待的教养方式会造成婴儿安全感和信任的缺失，使婴儿认为自己是不值得被爱的，从而形成针对他人和自己的消极的工作模式。

安斯沃斯（1979）根据婴儿在陌生环境中的不同依恋表现，将婴儿对母亲的依恋划分为三种类型。第一种是安全型依恋。母亲的陪伴能够给婴儿带来足够的安全感，婴儿可以独立游戏，积极探索，对陌生人进行反应，并不需要一直依偎在母亲身边，更多的是与母亲进行远距离的眼神交流。当母亲离开时，婴儿则会明显表现出苦恼和不安；当母亲回来时，便立即寻求母亲的安抚，但能够很快安静下来并再次投入游戏。第二种是回避型依恋，这类婴儿对于母亲是否在身边表现出无所谓。当母亲离开时，婴儿并不会表示反抗或紧张不安；当母亲回来时，也往往不予理会。这种类型的婴儿也被称为无依恋婴儿。第三种是矛盾型依恋。在进入陌生的环境后，虽然母亲还在身边，这类婴儿就已经开始焦虑不安了；当母亲离开时，婴儿会表现为极度痛苦和反抗；但当母亲回来时，却又表现出矛盾的态度——既想靠近母亲，同时也怨恨母亲的离开而反抗与母亲接触。

1987年，阿藏（Hazan）和谢弗将成人的爱情关系看成一种依恋过程，和婴儿与父母建立依恋的过程是一样的。1991年，巴塞洛缪（Bartholomew）和霍洛维茨（Horowitz）指出阿藏和谢弗针对成人提出的回避型依恋包含两种不同的回避：一种是人们期望和他人交往，但又对他人戒心重重，害怕被人欺骗和抛弃，可以称为恐惧型回避；另一种是人们真正地独立自主，真心喜欢自由自在而不愿意与他人发生紧密的依恋关系，可以称为疏离型回避。

根据这种分析，巴塞洛缪等按照"回避亲密"和"担心被弃"两个维度，将成人的依恋分为以下四种类型（见图6-1）：（1）安全型依恋，对应婴儿的安全型依恋，认为他人是值得信赖的，自己是值得被爱的，渴望亲密关系并对亲密关系表示依赖和安心；（2）痴迷型依恋，对应婴儿的矛盾型依恋，渴望亲密关系并十分担心被抛弃，总是努力赢得他人的接纳，并以此支持消极的自我形象；（3）疏离型依恋，对应婴儿的回避型依恋，认可自己的价值，自尊自立，自我满足，认为和他人发生亲密关系得不偿失，拒绝对他人产生依赖，不关心他人是否喜欢自己；（4）恐惧型依恋，对应婴儿的回避型依恋，对自己和他人都持有消极的态度，虽然希望有人喜欢自己，但更担心自己遭到抛弃，出于害怕被抛弃而极力避免和他人发生亲密关系以自我保护。

综合来看，作为最早形成的人际关系，依恋从婴儿阶段就已经产生，具有不可替代性和相对稳定性，并伴随人的一生。依恋在短期得不到满足会导致个体产生痛苦的情绪，而长期得不到满足则会导致个体人格或其他方面的缺陷，影响个体社会行为、人格特征和与人交往基本态度的形成，阻碍个体身心健康发展。

	自尊自立（我很好）	
回避亲密 （他不好）	恐惧型依恋 （回避型）	安全型依恋 （安全型）
	疏离型依恋 （回避型）	痴迷型依恋 （矛盾型）
	担心被弃（我不好）	渴望亲密 （他很好）

图 6-1 成人依恋类型

（二）同伴关系

同伴关系是指年龄相同或相近的个体在某种共同活动中建立的人际交往关系。与儿童和父母形成的垂直关系不同，儿童与同伴形成的是水平关系。在这种水平关系中，双方的能力和地位相当，彼此拥有更多自主权，可以更自由地尝试新角色，实践新想法。研究表明，良好的同伴关系有利于个体提高人际交往能力，提升合作意识，满足情感交流的需要，形成完善的自我概念，加快社会性发展。

青少年的同伴关系是一个多层次、多水平的复杂系统，既有亲密的朋友，也存在一般的相识，甚至会有少数竞争或敌对关系。下面，对同伴友谊、异性关系与爱情加以简要介绍。

1. 同伴友谊

同伴友谊以亲密为核心成分，能够给个体带来情感支持和归属感。塞尔曼将友谊的发展分为五个阶段（俞国良，辛自强，2004）。第一阶段（3~7岁）：儿童还未形成友谊概念，停留在游戏伙伴关系上，具有偶然性和不稳定性，是友谊发展的偶发阶段。第二阶段（4~9岁）：儿童认为只要能够满足自己愿望和要求的伙伴，就是好朋友，反之则不是好朋友，称为单向帮助阶段。第三阶段（6~11岁）：儿童已经懂得了友谊的交互性，但不能做到"共患难"，带有功利性，称为双向帮助阶段。第四阶段（9~15岁）：个体真正形成了友谊关系，能够做到同甘共苦，忠诚互信，此时的友谊具有排他性和独占性，称为亲密共享阶段。第五阶段（12岁起）：个体对朋友的选择性进一步增强，同时也渴望更亲密、友爱的友谊关系，在友谊中可以很好地换位思考，是友谊发展的最高阶段。

青少年时期友谊的突出特点是具有亲密性和相似性。亲密性体现在朋友之间彼此更加深入了解、相互依赖，愿意袒露自己的秘密，与对方分享自己最真实的情感和问题。

相似性是青少年选择朋友的重要原则，他们更有可能与年龄、性别、身材、家庭经济水平等各方面与自身一致，并和自己具有相似兴趣和价值观的人建立友谊。

2. 异性关系与爱情

与异性的关系是同伴关系的重要组成部分。在不同年龄段，个体与异性的关系表现出很大的差异。在婴儿期，男孩和女孩都只对自己感兴趣；2~7岁的儿童不分性别地寻求其他玩伴；8~12岁的个体喜欢和同性别的伙伴一起玩耍，两性之间存在某种敌对关系。进入青春期，个体的友谊不再局限于同性之间，异性交往也成为个体社会性发展的重要任务。

在青春期早期（13~14岁），最初的异性交往大多发生在群体背景下，异性之间的互动促进男女生对彼此产生兴趣；青春期中期（15~16岁），男女混合的伙伴团体形成，男女生关系逐渐密切，有些男生和女生会发展为一对一的朋友关系；到了青春期后期（17~18岁），大多数青少年都有了异性朋友，少数异性之间会发展出恋爱关系。

健康的异性交往和恋爱关系有助于青少年自我同一性的探索，促进青少年自尊水平的提高，并促使青少年在情感上脱离父母，发展出健全的人格。斯滕伯格于1986年提出了爱情三元理论（见图6-2），认为爱情由亲密、激情和承诺三种成分组成。亲密是指在爱情中彼此依恋、相互喜欢、相互亲近的感觉，拥有亲密关系的双方能够互相理解支持，乐于分享沟通；激情主要是指对于身体的欲望和情绪上的着迷，会令人产生怦然心动的感觉；承诺是指愿意主动并坚决地与喜欢的人保持情感关系，彼此忠诚。根据以上三种成分的不同组合方式，斯滕伯格区分了七种类型的爱情：（1）喜欢，是只依靠亲密关系维持的爱情；（2）迷恋，是只有激情体验的爱情；（3）空洞的爱，是没有亲密和激情，只有承诺的爱情；（4）浪漫的爱，是有亲密关系和激情体验，但没有承诺的爱情，崇尚过程但不在乎结果；（5）伴侣的爱，是有亲密关系和承诺，但缺乏激情的爱情，稳定但又十分平淡；（6）愚昧的爱，是只有激情和承诺，但没有亲密关系的爱情；（7）完美的爱，是亲密、激情和承诺的完美组合，这种爱情以信任为基础，以性的吸引为催化剂，以承诺为约束，稳定而有活力。

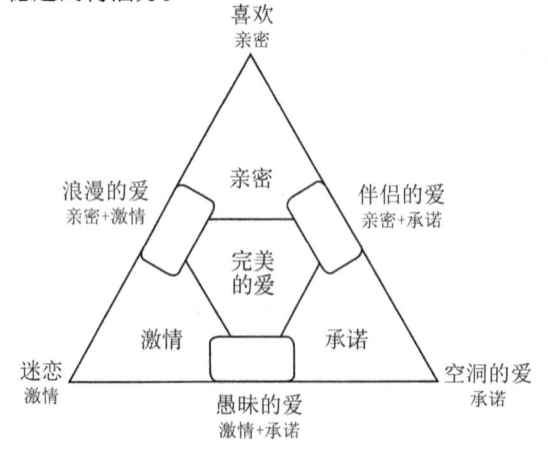

图6-2 爱情三元理论结构图

相关研究发现：青少年把亲密和支持作为恋爱关系最有价值的方面，说明了在爱情中亲密的重要性；青少年在恋爱关系存在期间，和对方交往频繁，这反映了青少年的激情状态。

（三）同伴群体中的人际关系

亲子关系和同伴关系都是个体之间的关系，虽然这两种关系对个体的社会性发展有重要的影响，但不能忽视个体与集体的关系对个体社会性发展的影响。研究表明，集体生活被看成灵长类动物的基本生存方式。对于人类个体来说，从6~8岁开始，儿童的人际关系就不再局限于家庭，而是拓展到家庭之外的学校、班级和同伴群体。其中，班级是根据确定的目的及一定的原则和方法组建起来的正式群体，而同伴群体是围绕特定的兴趣、爱好、价值观、审美趣味等文化生活建立起来的非正式群体。在青少年时期，同伴群体比家庭、班级对学生的影响更加深远。

作为非正式群体，同伴群体没有明确的目的和任务、严格的组织形态和明文规定约束，只是以成员的某种共同兴趣或利益为基础自发地组建起来，主要包括小团体和帮派群两种形式。其中，小团体是由一些互相了解，经常在一起并且形成了稳定联结的朋友组成的同伴群体。小团体的成员年龄相近，性别相同，社会地位相似，并具有一致的个性和价值观。作为青少年重要的生活背景，小团体对于青少年形成亲密感，满足心理需要，发展社会能力等发挥着重要的作用（司继伟，2010）。帮派群是基于声誉划分的较大的群体，是由于外界对某些个体具有相似的看法而形成的，成员之间并不一定是朋友或者经常在一起，如运动员等。相比于小团体而言，帮派群的规模更大，成员更分散，拥有更大的社会活动范围。青少年的亲密朋友大多来自同一个小团体，却有可能分别隶属于不同的帮派群。在同伴群体中，儿童和青少年不仅能获得很多社交技能，如团体合作、领导他人、服从他人、忠于集体目标、发展社会能力等，并且能够获得归属感、安全感、自尊等多种心理需要的满足。因此，同伴群体对于儿童和青少年发展的意义不可小觑。

杜菲（Dunphy）通过日记法、问卷法和访谈法对青少年非正式群体的发展进行了研究，发现同伴群体的形成过程大致包括五个阶段（陈彦宏，2018）：（1）前群体阶段，处于儿童后期的个体更愿意结识住得近、更容易接近的小伙伴，随着活动范围的扩大，才可能会结交一些住得远的伙伴；（2）同性小集团阶段，由同样年龄和成熟程度的低龄青少年组成同性小集团，在小集团的支持下，团体成员也能够与异性进行交往；（3）男女混合的小集团阶段，在同性小集团内地位较高的个体开始与异性之间进行交往或约会，团体成员同时也可以归属于另外一个异性小集团；（4）相对健全的小集团阶段，出现一些相互交往密切、发展健全的异性小集团；（5）健全的同伴群体阶段，开始进入成人式的同伴群体。

同伴群体一旦形成，群体组织中的个体就有一种强烈的群体归属感，他们团结一致、共同活动，形成同化现象，表现为群体内的偏爱。同时，他们会策略性地排斥其他人的加入，形成分化现象，表现为群体间的敌意。此外，同伴群体内部也会因为地位的不同而出现个体差异性，主要表现为地位高的个体会受到同伴的欢迎，获得的资源也更多，而地位低的个体则受到同伴的排斥和欺凌。受欢迎的青少年往往表现得十分友好、令人愉快、幽默、乐于倾听，并能清晰表达自己的观点；不受欢迎的青少年可以分为因为侵略性太强而被拒绝的青少年，以及因为性格太内向而被忽视的青少年。通常，拥有受人喜爱和接纳的人格和社会技能，在穿着打扮、课外活动、社会经济地位、个性等方面与他人保持一致，或在体育、休闲活动、学业等方面表现好的青少年更受欢迎。

有两种不同的演化论观点分析了同伴群体对青少年社会性发展的作用（陈斌斌，2016）。一种观点是由哈里斯（Harris）提出的群体社会化理论，强调父母的文化传递不是直接的，父母文化要通过儿童的同伴群体的过滤才能传递给儿童，并且，儿童的同伴群体通过选择和拒绝父母文化中的特定内容来创建自己的文化；另一种观点是由迪申（Dishion）和维罗纳（Veronneua）提出的增强同伴关系的生命史模型，假设削弱家庭纽带关系、被主流同伴边缘化、社会经济地位低下等会促使个体形成不良同伴聚集，成为影响青少年更早出现性行为及开放的性活动的重要因素。

二、亲社会行为

一般来说，社会行为可以分为亲社会行为和反社会行为两种类型。作为一种有益于他人和社会的积极社会性行为，亲社会行为一直以来都是心理学特别关注的研究主题。

（一）亲社会行为的含义和类型

1972年，美国学者威斯伯格（Weisberg）首次提出"亲社会行为"一词来描述同情、慈善、分享、协助、捐赠、救灾和自我牺牲等可使他人或社会获益的行为，用以区分侵犯、攻击等破坏性行为。之后，研究者从不同角度对亲社会行为提出多种定义。例如，皮利文从行为的结果出发，将亲社会行为定义为"由社会限定的，一般的有益于他人和当前行政系统的行为"；安德森从行为的动机出发，将亲社会行为定义为"以有益于他人为目的的行为"。

根据行为动机和后果的不同，亲社会行为可以分为两类：一类是自发的亲社会行为，即动机是关心他人的亲社会行为；一类是常规性的亲社会行为，即实施行为的同时期望得到对自身有利的好处或避免惩罚等。根据行为发生的情境不同，亲社会行为还可以分为非紧急情境下的亲社会行为和紧急情境下的亲社会行为。

在总结前人的理论和研究成果的基础上，2002年卡罗（Carlo）对亲社会行为进行了系统区分，提出了亲社会行为的社会生态学发展模式。这个模式综合考虑了家庭及社会相关背景，认知和情感变量及直接的情境特征三个方面对亲社会行为的影响，将亲社会行为划分为六种类型：利他主义亲社会行为、依从亲社会行为、情绪性亲社会行为、公开亲社会行为、紧急亲社会行为和匿名亲社会行为。这种分类方式覆盖的亲社会行为种类十分宽广，足以把多种具体形式的亲社会行为包含其中，并对亲社会行为的产生有一定的预测价值,因此得到了广泛的认可。

助人行为和利他行为是亲社会行为的两种主要形态。助人行为是指以特定的人或者群体为对象的亲社会行为,包括出于自身利益考虑而实施的亲社会行为,也包括不追求任何回报而实施的亲社会行为。利他行为是指完全不期待回报,甚至即使需要付出代价,仍然自愿帮助他人的行为。亲社会行为、助人行为和利他行为三者之间的关系如图 6-3 所示。

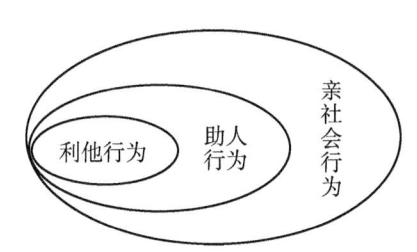

图 6-3 亲社会行为、助人行为、利他行为关系示意图

(二)亲社会行为形成的原因

关于亲社会行为形成的原因,主要有先天论和后天论两种观点。持先天论观点的理论是进化心理学,代表人物有威尔森、坎贝尔和霍夫曼等。威尔森认为亲社会行为是先天决定的本能反应,个体会本能地帮助自己的亲属和关系亲近的人们,以保证那些与我们基因相近者的福利,确保基因的保存和传递。坎贝尔提出,人类在进化中为了获得更大的生存机会,会将合作的、利他的基因遗传下来。霍夫曼进一步指出,利他行为的遗传基因就是分享、体验他人情感等先天的移情能力。

从进化心理学的角度看,亲社会行为的发生遵循亲缘选择和互惠利他的原则。亲缘选择理论指出,亲社会行为的强度与亲近程度成正比,表现为相较于没有关系的其他人,个体更倾向于帮助自己的亲属。互惠利他是指两个无亲缘关系的个体,通过合作使双方都得到利益的行为。这两种情况下,个体之所以想要实施帮助行为是因为期望获得日后的报酬。

亲社会行为的先天论对人类本性持积极的看法,与当代人本主义心理学的思想是一致的。然而,这个观点忽视了个体在亲社会行为中的意识性和能动性。针对这一局限,斯托布提出,人们在社会化过程中受外界影响而发展起来的利他价值取向是个体做出亲社会行为的主要动机因素,并将亲社会价值取向分为三种动机:(1)以他人为中心的、利他的无私行为的动机源,目的在于帮助他人;(2)以规则为中心的道德取向的动机源,目的在于坚持行为规则;(3)移情的动机源,移情的敏感性取决于原始移情、对他人的积极评价和自我概念三个条件,高移情敏感性能增加助人行为。斯托布指出,除了动机的大小和动机之间的冲突外,个体完成助人行为的能力等因素也会影响个体做出亲社会行为。

除了斯托布的解释外,亲社会行为的后天论还包括社会交换理论和社会规范理论。

社会交换理论认为，人类的社会行为是受到社会经济学导向的，助人的报酬常常高过成本。因此，从本质上看，亲社会行为是个体试图获得最大利益，同时又尽可能少付出代价的社会交换过程。社会规范理论认为，社会要求所有的人都必须遵守社会规范，亲社会行为的产生就是个体学习并内化社会准则和社会规范的结果。与亲社会行为有关的社会规范包括社会责任规范和社会回报规范。社会责任规范要求人们，无论是否能够获益，都应该承担起帮助需要帮助的人的责任。社会回报规范也称互惠规范，是指人们应该帮助那些曾经帮助过他们的人，做到知恩图报（郑全全，2017）。

（三）亲社会行为的决策过程和影响因素

1970年，拉坦内（Latane）和达利（Darley）建立了一个在紧急情况下助人行为发生过程的决策模型（见图6-4）。根据这个模型，在紧急事态发生时，在场的人决定是否做出助人行为的过程可以分为以下五个阶段：（1）注意到事件，意识到紧急事态的发生；（2）将事件解释为紧急情况；（3）权衡利弊，判断和决定自己是否有责任采取行动；（4）确定帮助方式，考虑自己以直接或间接的方式提供帮助；（5）决定实施帮助，并采取介入的具体行动。在这一过程中，任何一个步骤出现问题或受到阻碍，都将导致助人行为不会发生。

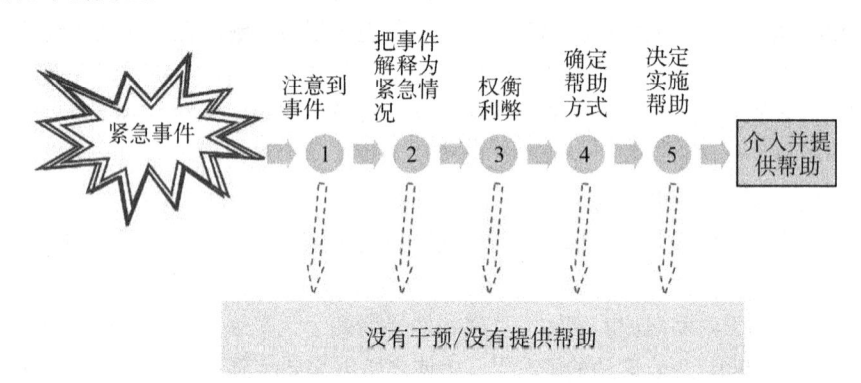

图6-4 紧急情况下助人行为发生过程的决策模型

拉坦内和达利描述了助人行为的决策过程，但没有说明影响决策的因素。施瓦茨（Schwartz）认为个体内化的社会规范和对他人行为后果的意识，在一定条件下能产生道德义务感，而责任归因则促进了内化的社会规范和义务感的激活，从而导致助人行为的发生。众多研究表明，影响亲社会行为的因素很多，可以归纳为内部因素和外部因素两个方面。其中内部因素主要指助人者自身的特点，外部因素包括受助者特征、人际因素、社会文化因素及情境因素等。

1. 影响亲社会行为的内部因素

助人者年龄。亲社会行为在生命早期就已经出现，随着年龄的增长，个体的亲社会行为呈逐渐增加的趋势。

助人者人际信任度。人际信任度高的个体有较多的亲社会行为，而在人际交往中表现出焦虑程度较高的个体则会实施相对较少的亲社会行为（李丹，2000）。

助人者的观点采择能力及移情状态。这两者都会影响个体的亲社会行为，观点采择能力强，较容易产生移情的个体更有可能体会他人的不幸，从而表现出更多的亲社会行为。

助人者的情绪和情感。积极情绪能够促进亲社会行为的表达，增加个体帮助他人的意愿。

助人者的价值取向。具有高社会责任感的个体及低利己主义个体，更可能会实施亲社会行为，具有集体主义倾向的个体也往往会做出更多的亲社会行为。

2. 影响亲社会行为的外部因素

受助者特征。与助人者相似性更高（从属于同一群体、种族、国家或政治态度一致等），长相、打扮等更有魅力，或是善良、友好的个体更容易受到他人的帮助。

人际因素。良好的同伴关系可以促进亲社会行为的发生。同伴接纳程度越高，其亲社会水平越高、亲社会行为越多。不仅如此，同伴的亲社会行为也会影响青少年的亲社会行为。此外，父母的教养投入可以正向预测青少年的亲社会行为，家庭亲密度对亲社会行为存在正向影响，母爱的温暖能够正向预测儿童的亲社会行为。

社会文化因素。如果个体较长时间处于和谐、友善的社会氛围中，其亲社会行为倾向会增大。另外，社会教化、父母与偶像的榜样示范作用、宗教信仰等文化因素也会对个体的亲社会行为产生影响。

情境因素。旁观者效应是指在现场旁观者的数量会影响突发事件中亲社会行为的可能性。当旁观者的数量增加时，任意一位旁观者提供帮助的可能性都有所降低，即使他们采取反应，反应的时间也明显延长了。此外，相比于紧急情况下，非紧急情况下人们通常更愿意给予亲社会行为，原因可能是非紧急情况下亲社会行为的实施较为方便，实行主体也不用担心自身是否需要承担一定的损失。

20世纪80年代中期，艾森伯格（Eisenberg）在总结相关研究的基础上，对亲社会行为发生、发展的心理机制及影响因素进行了全面的分析，将亲社会行为的发生过程分为以下三个阶段：（1）注意他人需要的阶段，影响因素包括助人者的社会认知发展水平及其对特定情境的解释；（2）确定助人意图的阶段，在紧急情况下，情感因素起主要作用，在非紧急情况下，认知因素和人格因素起主要作用；（3）意图和行为建立联系的阶段，影响因素包括助人者的能力、助人者与受助者之间的关系等。这种理论对影响亲社会行为的情感、认知和人格因素进行了详细的说明，为探讨亲社会行为产生的心理机制和决策过程提供了一个清晰的框架。

随堂巩固

1. 美国心理学家安斯沃斯根据婴儿在陌生环境中的不同依恋表现，将婴儿依恋划分为哪几种不同的类型？（　　）

A. 安全型依恋　　B. 回避型依恋　　C. 矛盾型依恋　　D. 疏离型依恋

2. 在斯滕伯格的爱情三元理论中，将只有激情和承诺，没有亲密关系的爱情称作（　　）。
　　A. 伴侣的爱　　　　　B. 愚昧的爱　　　C. 虚假的爱　　　D. 浪漫的爱
3. 友谊的核心成分为（　　）。
　　A. 相似　　　　　　　B. 赞赏　　　　　C. 理解　　　　　D. 亲密
4. 同伴群体的形成不包括以下哪个阶段？（　　）
　　A. 随意阶段　　　　　　　　　　　　　B. 同性小集团阶段
　　C. 男女混合的小集团阶段　　　　　　　D. 健全的同伴群体阶段
5. 以下哪种理论将亲社会行为的本质看作个体试图获得最大利益，同时又尽可能少付出代价的过程？（　　）
　　A. 社会交换理论　　　　　　　　　　　B. 社会规范理论
　　C. 社会责任理论　　　　　　　　　　　D. 进化心理学理论
6. 紧急情况发生时，由于他人在场，个体会抑制利他行为的现象我们称为（　　）。
　　A. 情景的模糊性　　　　　　　　　　　B. 情景效应
　　C. 榜样的作用　　　　　　　　　　　　D. 旁观者效应

参考答案：1. ABC　2. B　3. D　4. A　5. A　6. D

拓展阅读

1. 邹泓. 2003. 青少年的同伴关系——发展特点、功能及其影响因素 [M]. 北京：北京师范大学出版社.
2. 安秋玲. 2007. 青少年同伴群体交往与自我同一性发展研究 [M]. 上海：华东师范大学出版社.
3. 李丹. 2002. 儿童亲社会行为的发展 [M]. 上海：上海科学普及出版社.

本讲小结

1. 从广义上看，社会性是指个体在社会生存过程中形成的社会特征的总和；从狭义上看，社会性是与个体的身体、认知、情感等方面的发展并列的心理特性，指个体在社会交往过程中获得的各种人际关系，以及在处理人际关系时表现出来的心理倾向性。

2. 社会化是指广义上的社会性发展的过程，指个体通过社会文化的熏陶，由自然人转变为社会人，走向社会公共生活，融入现实社会，形成一定社会心理特征的过程。

3. 社会化的特点是具有社会强制性、主观能动性和毕生持续性。

4. 社会化的基本任务包括教导生存技能，传递社会文化，完善自我观念和明确社会角色等。

5. 主要的社会化类型包括早期社会化、发展社会化、预期社会化、再社会化、反向社会化、双向社会化等。

6. 家庭、学校、大众媒体和参照群体是进行社会教化的主要途径。

7. 社会化的过程既是个体实现个性发展的过程，也是获得参与基本社会生活所需的道德品质、价值观念、社会关系和社会属性，并实现社会观念、社会情感、社会态度和社会行为等社会心理和行为特征的发展，从而完成社会性发展，获得共性的过程。

8. 在发展心理学中，依恋特指婴儿与父母或其他照料者之间形成的情感联结，主要表现为身体的亲近，以及分离的焦虑和痛苦，称为亲子依恋。

9. 美国心理学家安斯沃斯根据婴儿在陌生环境中的不同依恋表现，将婴儿依恋划分为安全型依恋、回避型依恋和矛盾型依恋。

10. 巴塞洛缪从担心被弃和回避亲密两个维度将成人的依恋类型扩展为安全型依恋、痴迷型依恋、疏离型依恋和恐惧型依恋。

11. 友谊是一种双向的情感联系，以亲密为核心成分，可以分为友谊发展的偶发阶段、单向帮助阶段、双向帮助阶段、亲密共享阶段和友谊发展的最高阶段。

12. 斯滕伯格的爱情三元理论认为爱情由三种成分组成，分别为亲密、激情和承诺。亲密是指在爱情中彼此依恋、相互喜欢、相互亲近的感觉。激情主要是指对于身体的欲望和情绪上的着迷，会令人产生怦然心动的感觉。承诺是指愿意主动并坚决地与喜欢的人保持情感关系，彼此忠诚。

13. 同伴群体没有明确的目的和任务、严格的组织形态和明文规定约束，只是以成员的某种共同兴趣或利益为基础自发地组建起来，主要包括小团体和帮派群两种形式。

14. 亲社会行为泛指一切符合社会期望，以利于他人、群体或社会为目标采取的行为。助人行为和利他行为是亲社会行为的两种主要形态。

15. 美国社会心理学家卡罗在考虑家庭及社会相关背景、认知和情感变量及直接的情境特征三个方面对亲社会行为的影响的基础上，将亲社会行为划分为六种类型，分别为：利他主义亲社会行为、依从亲社会行为、情绪性亲社会行为、公开亲社会行为、紧急亲社会行为和匿名亲社会行为。

16. 关于亲社会行为形成的原因，目前主要有进化心理学理论、社会交换理论、社会规范理论等多种具有代表性的理论解释。

17. 亲社会行为的影响因素很多，可以归纳为内部因素和外部因素两大方面。其中内部因素主要指助人者自身的人格特质，外部因素包括受助者特征、人际因素、社会文化因素及情境因素等。

18. 助人行为的过程可以分为以下五个阶段：（1）注意到事件，意识到紧急事态的发生；（2）将事件解释为紧急情况；（3）权衡利弊，判断和决定自己是否有责任采取行动；（4）确定帮助方式，考虑自己以直接或间接的方式提供帮助；（5）决定实施帮助，并采取介入的具体行动。在这个过程中，任何一个步骤出现问题或受到阻碍，都将导致助人行为不会发生。

总结练习

（一）选择题

1. 社会化的基本特征包括（　　）。
   A. 社会强制性　　　　　　B. 主观能动性
   C. 毕生持续性　　　　　　D. 单向影响性
2. 社会学视角中，社会性发展的主要内容包括（　　）。
   A. 道德品质　　B. 价值观念　　C. 社会关系　　D. 社会属性
3. 最早提出婴儿依恋理论及内部工作模型的心理学家是？（　　）
   A. 安斯沃斯　　B. 巴塞洛缪　　C. 鲍尔比　　D. 罗杰斯
4. 爱情三元理论中爱情的三种成分包括（　　）。
   A. 亲密　　　　B. 陪伴　　　　C. 承诺　　　　D. 激情
5. 小团体形成的基础是（　　）。
   A. 规则　　　　B. 价值观　　　C. 声誉　　　　D. 友谊
6. 完全不期待回报，甚至即使需要付出代价，仍然自愿帮助他人的行为是（　　）。
   A. 助人行为　　B. 利他行为　　C. 亲社会行为　　D. 付出行为

（二）简答题

1. 简述社会性发展的主要内容。
2. 简述社会教化的主要途径。
3. 简述巴塞洛缪提出的四种依恋关系类型。
4. 简述友谊的发展阶段及青少年友谊的特点。
5. 简述同伴群体的形成过程。
6. 简述亲社会行为的影响因素。

选择题参考答案：1. ABC　2. BCD　3. A　4. ACD　5. B　6. A

第七讲
品德发展与价值观教育

概述

2019年,《国务院办公厅关于新时代推进普通高中育人方式改革的指导意见》提出:"加强对学生理想、心理、学习、生活、生涯规划等方面的指导,帮助学生树立正确理想信念、正确认识自我,更好适应高中学习生活,处理好个人兴趣特长与国家和社会需要的关系。"在学生发展指导中,理想指导是首要内容,强调教育要服务于培养德智体美劳全面发展的社会主义建设者和接班人,使学生具有坚定的共产主义远大理想和中国特色社会主义理想。为落实该要求,学校需要对中小学生加以社会主义核心价值观教育,帮助他们树立正确的理想信念,形成良好的道德品质。

这一讲包括两节内容,第一节对道德和品德的概念进行辨析,介绍品德形成和发展的基本规律,第二节在说明社会价值观和个体价值观关系的基础上,介绍皮亚杰的道德认知发展阶段理论、柯尔伯格(Kohlberg)的道德认知三水平六阶段理论,并从多个视角阐述价值观教育的基本路径。

关键词

第一节	道德、道德价值、道德价值判断、品德、品德的结构、品德的形成与发展
第二节	个体价值观、社会价值观、道德认知、价值观教育、责任动力学

知识结构图

第一节 道德与品德发展

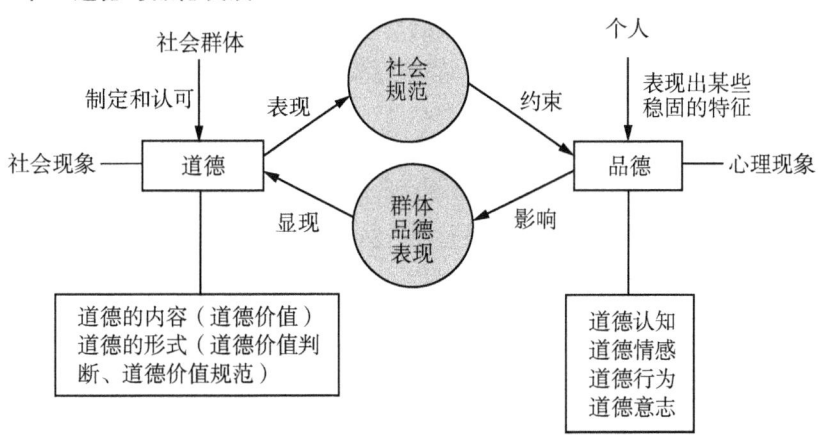

第二节 道德认知与价值观教育

皮亚杰的道德认知发展阶段理论
柯尔伯格的道德认知三水平六阶段理论
个人价值观
（道德价值判断）

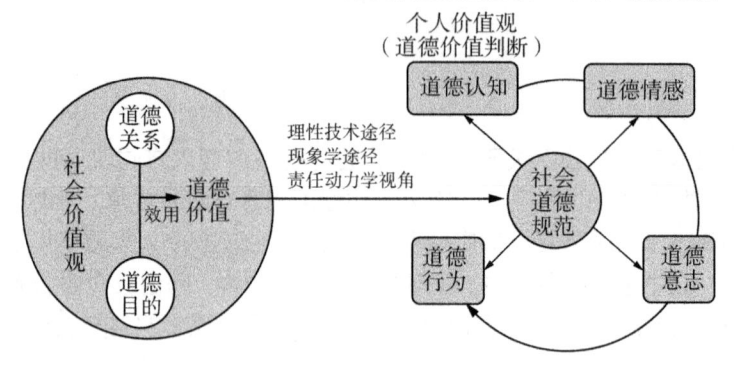

社会价值观：道德关系、道德目的 → 道德效用价值

理性技术途径
现象学途径
责任动力学视角

→ 社会道德规范 ↔ 道德认知、道德情感、道德意志、道德行为

学习目标

1. 说出道德与品德两个基本概念的含义及其结构，理解道德与品德的关系。
2. 明确美德伦理学、义务论、伦理利己主义、功利主义等经典道德理论的基本观点。
3. 理解品德发展的基本过程及其规律。
4. 知道个体价值观与社会价值观的基本含义与相关关系，了解个体价值观的形成过程。
5. 理解皮亚杰的道德认知发展阶段理论和柯尔伯格道德认知的三水平六阶段理论的基本观点。
6. 了解开展价值观教育的基本途径和方法。

引导性问题

1. 道德与品德是什么？这两个概念之间有什么区别与联系？
2. 对道德的论述有哪些经典的代表人物及理论观点？
3. 品德的形成需要经历哪些阶段？品德的发展是否有一定的规律？
4. 道德价值观指的是什么？
5. 社会价值观与个体价值观的基本概念、区别、联系分别是什么？
6. 道德认知是什么？它的发展阶段及其特征是什么？
7. 价值观教育与学生品德培养关系是什么？
8. 价值观教育的基本途径有哪些？

> 知识详解

▶▶ 第一节　道德与品德 ◀

　　道德与品德两个概念分属于不同的学科范畴，但又有紧密的联系，是准确理解学生思想指导工作的基础。本节在对道德与品德的概念、结构及其相互关系进行阐述的基础上，介绍美德伦理学、义务论、伦理利己主义和功利主义等经典的道德理论，并说明个体品德形成与发展的过程。

一、道德与品德

　　说到道德，人们一般会联想到老子的《道德经》。然而，在《道德经》中，"道"与"德"是两个分离而又紧密相关的概念："道"是先天地而生的宇宙本源，是支配世界运动变化的普遍规律；而"德"则是道的作用和体现，表现为朴素、恬淡、清净、无为等特性，并引申为父慈子孝、诚实守信等社会道德伦理准则。道德二字连用始于《荀子·劝学》："故学至乎《礼》而止矣，夫是之谓道德之极。"意思是"学习到了《礼记》，才算达到了道德的顶峰"。这里的道德既指社会的伦理规范体系，即现在道德一词的含义，也指个体学习的目标，即现在品德一词的含义。

　　在我国古代，道德与品德是一个有机的整体。即使到现在，我们还经常使用"道德高尚"来描述一个人的品性。然而，在源自西方的现代伦理学和心理学中，道德和品德则是两个相互关联但不能通用的概念。下面分别介绍道德和品德的含义，并对两个概念之间的关系进行解释和说明。

（一）道德的概念与结构

1. 道德的概念辨析

　　在西方的概念体系中，道德源自伦理，但又区别于伦理。伦理（ethics）一词源于希腊文，意为风俗、习惯。古罗马帝国征服了希腊后，用源于拉丁文的道德（morality）一词作为伦理的对译，并逐渐用信仰上帝、自我救赎、泛爱人类等宗教道德取代伦理中世俗的风俗和习惯等含义。直到15世纪，西方掀起重拾古希腊理性主义的文艺复兴运动，又将代表古罗马宗教霸权的道德与伦理分离，建立了以伦理学为主导的理论体系（尧新瑜，2006）。

　　当代伦理概念蕴含着西方文化的理性、科学、公共意志等属性，道德概念则蕴含着更多的东方文化的性情、人文、个人修养等色彩（胡骄平，2012）。经过碰撞和竞争，伦理与道德两个概念的含义日益清晰。具体说，伦理主要指客观的道德法则，具有社会性和客观性；而道德则是客观见之于主观的法则，是外在道德法则的内化，主要指个人的道德修养及其结果。从学术研究的角度看，伦理是研究道德的学问，是对道德标准的寻求（张康之，李传军，2009）。

关于道德的定义，得到多数人认同的是我国学者王海明在《新伦理学》中给出的定义，即"道德是由社会制定或认可的，关于人们具有社会效用的行为应该如何而非必须如何的非权力性规范"（王海明，2001）。为了理解这个定义，要先明确道德是针对有社会效用的行为而言的。所谓有社会效用的行为，是指会影响到社会利益的行为，与之相对的是具有个人效用的行为。在个体的各种行为中，有些行为只具有个人效用，如吃饭、穿衣、做家务、休闲娱乐等，有些行为只具有社会效用，如爱护公务、义务劳动、公益捐赠等，而有些行为既有社会效用也有个人效用，如学习、工作、抚养孩子等。道德规范的是具有社会效用的那些行为。作为对具有社会效用行为制定的非权力性规范，道德具有约定性、效用性和非强制性三个主要特点。

道德的约定性指道德是由一定群体共同制定或认可的社会化产物，而不是个人为了指导自己而提出的要求和理想。即使某些规范在现实中是荒谬、无理或有害的，但只要是群体约定俗成，那它就可以被称为道德。例如，中国古代的"三从四德"，在当时的社会背景中就是一种合乎道德的规范。

道德的效用性强调并非所有具有约定性的行为规范都可以被称为道德，只有那些与社会群体利益有关的行为规范才可能被称为道德。例如，吃饭是否使用餐具的规定就不属于道德的范畴。

道德的非强制性指相较法律而言，道德是一种弱强制性、非权力性的强制，不能强制规范社会群体中的每一个成员。道德主要通过舆论来发挥作用。例如，悖德者会遭受其他社会成员的舆论谴责，并可能因此失去威望、名誉等。

2. 道德的要素和结构

王海明（2009）从"行为应该如何"的角度出发，对道德的要素进行了细致的分析。他指出，"行为应该不是行为独自具有的属性，而是行为依赖道德目的而具有的属性，是行为事实如何与道德目的发生关系时产生的属性，是行为事实对于道德目的的效用，是行为的关系属性"。根据这种观点，我们可以将道德要素分为行为事实和道德目的两个方面。其中，行为事实是道德产生的源泉和载体，可以称为道德价值实体；道德目的是衡量行为事实道德价值的有无、大小和正负的标准，可以称为道德价值标准。在明确了道德的两个要素后，就可以从道德的内容和形式两个方面，把握道德的结构。

道德的内容指道德行为对道德目的的效用，也可以称为道德价值。道德价值是根据道德目的，从行为事实中产生和推导出来的：如果行为事实符合道德目的，就可以判断为具有社会效用，称为合乎道德的行为或善的行为；如果行为事实不符合道德目的，就可以判断为不具有社会效用或具有负面的社会效用，称为不合乎道德的行为或恶的行为。

道德的形式有两种，一是道德价值判断（道德判断），指主体对其道德行为的社会效用的价值判断，即对该行为是否能带来社会效用的主观判断；二是道德规范/道德原则（道德价值规范），指主体对道德行为的要求，有总体要求也有具体要求。

由以上说明可以看出，道德的内容和形式是围绕道德行为和道德目的两个要素展开的，因此，可以围绕要素和内容/形式两个维度，对道德的结构进行如下的描述（见表7-1）。

表 7-1　道德的要素和结构

道德要素	道德的内容	道德的形式	
	道德价值	道德价值判断	道德原则/道德规范
行为事实（道德价值实体）	道德行为对道德目的的效用	主体对道德行为效用的价值判断	主体对道德行为的要求（总体要求、具体要求）
道德目的（道德价值标准）			

（二）品德的概念与结构

前面介绍了道德的要素、内容和形式，但没有区分道德的主体。如果从主体来看，可以区分出社会道德与个体道德。社会道德是社会对其成员提出的道德行为规范的总和，属于社会的上层建筑，受到社会经济关系的制约；个体道德则是个体在社会活动中表现出来的道德行为的总和，是社会道德在个体身上的表现，也称个人品德或品德。

作为可以进行道德评价的有善恶之分的人格特质或倾向，品德与德行、道德品质、道德人格、道德个性等属于同一概念。与一般意义的人格特质可以形成于任何行为不同，品德只能形成于伦理行为和道德行为，即具有一定的道德价值，可以进行道德评价的意识支配的行为。例如，一个人可以通过做公正的事情而成为公正的人，通过节制的行为而成为有节制的人。也就是说，一个人的品德不仅表现于特定的道德行为，而且形成于他长期遵守或违背道德的行为。根据这种理解，可以将品德定义为一个人长期遵守或违背道德行为而形成和表现出来相对稳定的心理状态、道德人格或道德个性（王海明，2009）。

关于品德的结构，学者们没有形成一致的看法。我国心理学家林崇德认为品德是一个多侧面、多形态、多水平、多联系、多序列的动态的、开放的整体和系统（林崇德，2019），并从以下三个关系系统的角度分析品德的结构。

1. 深层结构和表层结构的关系系统

在这个关系系统中，品德由品德动机和品德行为方式构成。其中，品德动机是品德的深层结构，是品德的内在动力系统；品德行为方式是品德的表层结构，是品德的外部联系。品德动机制约着品德行为方式，并通过后者表现出来。

2. 心理过程和行为活动的关系系统

在这个关系系统中，道德由道德认知、道德情感、道德意志和道德行为四种心理特征构成。道德认知，即个体对道德及其范畴的认知，是个体的认识过程在品德上的表现，包括道德认知的形式（道德思维发展的水平）和道德认知的内容（道德观念变化的程度）。道德情感，即个体在思想意图与言行举止符合道德规范时的满足程度，是个体的情感在品德上的表现，包括道德情感的形式（直觉的情绪体验、道德形象引起的情绪体验、伦理道德的情感体验）、道德情感的内容（爱国情怀、责任心、义务感、荣誉感等）。道德意志，即个体自觉克服困难完成道德目标或任务的动机，是个体主观能动性在品德上的表现，包括道德意志的品质（道德行动的自觉性、果断性、坚持性、自制力）和道德意志的言行（言行一致、言行不一致）。道德行为，即个体在道德意志支配下的各种行动，是个体的行为在品德上的表现，包括道德行为技能、道德行为习惯。四种心理特征都是在社会道德规范的引导下形成的（见图 7-1）。

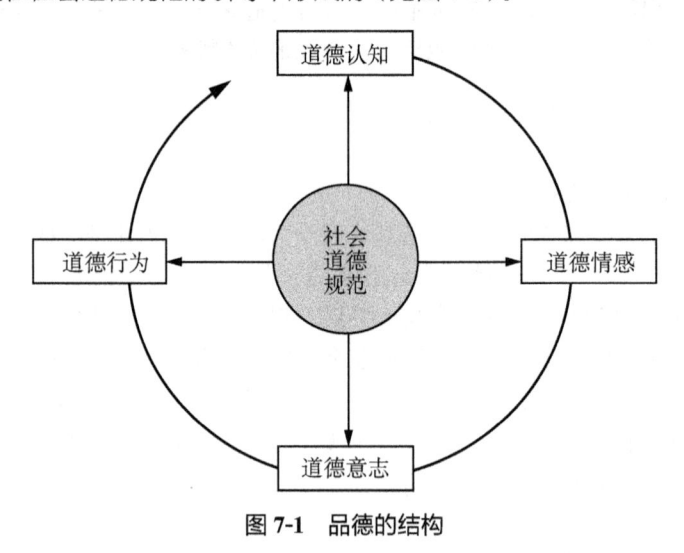

图 7-1　品德的结构

3. 心理活动和外部活动的关系系统

在这个关系系统中，品德由定向系统、操作系统、反馈调节系统构成。其中，品德的定向系统指个体对明确道德问题、确认道德途径、做出道德决策、实施道德计划的意识、定向或注意；品德的操作系统是个体产生道德行为的过程，包括内化、外化和具体化三个过程；品德的反馈调节系统是个体通过反馈信息调节自己的道德行为，以符合道德规范和道德需要，从反馈信息来源上看可分为外部反馈和内部反馈，从反馈发生的时间上看可分为预期反馈和倒摄反馈。

（三）道德与品德的关系

道德与品德是两个既相互区别，又紧密联系的概念。这里所说的道德，通常是指社会道德；而品德，则可以理解为个人道德。从这种理解看，道德和品德实际上是道德价值和道德规则在社会和个体两种不同主体上的不同表现形式。

道德与品德的区别主要表现在三个方面。首先，从性质上看，道德是一种社会现象，服从社会发展规律，而品德是一种心理现象，服从心理发展规律；其次，从研究范畴来看，道德属于伦理学和社会学的研究范畴，而品德属于心理学和教育学的研究范畴；最后，从形态上看，道德是一个完整的体系，规定着社会生活的整体运行，而品德是道德规范在特定个体中的局部反映。

道德与品德之间的相互关系主要表现在以下两个方面。一方面，个体品德来源于社会道德，是社会道德的内化和个体化，个体品德离不开社会道德规范的约束，对个体品德的评判需要以一定的社会道德准则为标准；另一方面，社会道德通过众多个体的品德表现出来，许多人的品德综合起来会影响整个社会的道德面貌和风气。

二、道德理论与道德的本质

作为专门研究道德问题的哲学分支学科，伦理学也被称为道德哲学。根据研究的侧重点不同，伦理学通常分为元伦理学、规范伦理学和应用伦理学。其中，元伦理学主要讨论道德语言的意义、道德的本质及道德的验证。比如，道德是主观相对的还是客观的？为什么我们需要道德？应该如何定义道德？规范伦理学试图系统地建立决定是非善恶的、基本且普遍的原则和由此衍生的具体道德规范，以作为行为实践的准则。不同学者建立了不同的道德原则和规范，形成不同的道德理论。应用伦理学主要涉及与道德有关的各种社会争议或案例，如什么是正义的？什么是自由？包括政治哲学、职业伦理学、动物伦理学等。在这一部分，我们将介绍几种主要的道德理论，以及关于道德本质的一些最新探讨。

（一）主要的道德理论

规范伦理学按照判定善恶的依据是行为本身还是行为的结果，将各种道德理论分为结果主义和非结果主义两大类。其中，结果主义主张行动的对错取决于行动的结果，包括伦理利己主义和功利主义，其中功利主义是一种典型的目的论，可进一步被划分为古典功利主义和当代功利主义；非结果主义主张行动的对错由行动本身的性质（而非行动的结果）决定，包括义务论和美德伦理学（陈真，2006）。

道德行为结果的产生离不开道德行为主体及其道德行为动机，由此，可以将道德理论分为解释道德行为主体的美德伦理学，解释道德行为动机的义务论，以及解释道德行为结果的伦理利己主义和功利主义（见图 7-2）。

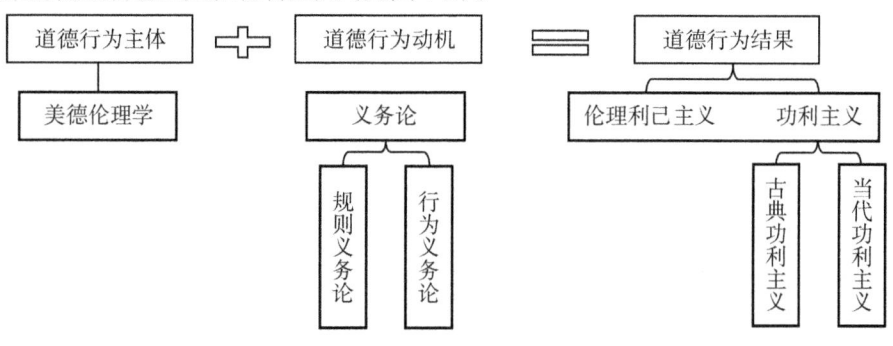

图 7-2 道德的几种理论

1. 美德伦理学

美德伦理学用美德作为道德善恶的标准，基本主张有两条：第一，只有行为的主体具有好的习性或品质（美德），他的行为才是道德的；第二，依照美德的要求行事。美德伦理学也称美德理论、德行伦理学，代表人物有柏拉图（Plato）、亚里士多德（Aristotle）、安斯康姆（Anscombe）、威廉姆斯（Williams）、麦金太尔（Mac Intyre）等，我国的孔子、孟子也是美德伦理学的倡导者。

美德伦理学认为美德由理性、情感和行为三个要素构成。其中，理性要素指行动者的行动倾向是经过深思熟虑的加工后确立的，知道在何种情境下该表现出何种行动；情感要素指行动者对自己的行动倾向持有认可、满足、欣赏的情感；行为要素指行动者总是表现出某一行动倾向，而非偶尔、刻意为之。

亚里士多德认为，一种品格可以被称为美德，必须处于理性欲望与非理性欲望的"中道"状态——不完全沉溺于非理性欲望之中，也不完全被理性欲望抑制。例如，诚实就是一种"中道"的状态，既不吹嘘也不自贬。但亚里士多德的中道说过于理想，因此并未得到所有美德伦理学家的认可。一些学者依据美德的伦理性，划分了道德美德与非道德美德，前者包括诚实、行善、不作恶、公平、良知等，后者包括勇敢、努力、耐心、乐观、勤奋等。另一些学者依据美德的等级关系，划分了基要美德与非基要美德。前者包括智慧、勇敢、节制、公正，每种基要美德又包括一些非基要美德，如智慧包括谨慎、机智、灵活等从属性美德（程炼，2008）。

有关美德属性的争论主要有两点。第一，美德是统一的还是多元的。美德统一论者要么认为人必须具备所有的基本美德，要么认为各类美德实际相互关联为一个美德；美德多元论者则认为不同的美德适用于不同的情境。第二，美德是绝对的还是相对的。美德绝对论者认为美德对所有人都提出了一致性的标准；美德相对论者则认为不同的美德要求适用于不同社会角色的人。

2. 义务论

义务论用义务作为道德善恶的标准，基本主张也有两条：第一，一个行为本身就蕴含了道德价值，应重视行为的动机和目的，将道德理解为表达责任或义务的规则组成的体系；第二，依照符合某种要求或规则的义务去行动。义务论又称道义论，代表人物有康德、布拉德雷（Bradley）、罗斯（Ross）、弗雷德（Fried）等，中国儒学思想提倡的"莫见乎隐，莫显乎微，故君子慎其独也"等原则，也是义务论的典型体现。

义务论者认为，对一个行动的道德评价应考量行动本身是否符合义务。常见的义务包括公正、慈善、感恩、忠诚、不作恶等，除此之外，自我完善于个体而言也是一项重要的义务，它不仅会促成个体自我的提升与改善，也会通过这种改善间接地影响社会整体。义务对行动的约束方式可以分为两种：第一，规则义务论，即列出一个或一系列需要行动者遵守的一般性规则；第二，行动义务论，即要求行动者在特定的情境下做出特定的行动，以规范那些无法用一般性规则约束的行为（程炼，2008）。世间万事万物组成的情境变幻莫测，特定性的行动规则便显得捉襟见肘，因此规则义务论以其对一般性规则的概述，在当代义务论理论体系中占据了绝对的优势地位。人们常说的金科玉律就是规则义务论的一种。

义务论者认为，人在遵守道德规范的前提下，仍有自己行动的自由，即具有一种自由度，这意味着除一般规则义务和特殊规则义务之外，特殊关系义务、超义务也同样具有合法性。

英国哲学家罗斯（2008）提出人类的道德义务是多元的和非绝对主义的，义务可分为显见义务和实际义务。显见义务是由直觉推演出的显而易见的义务，包括基本的显见义务和非基本的显见义务。基本的显见义务包括诚实、补偿、感恩、行善、自新、不伤害他人、行事正义等；非基本的显见义务是几种基本的显见义务的组合，如保护环境的义务是感恩、补偿、行善等基本显见义务的组合。在实际或特殊情境中，当多种显见义务之间存在冲突时应该履行的义务就是实际义务。哪一种或哪几种显见义务在冲突中应当被选择成为实际义务，取决于人们对具体情境的判断。至于何种判断是正确的，则取决于人们发展出的道德判断力。

虽然罗斯的显见义务命题能简明地为制定日常生活中的道德原则提供操作性指导，但在处理义务冲突的问题上，却总是容易陷入诡辩的陷阱。义务论的明显缺陷在于忽视了行为本身的现象学特点，行为的发生不仅根基于当时的特定情境，更受制于行为者具有的道德心理。

3. 伦理利己主义

伦理利己主义将行为者自身的利益作为道德的标准，有两条基本主张：第一，人人应设法最大限度地增加自己的利益；第二，人人按照符合自身利益最大化的原则去行动，自然而然地会促进全社会的利益。代表人物有伊壁鸠鲁（Epicurus）、兰德（Rand）、卡林、霍斯普斯（Hospers）和斯密（Smith）等。我国战国时期杨朱的"拔一毛而利天下，不为也"的观点，也是伦理利己主义的代表。

伦理利己主义有三种类型：第一，唯我型伦理利己主义，即每个人都要为自己的利益最大化而行动；第二，个人型伦理利己主义，即每个人都要为自己利益最大化而行动，不必管他人该如何；第三，普遍型伦理利己主义，即每个人都要为自己利益最大化而行动，只有当他人的利益与自己的利益相关时，才需要考虑他人该如何（雅克·蒂洛，等，2008）。

普遍型伦理利己主义是利己主义者最普遍认同的类型，他们主张最好的道德观是每个人都为了自身的利益在行动。兰德（2007）是普遍伦理利己主义的当代倡导者，她将自己的伦理观命名为理性伦理利己主义，表示在人人都具有理性的前提下，自私才能成为一种德行，才能符合道德的行动原则："人的私利也不能取决于盲目的欲望或者随意的奇想，而必须在理性原则指导下找到和实现私利。合理性的美德意味着承认和接受理性，把理性作为知识的唯一来源，作为对价值的唯一判断，作为对行动的唯一指导。"

伦理利己主义强调每个人都应为自身利益而行动，不建议任何形式的解决方案或尝试妥协，因此会使利益冲突者陷入互相拉扯的焦灼中，而永远无法解决利益冲突，这于他们的利益而言本身不也是一种损伤吗？在这种情境之下，伦理利己主义显然是站不住脚的。

4. 功利主义

功利主义以功利作为道德的标准，基本主张为：第一，主张结果的功利最大化；第二，依照功利最大化的原则去行动。功利主义是目的论的典型理论，主要创始人是边沁（Bentham）和穆勒（Mill），代表人物有休谟（Hume）、诺齐克（Nozick）和西季威克（Sidwick）等。

在边沁（1995）看来，社会是由无数个独立的个体组成的虚拟集体，个体既是个体又是社会的双重存在，"最大多数人的最大幸福是正确与错误的衡量标准"，因此，边沁（2017）说："功利原理是指这样的原理：它按照看来势必增大或减小利益有关者之幸福的倾向，亦即妨碍或促进此种幸福的倾向，来赞成或非难任何一项行动。"边沁认为，行为动机和行为本身没有善恶之分，也无法作为评定善恶的标准，只有行为的结果才有善恶之分，才能被作为评定善恶的标准，而符合价值原则的行为的结果就是善的——大多数人最大幸福的结果。

与边沁认为快乐只有量而无质的区别不同，穆勒认为，幸福是快乐的增加与痛苦的减少，但快乐有精神与肉体之分，而精神的快乐在质上优于肉体的快乐，因此不能将快乐简单地等同于幸福。作为自然界中的高级生物，人的幸福应当是一种超越了感官愉悦和肉体满足的更高质的精神快乐，包括理智的快乐、感情的快乐、想象的快乐和道德情感的快乐。基于这个论断，穆勒（2019）提出了极具利他倾向和自我牺牲意味的最大幸福原理，即"功利主义的行为标准并不是行为者本人的最大幸福，而是全体相关人员的最大幸福"。人生的目的应摆脱图谋一己幸福的范围，要关心他人的幸福和人类状况的改善，要使社会的最大幸福超越个人的最大幸福。穆勒不提倡无意义的自我牺牲，他认为"一种牺牲如果没有增进或不会增进幸福的总量，那么就是浪费"。他唯一赞成的自我牺牲，是为了他人的幸福或有利于他人幸福的某些手段而做出的牺牲。

穆勒认为约束道德需要内外部约束力和合力联合。外部约束力表现为法律和规范，源于人们对同胞的同情挚爱，对宇宙主宰的敬畏；内部约束力表现为良心和教育，源于人们内心的情感：同情、爱、自尊、自卑、渴望尊重等。穆勒认为良心是后天习染而形成的，基于联想原理。良心产生于这样一种情境：当一个人为了自己利益做出利他的行为，若教育强化了利他与快乐的关联，并重复这种强化，那么这个人便会忘却最初的利己心理，形成利他会给自己带来快乐的观念，也就是良心。

《论自由》是穆勒自由主义思想的集大成之作，他在书中系统地论述了个人自由与社会干涉的边界，强调自由是这样一种原则：只要不涉及他人的利害，个人（心智成熟的成人）就有完全的行动自由，其他人和社会都不得干涉，只有当自己的言行危害他人利益时，个人才应接受社会的强制性惩罚。

对功利主义的理解应先考量情境：第一，在人们的利益发生冲突而能两全的情况下，应以增加利益总量作为标准去行动，使每个人的境况都变好一些，或使一些人的境况变好的同时另一些人的境况不至于变差;第二,在人们的利益发生冲突而不能两全的情况下,若群体之间利益发生冲突,就应遵循"最大多数人的最大利益"标准去行动,若自我利益与他人或社会利益发生冲突,就应遵循"无私利他,自我牺牲"标准去行动。

功利主义常因其功利最大化理念而受到驳斥,人们认为强调结果的功利最大化必然导致非正义出现,如在著名的"电车难题"①中牺牲一人可救五人的选择,虽然结果上挽救了更多的生命,可对那个无辜的人而言却是一种非正义行径。功利主义者对此的解释是,功利主义其实由一系列因地制宜的标准组成的,在任何情况下,道德都应是"最大净余额为善"的恶,牺牲一人虽然是恶和非正义的行为,但却能避免带来更大的恶和非正义。因此,在这种情境下,两恶相权取其轻才是最大净余额为善的行为,但这并不意味着这种一行为在其他情境中,如电车可以被紧急制动的情况下,还是善和正义的。

5. 现代美德伦理学

20世纪中期,以安斯康姆1958年发表的《现代道德哲学》为开端,在赫斯特豪斯(Hursthouse)、斯塔特曼(Statman)、斯洛特(Slote)等人的努力下,美德伦理学在现代得以复兴。现代美德伦理学具备以下基本特点:第一,以行动者为中心而非行动;第二,关注道德应该是什么而非做什么;第三,追问该成为怎样的人而非采取怎样的行动。将美德理解为一种优良的品质,揭示并论证道德行为者是何以表现出美德的,是现代美德伦理学关注的重点——道德行为者的道德心理。现代美德伦理学有两种研究路径:第一,幸福主义,研究如何提升美德主体总体的、长远的幸福;第二,情感主义,将人类的情感,如同理心、关爱等作为道德的基础和出发点(李义天,2007)。

(二)关于道德本质的争论

作为一个本体论层面的问题,道德的本质是伦理学最基本的问题之一。道德的本质是道德基本要求的内在联系和道德内部包含的一系列必然性、规律性的总和。不同的学者对道德本质的理解和回答各不相同,并因此出现了不同的伦理学理论和派别。从是否承认道德的客观性而言,可以分为道德实在论和道德非实在论两大派别。

1. 道德实在论

道德实在论也称道德唯实论,是一种承认道德客观性的观点。从道德实在论的角度出发,道德事实与其他事实一样具有具体性或抽象性,是客观存在的,可以被观测到的,是可以被转化的。

道德实在论包含三个要素:道德事实、道德价值和道德判断。道德事实、道德价值和道德判断是客观存在的,不以人的意志为转移。道德事实、道德价值和道德判断是可以被人们认知的,但这种认知可能存在真假对错(马庆,2014)。

---

① 1967年,菲利帕·福特提出了伦理学中著名的思想实验——电车难题:一个疯子把五个无辜的人绑在电车轨道上,一辆失控的电车朝他们驶来且片刻后就要碾压到他们。此时,你可以拉一个拉杆让电车开到另一条轨道上,可另一条轨道上也被疯子绑了一个无辜的人。

道德实在论认为，责任在本质上受外界支配，而不受内心支配。人们遵守的是规则的词句，而不是它的精神实质。应该依据行为是否符合规则来评价道德行为，而不是依据行为的动机。

道德实在论对道德本质的论述可以分为两种观点：一种观点是道德超自然主义，认为道德的本质是一种超自然的实在，如柏拉图将道德的本质归于形式——对真实世界的物体或特征的抽象表示；另一种观点是道德自然主义，认为道德的本质是与人和自然相关的一种实在，如霍布斯将道德的客观性归于自然，洛克将道德的客观性归于契约，康德将道德的客观性归于绝对理性。

道德实在论其实是将道德看作一种外部规定的教条。虽然皮亚杰的研究中揭示了2~8岁的儿童具有道德实在论的特点，他们会刻板地遵守权威与教条，但随着个体的成长成熟，道德实在论对道德的解释就逐渐失去了说服力。

2. 道德非实在论

道德非实在论是与道德实在论相对立的一种关于道德本质的观点，也称道德反实在论、道德怀疑论。从道德非实在论的角度出发，道德真理不是客观的和可被认知的，人们无法证明道德真理为正，因而无法获得真实的道德真理。

道德非实在论涵盖三种观点：道德非认识主义，认为人们无法知道道德主张是否为真，因为道德主张并非以真理为导向，而是通过命令性或情感性的表达去传递欲望、赞同等非认知态度或倾向，不具备适真性；道德怀疑论（认知论道德怀疑主义、道德虚无主义、道德虚构主义），认为人们无法知道所有的道德主张是否为真，更无法相信得不到验证的道德主张；道德误差论（错误论），认为任何的道德主张都需要相应的理由，但并非所有的道德主张都是真的，因此人们无法获得真实的道德命题（王以梁，任巧华，2017）。

道德非实在论是对道德实在论的一种批判，它更能帮助人们深入其中探寻道德的背后究竟是什么。然而，道德难以被言明是绝对的存在或绝对的真实，当我们否定它时将会走向一种极端，而当我们持有道德怀疑论，将道德价值判断视为一种虚无的存在时，同样会走向另一种极端，因此，关于道德的本质将一直争论下去。

三、品德的形成与发展

作为个体的一种心理现象，品德的形成与发展不仅受到个体身心发展规律的制约，也受到社会发展规律的制约。品德的形成与发展就是社会道德在个人身上的具体体现，是个体学习社会规范，并建构起自己的行为判断和规范的过程。

（一）品德的形成过程与规律

品德的形成贯穿于人的生命全程，是品德的三个关系系统及其成分、结构和功能的发展过程。品德的形成是从外到内、从他律到自律的转化过程，大致经历以下三个阶段。第一阶段，社会规范的依从，即从表面上接受规范并按照要求来行动。此阶段行动者对于规范的必要性、意义、原则等缺乏认知，或存在盲从、抵触的情绪，主要依靠外部力量的监督。第二阶段，社会规范的认同，比依从更深一层地对规范的遵从和模仿。此阶段行动者对规范有了积极的接受与认可，主要依靠外部力量与内部力量的共同监督。第三阶段，社会规范的内化，比认同更深一层。此阶段行动者对规范的认知有了深刻的理解，对执行和遵守规范有更积极的情绪，已将规范内化为自己的价值观和信念，主要依靠自觉性与主动性的监督（陈琦，刘儒德，2009）。

品德的形成是一个复杂且长期的过程，主要表现为以下三个方面的规律（王易，彭思雅，2012）。

1. 品德形成的渐进反复律

品德形成是渐进的，其发展水平受限于主体的心理能力的发展。儿童最初形成的大都是较具体、单一的品德，随着年龄的增长，思维的发展，活动范围的扩大，知识的增多，逐渐形成综合、概括的品德。品德形成是反复的，由于品德形成的周期较长，并时刻受到内外因素的影响，因此品德形成的过程中也会出现倒退和反复的现象。例如，处于青春期的青少年，身心发展具有很强的可塑性和不稳定性，因而容易在不良同伴、媒体舆论、社会亚文化等的影响下表现出对立违抗或品行不端等行为。

2. 品德形成的矛盾协调律

构成品德的内部诸要素并不是均衡发展的，道德认知、道德情感、道德行为与道德意志的发展水平存在差异。内部各要素与外部环境存在矛盾，即个体品德的形成离不开外部环境的影响。家庭、学校、社会、同伴、亲密关系中的道德规范，可能会引发个体与外部的矛盾冲突。个体在品德形成的过程中遇到的矛盾能够在外部教育、个体心理能力提升、他人协助与劝诫等过程中，逐步得以协调。

3. 品德形成的社会适应律

品德形成的过程与社会化过程基本一致，品德的显现需要社会这个场所，个体品德的不断完善就是在不断地社会化。品德形成的过程是内部自洽与外部相容的过程，内部自洽即对品德的认同与判断，外部相容即对外部环境的积极适应。各种品德之间能建立联系或形成更高一级的品德，主要是由于在各种道德规范中存在着利他、为公的共性和个人对道德实质理解的不断深化。

（二）品德发展的要素与结构

品德形成和发展的过程中，个体通过模仿和顺从，逐渐接受、认同和内化某些行为规范。个体在行为规范的支配下表现出特定的行为，个体的行为经舆论或自我强化，逐渐建立占优势的情感、观念（认知）、意志和行为之间的联系，形成稳定的品德结构。

与品德的要素相对应，品德发展的要素也分为四个方面：一是道德认知发展，即对道德规范及其意义的理解水平，表现为能够运用道德规范对人或事做出道德判断和评价，也称道德认识；二是道德情感发展，即伴随着道德认识与道德行为的情绪体验，如义务感、同情心、荣辱感及内疚等；三是道德行为发展，即在道德认知和道德情感的支持下，有意识地解决不同性质（利他与利己）、不同水平的动机冲突，明确自己的道德责任，考虑采取的行动方式并预见其后果；四是道德意志发展，即在道德意志支配下的外部表现，是衡量个人品德的重要标志。

我国心理学家章志光（1990）将品德结构分为了生成结构、执行结构和定型结构。

品德的生成结构指个体从非道德状态过渡到出现道德行为或初步形成道德心理的过程，表现为有是非感和形成道德行为。儿童最初的道德行为或道德性的发生，是他们不断与外界相互作用的结果，包括榜样示范、道德故事讲述、道德教育等途径与方法。外界的反馈是引起行动者调节"需要—行为"动机的渠道之一，并在这个过程中获得道德规范的行为经验，产生是非感，形成道德行为的定势或习惯（见图7-3）。

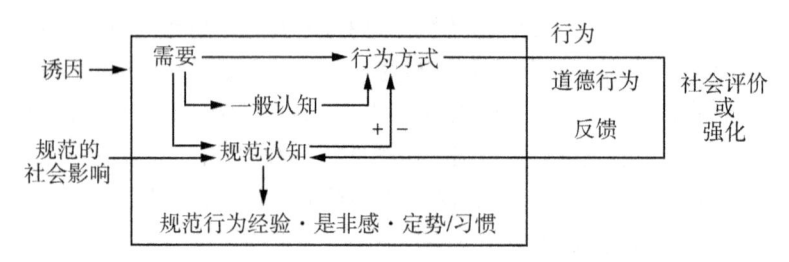

图 7-3 品德的生成结构

品德的执行结构指个体在道德情境中，经历内部冲突、主动定向、考虑决策和调节行为等环节的复杂心理过程。品德的执行结构包含三个部分（见图7-4）：（1）"道德认知—感情系统区"，包括不同层次、因人而异的道德观念（概念、知识、原则等）、道德体验（义务感、责任感、荣辱感等），以及由此而生并实现的道德信念、道德理想及价值观的"需要—行为"动机等，个体在这个区域做出道德价值判断；（2）根据道德情境产生道德行为；（3）外部和自我评价对道德行为的执行情况形成反馈回路。

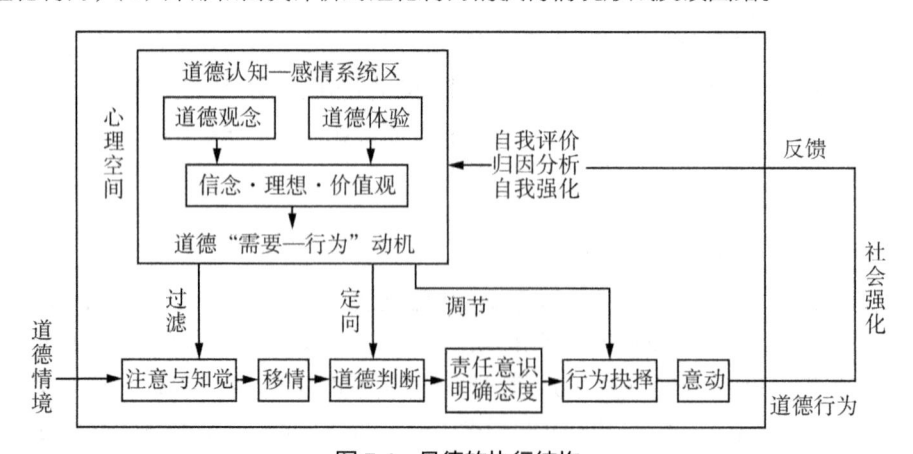

图 7-4 品德的执行结构

品德的定型结构指个体在执行结构的基础上形成的稳定的道德品质心理结构，即通常所说的德行、品性。一旦形成了某种占优势的道德观点（或信念），将会潜移默化地触发道德情境中的道德行为（见图7-5）。

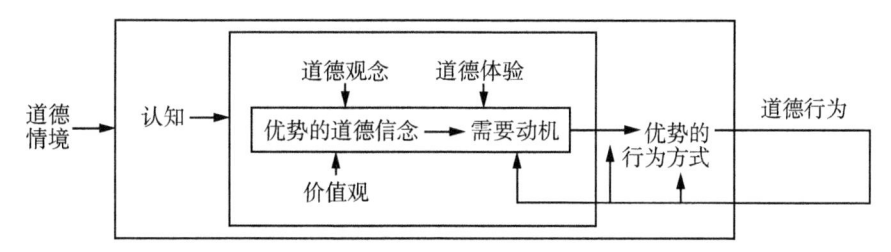

图 7-5 品德的定型结构

随堂巩固

（一）选择题

1. 学生根据自己掌握的道德规范，对自己和他人的是非善恶做出的判断被称为（　　）。
   A. 道德价值判断　　　　B. 道德认知
   C. 道德情感　　　　　　D. 道德评价

2. 道德与法律的显著区别在于它的（　　）。
   A. 效用性　　B. 非强制性　　C. 严苛性　　D. 适用性

3. 战国时期的思想家杨朱提出"一毛不拔治天下"的观点，认为人人都不损失一毫，人人都不为天下牟利，天下便可大治，这是（　　）的典型体现。
   A. 功利主义　　B. 美德伦理学　　C. 伦理利己主义　　D. 义务论

4. 学校针对学生道德行为制定的各种规范是对（　　）的应用。
   A. 义务论　　B. 行动义务论　　C. 功利主义　　D. 规则义务论

5. 罗斯提出了人类应遵循的七种基本义务，包括诚实义务、补偿义务、感恩义务、行善义务、自新义务、不伤害他人义务、行事正义义务，当这些基本义务相互组合时就会形成一些非基本义务。例如，见义勇为就是（　　）的组合。
   A. 诚实义务　　　　　　B. 正义义务
   C. 行善义务　　　　　　D. 补偿义务

6. 品德的形成要经历（　　）的过程。
   A. 观察或模仿　　B. 内化　　C. 顺从或遵从　　D. 认同或认可

7. 个体品德的形成受到内外因素的共同影响，儿童对某些道德规范的认可或执行，可能与家长或教师的期望产生偏差的现象，是因为品德发展存在（　　）的规律。
   A. 渐进反复　　B. 提前滞后　　C. 矛盾协调　　D. 服从抵抗

(二)简答题

1. 简述道德的几种理论及其基本观点。
2. 品德的发展阶段和规律是什么？
3. 道德与品德是什么？它们的区别与联系是什么？

选择题参考答案：1. A 2. B 3. C 4. D 5. BC 6. BCD 7. C

拓展阅读

1. 程炼. 2008. 伦理学导论［M］. 北京：北京大学出版社.
2. 王海明. 2009. 伦理学导论［M］. 上海：复旦大学出版社.
3. 陈真. 2006. 当代西方规范伦理学［M］. 南京：南京师范大学出版社.
4. 雅克·蒂洛，基思·克拉斯曼. 2008. 伦理学与生活［M］. 9版. 程立显，刘健，译. 北京：世界图书出版公司.

▶▶ 第二节　道德认知与价值观教育 ◀

学生道德指导的一个重要手段是开展价值观教育，而价值观教育的核心，则是引导和促进学生道德认知的发展。本节内容围绕"道德认知""价值观"两个核心概念展开讲述：首先，介绍个体价值观和社会价值观的区别与联系；其次，介绍皮亚杰和柯尔伯格的道德认知发展理论；最后，对价值观教育的技术理性途径和现象学途径进行比较，并从责任动力学视角说明价值观教育的四种水平。

一、个体价值观与社会价值观

价值观的概念定义繁多。文化人类学家克拉克洪（Kluckhohn）将价值观定义为一种外显或内隐的，有关什么是"值得的"的看法，反映了持有这种价值观念的个体或群体的特征，影响着他们的行为方式、目的、手段和选择等（陈星，2017）。我国心理学家黄希庭将价值观看成人们用来区分好坏的标准并指导行为的多维度、多层次的心理倾向系统（黄希庭，郑涌，2005）。

在教育类文献中，经常将道德认知和价值观看成同义词。然而，从社会心理学的角度看，价值观不仅表现为个体的倾向、态度、选择和观念，即个体价值观；也表现为一套群体及其认同的符号系统，即社会价值观。将价值观等同于道德认知，只有在个体价值观这种理解下才成立。下面分别介绍个体价值观和社会价值观的含义，并对两者的关系加以说明。

（一）个体价值观

个体价值观是个体对事物的意义和重要性的总体评价，表现为个体待人接物的过程中持有的态度，遵循的正当性原则和行为准则。个体价值观具有判断功能、规范功能、选择功能、定向功能、激励功能等，对一个人的思想行为起主导作用。

长期以来，心理学家就试图将人的价值观进行分类。在 20 世纪 20 年代，德国哲学家斯普兰格将人的生活方式分为宗教的、政治的、经济的、艺术的、社会的、理论的六种类型，并将它们看成拥有某方面价值观的表现，对应为六种人格类型。心理学家奥尔波特认为六种价值观可能以不同的程度在一个人的观念体系中组织起来，贯穿于生活的所有方面。不同价值观的人占据主导地位的类型不同。20 世纪下半叶，出现了一系列价值观分类方法。下面，介绍三种主要的价值观分类。

1. 罗克奇价值观调查表

社会心理学家罗克奇（Rokeach）将价值观定义为一种持久的信念，并于 1973 年设计了罗克奇价值观调查问卷。罗克奇将价值观分为终极价值观和工具价值观两种，每一种类型有 18 项具体内容（见表 7-2）。其中，终极价值观指对生活中某些最终状态的偏好；工具价值观指对实现终极价值观的手段或行为方式的偏好。

表 7-2　罗克奇价值观调查问卷中的两种价值观

终极价值观	工具价值观
舒适的生活（富足的生活）	雄心勃勃（辛勤工作、奋发向上）
振奋的生活（刺激、积极的生活）	心胸开阔（开放）
成就感（持续的贡献）	能干（有能力、有效率）
和平的世界（没有冲突和战争）	欢乐（轻松愉快）
美丽的世界（艺术与自然的美）	清洁（卫生、整洁）
平等（兄弟情谊、机会均等）	勇敢（坚持自己的信仰）
家庭安全（照顾自己所爱的人）	宽容（谅解他人）
自由（独立、自主选择）	助人为乐（为他人的福利而工作）
幸福（满足）	正直（真挚、诚实）
内在和谐（没有内心冲突）	富于想象（大胆、有创造性）
成熟的爱（性和精神上的亲密）	独立（自力更生、自给自足）
国家的安全（免遭攻击）	智慧（有知识的、善思考的）
快乐（快乐、闲暇的生活）	符合逻辑（理性的）
救世（救世、永恒的生活）	博爱（温情的、温柔的）
自尊（自重）	顺从（有责任感、尊重的）
社会承认（尊重、赞赏）	礼貌（有礼的、性情好的）
真挚的友谊	负责（可靠的）
睿智（对生活有成熟的理解）	自我控制的（自律的、约束的）

用价值观调查问卷施测时，被试需按照对自身的重要性，对两类价值观的内容分别进行顺序，将最重要的价值观排在第一位，次重要的价值观排在第二位，以此类推。按照这个方式，就可以了解不同价值在不同个体心目中的相对重要程度。一些运用价值观调查问卷的研究证实了不同人群拥有不同的价值观，相同职业或类别的人倾向于拥有相同的价值观。

2. 施瓦茨价值观量表

心理学家施瓦茨将价值观定义为"值得追求的、跨情境的目标"，并于20世纪90年代编制了施瓦茨价值观量表，从自我提高、自我超越、保守、开放四个方面区分出价值观的10种普遍动机类型（见图7-6），其中，自我提高包括成就、权力两种动机；自我超越包括博爱、友善两种动机；保守包括传统、遵从、安全三种动机；开放包括享乐、自主、刺激三种动机。与罗克奇的价值观调查表不同，施瓦茨价值观量表并没有区分终极价值观和工具价值观。不过，自我提高和自我超越构成了行动的"目标"维度，自我提高强调个人目标，自我超越强调集体目标；保守和开放则构成了行动的"手段"维度，保守强调常规的手段，而开放则强调创新的手段。

图7-6 施瓦茨价值观量表的10种普遍动机类型

施瓦茨试图用价值观量表描述各种文化，形成一个价值观地图。他的团队发现，个体价值观会因年龄、性别、环境、社会经济地位、掌握权力的大小等因素而表现出明显的差异。通常来说，年龄越大越保守，年龄越小越开放；男性追求成就和权力，女性追寻博爱或友善；稳定环境激发个体对刺激、享乐的追求，动荡环境激发个体对安全、传统的追求。需要强调的是，以上结论只是反映特定人群、特定时期、特定文化背景下的情况，并不具有通用性。

（二）社会价值观

社会价值观是社会成员之间为了协调与规范彼此行为而达成的价值共识和行为准则。社会是由不同社会范畴的个体构成的，没有个体就没有社会。然而，社会价值观的形成，并不是个体价值观的简单相加，也不是简单靠社会的倡导和推行。通常，一个社会由众多具有不同利益诉求的群体组成，因此，社会的价值观必然是多元的、有差异的，既包括核心价值观，也包括一般价值观。其中，核心价值观是社会价值观体系中最基础、最核心的部分，居于统摄地位，起着主导和支配的作用；而一般价值观是以核心价值观为依据建立起来的各种具体价值判断和价值选择，从属于核心价值观并受核心价值观的决定和支配。

核心价值观是一个集团、国家或民族长期坚持的一整套根本原则，具有以下四个特征（王静，常宇靖，2018）：（1）主导性，核心价值观在价值观体系中起主导作用，对一般价值观起着统摄和整合作用，决定个体的基本价值取向；（2）辐射性，核心价值观通过政策导向和宣传教育等方式，辐射社会生活的方方面面，影响人们的思想和行为；（3）稳定性，只要社会的根本性质不发生变化，核心价值观就会在各项政策制度的支持下和个体自觉行为的维护下保持稳定；（4）理想性，核心价值观既要以社会经济发展现状为基础，又要具有超越现实的理想，包含着人们对美好社会的向往和追求（王静，常宇靖，2018）。

每个社会都有其赖以生存和发展的核心价值观。中国特色社会主义核心价值观包括三个层面，即国家层面的富强、民主、文明、和谐，社会层面的自由、平等、公正、法治，个体层面的爱国、敬业、诚信、友善。

（三）个体价值观与社会价值观的关系

个体价值观和社会价值观是根据主体不同而区分出来的。其中，个体价值观由个体决定，仅对个体自身的行为产生影响；而社会价值观则由社会上占主导作用的群体决定，对社会中广大人群的行为产生影响。个体价值观与社会价值观并不是截然分开和对立的，而是形成相互依赖、相互影响和相互转化的关系（罗国杰，2013）。一方面，社会价值观需要转化为个体价值观才能实现对社会的影响，转化的手段就是教育和内化；另一方面，个体价值观可以通过协商，转化为社会价值观（见图7-7）。

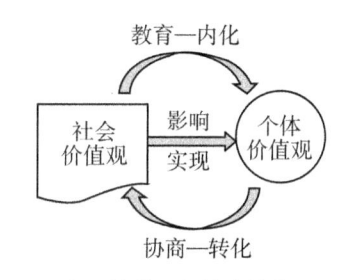

图 7-7　个人价值观与社会价值观的关系

一个人的个体价值观不是先天就有的，而是在一定的社会环境、社会活动中，在社会价值观的持续影响下逐渐形成的。影响个体价值观形成的因素是多方面的，既包括个体的生理心理素质、生活阅历、认识水平和社会实践活动，也包括家庭教育和学校教育，还包括社会背景、社会环境和同辈群体等（江传月，2015）。社会价值观转化为个体价值观的过程相对简单。个体在归属一定的社会群体的过程中，受到居于支配地位的社会价值观的教育和宣传，并遵从相应的行为规范，将社会价值观内化为自身的个体价值观。

由于社会并不是由许多个体简单集合而成，而是具有复杂的组织结构和运行机制，因此，个体价值观转化为社会价值观的过程非常复杂。一般来说，社会价值观的形成包括自上而下和自下而上两种方式。

我国学者李逢铃（2019）认为，无论哪种方式，要使某种价值观转化为社会价值观，都需要经过以下三个阶段：（1）理念阶段，一种价值观逐渐被人们认识，并对一部分社会成员产生影响，成为指导他们行为的理念或信念；（2）制度阶段，这种价值观不再停留在观念层面，而是进入各种具体的法律、规章之中，被社会大多数成员认可;(3)目的阶段,这种价值观被社会大多数成员认同和实行,成为社会文化的重要组成部分和主要标志。

二、价值观与道德认知发展

前面介绍了个体价值观和社会价值观之间的关系,重点说明了社会价值观的形成过程。在这里,我们关注个体价值观的形成过程。从观察学习理论的视角看,个体价值观的形成可分为以下五个阶段:(1)认知阶段,即用自己的思想结构去感知、领悟、把握外界信息,并在外部其他因素的影响下形成自己的个性化理解;(2)自我评估阶段,即将外部价值观念与自身持有的价值观念进行比较,从而对自己做出评价性认知;(3)选择阶段,即依据一定的目的和内在尺度,对多种价值观进行比较、分析、权衡和取舍;(4)强化阶段,即不断增强已选择的价值观;(5)内化阶段,即某些价值观已在头脑中形成相对稳定的认知结构。

在这一部分,我们先说明价值观与道德的关系,然后,分别介绍皮亚杰和柯尔伯格关于道德认知发展阶段的模型,以及格雷夫斯(Graves)对个体价值观七个等级的分类。

(一)价值观与道德

价值观是一个包含道德、审美及其他涉及意志、情感、评价因素的要求的广泛哲学范畴。道德价值观是价值观体系中最典型、最古老的价值观,是对具有社会效用的道德行为的价值判断。正如习近平总书记在同北京大学师生的座谈会上指出的:"核心价值观,其实就是一种德,既是个体的德,也是一种大德,就是国家的德、社会的德。国无德不兴,人无德不立。"

道德价值观指对道德行为效用的判断,即对道德行为是否符合一定的道德目的的判断。道德价值观在社会层面上形成了一定的社会道德规范,而个体对这些社会道德规范的理解就是个体价值观,也称道德认知。道德认知激发个体的道德情感,形成道德意志,最终转化为道德行为,从而构成了完整的品德结构(见图7-8)。

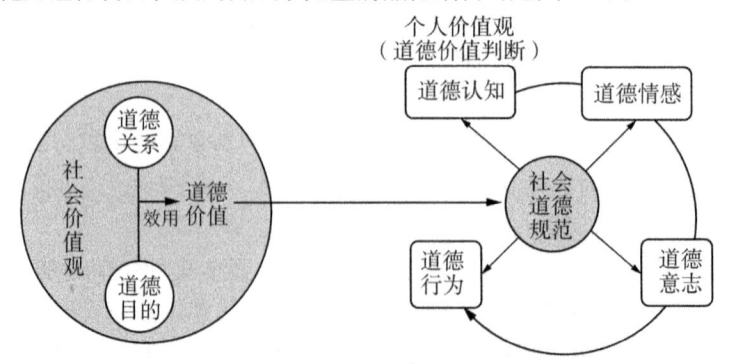

图7-8 道德价值观与个体价值观的关系

（二）皮亚杰的道德认知发展阶段理论

皮亚杰是第一个系统追踪研究儿童道德认知发展的心理学家，他于1932年出版的《儿童道德判断》是研究儿童道德发展的里程碑式的著作。皮亚杰认为道德是由一系列规则构成的，个体道德上的成熟主要表现为遵从规则和具有社会公正感两个方面。

皮亚杰通过向儿童讲述含有道德价值内容的对偶故事，用观察、实验、提问并分析回答等方式，揭示了儿童道德发展的主要规律：一是儿童道德判断有自律和他律两种水平，并从他律发展到自律；二是儿童的道德认知之所以会从他律走向自律，主要是因为随着儿童年龄的增长和社会关系的变化，认知的成熟逐渐削弱自我中心主义倾向，且在同伴交往中逐渐发展出平等与合作的关系。下面是皮亚杰（1984）研究中采用的典型对偶故事。

故事一：一个叫约翰的小男孩在他的房间时，家里人叫他去吃饭。他走进餐厅，但在门后有一把椅子，椅子上有个放着15个杯子的托盘，约翰并不知道门后有这些东西。他推门进去，门撞到了托盘，结果15个杯子都撞碎了。

故事二：一个叫亨利的小男孩，一天他母亲外出了，他想从碗橱里拿出一些果酱。他爬到一把椅子上并伸手去拿，由于放果酱的地方太高，他的手臂够不着，在试图取果酱时，他碰倒了一个杯子，结果杯子倒下来打碎了。

提问：①这两个男孩的过失是否相同？②这两个男孩哪一个问题更严重些？为什么？

皮亚杰认为道德认知的发展需要经历自我中心阶段、权威阶段、可逆性阶段、公正阶段。

自我中心阶段（2~6岁），又称无律道德阶段、前道德阶段、单纯的个体规则阶段。这个阶段的个体表现为自我中心主义，只按照自己意愿执行规则，没有形成真正的道德概念，不理解成人或环境的要求，行为直接受结果的支配，不能正确地分辨服从和义务。

权威阶段（6~8岁），又称他律道德阶段、道德实在论阶段、道德现实主义阶段。这个阶段的个体不仅遵从成人的命令，也服从环境（通常来自父母、教师等）提出的规则或要求。皮亚杰认为儿童在这一阶段对权威有一种绝对的义务感：一方面是成人的权力压制使得儿童认为自己应该顺从；另一方面也是儿童的认知尚不成熟，具有现实主义的特点。

可逆性阶段（8~10岁），又称道德相对论阶段。这个阶段的个体认识到道德行为准则只不过是同伴之间的共同约定，认识到规则不是绝对的，而是可被怀疑和改变的，强调遵守规则的可逆性——只要你遵守我也得遵守，开始使用一种互惠性的公平标准审视道德事实。

公正阶段（10~12岁），又称自律道德阶段。这个阶段的个体从利他的角度考虑可逆的道德观念，产生了公正的观念，做出的判断不再绝对化，也能将自己置于他人的角度，是一种出自关心与同情的真正的道德关系。

除了以上四个阶段外，也有学者将皮亚杰的道德认知发展理论归纳为三个阶段，即5岁之前的前道德阶段，5～10岁的道德实在论阶段/他律道德阶段，以及10岁以后道德相对论阶段/自律道德阶段（蔡亚平，2011）。

（三）柯尔伯格的道德认知三水平六阶段理论

美国心理学家柯尔伯格采用道德两难故事进一步研究个体的道德认知发展水平，他向不同年龄的个体呈现道德两难故事，通过分析个体应对道德冲突时的价值选择，发现个体道德行为与道德判断并不是来自对某种社会规则的遵从，而是一种决策能力，即个体道德认知能力。根据这个发现，柯尔伯格将道德认知理解为对是非、善恶行为准则及其实践意义的认识，主要表现为道德判断，即面对道德冲突时的价值选择。

道德两难故事：海因兹的妻子病危，而他却无钱支付高额的药费。在药商既不肯降价，又不答应延期付款的情况下，为挽救妻子的性命，海因兹破门而入偷了药。

提问：海因兹应不应该这么做，为什么？

根据研究观察，柯尔伯格将道德认知发展分为三种水平六个阶段（中国心理卫生协会，2012）。

1. 前习俗水平（9岁之前）

这个水平的个体遵守规范但未形成自己的主见，依据是否能避免惩罚或获得奖励做出道德判断，可分为服从与惩罚取向、相对功利取向（工具性的相对主义取向阶段）两个阶段。

第一，服从与惩罚取向阶段。这一阶段的个体缺乏是非善恶的观念，服从规范的原因是对惩罚的恐惧，认为会受到惩罚的行为都是坏的，反之则是好的。处于该阶段的个体基于偷药是否会被惩罚的行为事实来考虑问题，倾向于认为海因茨不该偷药。

第二，相对功利取向阶段。这一阶段的个体会依据行为的赏罚结果来判断是非对错，认为会得到奖赏和好处的行为都是好的，反之则是坏的。处于该阶段的个体基于偷药是否对行为主体有利来考虑问题，倾向于认为海因兹应该去偷药。

2. 习俗水平（9～16岁）

这个水平的个体逐渐认识到规范与团体的意义，依据是否能获得良好的人际关系或符合规范做出道德判断，可分为寻求认可取向（人际关系和谐取向）、遵守法律取向（维护权威和秩序取向）两个阶段。

第一，寻求认可取向阶段。这一阶段的个体会很在意外界的看法与评价，会按照人们"好孩子"的标准和要求去行事，渴望得到他人的赞许。处于该阶段的个体倾向于认为海因兹应该去偷药，虽然偷窃的行为是错误的，但是他这样做尽到了丈夫的责任，是在拯救妻子的性命，是一种有良心的表现，是一个情有可原的"好人"。

第二，遵守法律取向阶段。这一阶段的个体更服从团体和社会的规范，遵守规定，维护权威。处于该阶段的个体倾向于认为海因兹不应该偷药，虽然他的出发点在于挽救妻子性命，但若人人都像他一样为了达到目的而不顾法律或规则，那社会将会变得很混乱，长期来看是不可取的行为。

3. 后习俗水平（16 岁以后）

这个水平的个体道德认知发展水平已摆脱现实道德规范的束缚，实现了完全的自律，是一个理想的道德发展水平，以是否符合社会规范或普遍的道德原则做出道德判断，可分为社会契约取向、普遍伦理取向（普遍道德原则取向）两个阶段。

第一，社会契约取向阶段。这一阶段的个体发展出了强烈的责任心和义务感，尊重法制并能意识到要因地制宜、与时俱进。处于该阶段的个体倾向于认为海因兹应该去偷药，因为一个人的生命价值远大于金钱。

第二，普遍伦理取向阶段。这一阶段的个体树立起了自己的人生哲学和价值观念，对是非善恶有了自己的一套价值判断标准，认为有些事可为有些事不可为，其判断不容易受现实或表象的限制。处于该阶段的个体倾向于认为海因兹应该去偷药，虽然他的行为违反了法律法规，但却能挽救一条生命，与其他事情相比，生命的价值应当是放在首位的，当然，海因兹同时也需要为自己的违法行为承担相应的责任，接受惩罚。

（四）个体价值观的七个等级

组织行为学家格雷夫斯通过分析企业组织中人物的价值观和生活作风等，概括出了个体价值观的七个等级（孙健敏，2005）：（1）反应型，总是照着自己基本生理需要做出反应而不管其他条件，没有意识到周围的人是作为人类而存在的，停留在婴儿时期；（2）部落型，依赖性高，服从于传统和权威；（3）自我中心型，信仰自我中心主义，表现为自私、爱挑衅，服从于权力的约束；（4）坚持己见型，对模棱两可的意见或观点无法容忍，难以接受不同的价值观，希望他人接受自己的价值观；（5）玩弄权术型，非常现实，积极争取地位和社会影响，喜欢通过戏弄别人、篡改事实以达到个人目的；（6）社交中心型，与自己的发展相比，更看重被人喜爱和与人和睦相处，容易受玩弄权术者和坚持己见者的排斥；（7）存在主义型，能容忍模糊不清的意见和不同的观点，但对制度和方针的僵化、空挂的职位、权力的强制使用等也敢于直言。

三、品德培养中的价值观教育

价值观是一个人个性心理特征的核心要素，能决定、调节和制约个性心理特征的其他方面，性格、品德、知识、技能、思维等心理特质的形成以价值观为基础，因此，培养学生品德的前提或基础是价值观教育。

我国的公民价值观教育具有浓厚的集体主义特色。1949 年中华人民共和国成立时的《中国人民政治协商会议共同纲领》首次提出爱祖国、爱人民、爱劳动、爱科学、爱护公共财物的公民价值观；1982 年宪法将"爱护公共财物"改为"爱社会主义"，形成爱祖国、爱人民、爱劳动、爱科学、爱社会主义的公民价值观。进入 21 世纪，我国在 2001 年的《公民道德建设实施纲要》里提出了爱国守法、明礼诚信、团结友善、勤俭自强、敬业奉献五大公民价值观，指向国家发展、社会和谐和个人进步。2012 年中国特色社会主义核心价值观发布，将公民层面的核心价值观凝练为爱国、敬业、诚信、友善四个方面（曾狄，2016）。

在这一部分，我们先介绍价值观教育的两种途径，然后从责任动力学的视角，分析价值观教育中的四种基本品德要求。

（一）价值观教育的途径

我国学者胡萨（2020）认为价值观教育的途径可以分为技术理性途径和现象学途径。技术理性途径将价值观视为既定的事实性存在，认为价值观教育是对现成的价值观知识和方法的学习。这种途径要求教育者将价值观抽象为概念化的知识或可操作的方法，采用说教的方式传授价值观知识或方法，因而会忽略价值观产生的原始意义与背景，教育效果上容易造成"知而不信，知而不行"的尴尬局面。

现象学路径倡导本原性的思维方式，认为价值观教育要学习既成道德现实产生的源头及意义。这种途径要求教育者引导学生回溯与追问道德价值的原初意义，强调通过意义的激活与唤醒来实现意义的流传和增殖，要防止概念符号和逻辑形式遮蔽原初意义。

现象学中原初意义是指通过一种本原性思维的方式，追问事物或现实产生的意义之源——回溯的不是某种物理事实性存在的原因或条件，而是其产生的内在根本意义，类似于对基因的探索。因此，道德价值的原初意义是指，使人类社会从开始一直到现在能够建构起各种社会价值观的根本追求。通过现象学途径的教育方式帮助学生回溯、探索、理解道德价值的原初意义，才能使学生真正接受将要学习与秉持的一系列价值观及其重要意义，而不是囿于理性技术途径教育方式下的说教与口号的灌输。

道德价值的原初意义有三个方面的含义：一是道德价值的产生基于人们共同化的生活世界，所谓共同化是指社会生活中人与人之间相互意义理解的发生——人们达成了观念的共识；二是道德价值的实质是价值共识的达成，因为道德价值需要协调和凝聚多元主体的思想和行动，去建构对一些基本价值观念的公共性认同；三是道德价值的根本追求是"我们如何在一起"，而不是"我应该如何生活"，因为社会生活是由各种关系织就的，道德价值需要考虑的也应该是人与人之间的相处。

（二）责任动力学视角下的价值观教育

责任动力学是由我国学者方志良提出的一种责任理论。该理论将责任定义为"人的一切社会行动在社会关系中的评价总和"，可以解释为主客体关系中对主体社会行为的评价标准。例如，在父慈子孝这个评价标准中，就包含亲子关系中父母关爱孩子的责任，以及孩子孝敬父母的责任。

主客体关系可分为显性关系和隐性关系。前者是以文件形式正式明确的关系，包括制度关系、契约关系；后者是以非文件形式约定的关系，包括道义关系、使命关系等。主客体关系构成对主体行为的约束力，根据关系性质不同，可区分出显性约束力和隐性约束力。其中，显性约束力是正式的、强制性的约束力，表现为法律、法规、制度等；隐形约束力是非正式的、非强制性的约束力，表现为道德、文化、口头规则等。

对主体社会行为的评价标准可分为外部评价和内部评价。前者是由社会组织进行的评价，后者是主体自身进行的评价。评价标准构成对主体行为的驱动力，根据评价来源不同，可区分为外驱动力和内驱动力。其中，外驱动力是社会为维系组织的稳定，对主体行为提出的普遍性要求，表现为规则或习俗；内驱动力是主体从自身需要出发，对自己的行为提出的个性化要求，表现为目标或誓言。

根据以上分析，责任就是在显性或隐性的主客体约束关系中，由外部评价或内部评价驱动的评价系统。在约束力和驱动力二个维度共同作用下，主体社会行为的责任可以分为角色责任、能力责任、义务责任和原因责任四种类型，组成理性责任矩阵模型（见图7-9）。其中，角色责任是在显性的主客体关系中，由社会外部评价驱动的主体责任，表现为主体在一定角色要求下被动做事，可称为"必须做"；能力责任是在显性的主客体关系中，由自身内部评价驱动的主体责任，表现为主体根据自己的能力主动做事，可称为"努力做"；义务责任是在隐性的主客体关系中，由社会外部评价驱动的主体责任，表现为主体在一定的义务感召下自愿做的事，可称为"应该做"；原因责任是在隐性的主客体关系中，由自身内部评价驱动的主体责任，表现为个体根据自己的意愿可做可不做的事，可称为"选择做"（方志良，2017）。

	外驱动力	内驱动力
隐性约束力	义务责任（应该做）	原因责任（选择做）
显性约束力	角色责任（必须做）	能力责任（努力做）

图 7-9 理性责任矩阵模型

资料来源：方志良. 2016. 责任动力学：颠覆企业传统责任心管理新思维［M］. 北京：北京燕山出版社.

理性责任矩阵模型可以用来解读学生遵纪守法、勤奋读书、友善待人、爱国为民四种基本品德要求。其中，遵纪守法是一种角色责任，社会中的每一个成员都必须遵守法律法规，主要依靠制度约束和奖惩措施来实现；友善待人是一种义务责任，社会成员之间有义务做到互相善待、和谐友爱，主要依靠培育学生的共情能力来实现；勤奋读书是一种能力责任，学生的学业成绩的提升依靠内外力量的共同监督，但到底还是需要学生自身不断努力提升，主要依靠的是与学业相关的一系列目标的激励；爱国为民是一种原因责任，国民有义务热爱祖国和爱护民众，但这种价值观很难通过现行约束力来强制执行，主要依靠的是塑造信念或信仰的强烈内驱。

随堂巩固

（一）选择题

1. 培养学生品德的前提或基础是做好（　　），因为这是个体个性心理特征的核心要素。
   A. 思想政治教育　　　　B. 素质教育
   C. 价值观教育　　　　　D. 品德教育

2. 价值观教育有两种途径，其中将价值观抽象为概念化的知识或可操作的方法传授的路径是（　　），而引导学生回溯与追问价值观产生的原初意义的传授途径是（　　）。
   A. 理论途径　　　　　　B. 技术理性途径
   C. 实践途径　　　　　　D. 现象学途径

3. 根据责任动力学的基本观点，责任可以依据约束力和驱动力两个维度被进一步划分为角色责任、能力责任、义务责任和原因责任，那么学生小李不惧失败努力学习的行为表现，正是他的（　　）的体现。
   A. 义务责任　　B. 原因责任　　C. 角色责任　　D. 能力责任

（二）简答题

1. 开展价值观教育的意义。
2. 请举例说明如何在心理健康教育的课堂中开展价值观教育。
3. 简述责任动力学的理性责任矩阵模型。

选择题参考答案：1. C　2. BD　3. D

拓展阅读

1. 胡萨. 2020. 价值观教育的关键：唤醒与激活价值观的"原初意义"——基于发生现象学的视角[J]. 教育研究，41（8）.

2. 方志良. 2016. 责任动力学：颠覆企业传统责任心管理新标准[M]. 北京：北京燕山出版社.

本讲小结

1. 道德是由一定社会群体制定和认可的，对具有社会效用的行为应该如何而非必须如何的非权力性规范（非强制性规范），具有约定性、效用性和非权力性，是一种社会现象，表现为某些社会道德规范。

2. 品德是个体依据一定的道德规范行动时表现出的稳定的心理倾向和特征，由道德认知、道德情感、道德行为和道德意志四种要素构成，是一种心理现象，表现为个体的某些秉性。

3. 道德与品德是两个存在内在关联的概念，道德是一个完整的体系，品德则是道德规范在特定个体中的局部反映，个体的品德源于社会道德并受其约束和指导，社会道德也通过众多个体的品德表现出来并受其影响。

4. 美德伦理学将美德作为道德的标准，义务论将义务作为道德的标准，伦理利己主义将行为者自身的利益作为道德的标准，功利主义将最大化的功利作为道德的标准。在现代美德伦理学中，幸福主义关注如何提升美德主体总体的、长远的幸福，情感主义则将同理心、关爱等人类的情感作为道德的基础和出发点。

5. 品德的形成是一个从外到内、从他律到自律的复杂且长期的过程，要经历对社会规范从顺从到认同再到内化的转变，遵循渐进反复、矛盾协调、社会适应的形成规律。

6. 道德价值观包括了个体价值观与社会价值观，社会价值观需要转化为个体价值观才能实现；通过引导和教育，社会价值观可以内化为个体价值观；通过协商达成共识，个体价值观可以转化为社会价值观。

7. 社会价值观的直接表现就是社会道德规范，包含核心价值观和一般价值观。个体价值观实质上反映的是个体的道德认知，道德认知能力会随着个体身心发展的成熟，由外到内地从他律转为自律，并形成一套相对稳定的道德认知、道德情感、道德意志和道德行为的运作模式。

8. 皮亚杰的道德认知发展阶段理论和柯尔伯格的三水平六阶段理论是对道德认知发展的经典论述，只有掌握了道德认知的发展阶段及其特征，才能更好地开展道德与品德教育。

9. 培养学生品德的核心在于塑造学生的价值观，可通过理性技术途径和现象学途径进行。现象学途径注重引导学生思考价值观的原初意义，更关注价值观教育中对现象及本质意义的回溯。

10. 责任动力学从个体行为的驱动力和约束力两个维度出发，将责任分为角色责任、能力责任、义务责任和原因责任。

总结练习

（一）选择题

1. 个体在经历过某些重大事件或重要人物关系的改变后，其原来持有的价值观念发生了较大的转变，是因为个体价值观具有（　　）。

　　A. 可逆性　　　　B. 情境性　　　　C. 差异性　　　　D. 可塑性

2. 个体价值观的形成要经历认知—自我评估—选择—强化—内化五个阶段，学生小王每次看到同学之间发生矛盾时，都会及时劝阻双方，并认为他们发生口角的行为是不恰当的，这表明了小王正处于个体价值观形成的（　　）。
    A. 认知阶段　　　B. 自我评估阶段　　　C. 选择阶段　　　D. 内化阶段
3. 中国特色社会主义核心价值观，对公民的基本要求是（　　）。
    A. 富强、民主、文明、和谐　　　B. 自由、平等、公正、法治
    C. 爱国、敬业、诚信、友善　　　D. 博爱、利他、诚信、友善
4. 根据责任动力学的基本观点，被外部驱动力与隐性约束力共同作用而产生的行为，是（　　）的表现。
    A. 原因责任　　　B. 义务责任　　　C. 能力责任　　　D. 角色责任

（二）简答题
1. 个体价值观的形成过程及其特性。
2. 阐述皮亚杰的道德认知发展阶段理论。
3. 阐述柯尔伯格的道德认知三水平六阶段理论。
4. 举例说明在学校开展价值观教育的途径和方法。

选择题参考答案：1. D　2. D　3. C　4. B

第八讲
学业发展指导

概述

2019年,《国务院办公厅关于新时代推进普通高中育人方式改革的指导意见》中将学生发展指导分为理想、心理、学习、生活、生涯规划五个方面,学习指导是其中的重要组成部分。从目的和内容上看,学习指导是根据终身学习的教育理念和学生学习的心理规律,为学生的自主学习创设有利的环境和条件,对学生的学习动机和情绪状态、学习方法和策略、学习过程和习惯等进行引导和帮助,为学生适应当前和未来的学业学习打下坚实的基础。一般将学习指导称为学业发展指导,与生涯发展指导、个性与社会性发展指导共同构成学生发展指导的三大领域。

本讲采用学业发展指导这个表述,分别从学习状态调控、学习策略的发展与培养、学习困难的评估与干预三个方面,系统介绍中小学生学习指导的基本内容和具体方法。

关键词

第一节	学习状态、情绪(心境)、注意、动机、心流状态、生物反馈
第二节	有意义学习、认知策略、元认知策略、资源管理策略、学习的信息加工模型
第三节	学习困难、学习分析技术、学习数据、学习模型、学习建议、学习风格、学习困难干预

知识结构图

第一节 学习状态调控

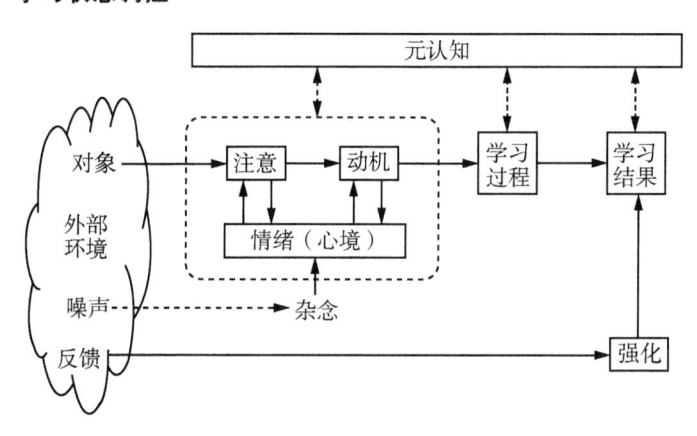

第二节 学习策略的发展与培养

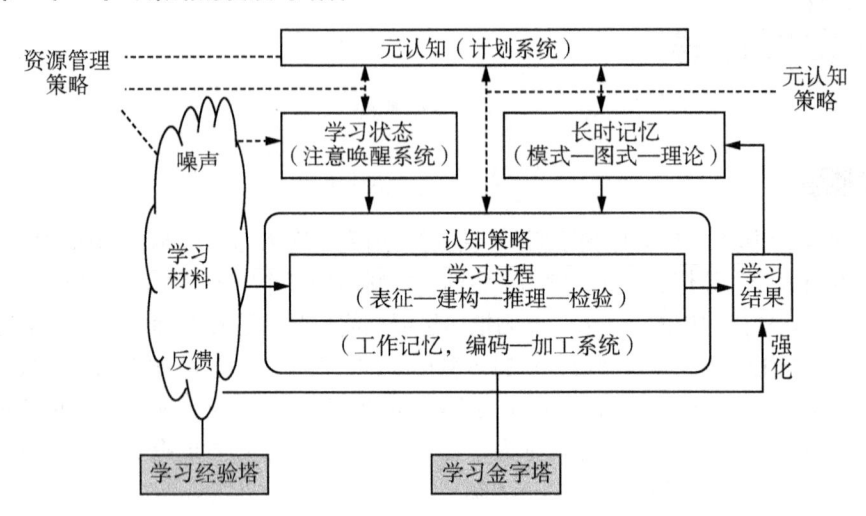

第三节 学习困难的评估与干预

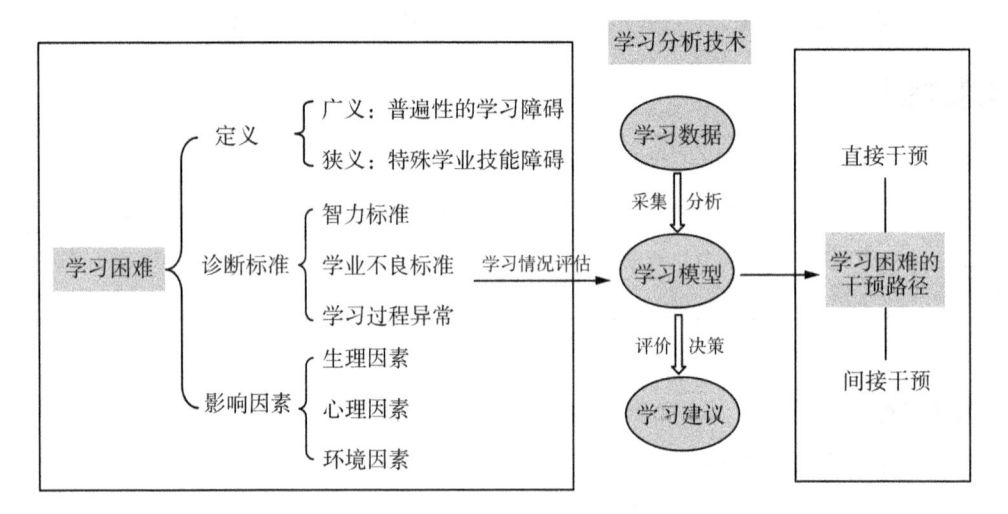

学习目标

1. 说出学习状态的含义，理解作为整体的学习状态模型与理想的学习状态特征。
2. 学会使用行为观察、问卷调查与生物监测的方式来评估学生的学习状态。
3. 掌握调控学生学习状态的方法。
4. 了解学习策略的含义、学习策略的基本类型及区别。
5. 理解学习的信息加工模型。
6. 掌握学习策略的运行流程及发展规律。
7. 说出学习困难的含义与影响因素，了解学习困难的诊断标准。

8. 了解传统的学业测评的局限，掌握学习分析技术的结构与原理。
9. 学习困难的两种干预路径和应用。

引导性问题

1. 情绪、注意、动机三个概念之间的关系是怎么样的？
2. 动机的分类有哪些？如何调控动机水平？
3. 如何通过生物反馈训练调控学生的学习状态？学习状态调控能力如何提升？
4. 认知策略、元认知策略和资源管理策略之间是什么关系？
5. 学习策略的使用一定会提高学习效率吗？
6. 如何发展和培养学生的学习策略？
7. 哪些因素会导致学生出现学习困难？
8. 如何评估学生的学习情况？
9. 针对学业不良的学生，如何通过有效的方式进行干预？

知识详解

▶▶ 第一节　学习状态调控 ◀

在生活中，经常会听到许多学生抱怨自己："学习状态差""学不进去""上课想认真听讲却不自觉走神"等，也经常会听到教师说某个学生上课时不在状态，需要进行调整。那么究竟什么是学习状态？本节将对学习状态的概念进行辨析，并介绍学习状态的测评方法和调控方式。

一、学习状态的概念辨析

心理学理论研究中，并没有学习状态这一概念，但感知、记忆、思维等心理活动确实是在某种状态下运行的，描述这些心理状态的概念主要包括意识状态和无意识状态、情绪状态、心境、思维定式、动机、注意等。作为一种复杂的心理活动形式，学习也是在特定的状态下运行的。

（一）学习状态的定义与组成要素

我国对学习状态的最早定义见于 1994 年《中小学管理》中《学习状态》一文，该文将学习状态定义为"人在学习时身体和心理的机能状况，主要包括大脑清醒与注意集中的状况、情绪状况、身体机能状况等"。良好的学习状态，是指学习时大脑清醒、注意集中、情绪积极、身体健康、精力充沛的状态。2003 年，刘毅玮将学习状态定义为"学生在从事学习活动时，身心活动在强度、稳定性、持久性方面表现出来的特征"，并区分为学习生理状态和学习心理状态。其中，学习生理状态包括学习者的觉醒状态、意识状态、兴奋状态；学习心理状态包括学习者的注意状态、情绪状态、认识状态，特别是思维状态、动机状态等。以上两种解释都认为学习状态应包括生理方面的因素，但刘毅玮罗列的生理状态其实也是心理状态，列举的心理状态要素过于庞杂。

在教育实践中，研究者更多从心理层面定义学习状态。例如，2005年，唐伟和丁召民主编的《新课程课堂教学行为创新》中指出学习状态是指学生在学习过程中情感、态度的投入状态，具体表现为学生在学习过程中的兴趣，包括参与状态、交往状态、思维状态和生成状态。2006年，马艺将学习状态定义为"学习者在学习过程和结果方面表现出来的注意状态、情绪状态、动机状态等的总和"，并认为三种状态相互作用，相互影响，共同构成了学生的学习状态的基础。其中，注意状态直接关乎学习活动所需的心理能量的分配；情绪状态贯穿整个学习过程，与动机状态密切相关；动机状态是学生学习状态形成发展的前提，是推动学习者进行学习活动的动力系统。

国外学者将学习状态分为认知状态和情感状态两个方面（Baker, et al., 2010），其中，认知状态是通过促进学习者对学习内容的结构理解，来影响学习者的学习状态；情感状态是由情感引发的学习状态。情感状态在一定程度上可以影响学习者的认知状态，良好认知状态也可以让学习者产生积极的情感状态。随着网络学习的兴起，一些研究者开始通过分析学习者的网络学习时长、学习资源使用情况、测试情况等行为数据，采用定量分析的方法探测学习者的网络学习状态。例如，贝克（Baker）和帕尔多斯（Pardos）等2013年利用2 786位学生在3年时间内积累的80多万条网络学习操作数据，对网络学习状态的数据指标进行了深入研究，构建了学生学习状态和行为操作之间的关系模型。这个模型从学习投入、挫折、困惑、分心四个维度来分析学生的网络学习状态。其中，学习投入对应动机状态，挫折和困惑对应情绪状态，分心对应注意状态。

综上，大部分研究者认为动机、情绪和注意是构成学习状态的三个基本要素。

1. 动机

动机是心理学研究中的核心概念之一，由伍德沃斯在1918年引入心理学。开始时，动机被解释为"驱力"，是一种由生理需要引起的紧张状态，能激发并驱动个体行为以满足需要，从而消除紧张状态。后来，心理学家开始关注外部诱因在行为激活中的重要作用，并提出了动机的诱因理论，主要有斯金纳的强化理论和洛克的目标设置理论。其中，强化理论认为人或动物的操作性行为是通过外部强化形成的，强化对行为起着动机作用；目标设置理论则强调人类的行为是有目的的，受有意识的目标的引导。

在心理学研究中，动机的分类方法很多，常见的有内部动机和外部动机、近景动机和远景动机、生理动机和社会动机等。其中，内部动机被看作影响学生学习最重要的动机。所谓内部动机，是个体为了自身内部的满足感而主动从事某种行为的动机。在心理学中，有两种解释内部动机的观点：一种观点将内部动机解释为由好奇心、自主性、成就欲等先天心理需要驱动的动机；另一种观点则将内部动机解释为由任务本身的趣味性（而不是外部强化或奖赏）引发的动机。前者属于驱力理论，后者则属于诱因理论。

也有心理学家将前者称为"认识好奇心",将后者称为"感知好奇心"(Berlyne,1954)。

奥苏贝尔重视内部动机对学习的影响,并将学习动机分为认知内驱力、自我提高内驱力和附属内驱力三种类型。其中,认知内驱力是一种个体要求掌握知识,以及系统阐述问题并解决问题的需要;自我提高内驱力是个体希望凭借自己的胜任能力赢得地位和威望的需要;附属内驱力是个体为了获得或保持长者(教师、家长等)的赞许和认可而想将工作做好的一种需要(陈琦,刘儒德,2009)。

根据稳定性不同,动机还可以分为情境动机(状态性动机)和人格动机(特质性动机)。情境动机指个体为达成某个短期目标(获得食物、奖励等)而在具体情境中短暂地从事特定行为的动机;而人格动机则是个体为实现某个长远目标(获得知识、地位、财富等)而稳定、持续地从事某项活动的动机。

作为学习状态要素的动机通常是情境动机,但也不能忽视人格动机的影响。在人格动机方面,成就动机受到广泛的关注。麦克利兰(Meclelland)认为,高成就动机的个体倾向于为自己确立高的目标并为之努力。阿特金森则将成就动机看成追求成功的动机和避免失败的动机综合作用的结果,并提出"期望—价值"理论计算成就动机的大小。在20世纪80年代,德威克(Dweck)提出成就目标理论,认为个体对智力和能力的看法不同,追求的成就目标也存在差异。持能力增长观的个体认为能力是可以培养和发展的,因而力求掌握新的知识和提高自己的能力,称为学习目标或掌握目标;相反,持能力实体观的个体认为能力是天生的、固定不变的,因而力求收集对自己能力有利的证据,称为成绩目标或表现目标。重视学习目标的个体倾向于追求成功,而重视成绩目标的个体则倾向于避免失败。

2. 情绪(心境)

心境是一种特殊的情绪状态,是可以被定义为人体在一个较长的时间内存在的某种持续而微弱、稳定而弥散的情绪状态,是从事任何一项活动时的基础身心条件。大多数情况下,学习状态应该维持在某种稳定的心境之下。心境有积极和消极之分。平和、愉快等积极心境有助于提高人们的工作效率,帮助人们克服困难;而淡漠、退缩等消极心境容易使人无精打采,对事物丧失兴趣。研究发现,积极心境是创造性的重要预测因素,在积极心境下,个体能够丰富已有知识结构的联系,扩大工作记忆容量,采用更加灵活的策略解决问题(李冬梅,2005)。

1998年,美国教育研究联合会召开"情绪在学生学习与学业成就中的作用"主题年会,吸引了许多研究者的关注,引发了一系列相关研究。2002年,佩克伦(Pekrun)首先提出学业情绪这个概念,并将其定义为"学生在他的学业学习、课堂学习、学业成就等各方面感受到的情绪总和,以及学生在学习的过程中经历的各种成就情绪,特别是与成功和挫折相关的情绪"。佩克伦等人根据愉悦度和唤醒度两个维度,将学业情绪划分为4类9种情绪。我国学者董妍和俞国良等2007年借鉴这种分类,进一步将学业情绪扩展为4类13种情绪:(1)积极高唤醒情绪,包括自豪、高兴和希望;(2)积极低唤醒情绪，包括满足、平静和放松；（3）消极高唤醒情绪，包括焦虑、羞愧和生气；（4）消极低唤醒情绪，厌倦、无助、沮丧、心烦—疲乏。由以上分类可以看出，各种低唤醒情绪具有心境的特点，而各种高唤醒情绪具有激情特点。从这个角度看，可以将心境和激情的区别看成唤醒程度的不同。

3. 注意

每时每刻都有大量的环境信息刺激着我们的感官，但却只有少部分信息被选择而获得进一步的加工，注意就是这个选择过程。选择过程分为无意注意和有意注意两种情况。无意注意是不需要任何意志努力的注意，如注意到眼前飞过的鸟、突然出现的响声或者有人叫自己的名字等；而有意注意，则是指在某种动机指引下，需要做出一定意志努力的注意，如坚持听老师讲课、阅读一篇课文等。显然，作为一种学习状态的注意，主要是指有意注意。

根据当代认知神经科学的研究成果，注意是根据个体需要，使特定事物的意象在意识区（工作记忆）中以足够的强度保持足够长的时间，或者说让与特定事物意象对应的神经元群体的兴奋以足够的强度保持足够长的时间（楚明瑞，2012）。从外在表现看，注意主要包含三个成分：个体将感官转向特定事物，探测信号以便集中心理资源进行加工，维持警觉或警醒状态。不同人在注意过程中表现出明显的个体差异，称为注意的品质，主要包括注意广度、注意稳定性、注意转移和注意分配。注意广度又称为注意的范围，是指同一时间内能注意到的对象的数量。注意稳定性是指注意在同一对象或活动上维持时间的长度。注意转移指根据任务需要主动地把注意从一个对象转移到另一个对象上。注意分配指在同一时间内，注意指向不同的对象。通过训练，这些注意的品质可以得到改善，从而提高学习的效率。

（二）作为整体的综合学习状态

虽然学习状态可以分为动机、情绪、注意三个方面，但这三个方面并不是孤立的，而是相互联系、相互影响，形成了一个有机的整体。

1. 动机与情绪的关系

情绪动力理论认为，因某种需要未得到满足而产生的内驱力的信号要通过一种放大的媒介，才能激发有机体去行动，而情绪正是起着这种放大作用的心理过程。例如，人在缺氧的情况下，产生了补充氧气的生理需要，这种生理驱力可能没有足够的力量去激发行为，但是，此时人的恐慌就会放大和增强这种生理内驱力，使之成为行为的强大动力。由此可知，情绪是动机系统的重要组成部分，能使个体的身心处于适当的唤醒状态，提高个体的兴奋性，激发个体的行为。

动机也会影响情绪。大多数研究者认为学业情绪与成就动机有关。具体说，掌握目标会导致积极的学业情绪，而成绩目标则容易导致消极的学业情绪。在动机和情绪的归因理论中，韦纳（Weiner，1985）将归因的维度分为控制点（内部和外部）、稳定性（稳定和不稳定）和控制性（可控和不可控）。如果个体将行为的结果归因为内部的、稳定的和可控的原因，在成功时会感到满意和自豪，在失败时会感到内疚和羞愧；如果个体将行为的结果归因为外部的、不稳定的和不可控的原因，那么不论成功还是失败都不会产生太强烈的情绪反应。

社会认知模型强调对学业成就相关的行为、主体和结果的主观控制和主观价值，这两类认知评价是学业情绪发展的核心。其中主观控制是学生对自己能否完成学习任务、掌握学习材料的评价，包括自我效能感、能力的自我概念、成就预期等；主观价值是学生对学习任务重要性和有用性的评价，分为内在价值和外在价值两类。2006 年，佩克伦等在这个模型基础上，提出综合的控制—价值理论，用于解释学业成就情绪与其前因和后果之间的循环关系。

2. 动机与注意的关系

注意是个体进行进一步认知加工的前提，是个体将心理能量分配到当前学习任务的保证。注意会引起相应的动机变化。比如，当学生写作业时，若家中有人在看电视机，电视的声音不断传入学生的耳朵，电视机的声音很有可能导致这名学生的注意力无法集中在作业任务上，而是将部分的心理能量转移到了电视机上，直接削弱这个学生当前的学习动机。

不仅注意会影响动机，动机也会影响注意。心理学家艾森克指出，动机对信息加工系统最重要的影响，就是提高注意的选择性。选择性注意转移困难通常发生在不感兴趣的事物或活动上。例如，不爱学习又有注意转移困难的学生，在上课铃声响后，思想仍然会较长时间在课间休息时从事的活动之中漫游，难以把心理活动主动、迅速地转向课堂教学。

3. 情绪和注意的关系

情绪与注意的品质之间有着强烈的联系，积极情绪会使人的注意范围扩大，而消极情绪则会使人更注意细节问题。情绪还会影响注意的偏向，个体总是会优先注意潜在的危险性刺激，而这些负性刺激带来的消极情绪通常使个体的注意力难以集中。处于青春期的学生，情绪体验也更丰富和深刻，因此在经历一些情绪事件时，总是需要利用注意力控制调节情绪和相关行为。此外，佩克伦发现，情绪处于积极低唤醒状态的学生能够长时间保持注意力，对学习内容有更多的兴趣，因而会产生较高的内部动机。

综上，可以将学习状态定义为"由动机、情绪、注意三个方面共同构成的，使学习得以进行并一直伴随学习过程的综合身心状态"。动机、情绪、注意三个要素之间的关系可以参考学习状态整体模型（见图 8-1）。在这个模型中，学习状态是在学习任务与学习内容的刺激下启动的，最先启动的是注意，之后产生动机，有了动机就会有相应的学习过程、学习结果，学习结果会得到外部的反馈得以强化，就算完成了一个循环。

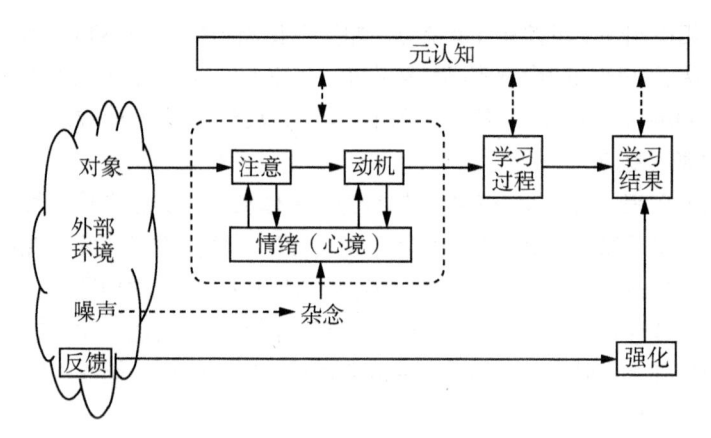

图 8-1 学习状态整体模型图

根据这个模型，作为影响和支持学习过程的基础条件，学习状态既受到外部环境的影响，也受到由环境噪声（与学习无关的刺激）引发的内部杂念（干扰学习的生理驱力）的影响。在学习状态内部，情绪是注意和动机过程发生的基础身心条件，涉及心理资源的供给水平；注意由外部环境中的学习对象引发，并使学习动机指向该对象；动机则在情绪、注意的共同作用下，持续推进着学习过程的实施。此外，元认知过程对学习状态、学习过程和学习结果进行监视和调节，确保系统的正常运行。

（三）学习状态对学习的影响

我国古人很早就认识到学习状态的重要性。在《荀子·劝学》中，荀子强调专心和勤奋对学习的重要性，提出"无冥冥之志者，无昭昭之明；无惛惛之事者，无赫赫之功"，意思是：没有专心致志地刻苦学习，就不会有融会贯通的智慧；没有埋头执着地工作，就不会取得显著的成就。荀子还对专一和不专一两种学习状态导致的不同结果进行了形象的比喻："蚓无爪牙之利，筋骨之强，上食埃土，下饮黄泉，用心一也。蟹八跪而二螯，非蛇鳝之穴无可寄托者，用心躁也。"在这里，专一的状态就是指注意力的持久和高度集中。

除了强调专一和刻苦外，三国时期的诸葛亮还强调志向和心境对学习的重要性。他在给儿子的家书中写道："非淡泊无以明志，非宁静无以致远。"意思是：不能淡泊名利，就不能彰显宏大的志向；不能安定内心，就不能达到高远的境界。前半句话与学习动机有关，要求排除名利这种外部诱因的干扰，强调以内在的精神目标作为学习的动力；后半句话与心境有关，强调平和的心境对长期坚持的重要性。综合来看，我国古人认为内在的动机、平和的心境、持久的专注是良好学习状态的基本要求。显然，这是一种整体的、持续的基础身心状态。

西方心理学对学习状态的关注是从学习动机切入的。1908 年，心理学家耶克斯（Yerkes）和多德森（Dodson）就发现，动机水平与学习效率之间的关系呈现一种倒 U 形的曲线关系：学习效率随学习动机强度的增加而提高，直至达到最佳水平，之后则随着学习动机强度的进一步增加而下降。并且，动机强度的最佳水平会随着任务难度的不同而不同：对于困难的任务，最佳动机水平是一个相对较低的水平；对于中等难度的任务，最佳动机水平是中等水平；对于容易的任务来说，最佳动机水平则是一个较高的水平（见图 8-2）。这就是著名的耶克斯—多德森定律。

根据耶克斯—多德森定律，适度的动机会启动和维持学习过程，获得预期的学习结果。当学习者满足于获得的结果时，会产生积极的学业情绪，维持稳定的心境；稳定的心境又会使学习者保持较高的注意水平和稳定的动机，从而进一步维持学习过程，形成一个良性的循环。如果学习结果无法令学习者满意，根据学习者归因的不同，对后续学习的动机也会产生不同的影响。

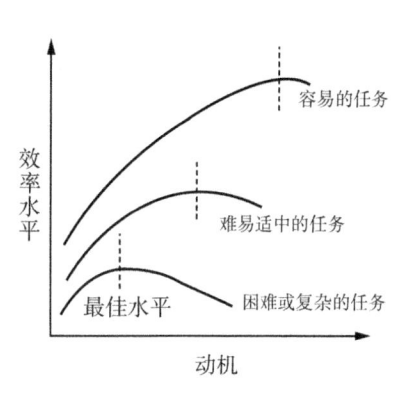

图 8-2 耶克斯—多德森定律曲线
资料来源：张大均.2005.教育心理学[M]．北京：人民教育出版社．

以上的理论描述了学习动机对学习结果的影响，以及不同学习结果对学习者情绪的影响，主要涉及学习前和学习后的状态。那么，如何描述学习者在学习过程中的状态呢？契克森米哈赖（Csikszentmihalyi，2017）提出"心流"这个概念，描述个体完成任务过程中的最佳状态。所谓心流状态，是指一种整体的感觉状态和高峰体验，特点是高度专注于活动本身，忽略自我、时间和外部环境，与活动融为一体，处于陶醉、高度兴奋、充实的状态。

耶克斯—多德森定律关注动机对完成任务的影响，心流模型则关注不同情况伴随的情绪状态，两种模型对学习状态的不同方面进行了细致的分析，但没有将学习状态作为一个有机的整体进行考察。

二、学习状态的测评与监测

在日常教学中，教师经常使用行为观察的方式来了解学生的学习状态，但这种方式难以准确和及时地把握学生的学习状态。为提高准确性和及时性，心理学家采用测评和监测等方式来了解学生的学习状态。其中，测评是用问卷调查、量表的方法来评估、分析学习者的学习状态，监测是指用生理监测的方法来客观反映学生的学习状态。

（一）行为观察

虽然学习状态属于内隐的心理状态，但也会有一定的外部表现。因此，可以通过观察学习者的外部表现来推测学习者的学习状态。在良好的学习状态下，学习者的注意力会高度集中，并有以下外在表现：（1）双目凝视、侧耳倾听、凝视远方；（2）安静，停止无关动作；（3）呼吸变得轻微而缓慢；（4）紧张注意时，还会出现心脏跳动加快、牙关紧咬、拳手紧握等现象。

学习状态不好时，学习者除了不能集中注意外，还会表现出一系列问题行为：（1）经常旷课、迟到，找各种借口请假；（2）不看黑板，不看书，不记笔记；（3）破坏纪律，扰乱课堂秩序；（4）上课注意力不集中，经常走神；（5）抄袭、拖拉作业或者干脆不做作业；（6）从来不复习或预习功课等。

通过行为观察的方式，教师能够准确地察觉学习状态极好或极坏这两种极端情况。但这种方式需要教师在学习现场亲自观察，并且每次只能关注到少数出现极端情况的学生。对于大多数学生的学习状态，教师是难以通过行为观察准确了解的。并且，一旦学生离开教师的视野，教师便无从了解学生的学习状态。为了改善行为观察的不足，心理学家采用测评和监测的方式了解学生的学习状态。

（二）问卷调查

用问卷或量表来测评学习状态，不仅可以了解学生个体的学习状态，而且可以快速了解学生群体的学习状态。下面介绍一个典型的学习状态测量工具——学生学习状态调查表。

学生学习状态调查表从心境、动机、注意三个维度测评学生的学习状态，每个维度按正反两个方面设置题目：心境维度分为心境纷乱和心境平和，注意维度分为注意专注和注意涣散，动机维度分为动机适中和动机过强或松懈。调查表一共有6组题目，每一组包括5道题目，共30道题。调查表采用五等级评分制，要求学生根据自己的实际情况作答（见表8-1）。

表8-1 学生学习状态调查表示例

题号	内容	非常不符合	不太符合	不确定	比较符合	非常符合
1	我努力做到当天的作业当天完成，尽量不拖拉					
2	一段时间以来，我经常因为做喜欢的事情（看电视、上网、打球等）而耽误做作业					
3	最近我读完一段课文后，经常发现自己什么也没有记住					
4	我总是将书籍和各种学习用品整理得井井有条					
5	一段时间以来，我经常在学习时也忍不住要吃零食					
6	即使不是考试要求的内容，我也愿意多学一些					

续表

题号	内容	非常不符合	不太符合	不确定	比较符合	非常符合
7	即使刚看完我喜欢的动画片，我也能很快投入学习中					

通过测试，每个学生都可以得到6组分数。在同一维度的两个分数中，用正面表现得分减去负面表现得分，就得到心境、注意、动机三个维度的得分，分别称为心境指数、注意指数、动机指数。如果指数为正值，说明这个维度的状况良好，分数的绝对值越高状态越好；如果指数为负值，说明这个维度的状态不好，分数的绝对值越高状态越差。

图8-3是一个学生的测试结果。由图可以看出，这个学生整体的学习状态不佳，除了学习动机处在一个适中的状态外，心境处在一个纷乱的状态，注意也比较涣散。

问卷调查的方法能够大规模、一次性地了解群体中每个学生的学习状态，但也存在弊端，因为问卷需要靠学生自主报告，学生有可能报告不准确，甚至故意往好的方面填写。

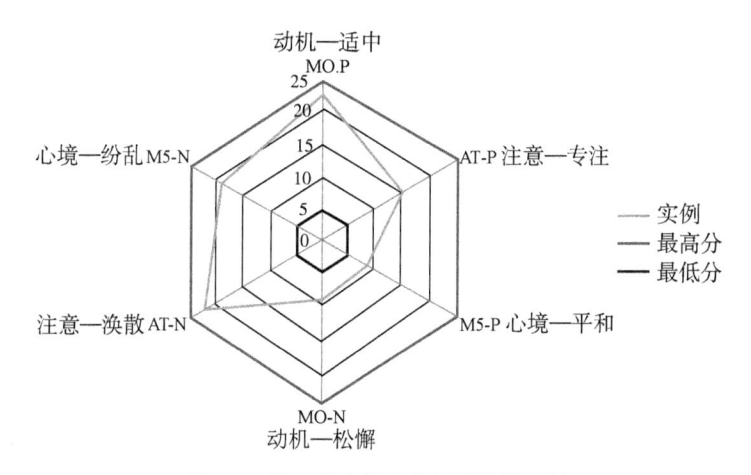

图8-3 学习状态结果分析雷达图示例

（三）生理监测

心率是指心脏收缩跳动的频率。人们休息时，心跳会减慢，心率变低；运动或遇到特殊情况时，如上台演讲，心跳会加速，心率增高。人体心脏跳动也不是绝对均匀的，两次心跳间期之间有几十毫秒的时间差别。心率变异性（HRV）是指逐次心跳间期的时间变异数，可以反映心率的变化程度。HRV来自主神经系统对心脏窦房结的调制，是反映自主神经系统交感—副交感神经张力及其平衡的重要指标。HRV数值偏高说明心跳不均匀，心跳不均匀意味着情绪在波动，心境受到了扰动。因此，HRV可以灵敏地反映和监测心境的稳定程度。因此，我们可以采用一些特殊设备来记录 HRV，动态监测学生的心境状态，判断学生的学习状态（见图 8-4）。

等级A 平和、专注
等级B 平和欠佳、专注
等级C 平和、不专注
等级D 不平和、不专注

图 8-4　HRV 与心境和注意变化的关系

生理监测评估学习者的学习状态，得出的结果真实，也更加客观与精确。但在测评过程中学习者需要佩戴设备，硬件条件要求较高，使用上有一定的局限性。

（四）新型测评方式

1. 眼动分析

眼睛是我们采集外界信息最重要的渠道，因此人类的信息加工在极大程度上依赖视觉。人类在获取并加工信息时，眼睛并非快速扫过，而是将视线焦点滞留在信息的某个具体位置，对信息进行充分的加工处理，处理完毕后，通过"眼跳"到下一个位置。根据眼睛的运动方式，研究者用固着、扫动来描述一系列眼动行为，将眼睛在认知过程中的动作分为阅读、搜索、分心三种模式，实现对学习者注意力状态的评估。

2. 人脸监测

随着人工智能等创新技术的快速发展，研究者设计出智能教室监测系统，能够实时得到学生的学习状态数据。这个系统先通过图像增强等技术对教室摄像头读取的图像进行预处理，以提高图像的识别率，然后，运用人脸监测技术对学生的状态进行检测。通过大量数据分析得出头偏转角、眼睛闭合程度、表情、嘴巴闭合程度与专注度之间的关系，得到专注、非专注、睡觉三种状态，当检测到上课状态不好的学生时，发送短信实时提醒。

随着科技的快速发展，虽然出现了很多测评学习状态的新型方式，但这些方式有侵犯学生隐私的可能性，如实时监控学生情绪、抓拍学生的面部表情，因此很难在学校教育中进行推广使用。

三、如何调控学习状态

学习状态是伴随整个学习过程的综合身心状态，并且处在不断变化之中。为了让学生的学习状态保持稳定，需要对学生的学习状态进行调节和控制。下面从动机、情绪、注意三个方面分别加以说明。

（一）调控动机水平

作为学习状态的重要组成部分，学习动机既受问题情境、成功经验和奖励等外部环境因素的影响，也受稳定的内部人格动机的影响。因此，对动机的调控可以从问题情境、奖励、人格动机这三个方面入手。

首先，教师要创设适当的问题情境来激发学生的学习动机。问题情境的核心，是学习任务的难度。根据耶克斯—多德森定律，教师要根据学习任务的难度，适当调控学生的动机水平。当学习任务较为容易时，应激发学生的动机，使学生尽量紧张一点；当学习任务较为复杂时，应创造轻松自由的课堂气氛，并在学生遇到困难或出现问题时，耐心引导，适当降低学生的动机水平，以免学生过于紧张和焦虑。

其次，在通常情况下，成功经验能够增强学生的学习动机，而失败的经验则会削弱学生的学习动机。然而，在成功经验的基础上，如何利用反馈和奖赏来强化学生的内部动机，也是一个关键问题。德西（Deci）和莱恩（Ryan）于1985年提出动机的认知—评估理论（CET理论），认为反馈、奖赏和交流等能让个体产生成就感的后续事件，可以提高个体的内部动机。但后来的研究发现，预期的奖赏、威胁、最后期限、指令及竞争压力等都会破坏学生的内部动机，而对学生的自我调节行为给予更大的自主权时，则会提高学生的内部动机。实践层面的研究也发现，主张自主的教师能激起学生更强烈的好奇心和挑战的欲望，而过分受控的学生不仅会丧失主动性，而且学习效果更差。

最后，根据成就动机理论，教师应根据学生不同的成就取向采用不同的教育方式，培养和激发学生的成就动机。具体说，对于追求成功取向的学生，教师应给予新颖而有一定难度的学习任务，安排竞争性的学习情境，严格评分规则等，以此来激发学生的学习动机；而对于避免失败取向的学生，教师则应提供中等难度的学习任务，并采取减少竞争性、及时表扬、避免公开批评等措施。

（二）生物反馈训练

生物反馈技术是指借助电子设备检测自主神经系统和肌肉的状态，将获得的信息加以处理和放大，将脑电、心率、肌电、血压等意识不到的信息转换成能够被察觉的视、听信号呈现出来。生物反馈训练就是借助生物反馈仪把机体的生理信息传递给学习者，学习者再通过不断调节自身状态，逐渐学会控制自身身心活动的训练方法。

前面内容提及心率变异性（HRV）可以用来监测个体的心境状态，具体步骤如下：通过高科技的生物反馈传感器可以采集人体的心率变异信号，利用USB接口连接电脑，把这个指标的变化情况投影在屏幕上，在屏幕上通过曲线的形式展现心境的变化。使用者通过观察曲线的变化，可以对自己的心境进行评估。根据评估结果，使用者可以有意识地做某种调控，如排除杂念、调整呼吸或集中注意力等，以使指标发生变化（见图8-5）。

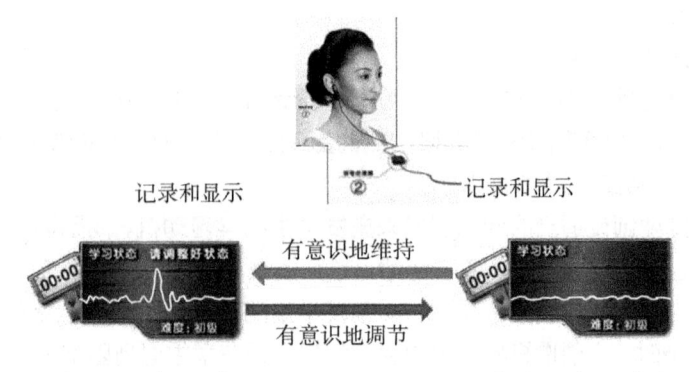

图 8-5 生物反馈训练

学习状态调控能力即个体对自己学习过程中的动机、心境和注意进行动态监控，并通过调节影响状态的各种因素，从而维持良好状态的能力。学习状态调控能力对学生学习的影响是间接的，只有其真正地发挥作用，才能影响学生完成所有任务的效率。当然，学习状态调控能力的提升不是一蹴而就的，教师可以设计一些专门的课程和训练方案来帮助学生提高学习状态调控能力。

（三）培养注意品质

个体的注意品质受到许多因素的影响：一是生理因素，包括神经系统兴奋或抑制过程发展不平衡，大脑功能失调及精神发育迟滞等；二是生活习惯，包括饮食习惯和睡眠习惯等；三是环境因素，包括家庭环境布置、父母教养方式等。

舒尔特方格法是一种操作比较简单的注意力训练方法。舒尔特方格训练的目的是引导学生稳定地扩展注意的广度，增强注意转移的流畅性。除了舒尔特方格法外，还有一些专门的训练方法可以改善各种弥漫的注意品质。

1. 静视

平视前方，自然眨眼，集中注意力注视目标物体。首先，寻找身边的一样东西作为目标物体，如杯子、桌子、椅子或者花瓶等，距离半米左右，静视目标物体 1~15 分钟。其次，闭上眼睛，努力在脑海中勾勒出目标物体的形象，尽可能详细描述。最后，睁开眼睛重复仔细观察一遍，对照自己的描述，如果有错则进行补充与修正。目标物体的选择应从简单到复杂，逐步提高个体的注意力与想象力。

2. 行视

在室内与户外，行视采用的方式有所不同。在室内，以中等速度浏览一圈，迅速留意尽可能多的物体，然后离开房间，把看到的物体尽可能详细地说出来或写出来，最后返回房间，进行对照补充。在户外，可以通过观察移动的物体和人，在移动中练习行视能力。例如，看马路上疾驶的汽车牌照，然后回想字母、号码；看一张陌生的面孔，然后回想特征；看路边的树、楼，然后回想棵数、层数；看广告牌，然后回想画面和文字。行视不仅可以有效锻炼个体的视觉和思维的敏感度，还可以扩大个体注意的广度，练习个体集中注意的能力。

3. 抛视

抛出物体，集中注意力观察物体的数目和形态。第一步，取 25～30 块大小适中的彩色圆球或积木、跳棋子（红色、黄色、白色或其他颜色的各占三分之一），将它们完全混合在一起，放在盆里。第二步，用两手迅速抓起两把，然后放手，让它们同时从手中滚落到桌面上。第三步，当它们全部落下后，迅速看一眼这些落下的物体，然后转过身去，将每种颜色的数目凭记忆而不是猜测写下来。第四步，检查是否正确。

4. 速视

用最快的速度，集中注意力观察物体。第一步，从一副扑克牌中取出 10 张，闭着眼将它们尽量分散在桌面上。第二步，睁开眼，用极短的时间看一眼。第三步，转过身，凭记忆把看到的字写下来。第四步，用另外 10 张扑克牌重复这个练习。

5. 统视

观察视野中的所有物体，并将这些物体统一成一个整体。首先，选择特定的观察位置，睁大双眼，目视正前方，眼珠不可以有一点转动，观察视野中的所有物体，坚持 10 秒钟。然后，转过头，凭借记忆而不是猜测与推理，将能想起来的物体的名字写下来。最后，每天变换观察的位置和视野。

随堂巩固

1. 我们在做某些事情时，那种全神贯注、投入忘我，甚至感受不到时间流逝的状态称为（　　）。
   A. 心境状态　　B. 平和状态　　C. 心流状态　　D. 平稳状态

2. 学生一边上课听讲一边记笔记，这种行为体现了注意的哪一项品质？（　　）
   A. 注意广度　　B. 注意稳定性　　C. 注意转移　　D. 注意分配

3. 心率变异性指数可以反映哪一个指标？（　　）
   A. 注意　　B. 动机　　C. 心境　　D. 思维

4. 根据耶克斯—多德森定律，当学生完成较容易的作业时，教师应使学生心理唤醒程度控制在（　　）。
   A. 较高的水平　　B. 较低的水平　　C. 非常低的水平　　D. 中等水平

参考答案：1. C　2. C　3. C　4. A

> **拓展阅读**
> 1. 李冬梅.2005.青少年心境动态发展特点及不同调节策略对其心境变化影响的研究［D］.北京：首都师范大学.
> 2. 周国雄，李家永，朱俊杰，等.2021.智慧教室学生状态检测建设研究［J］.现代电子技术，44（22）.
> 3. 米哈里·契克森米哈赖.2017.心流：最优体验心理学［M］.张定绮，译.北京：中信出版社.

▶▶第二节 学习策略的发展与培养◀

在从事各种活动的过程中，不同个体会自然而然地形成各不相同的活动策略。例如，不同的将军有不同的作战策略，不同的教师有不同的教学策略，不同学生则有不同的学习策略。那么，什么是学习策略？为什么要重视学生学习策略的发展和培养呢？在这一节中，我们要介绍学习策略的基本含义和分类，系统讲解学习策略的分类框架，并对学习策略的发展与培养提出建议。

一、学习策略的含义

要理解学习策略的含义，必须先厘清方法和策略两个概念之间的区别和联系。下面先对方法和策略两个概念进行辨析，再对学习策略的含义和分类进行简要说明。

（一）方法和策略的概念辨析

从最广泛的意义上看，方法和策略都是对特定对象进行加工的程序或步骤，但两者之间既有区别也有联系。

两者之间的区别主要表现为形式、功能、应用范围、可传授性四个方面。从形式上看，方法是规范的、标准化的，而策略是不规范的、个性化的；从功能上看，方法是确保有效的，而策略并不能确保有效，虽然使用策略的意图和最终结果是提高效果或效率；从应用范围看，方法在同类情境中是可以通用的，而策略则是随不同情境变化的，甚至每种情境都需要与之相适应的、特殊的策略；从可传授性来看，方法是可传授的，而策略是不可传授的，需要个体亲自在尝试错误的过程中创造出来。

两者之间的联系表现为两个方面：一方面，方法是策略的基础，也就是说，个体要想发展出个性化的策略，必须先掌握标准的方法；另一方面，大量策略的汇聚和总结将促进方法的改善，而这也正是发展策略的价值所在。需要说明的是，方法的数量是比较少的，但每一种方法都是经过许多人的反复应用而被证明是有效的；策略的数量是非常庞大的，几乎每个人都会发展出自己的独特策略，但绝大部分策略都是效果不良的，只有少数策略是有效的，并逐渐得到传播和学习，最终被吸纳到已有的方法之中，促进方法的改善。

基于以上分析，可以将学习策略定义为"学习者在利用已有学习方法开展学习活动的过程中，为提高学习效果或效率而逐渐探索出来的，不同于其他人的操作方式或技巧"。

（二）学习策略的概念辨析

作为心理学的一个专用名词，学习策略是在布鲁纳于 1956 年提出认知策略的概念后逐步形成和确立起来的。关于学习策略，主要有以下三种观点。

第一种观点认为学习策略是具体的学习方法和程序。例如，里格尼（Rigney）将学习策略看成学生用于获取、保存和提取知识和作业的各种操作和程序；琼斯（Jones）等人认为学习策略是用于编码、分析和提取信息的智力活动或思维步骤。

第二种观点认为学习策略是对学习过程的调控。例如，梅耶将学习策略看成学习者有目的地影响自我信息加工的活动，奈斯伯特（Nisbet）和舒克史密斯（Shucksmith）将学习策略解释为学习的调节和控制技能，是选择、整合、应用学习技巧的一套操作过程。

第三种观点将学习策略看成学习方法和学习调控的结合，并将学习策略分为"执行技能"（performantive skill）和"非执行技能"（non performative skill）。其中，执行技能指匹配、比较等实际用于执行任务操作的技能，对应于第一种观点中的学习方法和程序；非执行技能指对学习方法进行计划、监控和修正的技能，对应于第二种观点对学习活动的调控过程。丹瑟罗（Dansereau）将学习策略分为基本策略和辅助策略，其中，基本策略（也称主策略）指直接操作学习材料的策略，包括信息获取、存储、提取和应用的策略，对应于学习方法和程序；辅助策略指维持一种合适的内部心理定向的策略，包括计划和时间安排策略、专心管理策略、监控与诊断策略，对应于对学习活动的调控过程（蒋晓红，2014）。

目前，大多数心理学家同意第三种观点，并在此基础上进行了扩展，形成了一些分类法。例如，迈克卡（McKeachie）等根据加工对象不同，将学习策略分为认知策略、元认知策略和资源管理策略。其中，认知策略是对具体学习内容的加工策略；元认知策略是针对学习过程的加工策略；资源管理策略是针对学习条件的加工策略。有些心理学家将语言学习策略分为元认知策略、认知策略和社会情感策略三个方面。

需要说明的是，加涅在 1977 年将认知策略定义为"学习者用以支配自己的心智过程的内部组织起来的技能，其主要功能是调节和控制学习者的学习、记忆、思维等内部加工活动"。这个定义与迈克卡等的理解不同，实际上相当于"元认知策略"。

奈斯伯特和舒克史密斯将学习策略分为三个层次：第一个层次是一般策略，与态度和动机因素有关，具有最大范围的通用性；第二个层次是宏观策略，与对学习过程的调控、审核、矫正和自我监测有关，可以迁移到类似的情境中；第三个层次是微观策略，是直接用于加工学习材料的具体技巧，只适用于特定的任务类型。这三个层次的策略分别对应迈克卡区分的资源管理策略、元认知策略和认知策略。

二、根据学习模型解读不同类型的学习策略

目前，迈克卡的学习策略分类被广泛接受。这种分类主要是根据策略应用的对象进行区分的，其中，认知策略应用于学习内容，元认知策略应用于学习过程和方法，而资源管理策略则应用于支持学习的内部和外部条件。下面，分别介绍学习内容、学习过程和方法、学习条件的学习模型，并根据这些模型对相应的学习策略进行解读。

（一）学习内容：学习经验塔

1946年，美国教育技术专家戴尔（Dale）在《视听教学法》中提出了著名的学习经验塔。该模型根据学习内容的抽象程度不同，将人们的学习经验分为三大类十个层次（见图8-6）。在这里，学习内容是指以特定媒介为载体的信息内容，是信息内容和媒介的综合，也称学习材料，如讲解的知识、演示的知识等；学习经验则是学习者从特定学习材料中获取知识的过程，如听讲、观摩等。

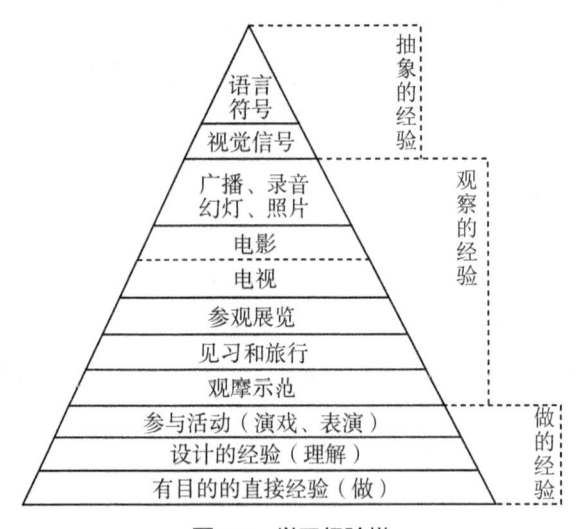

图8-6 学习经验塔

在学习经验塔中，三类经验分别是做的经验、观察的经验和抽象的经验，三类经验分为十个层次，按照从具体到抽象，从底部到顶端的顺序依次排列。其中，做的经验属于直接经验，包括有目的的直接经验、设计的经验、参与活动三个层次；观察的经验是介于直接经验和间接经验之间的中间形式，包括观摩示范，见习和旅行，参观展览，电视和电影，广播、录音、幻灯、照片五个层次；抽象的经验属于间接经验，包括视觉符号和语言符号两个层次。

戴尔认为，划分层次只是为了说明各种经验的抽象程度，并不是要将学习经验按照固定的顺序进行组织。例如，作为最抽象的符号，数学在经验的各个层次都能得到使

用。在各种经验中，戴尔特别强调视听经验的重要性，指出："由视听材料展开的学习经验既容易转向抽象化，也容易转向具体化。"（张念红，1991）

在迈克卡的分类中，针对学习内容的学习策略是认知策略，主要包括复述策略、精细加工策略、组织策略、模式再认策略和动作系列学习策略。下面从学习经验塔的视角解释这些策略。

1. 复述策略

复述策略是指在学习中为了保持信息，运用内部语言在大脑中重现学习内容，从而将注意力维持在学习内容上的方法。复述是短时记忆转为长时记忆的必要条件，只有经过重复和复述的信息，才能得到进一步的加工。复述策略主要应用于抽象经验中的语言符号，处在学习经验塔的最高层次。

复述是对信息的一种重复，但并不是简单机械地重复，而是有技巧地重复，主要有以下几个技巧：（1）灵活运用无意识记和有意识记；（2）注意排除信息之间的干扰，重视首因效应和近因效应；（3）对短小材料采用整体识记，对大段材料采用分段识记；（4）复述语言符号时，补充视觉信号，调用多种感官参与学习。

2. 精细加工策略

精细加工策略是指将新学习的材料与头脑中已有知识联系起来，增加新信息的意义，从而促进记忆的认知策略。

策略一：记忆术。当学习内容本身的意义性不强时，可以利用记忆术人为赋予意义，从而达到促进记忆的目的。基本做法是利用视觉表象或者寻找语义联系来记住新材料，常见的记忆术有位置记忆法（记忆宫殿）、缩略语和歌诀法、谐音联想法等。记忆术的本质，是将学习者需要记忆的学习内容与自己熟悉的、形象的事物联系起来，然后以形象的事物为线索，快速、准确提取这些内容。

策略二：记笔记。记笔记是阅读和听讲时常用的一种精细加工策略。早期研究发现，记笔记的主要作用是保持学习者的注意和兴趣，对信息进行编码和用于课后复习。新近的研究则把记笔记看成学生自我监控的过程。在记笔记的过程中，记笔记的目标、学生对课程重要性和笔记作用的理解、学生具有的记笔记的知识和经验等都会对记笔记产生影响。使用记笔记策略时应注意记录准确、详略得当、层次分明、多留空白、抓住关键词、提高速度。

策略三：结构化提问。提问有助于学习者有选择地集中注意，进行信息选择和对信息进行深入加工。柏里斯（Paris）等研究发现，教师在阅读时围绕"谁""什么""哪里"和"如何"等进行提问有助于学生理解阅读的内容（田学岭，2015）。在教学过程中，教师应该训练学生在活动中自己与自己谈话，以及同学间互相提问问题，这样能够帮助学生在解题、创作，以及其他课题中成功学会自我谈话技术，从而加深对问题的理解。

策略四：生成性学习。生成性学习是指对阅读的学习内容产生图形、图像、表格或图标等视觉表象，以加深对内容的理解。这种学习方法由美国心理学家维特罗克（Wit-trock）

在1974年提出，强调学习者要产生两种有意义的关系：一是要学习的内容与学习者的知识和经验之间的关系，二是要学习的内容之间的关系。

3. 组织策略

组织策略是为了建构新知识点之间的内在联系，将分散的、孤立的知识集合成一个整体，并表示出知识点之间的关系。与生成性学习仅围绕学习内容本身产生表象不同，组织策略涉及的知识内容范围更宽，更强调知识的整体性。

策略一：列提纲。列提纲时，学习者要先对材料进行系统的分析、归纳和总结，然后用简要的语词，按材料中的逻辑关系，写下主要和次要的观点。学习者通过提纲能够很快抓住学习材料的要点，并明晰各部分之间的关系，记忆也变得简单。

策略二：画关系图。画关系图是指采用图解的方式体现知识的结构，主要有系统结构图、流程图、理论模型图、概念关系图四种形式。具体做法是先提炼出主要知识点或概念，然后识别知识点之间的关系，再用适当的解释来表明知识点之间的联系。

策略三：利用表格。利用表格可以对材料进行全面综合的分析，抽取主要信息，可以从一个角度将这些信息全部列出来，也可以利用双向表从纵横两个维度罗列材料中的主要信息。

4. 模式再认策略

模式再认策略是利用非典型的实例强化本质属性的学习策略，用于概念学习和程序性知识学习，主要包括变式练习和条件再认两种策略。模式再认策略需要利用观察的经验和做的经验进行训练。

策略一：变式练习。变式是指概念的肯定例证在非本质属性方面的变化，如鸵鸟、企鹅就是"鸟"这个概念的变式。变式练习是概念形成学习常用的策略。扩展到更大的范围，变式练习就是在教学过程中对概念、性质、定理、公式等做出改变，使其形式或非本质属性发生变化，而本质属性却不变。

策略二：条件再认。条件再认就是在学习程序性知识时，在具体的应用情境中识别符合实施某种行为或应用某个规则的条件。条件再认的速度和准确性是判断程序性知识掌握水平的重要标志，也是认识技能发展水平的主要特征。

5. 动作系列学习策略

动作系列学习策略包括两个步骤：首先要学习构成操作过程的每个步骤，然后再将一系列步骤按顺序连接起来。如果需要学习的步骤数量太多，超过短时记忆容量，就需要将操作过程拆分为几个小的阶段进行学习，然后再将小的阶段连接成完整的过程。在学习每一个步骤或阶段时，都需要利用观察的经验或做的经验进行训练，通常是先观察别人做再自己亲自做。本书第三讲介绍的示例演练教学法就是采用了动作系列学习策略。

（二）学习过程和方法：学习金字塔

美国缅因州的国家培训实验室提出了学习金字塔模型，根据学习效果对不同的学习方法进行了排序，列出了七种学习方法，并标出了每一种方法在两周后的保持率（见图 8-7）。

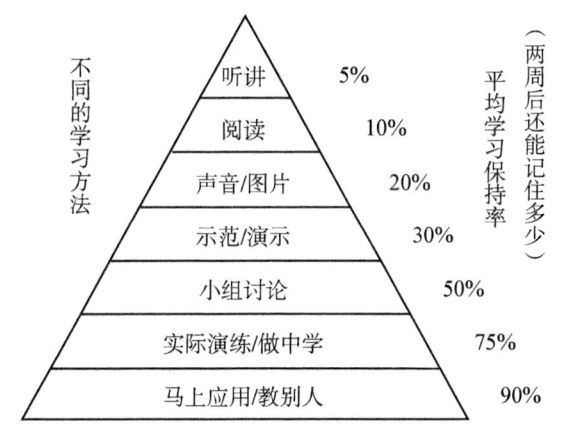

```
不同的学习方法          听讲        5%       （两周后还能记住多少）平均学习保持率
                     阅读       10%
                   声音/图片     20%
                   示范/演示    30%
                   小组讨论     50%
                 实际演练/做中学  75%
                 马上应用/教别人  90%
```

图 8-7　学习金字塔

根据学习金字塔的排列，听讲的效果最差，两周以后平均保持率仅为5%；阅读的保持率也只有10%；利用图片或声音进行学习，保持率有20%；利用示范、演示进行学习，保持率达到30%；采用小组讨论进行学习，保持率达到了50%；通过做中学或实际演练进行学习，保持率有75%；通过教别人或马上应用进行学习，保持率达到90%。美国流传着一个口诀："听，会忘记；看，能记住；做才能学会。"这个口诀可以看成学习金字塔的简化版本。

学习金字塔中马上应用/教别人的学习方法在费曼学习法中得到了支持。费曼学习法的灵感源于物理学家费曼，核心是"通过教来学习"，可以简化为四个步骤（见图 8-8）。（1）选择一个概念进行学习。（2）向完全不懂的人讲解概念。（3）评估讲解的效果，发现是否有卡顿。（4）如果有卡顿，简化或改进讲解方式，再次讲解；如果没有卡顿，结束并选择另一个概念。

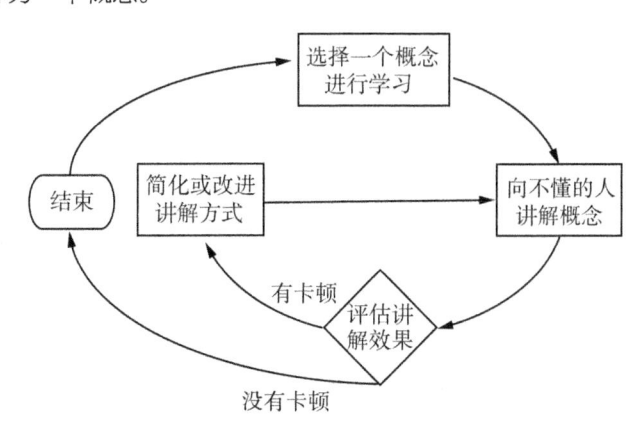

图 8-8　费曼学习法的四个环节

学习金字塔对不同学习方法的效果进行了分析和比较，为学生评价自己的学习过程和方法提供了参考，引导他们在学习过程中不断调整自己的学习方法，提高学习效率。这个过程正是元认知策略。在迈克卡的分类中，元认知策略是个体对自己学习过程的计划、监视和调节，包括计划策略、监视策略和调节策略。

计划策略是个体根据认知活动的目标，在进行一项认知活动之前，确定认知过程与环节，预计认知结果，选择认知策略并评估其有效性。计划过程包括明确学习目标，预设学习内容，制订学习计划等。

监视策略是指在个体认知过程中，根据认知目标及时评价、反馈自己认知活动的结果与不足，正确估计自己达到认知目标的程度、水平，根据有效性标准评价各种认知行动、策略的效果。监视策略包括跟踪注意、自我提问、监视进度、判断中间结果等。

调节策略是个体根据对认知活动结果的检查，及时采取相应的补救措施；或者对认知策略的效果进行核查，并及时修正、调整认知策略。调节策略涉及转移和分配注意，调整学习内容，放慢或加快速度，改变认知策略，获取外部支持等。

PDCA 模型是元认知策略在日常学习和生活中应用的一种形式，包括四个环节：计划（P），根据学习任务的要求、学习材料的特点、个人的特点等制订计划；执行（D），按照计划执行具体操作，实现任务目标；检查（C），评价每一步操作的有效性，找出问题；处理（A），对检查的结果进行处理，并针对发现的问题采取补救措施。以上四个环节并非运行一次就结束，而是循环运行。如果处理环节中没有需要解决的问题（或者出现的新问题），则可以提交给下一个 PDCA 循环去解决。这样，就形成一个螺旋式提升的过程（见图 8-9）。

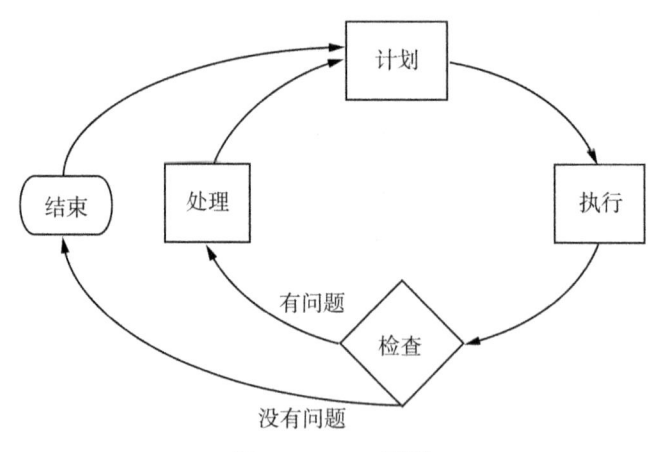

图 8-9　PDCA 模型

（三）学习条件：学习的信息加工模型

学习的信息加工模型对学习过程及影响因素进行了完整的描述（图 8-10），具体如下：(1) 学习材料引导、激发学生的学习过程，最终产生一定的学习结果；(2) 学习结果会接收外部反馈,并补充到长时记忆的知识结构中;(3)除了受到学习材料和反馈的影响外,学习过程还受到学习状态的影响,以及学生头脑中已有知识的影响;(4)元认知不仅对学习过程进行计划、监视和调节,而且对个体自身的学习状态、长时记忆的知识结构等内部条件进行监控与调节。

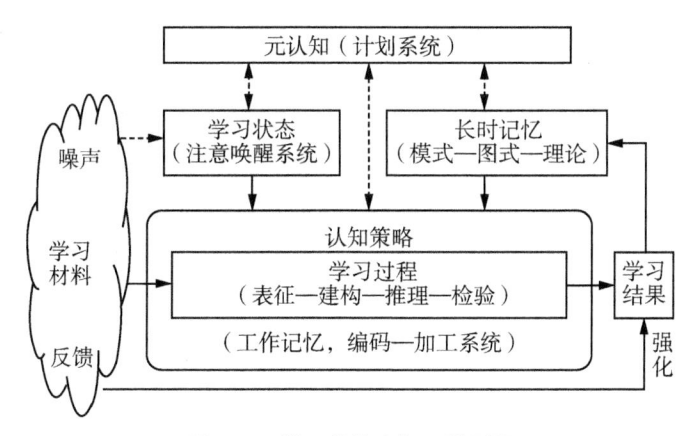

图 8-10 学习的信息加工模型图

根据以上模型,影响学生学习的条件既包括学习材料、反馈等外部条件,也包括学习状态、已有知识等内部资源。迈克卡的资源管理策略可以看成对学习条件的管理策略,其中学习环境管理策略、寻求他人支持的策略等属于对外部条件的管理策略;对努力和心境的管理策略等属于内部条件的管理策略。迈克卡将时间管理策略作为一种资源管理策略,是因为人们往往将时间看成一种重要的,也是最基本的资源。然而,时间既不属于外部条件,也不属于内部条件,而是受到学习者与外部环境互动方式影响的一种动态学习条件。

1. 学习环境管理策略

学习环境管理策略是为了自己能够集中精力进行学习,取得好的学习效果,选择或管理自己周围的学习环境的策略。一般来说,光线适中的、安静的、没有干扰的学习环境有利于学习者集中精力学习。学习环境管理策略与个人的学习风格密切相关,有的人喜欢在图书馆、教室等与他人一起学习的环境进行学习,而有些人则喜欢在自己家里或人少的环境进行学习。

2. 寻求他人支持的策略

学生在学习的过程中,难免会产生一些学习问题或遇到学习困难。当学生在学习上遇到困难时,最有效的办法是向他人寻求帮助。寻求他人支持的策略就是有效地向他人请求帮助的行为,也称学业求助策略。根据求助者目的可以将学业求助划分为执行性求助和工具性求助。执行性求助指请求他人替自己解决困难;而工具性求助是指个体利用他人提供思路和工具自己独立解决困难。学业求助一般包括以下五个阶段:意识到求助的需要、决定求助、识别和选择潜在的帮助者、取得帮助、评价反应。

学习求助既可以帮助我们解决学习问题和克服学习困难，还能起到矫正错误的思维过程的作用。在使用学业求助策略时，要注意以下三点：（1）只有当产生的问题和发生的困难，经过自己的努力确实无法解决和克服时，才能考虑向他人寻求帮助；（2）教师、家长和同学都是对我们学习有益的帮助者；（3）在求助过程中，把自己的思维过程与他人提供的正确的思维过程进行对比，发现自己的不足与错误，避免问题再次出现。

3. 努力和心境管理策略

努力和心境属于学习状态，是重要的学习内部条件。努力和心境管理策略是指调节学习动机、保持平稳心境的技巧，本质上是一种学习状态调节策略。可以通过以下四种方式来进行努力和心境管理：（1）欣赏自然景观，放松自己的身心；（2）将自己的痛苦、烦恼写出来，释放和舒缓消极情绪；（3）通过正念、冥想的方式来调节自己的状态；（4）自我激励，维持自己的学习意志。

4. 时间管理策略

时间管理策略是以提高时间的利用率为目的，根据自身掌握的时间管理技巧，合理规划学习时间的策略，主要涉及学习目标的确定、学习计划的制订，以及对学习过程的记录和评估。时间管理策略涉及学习过程的时间安排，并不直接对学习过程与方法进行加工。因此，时间管理策略是一种元认知过程。

四象限法则是一种最常见的时间管理策略，即把学习和生活中的事情按照重要程度和紧急程度分为四个象限：第一象限是重要且紧急的事情，如老师布置的重要任务、当天的作业和课堂知识的复习与巩固；第二象限是重要但不紧急的事情，如持续学习英语、读书等；第三象限是不重要且不紧急的事情，如玩游戏、收拾书包等；第四象限是不重要但紧急的事情，如取快递、临时被安排去跑腿。通常我们要将时间和精力放在一、二象限上，这些重要的事情通常能提高学习效率。

时间管理策略的主要有：（1）统筹安排学习时间，根据目标对时间做出总休安排，并通过时间表来落实，使整个学习活动变得有条理；（2）高效利用最佳时间，根据自己的生物钟和一天内学习效率的变化安排学习活动；（3）灵活利用零碎时间，利用零碎时间处理学习上的杂事，如收拾桌面、整理书包等，利用零碎时间阅读来拓宽自己的知识面或背诵英语单词。

（四）数字时代下的学习策略

随着互联网技术的不断发展，我们步入了数字化时代。数字时代下的学习与传统学习有非常大的不同，传统学习是利用一系列的知识媒介（学习材料、学习经验）来承载知识。但是在数字时代，知识不仅仅是存在于图书、音响设备、图片等看得见摸得着的学习材料之中，而且存在于数字化的网络中。学习也就变成在网络的各个节点之间建立联结的过程。通过联结形成的网络既包括传统意义上头脑中的知识网络、认知结构，也包括存在于外部世界的各种人工设施（组织、社群、数据库）。

2005年，加拿大教育技术专家西蒙斯（Siemens）提出关联主义学习理论，将学习定义为形成连接、创建网络的过程，受到网络的影响与支配，可能发生在学习者的大脑内部，也有可能发生在头脑外部。在这种状态下，数字时代下的学习就呈现出混沌性、复杂性与不确定性，而学生的学习策略也会发生很多变化。

第一，知识路径比知识内容更重要。学生可以根据学习任务与需要在网络上查找、学习相关的知识，而不是把所有的知识储存在大脑之中。

第二，信息流成为最重要的资源。书本知识是静态的、有限的，大部分学生通过反复地记忆、理解最后都能掌握。但现在的知识总是在变化的，仅仅固守某一个知识的结论，学生很难把握不断更新的知识。所以，教师要鼓励学生不断接触、获取新的知识，处于信息流的状态。

第三，弱联结比强联结更重要。所谓弱联结是指在建立新的知识联结的时候，勇于突破熟人的圈子，熟悉阅读的内容与途径，跳出熟悉的范围，从弱联结中获取更多有价值的东西。

第四，非正规学习成为学习的重要部分。数字时代下学习不能只局限于课堂上的听课，教材的阅读和学习，学生要开展各种非正式、非正规的学习（日常的聊天，阅读课外书等），充分利用自己的碎片化时间，养成终身学习的好习惯。

第五，需要对个人知识进行系统的管理。当学生接触大量的、动态变化的信息流时，对知识进行系统、科学的管理是一件非常有必要的事情。通过对个人知识进行系统管理，学生可以建立自己的知识库，提取和运用其中知识，提高学习效率。

三、学习策略的发展与培养

1972年，联合国教科文组织发布报告《学会生存：教育世界的今天和明天》，最早提出"学会学习"，强调主动学习的必要性。1996年，联合国教科文组织在《教育：财富蕴藏其中》中，进一步提出"教育的四大支柱"，即"学会求知""学会做事""学会做人"和"学会共处"。这里的学会求知指不仅要深入钻研少数的专业知识，而且要学习广泛的一般知识。显然，学会求知的核心是学会学习，要求个体掌握学习方法和策略，并利用这些方法和策略在终身学习的过程中不断获取新的知识。与学习方法相比，学习策略具有数量大、不规范、不确定、难以传授等特点，因此，这里重点介绍学习策略的发展特点和培养要点。

（一）学习策略与学会学习

在20世纪90年代后期，英国等欧盟国家率先围绕学会学习的目标进行课程改革。2000年，欧盟一些学者将学会学习定义为"学习上的探求和坚持能力，是在个体和小组两个层面通过有效地管理时间和信息而组织自我学习的能力"，并于2006年提出一个包含认知和情感两个维度九个子维度的学会学习能力概念框架。2008年，欧盟终身学习研究中心对这个概念框架进行了调整和补充，形成了包括认知、情感和元认知三个维度十个子维度的学会学习能力概念框架（见表 8-2）。

表 8-2 学会学习能力三维框架模型

维度	子维度
认知维度	识别命题；使用规则；检验规则和命题；使用心智工具
情感维度	学习动机、学习策略和面向变革的学习取向；学业自我概念和自我评价；学习环境
元认知维度	问题解决（元认知的）管理任务；元认知准确性；元认知信心

显然，欧盟的学会学习能力三维框架模型中的情感维度与迈克卡学习策略分类中的资源管理策略基本一致，而认知维度和元认知维度也大致对应认知策略和元认知策略。虽然学习策略的研究为理解学会学习能力的内涵提供了清晰的解释，但在培养的方式和途径方面，却没有提供具体的指导。

我国在 2010 年发布《国家中长期教育改革和发展规划纲要（2010—2020 年）》指出要"着力提高学生的学习能力"。2016 年 9 月发布的中国学生发展核心素养研究成果将核心素养分为文化基础、自主发展、社会参与三个方面。其中，自主发展中包含学会学习，指学生在学习意识形成、学习方式方法选择、学习进程评估调控等方面的综合表现，具体包括乐学善学、勤于反思、信息意识等基本要点。2017 年 9 月 24 日，中共中央办公厅、国务院印发《关于深化教育体制机制改革的意见》，提出要"引导学生具备学会学习的素养，养成终身学习的意识和能力"。2019 年，《中共中央 国务院关于深化教育教学改革全面提高义务教育质量的意见》进一步提出要"突出学生主体地位，注重保护学生好奇心、想象力、求知欲，激发学习兴趣，提高学习能力"。

近年来，我国一些学者尝试引进欧盟的学会学习能力三维框架模型，对中小学生的学会学习能力进行测评。然而，无论是欧盟还是我国，都还没有建立学会学习能力的培养方案。

（二）学习策略发展的四个阶段

美国心理学家米勒（Miller）提出了策略获得阶段说，把学习策略的发展分为以下四个阶段。

无策略阶段。在这个阶段，学习者会自发地使用一些策略，但元认知能力还尚未发展，不知道在什么时候和什么条件下使用这些策略，或者只有在他人要求或暗示下才能使用某一策略。

部分使用阶段。这个阶段的学习者能够在一些场合使用策略，但在另一些场合则不会使用策略，也就是说学习者已经意识到学习策略的存在，并且在使用这些策略时具有一定的主动性，但无法做到全面、任意时刻使用。

全使用但不受益阶段。这个阶段的学习者已经自发地掌握了许多策略，能够在各种场合使用某种策略，但由于不熟练，故而不能有效地运用这些策略来提高学习效率。

使用且受益阶段。这个阶段的学习者随着学习策略使用次数的增多，已经能够灵活且熟练使用各种学习策略，获得学习效率的提高，并能根据任务的需要来调整自己的策略。

（三）学习策略培养的要点

从上述学习策略发展阶段中，我们可以知道，个体学习策略的使用是一个渐进的过程，需要他人的指导和帮助。很多教育心理学家也认识到，学习策略是可教的，并且是可以迁移的。因此，教师可以通过提供教学支持来培养学生的学习策略。下面，我们来看看几个实用的教学支持建议。

1. 向学生示范学习策略

在语文、数学、化学等学科课程中，教师可以用较直接说明的方式向学生示范学习策略。教师可描述什么是学习策略，示范、讲解或培训一些有效的使用步骤。例如，亚当斯（Adams）曾设计过一门为期4天，每天30~40分钟的课程，以训练小学五年级学生的学习策略。学生被教导应用特殊的步骤阅读，包括浏览大标题、背诵次标题、提出问题、阅读重要的资料内容、重新阅读次标题和背诵重要细节、复习重点六个程序。教师先以实际的上课教材示范如何应用这六个步骤，学生再练习教师示范的技巧，并在练习过程中得到教师的反馈（张万兴，2002）。

2. 指导学生分析策略运用的条件

学生只了解各种学习策略并不够，还必须学会何时适当地使用它们。所以，教师要引导学生分析各种策略使用的条件，根据特定的学习材料、使用场合和条件，选择适当的策略。

3. 鼓励学生尝试使用多种学习策略

教师要鼓励学生在学习的过程中，针对相同的内容使用不同的学习策略，让学生在亲身体验中感受不同策略带来的效果。学生在将不同的学习策略运用到同一个学习任务的过程中，可以比较、选择出适合自己的学习策略。

4. 引导学生评价学习策略的效果

学生需要对每次使用的学习策略的效果进行评估和评价，以及在各种策略中更好地进行选择。例如，对每一道错题进行元认知分析，了解题目考查的知识点，以及在日后解题过程中应多注意什么知识点。只有学生用心去做，看到效果之后，他们才会认为学习策略是有效的。

5. 指导学生进行变式练习，灵活运用学习策略

学生在使用学习策略的时候，可以采用变式练习对同一个学习任务进行训练。所谓变式练习是指采用不同的形式呈现同一个任务。在实际学习中，学生很可能因为形式不

同而误判任务。通过变式练习，学生能熟悉同一个任务的不同表现形式，从而能够恰当地找到合适的学习策略。变式练习不仅可以帮助学生更加熟练和灵活地使用学习策略，还有助于学生分清问题的本质特征与非本质特征。

（四）学习策略的运用

学习者得到学习任务后，首先，通过元认知活动，对任务进行分析，即通过元认知活动在脑中寻找可以利用的经验与知识，以及在自己的认知策略库中搜索、调用已有的认知策略，构想出各种解决问题的方法，并预估其可行性，制订适当的学习计划。其次，学习者要严格执行学习计划，并在执行学习计划的实际过程中，及时评价、反馈计划的执行情况，若发现不足之处，积极调用自己的学习资源，及时修正、调整学习计划。如果学习计划能够顺利地执行下去，学习者就可以对学习任务的完成情况进行评估，接受来自自己或他人的测验。最后，如果学习者对测验结果是满意的，就可以进行自我解释；如果学习者对测验结果不满意，就需要继续调用可利用的学习资源，对自己的学习过程进行调整，直到对学习测验结果满意为止。

在学习过程流程图（见图 8-11）中，灰色部分都包含着学习策略的运用。比如，流程图上的制订学习计划就是一个元认知策略，计划是否可行、执行是否顺利、结果是否满意的检验也属于元认知策略中的监控策略。在制订计划、执行计划的时候会在认知策略库调用匹配的认知策略，以及调用适合的学习资源，这属于资源管理策略。整个学习流程结束之后，鼓励学生对自己的学习过程进行自我解释，这种自我解释也是一种元认知策略。

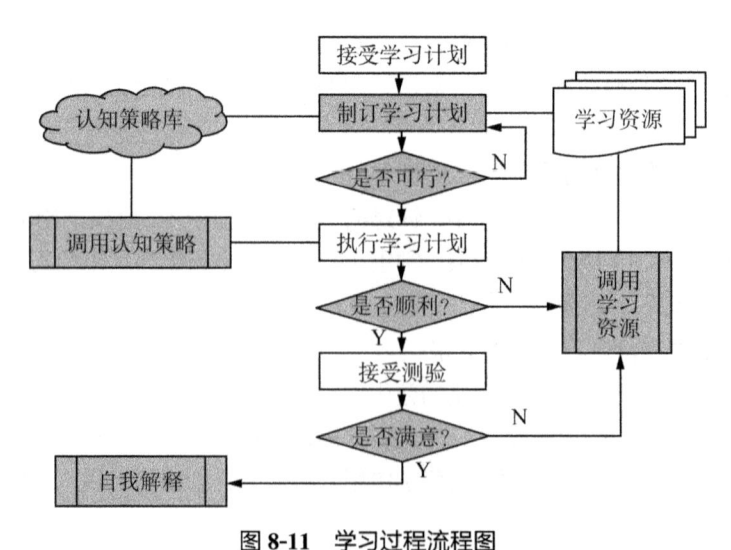

图 8-11 学习过程流程图

由此可见，学习策略在我们学习过程中发挥着非常重要的作用，甚至从某种意义上来讲，离开了学习策略的介入，学习过程是没有办法顺利完成的。

随堂巩固

1. 学生在家长的要求下一遍一遍地读自己根本不懂的古诗词，并记住了它们，这属于（　　）。
   A. 无意识记　　B. 意义识记　　C. 理解识记　　D. 机械识记
2. "将符号表示的新知识与学习者认知结构中已有的适当观念建立起非人为的和实质性的联系"属于（　　）。
   A. 接受学习　　B. 发现学习　　C. 意义学习　　D. 机械学习
3. 学习经验塔模型中，通过电视和电影、动画、录音等媒介进行学习，属于（　　）。
   A. 观察的经验　　B. 直接的经验　　C. 做的经验　　D. 抽象的经验
4. 认知心理学认为，学生头脑中的原有知识储存在（　　），学习过程在（　　）中进行。
   A. 短时记忆；长时记忆
   B. 工作记忆；短时记忆
   C. 长时记忆；工作记忆
   D. 工作记忆；长时记忆

参考答案：1. D　2. C　3. A　4. C

拓展阅读

1. 刘电芝. 1999. 学习策略研究［M］. 北京：人民教育出版社.
2. 王惠来. 2011. 奥苏伯尔的有意义学习理论对教学的指导意义［J］. 天津师范大学学报（社会科学版）(2).
3. 刘儒德. 1997. 论学习策略的实质［J］. 心理科学(2).
4. 埃德加·戴尔, 章伟民. 1985. 经验之塔（下）［J］. 外语电教(2).

▶▶ 第三节　学习困难的评估与干预 ◀

在生活中，我们可能会听到家长或教师抱怨学生不好好学习，上课时爱讲话，注意力不集中，小动作太多，回家不能按时完成作业或者写作业慢。面对这种情况，人们通常认为是因为学生智力欠缺，或者是因为学生不想学习。实际上，除了以上两种情况外，还有可能是因为学生存在学习困难。那么，什么是学习困难？又该如何应对学生出现的学习困难呢？本节将介绍学习困难的概念、影响因素、诊断方法，以及如何通过学习分析技术评估学生的学习，并介绍学习困难的干预路径。

一、学习困难的含义与评估

学习困难,也称学习无能、学习障碍等,最早由美国的教育学家克里克(Krik)在1962年提出。几十年来,随着研究范围和程度的不断扩大和深入,学习困难的含义和评估方法也得到逐渐丰富和完善。

(一)学习困难的含义和影响因素

1. 学习困难的含义

关于学习困难的含义,可以分为狭义和广义两种理解。狭义的学习困难是指儿童基本上没有智力缺陷,但在特殊学习技能的获得或发展上存在障碍,主要包括特殊阅读迟滞、拼写困难和数学困难等。广义的学习困难指普遍性的学习障碍,包括精神发育迟滞(智力低下)及普遍性学业不良。

在国外,得到广泛认可的定义是美国学习困难全国联合委员会在1988年的定义:"学习困难是多种异源性失调,表现为个体在吸收和运用信息、阅读、表达、书写、推理和计算能力方面出现明显的障碍,这种障碍推测是由中枢神经系统功能失常导致的,为个体固有并伴随终身。"美国学习困难全国联合委员会将由视、听等感官缺陷,神经发育迟缓,严重的情绪干扰,以及地域文化差异、教育方式不当等环境因素造成的学业不良排除在学习困难之外。根据这个定义,2013年推出的《精神障碍诊断与统计手册》第五版(DSM-V)将学习困难明确定义为神经发育障碍,包括以下四种类型:语言特殊发育障碍,学习技能的特殊发育障碍,运动功能的特殊发育障碍,混合性特殊发育障碍。显然,这个定义属于狭义上的学习困难。

我国目前对学习困难的定义没有形成统一的标准,但基本上包含以下三个方面。第一,智力低下。标准化智力测试成绩的下限为70,若个体的智商低于70,不属于学习困难。第二,学业不良。绝对学业不良指个体在学科统测中表现低于平均水平;相对学业不良是个体跟同班同学相比,明显落后于班上平均水平或者表现出与年龄不相匹配的高智力水平。第三,学习过程偏离常态。个体的识记方式机械、简单,缺乏丰富的联想等。

2. 学习困难的影响因素

学习困难的影响因素非常复杂。对于狭义的学习困难而言,凡是可能影响到个体认知功能的因素,都可以看作学习困难的影响因素。

第一,遗传因素。临床流行病调查发现,学习困难的发生有明显的家族聚集性,而基因组的相关研究发现多种学习困难的发生与某些基因密切相关。

第二,脑损伤。研究表明,在学习困难学生中,脑损伤发生率比不存在学习困难的学生要高,并且,部分学习困难可能与脑外伤、大脑中枢神经系统结构异常或功能失调有关。引起脑损伤的因素很多,如严重的头部外伤、脑膜炎及其他的一些疾病。

第三,早产及生理晚熟。研究发现,早产和足月出生但低体重的个体在注意力、语言表达和运动协调能力等方面都比普通儿童差，学习困难的发生率也明显高于普通儿童。此外，在进入学龄期的儿童中，有部分儿童的生理条件还没有完全成熟，这些儿童也容易发生学习困难。

第四，认知能力障碍。认知能力是个体认识世界的一整套心理能力，包括感觉、知觉、注意力、记忆、思维和社会学习能力等各个方面。这些能力都与学习存在密切关系，任何一项能力出现障碍都会导致学习困难，如注意力缺陷、记忆或语言能力缺陷等。

对于广义的学习困难，除以上影响因素外，还包括以下三个环境因素。

第一，家庭环境。父母的教养方式及期望态度会影响个体的学业表现。例如，专制型父母对孩子要求很严格，对孩子的学业抱有过高期望，容易让孩子产生学业焦虑、回避学习，从而导致学业不良；放任型父母对孩子的学习漠不关心，容易导致孩子学习兴趣不足，难以形成良好的学习习惯。

第二，学校环境。学生的课业负担过重、激烈的竞争环境容易使学生产生紧张、焦虑，甚至厌学等消极情绪，对学习失去信心，更可能出现学习困难。

第三，自然环境。自然环境的污染也是导致学习困难的原因之一。美国学生学习困难的发生率呈增高趋势，有专家认为可能部分是因为学生长期暴露在慢性的毒物中，如铅、重金属、物理环境中的化学制剂。美国的一个实证研究也表明，学习困难的高发地区均与曾经有过铅毒性和空气污染机构有关。

总之，造成学生学习困难的原因错综复杂，涉及生理因素、心理因素及环境因素等，这些因素又相互影响，相互渗透。对学习困难进行干预与治疗之前，要对学生进行诊断与评估，分析学生产生学习困难的原因。

（二）学习困难的评估

评估学习困难的要点有两个方面：一是个体的学业表现与其智力水平和综合能力明显不相称；二是智力发展基本正常。

1. 经验判断

与同龄群体相比，存在学习困难的学生通常在阅读、拼音、数学、计算或运动技巧等方面的发育有显著的延迟或缺陷，并在学业表现上落后于其他学生。因此，教师通过在日常学习中的观察和比较，就可以做出判断。需要说明的是，学习困难学生可能有全面的学习障碍，但也可能只在说话、阅读和计算等某个领域存在学习障碍。

2. 量表评估

量表评估包括父母观察的量表评估、教师观察的量表评估，以及医用量表评估，评估的内容主要包括学习行为、情绪和社会功能等多个方面。

3. 认知功能检查

不同类型学习困难的学生表现出不同的认知功能问题，临床上常用的评估工具包括：(1) 韦氏智力量表，主要反映学生认知的能力水平；(2) Das-Naglieri 认知评估系统，主要反映学生认知的基本功能；(3) 持续加工实验，主要反映学生能够持续有效使用认知功能的时间。此外，还有脑电图等神经电生理检查。

我国学者陈家麟从教育学、心理学和神经生理学三个层面对学生学业不良的原因进行分析，其中，在教育学层面，还从学生自身内部和外部环境两个方面进行分析（见图8-12）。

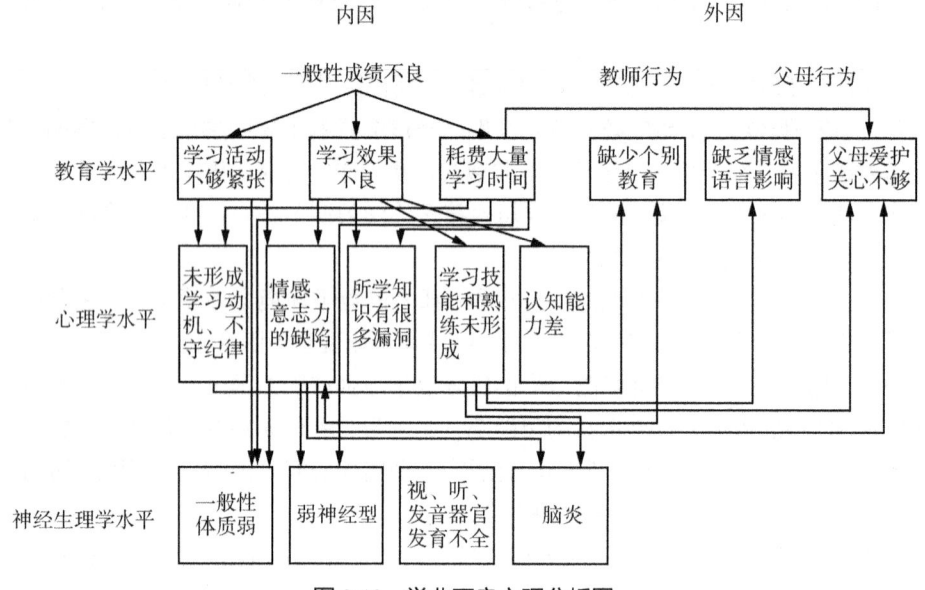

图 8-12 学业不良心理分析图

资料来源：陈家麟. 1991. 学校心理卫生学 [M]. 北京：教育科学出版社.

以上评估方法被统称为能力—成绩差异模型，基本做法是比较学生在标准智力测验和标准化成就测验上的得分，如果差异达到一定的程度，就可以判定为学习困难者。这种方法属于事后判定，"坐等失败"的做法往往会错过最佳干预时机。为克服这个缺陷，近年来，出现了一种被称为干预反应模型（RTI）的诊断和干预方法，具体做法是：对那些有学习困难风险的学生进行不同程度的干预，如果学生能达到预先设定的标准，就称为有反应者；如果学生达不到标准，就继续增加干预的强度；那些始终达不到标准的学生称为无反应者，可以被诊断存在学习困难。

斯旺森指出，要想提高 RTI 的诊断效果，必须严格按照以下步骤进行：利用前测检验识别存在风险的学生；设置干预基线，采用随机分配的方法，保证有反应者和无反应者都能充分接受干预；后测结束后要留出一段时间观察学生是否有干预后反应。RTI 方法使得因教育条件差等原因造成的学习困难者回归正常水平，有效减少了学生困难者的检出数量。

二、从学业测评到学习分析

1989 年，联合国《儿童权利公约》提出将全纳教育作为一项普通人权，使全纳教育成为国际社会的共识。全纳教育对传统普通学校采用的标准化教育提出了巨大的挑战，差异教学作为一种适合全纳教育的教学方法受到广泛关注。在差异教学中，教师需要根据学习标准对学生进行评估，并根据评估结果制订教学计划，为不同类型的学生设置不同的学习任务和活动，以满足不同学生的多样化需求。在这个背景下，随着信息科学和数据挖掘技术的发展，学习分析技术逐渐替代传统的学业测评方法，成为实施差异教学的重要支持。

（一）传统的学业测评

传统的学业测评是在课堂教学情境下，教育者通过作业和考试等手段，收集有关学生学习的数据，并根据一定的标准对学生的学习活动及结果做出判断的过程。这种评价方式已经构成常规学校教育的重要组成部分，基本模式为：备课—上课—布置作业—批改—单元测试—期中期末考试。

传统学业测评存在以下四种缺点：（1）需要安排专门的评价活动（作业、考试），导致学习和评价活动分离；（2）对作业和考试的批阅花费教师大量时间；（3）考试结果只是学业表现的抽样数据，难以反映真实情况；（4）粗略的考试结果难以细致反映学生掌握知识的细节和进步情况。

（二）学习分析的定义与结构

学习分析技术强调通过测量、收集和分析学生和学习情境的数据，充分了解学生的投入、学业表现和学习进展情况，用于课程、教学和评估的修订。

1. 学习分析的定义

学习分析被定义为"对学生及其背景的数据进行测量、收集、分析和报告，目的是理解和优化学习及学习发生的环境"。

根据这个定义，学习分析技术不仅关注学生的学业表现，还关注学生的学习投入、学习过程，以及学习变化的情况。学习分析技术的本质是围绕与学生学习信息相关的数据，运用不同的分析方法和数据模型来解释这些数据，再根据解释的结果来探究学生的学习过程与情境，发现学习规律；或者根据数据阐释学生的学业表现，为学生提供相应反馈，从而促进生成更加有效的学习技术。

2. 学习分析的结构

作为关联主义学习理论的创始人，西蒙斯于 2010 年提出了学习分析技术过程模型（见图 8-13）。在这个模型中，数据主要来自两个方面：一方面是学生在移动终端、社会性软件、学习管理系统上的操作记录，称为学习者数据，主要反映学生学习过程的特点；另一方面是课程数据、学期数据，以及其他一些与学习相关的数据，如完成了多少习题、问了多少问题等，称为智能数据。利用这些数据，系统可以对学生的学习情况进行分析和预测，并应用一些方法对学习者的学习过程进行调整，实现个性化教学。需要说明的是，对学习过程的调整并不完全是由计算机实现的，而是需要结合技术、社会学和教育学的知识，进行全面的和多方位的指导。

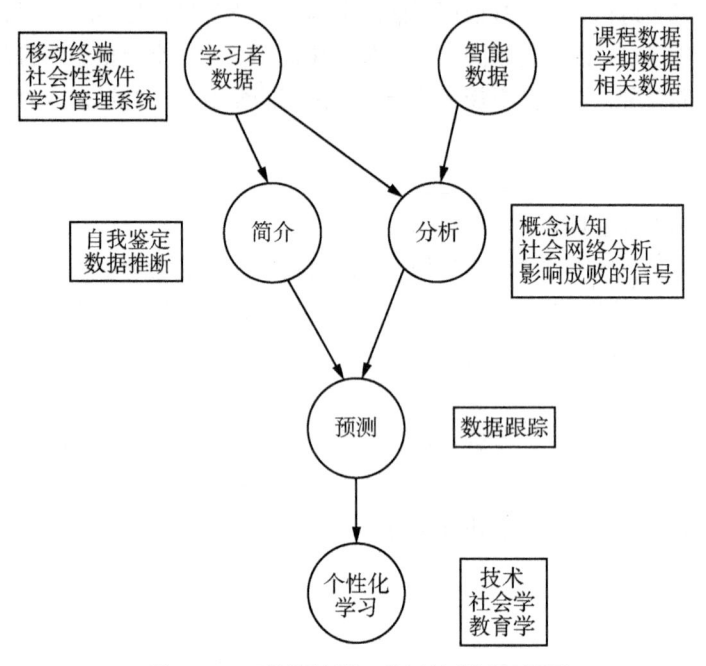

图 8-13　西蒙斯的学习分析技术过程模型

资料来源：王楠 . 2019. 在线学习活动设计：理论与实践［M］. 北京：北京邮电大学出版社 .

根据西蒙斯的学习分析技术过程模型，我们可以将学习分析系统分为学习数据、学习模型及学习建议三个环节（见图 8-14），分别由数据层、模型层（含可视化层或仪表盘）和服务层实现，运行过程如下：首先，通过多种渠道采集学习数据；其次，在分析数据的基础上获得学生的学习模型；最后，根据学习模型做出评价和决策，对学生提出学习建议。

图 8-14　学习分析系统的结构图

学习数据包括学习条件、学习过程和学习结果三个方面。其中，学习条件数据包括学生和教师在学与教的过程中利用的硬件和软件环境、教育政策与管理等外部条件数据，以及学生的学习动机、学习状态、意志力等内部条件数据。学习过程数据主要包括学生在学习过程中使用的学习资源（教材、课程、图片等）、学习目标、学习路径，以及学习策略等数据。学习结果数据主要包括学生学期考试、作业完成情况及升学率等数据。这些数据可以反映学生学习的完整情况，为建立学习模型提供数据支持。

学习模型可以分为知识模型、能力模型和学习风格模型。布鲁姆教育目标分类学的修订版从知识和认知过程两个维度来建构教学目标。从知识维度看，学生的学习内容可以分为事实性知识、概念性知识、程序性知识及元认知知识，其中，事实性知识和概念性知识可以用语义网络模型来描述，程序性知识和元认知知识可以用产生式系统来描述。从认知过程维度来看，分为识记、理解、应用、分析、评价、创造六种认知过程，其中，识记和理解主要针对事实性知识和概念性知识，对应于感知、记忆、推理等基础认知能力；应用主要针对程序性知识，对应于学科技能或专业技能；分析、评价、创造并不针对特定的知识，是在具体情境中解决问题的通用技能，与元认知知识密切相关，通常被称为高阶思维能力，而基础认知能力和专业技能则被称为低阶思维能力（见图 8-15）。

在具体学习过程中，不同学生表现出不同的差异，这些差异的稳定表现就被称为学习风格。美国圣约翰大学的邓恩夫妇认为构成学习风格的要素是多方面的（夏惠贤，2006），主要包括环境类要素，如声音、光线、温度、坐姿等；情绪类要素，如动机、坚持性、责任、学习内容的组织程度等；生理类要素，如感知觉、摄食、时间及活动等；社会类要素，如自我、结伴、团队、多样化还是程式化等；思维类要素，如分析与综合、大脑左右半球、沉思与冲动等。

除了以上基于知识和认知过程的学生学习表现模型外，一些学习分析系统还设计了教师教学表现模型、课程实施评价模型等支持性模型。

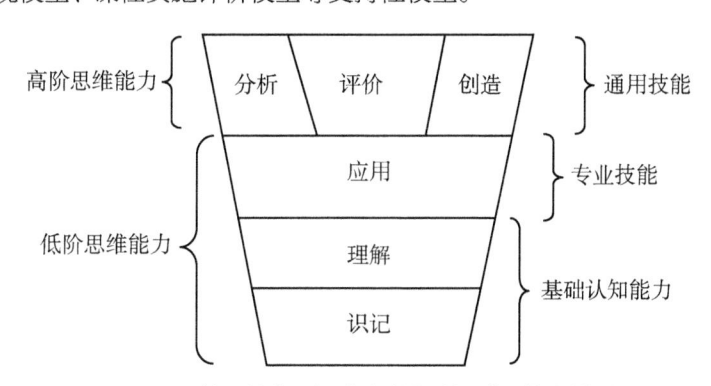

图 8-15　基于教育目标分类学的认知过程能力模型

利用学习数据建构学生的学习模型后，就能够有针对性地为学生提出下一步学习建议，主要包括以下四个方面：第一，学生什么时候能够学习下一个主题；第二，学生什么时候在完成课程任务上遇到困难；第三，如果没有干预，学生可能会获得什么等级的结果；第四，学生是否应该寻求辅导者的帮助。

学习分析技术可以为学生、教师、学校及教育管理部门等提供丰富的数据，用于支持学习、教学和教育决策，已经成为教育技术领域中发展迅速的方向之一。以学习分析技术为依托的各种自适应学习系统，在支持大规模的个性化教学，以及帮助有学习困难的学生改进学习等方面发挥着越来越大的作用。

三、学习困难的干预路径

对学习困难的教育干预是在诊断和评定的基础上实施的。目前，对学习困难的教育干预有直接干预和间接干预两种路径。

（一）直接干预

直接干预是指直接教授特定的学习技能来改善学生的学业表现，相关的研究和实践主要有以下三个方面。

1. 学习投入时间和学业表现的关系

学习投入时间是指学生积极主动地参与学业活动的时间，主要表现为学生充分利用学习时间来完成预习、听课和课后复习等学习任务。研究发现：（1）学生在学习投入时间上存在很大差异；（2）学习投入时间和学业表现之间呈中等强度的相关；（3）教师、家长及同伴支持与学生的学习投入时间具有较高的相关。

在实际的教学活动中，教师可以采用同伴指导的策略来引导学生更加积极、主动地投入学习活动，以保证学生对学习投入足够的时间和精力。同伴指导就是让同班同学作为学习困难学生的指导者。指导者通过对同伴学习过程的解释，加强了自身的学习，而被指导的同学也会从一对一的指导中受益，这是教师在课堂环境中无法提供的。同伴指导的方法使学生参与活动时有更高的积极性，并且能从同伴那里获得及时的反馈。

2. 教师教学表现模型

研究表明，影响学生学业表现的主要因素有以下四个方面：（1）学生个体因素，包括动机、人际技能、学业参与度与学习技巧等；（2）教师教学因素，包括教学方式、反馈和强化、教师关注和表扬等；（3）学习行为因素，包括同伴指导、自我修正、积极练习等；（4）制度因素，包括自由因素、对学生进展的监控等。教师教学表现模型强调教师教学因素对学生学业表现的影响。

教师的课堂教学表现是精准评估与诊断课堂教学效果，干预课堂教学过程，调整课堂教学模式的主要依据。一些学习分析系统利用智能设备构建数据驱动的智能体系，实时捕获师生语言、动作等多模态课堂行为数据，围绕教学问题进行特征抽取、数据融合、个性化建模及动态干预等，为有效监测课堂教学过程，改善教与学的效果提供数据支持。

根据教师教学表现模型，在对学习困难的学生进行干预时，教师要帮助学生提高阅读理解的准确性、口语阅读流畅性、拼写和创造性写作等学业技能，还要通过数字和字母的教学与训练来提高学生的数学计算能力。教师还应通过强化学习困难学生的基础学习能力，引导他们充分利用积极因素来改善学业表现。

3. 有效的教学设计研究

有效的教学设计研究是指应用某种直接教学方案进行干预，通过发展有效策略，提高特定学业技能和元认知过程，提高学业表现，促进思维发展。

有效教学设计研究与学习策略辅导密切相关，主要是通过改善学生的学习策略来提高学生的学业表现。例如，在对阅读困难的学生进行干预时，可以教授其阅读策略，包括词语解码、单词辨认、流畅性塑造、见词读音和其他语音意识技能等。此外，教师还可以通过重复阅读、示范和预习等方法帮助阅读困难者阅读变得更加流畅。

（二）间接干预

间接干预指通过提高学生自身的基本认知能力来改善学业表现，典型的做法是认知功能—干预相互作用，如开设视觉导向的阅读课程，提高学生听觉辨别技能等。

对学习困难的间接干预建立在以下假设的基础之上：（1）对于某种学习技能而言，必须有基本的认知技能作为前提；（2）如果掌握某种学习技能必须基于某种完整的基本认知技能，那么对这种认知技能的鉴别和补偿就可以提升学业行为。所谓的间接干预就是指通过干预基本认知技能来影响学生的学习技能，进而改善学业表现。需要强调的是，基本认知技能与学习技能不同。学习技能针对的是特定的知识与学习任务，如语文阅读、数学计算等。教师先将基础的学习技能教授给学生，再引导学生发展出独特的学习策略，从而改善学业表现。基本认知技能是指涉及视觉、听觉、触觉等感官系统的一些能力，是一种更加基础和通用的认知技能。

对学习困难进行间接干预需要理解学生学习过程中涉及的复杂神经心理过程。学生的神经、生理过程实际上既会有优势也会有劣势，并不会某一种能力完全是劣势。例如，有些学生虽然不擅长通过视觉通道学习，但其听觉能力却格外强。所以对学习困难学生进行干预时，采用的基本策略是扬长补短，必须基于其内在认知优势和弱点进行干预。

基本认知技能主要包括以下六个方面：（1）感知能力（视觉、听觉等）；（2）感知—运动统合能力，简称感统能力；（3）记忆力；（4）阅读理解能力；（5）语言表达能力；（6）符号运算能力。其中阅读理解、语言表达及符号运算能力应是学生学习需要掌握的最基本的学习技能，也归属于基本认知技能。

针对学习困难学生的具体问题，进行感觉统合训练是一种行之有效的干预方式。感觉统合训练主要包括以下内容。

听觉训练：要求儿童先辨别各种乐器声音，再辨别鸟叫声、水生、汽车喇叭声等，直至正确辨别为止。

视觉训练：以游戏的方式在桌子上摆放一些图片、物品，让儿童用目光去寻找，之后看图片，说出其含义。

触觉刺激训练：可以用软毛刷、干毛巾或丝绸等柔软的布类，轻擦儿童的背部、腹部、腕部、手、脚等部位的皮肤，另外还可以让儿童进行皮肤刺激的游戏，如水中游戏、黏土游戏、草坪上的裸足游戏等。

随堂巩固

1. 在下面的选项中,哪些属于狭义的学习困难?(　　)
   A. 阅读障碍　　　B. 拼写困难　　　C. 数学困难　　　D. 智力低下
2. 若个体智商低于(　　),不属于学习困难。
   A. 80　　　　　　B. 60　　　　　　C. 70　　　　　　D. 75
3. 学习分析的要素包括以下三部分:学习数据、(　　)、学习建议。
   A. 学习风格　　　B. 学习策略　　　C. 学习模型　　　D. 学习技能
4. 下列选项中,哪些是影响学生学业成绩的主要因素?(　　)
   A. 学生个体因素　　　　　　B. 教师教学因素
   C. 学习行为因素　　　　　　D. 制度因素
5. 间接干预是指通过干预(　　)来影响学生的学习技能,进而改善学业表现。
   A. 智力水平　　　B. 基本认知技能　　C. 感知能力　　　D. 运动能力

参考答案:1. ABC　2. C　3. C　4. ABC　5. B

拓展阅读

1. 赵微. 2020. 学习困难儿童的发展与教育[M]. 北京:北京大学出版社.
2. 《教师如何帮助学生预防和矫治学习困难》编写组. 2011. 教师如何帮助学生预防和矫治学习困难[M]. 广州:世界图书出版广东有限公司.
3. 顾小清,张进良,蔡慧英. 2012. 学习分析:正在浮现中的数据技术[J]. 远程教育杂志,30(1).
4. 李艳燕,马韶茜,黄荣怀. 2012. 学习分析技术:服务学习过程设计和优化[J]. 开放教育研究,18(5).

本讲小结

1. 学习状态是由动机、情绪、注意三个方面共同构成的,使学习得以进行,并一直伴随学习过程的综合身心状态。
2. 心境是个体在一个较长的时间内持续存在的某种微弱、稳定而弥散的情绪状态,是从事任何一项活动的基础身心条件。心境和情绪之间密切相关,各种情绪的扰动都会引起心境的变化。

3. 在学习状态内部，情绪是注意和动机过程发生的基础身心条件，涉及心理资源的供给水平；注意由外部环境中的学习对象引发，并使学习动机指向该对象；动机则在情绪和注意的共同作用下，持续推进着学习过程的实施。此外，元认知过程对学习状态、学习过程和学习结果进行监视和调节，确保系统的正常运行。

4. 测评和监测是两种不同的对学习状态的评估方法。测评是用问卷调查、量表的方法来评估、分析学习者的学习状态，而监测是指用生理监测的方法客观反映学生的学习状态。

5. 耶克斯—多德森定律指出动机水平与学习效率之间是一种倒 U 形曲线关系：学习效率随学习动机强度的增加而提高，直至达到最佳水平，之后则随着学习动机强度的进一步增加而下降。

6. 学习者在利用已有学习方法开展学习活动的过程中，为提高学习效率而逐渐探索出来的，不同于其他人的操作方式或技巧。

7. 学习策略是学习者主动地、有意识地获得并使用的，是一个高度个人化、情景化的概念，其目的是提高学习的效率，但并不能保证有效。

8. 学习经验塔模型研究的是数字媒体的选择和学生经验之间的关系，主要用以指导教学中学习媒介的使用和选择；学习金字塔模型研究的是学习方式对学习效果的影响，提倡各种学习方式的组合使用。

9. 学习的信息加工模型指出：学习活动都基于一定的学习材料，这些学习材料引导、激发学生的学习过程，最终产生一定的学习结果，这个结果会得到外部的一个反馈，而这个反馈可能会强化学生已有的一些知识。

10. 数字时代下的学习策略，知识路径比知识内容更重要；弱联结比强联结更重要；非正规学习成为学习的重要部分；信息流成为重要的学习资源；需要对个人知识进行系统管理。

11. 学习策略发展分为无策略、部分使用、全使用但不受益、使用且受益四个阶段。

12. 广义的学习困难是指普遍性的学习障碍，包括精神发育迟滞（智力低下）及普遍性学业不良的有关问题。狭义的学习困难是指儿童基本上没有智力缺陷，但在特殊学习技能的获得或发展上存在障碍，主要包括特殊阅读迟滞、拼写困难和数学困难等。

13. 学习困难存在智力发展基本正常、学业不良、学习过程偏离常态三个诊断标准，但这些标准并不是绝对的，做出学习困难的诊断前一定要进行充分评估。

14. 造成学生学习困难的原因错综复杂，涉及生理因素、心理因素及环境因素等，这些因素相互影响，相互渗透。

15. 学习分析是指对学习者及其背景的数据进行测量、收集、分析和报告，目的是理解和优化学习及学习发生的环境。

16. 学习分析包括学习数据、学习模型及学习建议三个要素。其中学习数据包括外部情境、学生特质等学习条件数据、学习过程及学习结果数据；学习模型包括知识、能力及学习风格模型。

17. 学习困难的直接干预路径是通过直接教授特定的学习技能来改善学业表现；间接干预路径是指通过提高学生的基本认知技能来改善学业表现。

18. 间接干预实施的基本策略是扬长补短，即发扬优势、弥补弱势，儿童的学业缺陷必须基于其内在认知优势和弱点进行干预。

总结练习

（一）选择题

1. （　　）为学习活动的展开提供基础身心状态，（　　）使学习活动指向特定的对象，而（　　）则使学习活动指向特定的目标，并且满足相应的需要。
   A. 心境；动机；注意　　　　B. 情绪；注意；动机
   C. 动机；注意；心境　　　　D. 心境；注意；动机

2. 在计算机上，按照要求点击不同的颜色，正确点击会得分，错误点击不会得分，点击速度越快，正确率越高。这种训练任务的目的是（　　）。
   A. 调控心境　　B. 提高注意力　　C. 激发动机　　D. 稳定情绪

3. 中国人一般把"TOEFL"称为"托福"。这里使用的学习策略是（　　）。
   A. 谐音联想法　　B. 位置记忆法　　C. 视觉联想法　　D. 关键词法

4. 明明在考试前一天计划自己在第二天的考试中利用一小时来做卷子，半小时进行检查。但是第二天考试过程中，明明发现自己在离考试结束只有十分钟时，还有几道题没有做完，于是他加快了做题速度。明明利用了哪些学习策略？（　　）
   A. 计划策略，监控策略　　　　B. 计划策略，调节策略
   C. 计划策略，调节策略，监控策略　　D. 计划策略，监控策略，调节策略

5. 学业求助策略属于学习策略中的（　　）。
   A. 认知策略　　　　　　B. 精细加工策略
   C. 元认知策略　　　　　D. 资源管理策略

6. 对学习困难的儿童实施间接干预的基本策略是（　　）。
   A. 教学相长　　B. 因材施教　　C. 扬长补短　　D. 循序渐进

（二）简答题
1. 简述学习状态的整体模型，说明各要素之间的关系。
2. 简述评估学习状态的一种方式。
3. 简述如何调控学生的学习状态。
4. 简述学习策略的分类方法。
5. 简述学习的信息加工模型。
6. 教师在教学过程中可以为学生学习策略的培养提供哪些教学支持？
7. 简述学习困难产生的原因。
8. 简述如何对学业不良的学生进行评估。
9. 如何为学习困难学生营造支持性的教育环境，对其实施干预？

选择题参考答案：1. D　2. B　3. A　4. D　5. D　6. D

第九讲
生涯发展指导

概述

生涯发展指导是学生发展指导的重要组成部分。从需要双塔层次模型的角度看，生涯发展与归属的需要有关，其本质是个体养成品德和发展学业的基础上，确定自己的职业方向，融入特定的社会群体。对于中学生而言，生涯发展指导不能局限于职业规划指导，而是要包含职业规划指导、学业规划指导乃至生活规划指导。指导教师要引导学生根据自身的实际情况，将当前的学习与未来的生活发展、职业生涯发展、国家发展等有机联系起来，树立合理的职业与学业发展目标，制订可行的规划。

这一讲包括三节内容，第一节侧重于理论，系统地介绍职业指导理论、生涯发展理论和生涯规划理论。第二节和第三节侧重于实践：第二节介绍生涯教育体系的规划与实施路径，以及循证实践理念下的生涯教育实践；第三节介绍教育变革和新高考背景下的生涯发展指导与专业报考指导。

关键词

第一节	特质—因素理论、职业兴趣理论、职业锚理论、生涯发展阶段理论、生涯发展的社会学习理论、生涯混沌理论、生涯规划、生涯决策的认知信息加工理论、工作适应理论、生涯适应理论
第二节	生涯教育体系、课堂指导活动、团体辅导活动、个体咨询、循证生涯教育体系、证据
第三节	可持续发展、功利主义教育观、人文主义教育观、共同利益、高考综合改革（新高考）、选课走班、工作世界图、专业报考指导

知识结构图

第一节　从职业指导到生涯发展

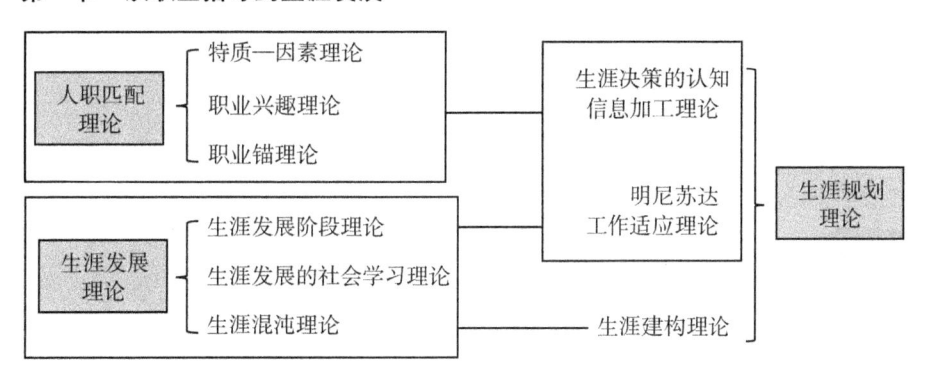

- 人职匹配理论
  - 特质—因素理论
  - 职业兴趣理论
  - 职业锚理论
- 生涯发展理论
  - 生涯发展阶段理论
  - 生涯发展的社会学习理论
  - 生涯混沌理论
- 生涯规划理论
  - 生涯决策的认知信息加工理论
  - 明尼苏达工作适应理论
  - 生涯建构理论

第二节　生涯教育的规划与实施

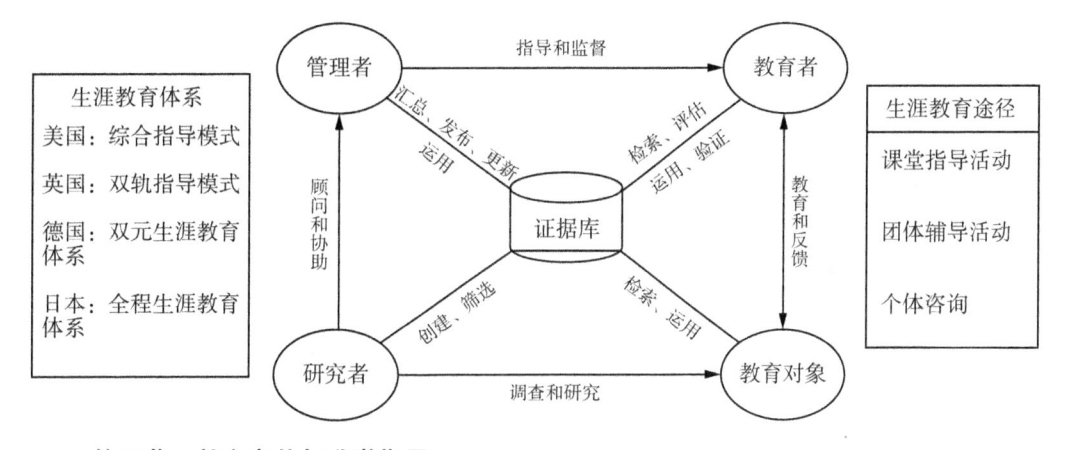

生涯教育体系
- 美国：综合指导模式
- 英国：双轨指导模式
- 德国：双元生涯教育体系
- 日本：全程生涯教育体系

角色关系：管理者、教育者、研究者、教育对象围绕"证据库"
- 管理者 —指导和监督→ 教育者
- 管理者 —汇总、发布、更新→ 证据库
- 教育者 —检索、评估、运用、验证→ 证据库
- 研究者 —创建、筛选→ 证据库
- 教育对象 —检索、运用→ 证据库
- 研究者 —顾问和协助→ 管理者
- 研究者 —调查和研究→ 教育对象
- 教育者 —教育和反馈→ 教育对象

生涯教育途径
- 课堂指导活动
- 团体辅导活动
- 个体咨询

第三节　教育变革与升学指导

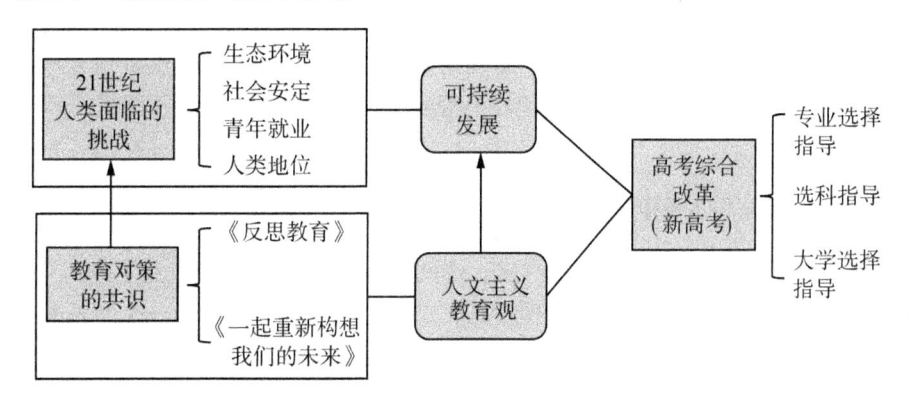

- 21世纪人类面临的挑战
  - 生态环境
  - 社会安定
  - 青年就业
  - 人类地位
- 教育对策的共识
  - 《反思教育》
  - 《一起重新构想我们的未来》
- 可持续发展
- 人文主义教育观
- 高考综合改革（新高考）
  - 专业选择指导
  - 选科指导
  - 大学选择指导

学习目标

1. 说出各种人职匹配理论的主要观点。
2. 说出各种生涯发展理论的主要观点。
3. 说明广义的生涯规划包含的内容及主要理论。
4. 列举世界各国生涯教育体系的基本特点。
5. 举例说明生涯教育三种途径的主要特点。
6. 说出循证生涯教育体系的结构和实施过程。

引导性问题

1. 个人特质和职业的匹配是固定不变的吗？
2. 人的生涯发展阶段和路径是可预测的吗？
3. 生涯规划和职业生涯规划是一回事吗？
4. 一个完整的生涯教育体系应包括哪些组成部分？
5. 学校生涯教育的主要途径或形式有哪些？
6. 根据个人经验开展的生涯教育活动有哪些优点和不足？
7. 21世纪人类面临的主要挑战有哪些？
8. 功利主义教育和人文主义教育的区别是什么？
9. 你如何看待新高考取消文理分科？

知识详解

第一节 从职业指导到生涯发展

本节内容包括人职匹配理论、生涯发展理论和生涯规划理论。人职匹配理论与狭义的生涯规划（职业规划）有关，生涯发展理论则与广义的生涯规划有关。随着社会发展的加速，个体生涯的不确定和不可预测性也相应增强，每个人都需要不断提升自己的生涯适应力。

一、职业指导与人职匹配理论

20世纪初，第三次工业革命开始兴起，需要大量专业工人从事工业生产。工业生产的专业性较强，需要对求职者进行职前培训。在20世纪上半叶，第一次世界大战和第二次世界大战的爆发又催生了军队入职的培训和指导。在这一背景下，职业指导快速发展起来，并出现了一系列人职匹配理论。

（一）职业指导的发展过程

1903 年，美国波士顿大学的帕森斯（Parsons）开始在美国宣传职业指导，主张在公立学校开设职业课程，配置专门的职业咨询工作者（吕建国，孟慧，王佳颖，2018）。1908 年，帕森斯在美国波士顿设立职业局，同年，德国出现少年职业介绍机构，法国巴黎设立职业指导学校。因此，一般以 1908 年作为职业指导的起始年，而帕森斯则被称为"职业指导之父"。在 20 世纪上半叶，职业指导工作经历了创立期、发展期、成熟期三个阶段。

1. 创立期：20 世纪初到1918 年

从 1908 年到第一次世界大战期间是职业指导的创立期。在这个阶段职业指导工作的重点是收集与传递职业信息，并通过职业教育与培训为青少年就业提供指导，显著特点是职业指导与职业技术教育结合为一体，职业指导人员基本上是职业教育工作者。1909 年，美国联邦政府指定就业介绍所负责安置青年就业，并规定地方教育机构要承担职业指导的责任。到 1916 年，美国有 150 多所中学开展职业指导工作，英国、德国、法国、加拿大、日本等国家也相继开展职业指导工作。1917 年，我国职业教育家黄炎培在上海创办中华职业教育社，大力提倡和推动职业指导工作，试图以职业指导来弥补教育与社会需要相脱离的缺陷。

2. 发展期：1918 年到1945 年

第一次世界大战期间，美国将团体智力测验用于陆军参军人员的选拔。战后，很快就出现了专门用于职业指导的各种心理测验量表，如斯特朗职业兴趣量表、明尼苏达文书测验、明尼苏达空间关系测验、明尼苏达纸板测验等。随着心理测验的编制和应用，职业指导工作逐渐与职业技术教育工作分离，开始走上制度化的发展道路。例如，美国联邦政府就业服务负责平衡人力供需，开展就业指导，其工作除编制有关心理测验，收集人力供求关系的资料外，还编制了《职业分类辞典》，出版《职业展望手册》《职业展望季刊》等刊物。

从第一次世界大战结束到第二次世界大战，职业指导工作重在利用心理测验对求职者的职业兴趣、能力倾向等个性特征做出鉴定，指导求职者根据自己的特点选择职业。1937 年，美国职业指导学会给职业指导下的定义是："协助个人选择职业、准备就业、安置就业，并在职业上获得成功的过程。"

3. 成熟期：1945 年以后

第二次世界大战后，随着世界经济的恢复和发展，职业指导作为充分利用人力资源，发展人力才能的重要手段，被各国放在重要的地位。例如，美国的职业指导工作在第二次世界大战后快速得到普及，各州都设立专门的职业指导机构，并配备专门的职业指导人员，几乎每个学校都有一名就业安置人员。1952 年，美国成立美国人事与指导协会，后改为美国咨询和发展协会；1958 年，美国通过国防部教育法案，规定每年拨款 1 500 万美元用于发展职业指导课程和培养职业指导人员。

20世纪50年代以后，随着关注人的内在动机和生命意义的自我心理学及健康运动的兴起，职业指导专家不满足于传统的以就业为中心的职业指导工作，逐渐从整体上考察个体身心发展的过程，以及影响职业选择与适应的人格及社会因素。指导内容从狭隘的就业指导扩展到对职业价值观、生活形态与目标，以及个性全面发展等个体生活的各个方面；指导方式上广泛运用心理治疗理论与方法，赋予职业指导以新的含义。这些变化使得职业指导突破了就业安置的范围，与人生指导、生活指导和教育过程紧密联系在一起，逐渐转变为生涯发展指导。

（二）职业指导的人职匹配理论

在职业指导的发展过程中，为了提高职业指导工作的科学性，先后出现了一系列人职匹配理论，代表性的理论主要包括帕森斯的特质—因素理论、霍兰德的职业兴趣理论及施恩（Schein）的职业锚理论。

1. 特质—因素理论

特质—因素理论是职业指导的第一个理论，由帕森斯在1909年出版的《职业选择》中提出，强调"人与职业相匹配是职业选择的焦点"。在这个理论中，"特质"指个体的人格特质，包括能力倾向、兴趣、价值观等，可以通过心理测验工具进行测量；"因素"指在特定职业上取得成功所需的条件或资格，可以通过工作分析加以了解。特质—因素理论的主要观点为：每个人都有独特的特质，可以有效地用测验工具加以测量；每种职业都有特殊的要求，符合这些要求的人都能成功地完成该职业的任务；职业选择是一个相对独立的事件，个体与职业之间的匹配是可能的；个人特质与职业要求的匹配度越高，成功的概率也越高。

根据这个理论，帕森斯将职业指导工作分为三个步骤。

第一步，了解求职者。心理测验等可用来了解求职者的身体状况、能力倾向、兴趣爱好、气质与性格等；会谈、调查等方法可用来获得求职者的家庭背景、学业表现、工作经历等。

第二步，了解职业。向求职者提供有关的职业信息，如职业的特点、工资待遇、工作条件，以及对求职者的最低要求等。

第三步，人职匹配。在了解求职者的特点和职业要求信息的基础上，指导求职者选择适合的职业。

2. 职业兴趣理论

1959年，美国霍普金斯大学的心理学教授霍兰德提出职业兴趣理论。霍兰德将职业选择看成个体人格的表现，并将人格分为研究型、艺术型、社会型、企业型、常规型、现实型六种类型。同一个职业群体内的人有相似的人格，主要表现为相同的职业兴趣。霍兰德将六种人格类型的职业兴趣特点进行了概括性描述（见表9-1）。

表 9-1　霍兰德六种人格类型的职业兴趣特点

人格类型	职业兴趣的基本特点
研究型	喜欢探索和理解事物，喜欢分析和思考抽象的问题，喜欢独立工作； 感兴趣的职业有生物学家、化学家、数学家、程序员等
艺术型	喜欢自我表达和创作，如绘画、作曲、表演等； 感兴趣的职业包括作家、诗人、画家、作曲家、演员、导演等
社会型	喜欢帮助别人，关心他人的成长和幸福，愿意与人合作； 感兴趣的职业包括教师、社会工作者、心理咨询师、服务行业人员等
企业型	喜欢领导和支配他人，善于为达到目的而说服他人； 感兴趣的职业包括行政管理人员、营销人员、律师、公关人员、投资商、制片人等
常规型	喜欢固定的、有秩序的活动，喜欢按明确的标准做事，喜欢和数据打交道； 感兴趣的职业包括会计师、行政助理、秘书、公务员、档案管理员等
现实型	喜欢和工具、机械、设备等具体实物打交道，喜欢制造或修理东西，喜欢从事户外活动； 感兴趣的职业有工程师、驾驶员、制造业工人、林业工人、农业技术员等

霍兰德将六种人格类型按一定的顺序排成一个六边形（见图 9-1），六边形中相邻两种类型的相似程度较高，对角两种类型的差异最大。由于每个人的人格特征都不是单一的，表现在职业兴趣上也是多方面的，为了比较全面地反映一个人的职业兴趣，霍兰德用得分最高的三种人格类型的字母代码（霍兰德代码）来描述一个人的职业兴趣。例如，SAI 用于描述一个人的职业兴趣为社会型、艺术性和研究型，适合从事教师等需要与人打交道的职业。人格与职业匹配是一个人在职业中满意、稳定和取得成就的基础。

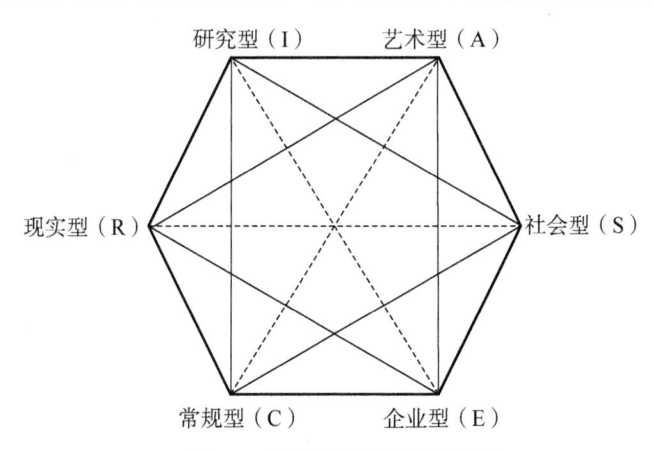

图 9-1　霍兰德人格类型六边形

为了帮助人们判断自己的人格类型和职业兴趣，霍兰德先后开发了职业偏好量表、自我探索量表，成为职业指导工作的常用工具。霍兰德还出版了《霍兰德职业代码词典》，为 12 000 多种职业提供了代码。每个人都可以根据自己在职业兴趣测评中获得的霍兰德代码，从词典中找到适合自己的职业。

3. 职业锚理论

在 20 世纪 70 年代，美国麻省理工学院的心理学教授施恩提出职业锚理论，对个体在有了相当丰富的工作阅历后，真正乐于从事某种职业，并将它作为自己终身职业的原因做出解释。通过对麻省理工学院 44 名毕业生进行的职业生涯追踪研究，施恩发现个体的职业选择是一个持续不断的探索过程，在这个过程中，个体会逐渐形成较为明晰的与职业有关的自我概念（张金明，陈楠，2014）。职业锚是个体根据自己的需要、动机和价值观，在不断探索的过程中确定的长期职业价值或职业定位，是个体在不得不做出选择的时候最不愿舍弃的核心要素或价值观。

施恩总结出以下八种职业锚（见图 9-2）：（1）技能型职业锚（TF），重视在某一技术或功能领域中不断发展；（2）管理型职业锚（GM），重视职位的提升和全面负责，具有较强的分析、人际沟通和情感能力；（3）创造型职业锚（EC），重视建立或创立某种完全属于自己的东西；（4）自主型职业锚（AU），重视在工作中的自由与独立；（5）安全型职业锚（SE），重视长期的职业稳定和工作保障；（6）服务型职业锚（SV），重视帮助他人和消除疾病等利他的工作价值；（7）挑战型职业锚（CH），喜欢应对新奇、变化和挑战等；（8）生活型职业锚（LS），重视个人需要、家庭需要和职业需要的平衡。

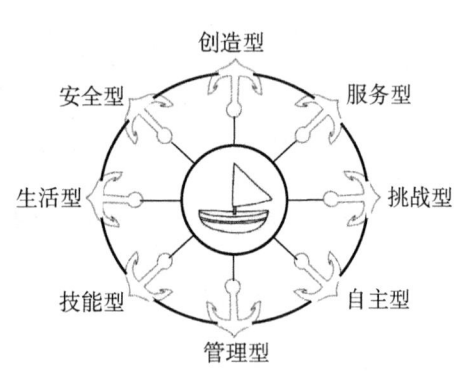

图 9-2 施恩总结的八种职业锚

关于职业锚的特点，施恩强调以下四个方面：（1）职业锚以个体习得的工作经验为基础，产生于早期的职业生涯阶段；（2）职业锚的核心要素包括才干和能力、动机和需要、态度和价值观三个方面，是各要素的相互作用与整合；（3）职业锚是不可能根据各种测试进行预测的；（4）虽然职业锚是个体稳定的贡献区和成长区，但它并不是固定不变的。

以上三种人职匹配理论都认同职业选择的核心是在个体特质与职业要求之间寻求匹配，但对职业选择的具体方式提出了不同的解释。特质—因素理论提出在了解个人特质和职业要求的基础上进行人职匹配，既可以"为人择职"（特质匹配），也可以"为职择人"（因素匹配）。职业兴趣理论提出职业选择是个体人格特质的表现，并将人格特质和职业兴趣统一在相同的分类体系下，较好地实现了"人职互择"。职业锚理论提出职业选择是一个持续不断的探索过程，而以职业锚形式存在的个人特质是个体与职业环境相互作用的结果，不能提前预测，强调一种动态的人职匹配。

二、生涯发展理论

1951年,美国职业指导专家金斯伯格(Ginzberg)在《职业选择》中提出职业在个体生活中是一个连续的、长期的发展过程,并将青少年职业选择的过程分为幻想阶段(11岁之前)、尝试阶段(11~17岁)、现实阶段(17岁以后)。金斯伯格认为职业选择是个人意识与外界条件的协调,最终选择的职业是个人喜爱的职业与社会提供、个人能获得的机会之间的最佳组合。这个观点将职业选择放在青少年身心发展和个人经历的大背景下考察,促进了职业指导向生涯发展的转变。

1953年,舒伯(Super)明确提出用"生涯发展"代替"职业指导",强调生涯的选择和适应是一个持续不断的过程。舒伯认为,生涯发展的过程不仅是个体融入各种生涯角色的过程,在本质上也是个人与社会、自我概念与现实之间妥协与和解的过程。除了舒伯的生涯发展理论外,其他心理学家也从不同的角度思考个体因素和社会因素对生涯发展的影响,提出了各种生涯发展的理论模型。

(一)舒伯的生涯发展理论

舒伯的生涯发展理论并不是一种单一的理论,而是一系列关于生涯发展的过程和影响因素的理论综合而成的理论体系。这些理论主要包括生涯发展阶段理论、生涯彩虹图理论、生涯发展的拱门模型等。

1. 生涯发展阶段理论

1953年,舒伯将个体一生中的生涯发展划分为成长阶段(0~14岁)、探索阶段(15~24岁)、建立阶段(25~44岁)、维持阶段(45~64岁)、衰退阶段(65岁以上)。舒伯认为,每个发展阶段都有独特的任务,并包含不同的发展环节(见表9-2)。在每个阶段,个体必须达成该阶段的任务,并为下一个阶段的发展做好准备。

表9-2 舒伯的生涯发展阶段

发展阶段	主要任务	发展环节
成长阶段	认同并建立自我概念,发展职业兴趣,并有意识地培养职业能力	空想期、兴趣期、能力期
探索阶段	进行学校学习、自我考察、角色认识和职业探索,完成择业及初步就业	试验期、过渡期、尝试期
建立阶段	确定适合的工作领域,谋求发展	尝试期、稳定期
维持阶段	开发新技能,维护已获得的成就和社会地位,维持家庭和工作之间的和谐	
衰退阶段	逐步退出和结束职业,发展社会角色,适应退休后的生活	减速期,退休期

后来，舒伯进一步提出个体在生涯发展的每个阶段中，都要面对成长、探索、建立、维持和衰退的问题，从而在不同生涯发展阶段内部形成一系列"成长—探索—建立—维持—衰退"的小循环（见表9-3）。

表9-3　生涯发展阶段的小循环

	探索阶段	建立阶段	维持阶段	衰退阶段
成长	发展实际的自我概念	学习建构人际关系	学习接受自身的限制	发展非职业角色
探索	探索更多的职业机会	寻找从事理想职业的机会	辨识新问题并全力解决	寻找合适的退休活动
建立	在选择的领域中起步	安定于一个选定的工作	学习新的技能	追寻未竟之梦想
维持	验证当前的职业选择	设法维持工作的稳定	巩固自己面对竞争	维持生活乐趣
衰退	减少休闲时间	缩减运动时间	减少不必要的活动	减少活动时间

资料来源：GCDF中国培训中心.2006.全球职业规划师GCDF资格培训教程［M］.北京：中国财政经济出版社.

2. 生涯彩虹图理论

1976—1979年，舒伯在英国进行了为期4年的跨文化研究，提出"生涯角色""生活空间"和"生命跨度"（也翻译为"生活广度"）等概念。舒伯认为，人在一生中需要扮演9种主要的角色，依次是子女、学生、休闲者、公民、工作者、夫妻、父母、持家者和退休者。各种角色之间是相互作用的，一个角色顺利发展就会为其他角色提供良好的基础。如果一个角色发展受阻或投入过多的精力，就会导致其他角色的发展受到影响。个体对生涯角色的投入程度可以用承诺度、参与度、价值期待和角色理解来评估。个体在特定生涯发展阶段对不同角色投入程度的组合，就构成他在这个阶段的生活空间，即个人生活的社会环境（家庭、学校、社区等），以及在这些环境中扮演的各种角色。一个人的生命跨度，就是各个生涯发展阶段在时间维度上的延续过程。

为了描述生命跨度过程中的生涯发展阶段和由生涯角色组成的生命空间之间的关系，舒伯设计了生涯彩虹图（见图9-3）。

在生涯彩虹图中，外圈为个体的年龄和生涯发展的五个阶段，内圈包含颜色不同、长短不一的多个圈层，表示个体在不同阶段承担的角色。个体在一个生涯阶段可以同时承担多种角色，但在不同角色中投入的时间和精力有差别，因此，不同圈层以不同分量的颜色叠加在一起，其中，分量最重的角色为显著角色。在不同的生涯发展阶段，显著角色也有所不同。例如，成长阶段的显著角色是子女，探索阶段的显著角色是学生，建立阶段的显著角色是工作者。生涯彩虹图既可用于描述个体生涯发展的实际过程，也可以用来描述个体的生涯规划。

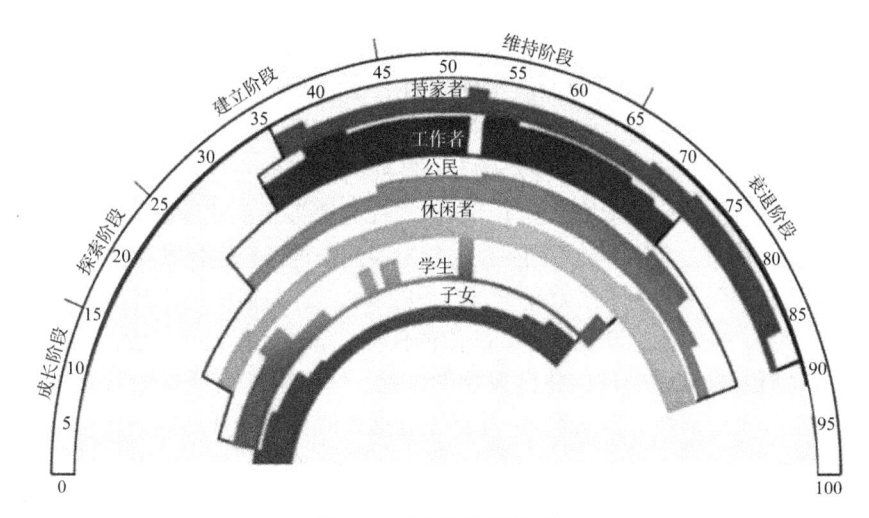

图 9-3　生涯彩虹图示例

3. 生涯发展的拱门模型

1990 年，舒伯提出了生涯发展的拱门模型，用于描述个体在一生中经历的角色的多样性，并解释生理、心理及社会经济等方面的因素如何影响个体的生涯发展。拱门模型由楔石、基石和两根石柱组成（见图 9-4）。顶端的楔石指自我，是个体一生中所有角色

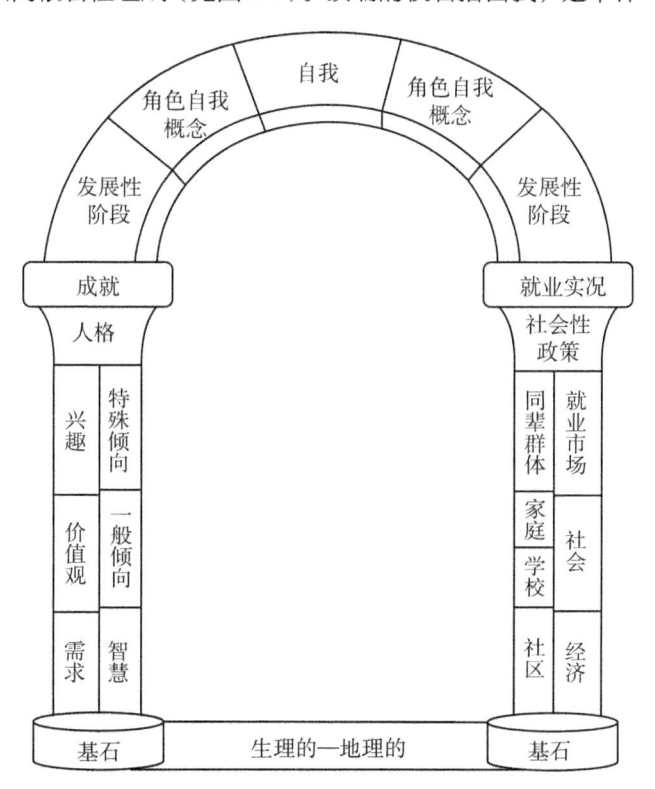

图 9-4　生涯发展拱门模型

的汇总，表现为生涯发展阶段中的各种角色自我概念，如家庭自我概念、职业自我概念等。基石分为生理基石和地理基石。生理基石之上的石柱指需求、智慧、兴趣、价值观、一般能力倾向和特殊能力倾向等内部因素；地理基石之上的石柱指经济、家庭、学校、同辈群体、社会、就业市场等外部因素。各种内部因素的综合作用，形成个体独特的性格和成就；各种外部因素的综合作用，形成社会政策及就业情况。在内部因素和外部因素的共同作用下，个体形成不同生涯发展阶段的各种角色自我概念。

舒伯认为，生涯发展的本质就是"对自我的实践"，完善角色自我概念是个体生涯发展过程的核心，规定着生涯发展不同阶段的任务。舒伯还构造了"生涯模式"和"生涯主题"两个概念来描述个体的生涯发展的过程。生涯模式指个体先后从事过哪些工作，在每种工作上分别做了多长时间；生涯主题指个体在生涯规划中关注和希望满足的需求。舒伯指出，当个体清晰地认知自己关注的生涯主题时，他就能发展出一个清晰的角色自我概念，并在工作中更好地按照这个角色自我概念去行动，圆满地实现自己的生涯主题（郭本禹，姜飞月，2008）。

（二）生涯发展的社会学习理论

社会学习理论是由美国著名心理学家班杜拉提出的。1976年，克朗伯茨（Krumboltz）利用社会学习理论的观点解释个体的生涯决策行为，认为个体的人格和行为可以用他们的独特的学习经验解释，而个体的学习经验受到先天因素和后天发展过程的影响。具体到生涯发展中，个体在遗传天赋和特殊能力、环境条件和事件、学习经验、工作技能四个方面因素的影响下，形成对自己的能力、兴趣、价值观的判断以及对外部世界的判断，最终影响个体的生涯决策行为。克朗伯茨强调，生涯决策贯穿个体生命的全过程，不仅是个体自主选择的结果，也反映社会提供的就业机会与要求。

1977年，克朗伯茨将生涯决策行为概括为以下7个步骤：（1）界定问题，描述必须要完成的决策，估计所需时间并设定确切的时间表；（2）拟订行动计划，描述决策所需采取的行动，并估计所需的时间及完成的期限；（3）明确价值标准，确定评价各种可能选择方案的价值标准；（4）确认选择方案，确定各种可能的选择方案；（5）评价选择方案，利用标准对各种选择方案进行评价；（6）做出抉择，根据评价结果确定最佳的选择方案；（7）采取行动，根据确定的选择方案采取具体行动（杨礼宾，2009）。

20世纪80年代，班杜拉在社会学习理论的基础上，进一步提出社会认知理论，强调"行为、内部的个人因素和环境因素相互影响，三者是互为连锁的决定因素"。例如，儿童看电视的习惯（过去的行为）影响他们的观看偏好（内部因素），这个内部因素又影响到电视（环境因素）对他们当前行为的影响。

1994年，伦特（Lent）等利用社会认知理论考察生涯发展，提出了社会认知生涯理论模型（见图9-5）。这个模型包括自我效能、结果预期和学习经验三个相互影响的核心变量，它们共同影响着个体的职业兴趣、职业选择（目标和行动）和工作绩效（表现与成就）。具体说，如果个体在已有学习经验的基础上，认为自己有能力从事某种职业（自我效能），并预期从事该职业会带来满意的结果（结果预期），就会形成对该职业的兴趣；已形成的职业兴趣又与自我效能和结果预期一起，影响个体对特定目标的选择；为达成选择的目标，个体将开展积极的行动，产生一定的表现与成就；表现与成就作为一种反馈信息，成为新的学习经验，并对个体的自我效能和结果预期产生影响，形成一个动态的反馈循环。此外，这个反馈循环还受到个人特质、成长背景等长期的稳定因素以及影响近期选择行为的环境因素的影响。

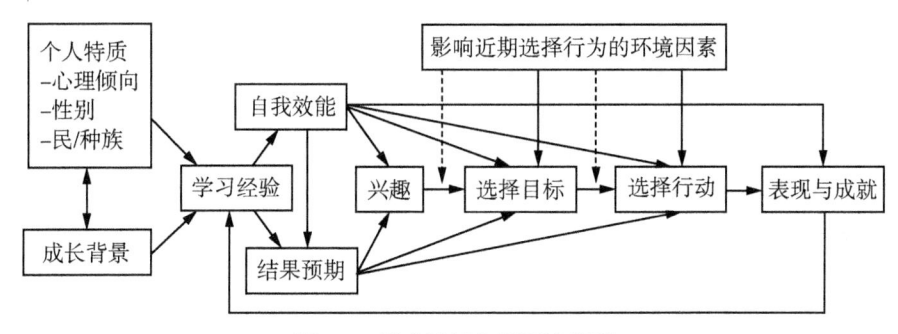

图 9-5　社会认知生涯理论模型

（三）新生涯形态与生涯混沌理论

无论是前面提到的人职匹配理论，还是舒伯的生涯发展阶段理论，都是建立在职业界定清晰和工作环境稳定的基础之上。然而，20 世纪 90 年代以来，人类社会进入知识经济时代，传统的组织结构逐渐向扁平化和小型化发展，并产生了分布式组织、共生型组织、虚拟组织等诸多新型组织形态。组织形态的变化使得个体的生涯发展面临深刻的变化，主要表现为组织不再为员工提供终身就业机会，继而导致员工在组织内部不同职位、不同工作及不同组织之间的流动性大大增强。这些变化强烈地冲击了传统的职业生涯观念，也必将引发新的生涯模式和生涯理论产生。

1994 年，德菲利佩（DeFillippi）和亚瑟（Arthur）提出"无边界生涯"的概念，将其定义为"超越某个单一雇佣范围限定的一系列工作机会"。1996 年，亚瑟等将无边界生涯与传统的组织职业生涯进行对比，将其特点概括为以下六个方面：（1）个体的职业生涯跨越不同组织的界限；（2）个体的价值得到来自所在组织外部的认可，或者具有市场竞争力；（3）从事的职业需要得到外部网络和信息的支撑；（4）传统组织职业生涯中报告和进阶规则的边界被打破；（5）个体由于个人或家庭原因拒绝已经存在的工作机会；（6）个体摆脱组织的约束而去投向一个无边界的未来。以上特点的一个共同点，就是个体的行为在某种程度上脱离了组织的职业生涯安排。

此外，霍尔和米尔维斯（Mirvis）也在 1995 年提出"无常生涯"这个概念（也翻译为"易变生涯"），强调个体在不同的组织和不同的职业领域中经历各种教育、培训和工作经验，追求他们自己认为重要的工作和生活。在无常生涯中，个体的终身学习和自我导向成为显著的特点。

新的生涯形态呼唤新的生涯理论，2003年，澳大利亚的普雷尔（Pryor）和布莱特（Bright）将混沌理论引入了生涯领域，提出了生涯混沌理论。生涯混沌理论将个体生涯看成一个复杂的动力系统，强调要接受复杂的、相互关联和变化的现实，并建设性地利用这些现实，努力实现生涯的意义和目标。生涯混沌理论由复杂性、改变、机会和建构四个重要的基石构成，下面分别加以说明。

复杂性指影响个体生涯发展的因素有很多。这些因素相互关联，以一种不可预测的方式持续影响个体的生涯发展，使个体生涯呈现出一个开放空间中的分形结构。根据这个观点，个体和环境既不能被还原成几个静态的要素，也不能简单地被划分为几个阶段或周期。

改变指个体生涯是一个非线性动态变化的过程，起始阶段微小的改变往往会对后续的生涯发展产生难以预估的影响。以往的生涯理论忽视微小的改变，造成理论和实践之间的脱节。

机会指由于复杂性和微小改变的存在，生涯发展中充满了各种机会，导致生涯结果没有终极稳态，变化随时可能产生。认识到这一点，变化就不再是一种意料之外的威胁，而是一种常态的现实。

建构指当个体失去了生涯发展的可预测性和控制感，就会摆脱完美生涯的观念，积极地建构自己的生涯历程，并在这个过程中培养应对复杂性和变化的生涯灵活性。

总体来说，生涯混沌理论认为不确定性和不可预测性是生涯发展的本质特征，强调个体对生涯不要有强烈的控制欲，而是要认可变化，拥抱机会，以开放的系统思考方式积极建构自己的生涯历程。

三、生涯规划与工作适应

生涯规划，也称生涯设计，就是个体对自己一生中将要经历的职业或角色进行预测和规划。狭义的生涯规划指职业规划（职业生涯规划），主要涉及高中或大学阶段的求职就业，理论依据是各种人职匹配理论；广义的生涯规划不仅包括职业规划，还包括学业规划、休闲娱乐规划、家庭生活规划、退休生活规划等，涉及个体从出生到去世的全过程，理论依据是各种生涯发展理论。

从组成要素或实施过程来看，完整的生涯规划应包括生涯认知、生涯探索、生涯决策三个环节。生涯认知指个体对自我与职业生涯相关的心理特征的认识，以及对工作世界的认识；生涯探索指个体通过收集相关职业信息、参观工作场所、尝试工作的方法，逐步确定自己职业发展目标的过程；生涯决策是个体在生涯认知和生涯探索的基础上，确定生涯发展目标，并为实现目标而制订优选行动方案的过程。开展生涯规划的目的，是使个体从事的工作与其天资禀赋、职业兴趣、个人志向等方面一致，获得良好的工作适应性。

随着科技进步和社会变化的加速，人们的工作和生活处在急剧的变化之中，不确定性日益增长。在这个背景下，个体的生涯规划和工作适应面临巨大的挑战。为了应对工作环境的快速变化，个体需要不断提升自己的生涯适应力，在新的生涯形态中实行一种开放的、动态的生涯规划。

（一）明尼苏达工作适应理论

明尼苏达工作适应理论由罗奎斯特（Lofquist）和戴维（Dawis）在1964年提出，核心观点是强调人与环境的适应。该理论认为，个体通过自身努力选择职业并促进生涯发展虽然重要，但就业后的工作适应却更加值得关注。这里的工作适应，是指个体为了维持自己与环境之间的一致性付出的努力，表现为个体在一个职位上工作的持久程度。当工作环境能满足个体的需求（给予个人内在满意），而个体也能满足工作的要求（达到工作的外在满意）时，个人与环境的一致性就高。随着时间的推移，个体的需求会改变，工作的要求也会变化。如果个体或雇主能努力创造并维持这种个体和环境之间的适应，则个体在这个职位上的工作就会越持久，工作适应就越好。

为了评估个人与环境之间的适应情况，罗奎斯特和戴维编制了一系列的测评工具，主要包括（1）明尼苏达重要性问卷，用于测评个体的需求和价值观；（2）明尼苏达能力测试，用于测评个体的工作技能；（3）明尼苏达满意感受问卷，用于测评个体对工作的满意度；（4）职业强化模式量表，用于测评工作环境为个体提供的强化系统；（5）职业能力倾向模式量表，用于测评工作环境对技能的要求；（6）明尼苏达满意指标量表，用于测评工作环境对个体的满意程度。利用以上测评工具，就可以对个体与环境之间的工作适应情况进行系统的评估分析（见图9-6）。

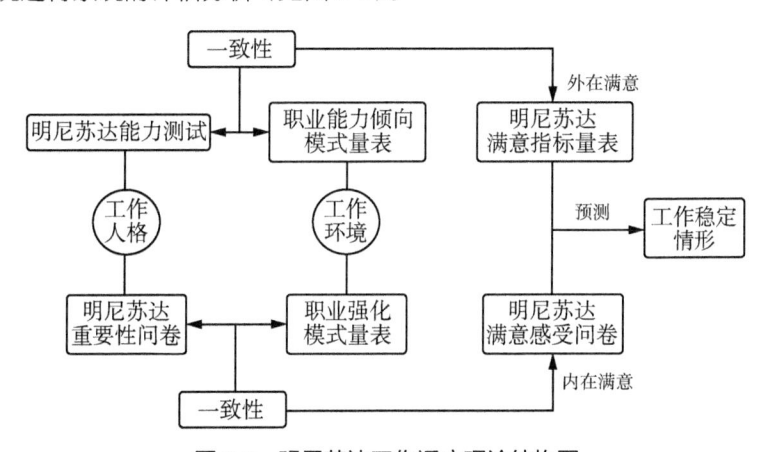

图 9-6 明尼苏达工作适应理论结构图

多数人认为明尼苏达工作适应理论属于特质—因素理论，然而，该理论不仅强调个体与工作的双向适应（内在满意和外在满意），而且强调在变化的过程中维持个体与环境的动态适应，因而蕴含了生涯规划和生涯适应的观念。这个理论不仅能用于分析个体过去的工作经历，而且能为个体规划自己未来的职业和生涯提供有益的指导。

（二）生涯决策的认知信息加工理论与生涯决策困难

1991 年，彼得森（Peterson）、桑普森（Sampson）和里尔登（Reardon）在《生涯发展与服务：一种认知的方法》中提出了生涯决策的认知信息加工理论（以下简称 CIP 理论）。该理论主要包括以下三个观点：（1）生涯决策是以认知与情感的交互作用为基础的一种问题解决活动；（2）生涯决策能力取决于个体知识和认知操作的有效性；（3）生涯辅导的目的是促进个体信息加工技能的发展，从而增强其生涯决策能力。CIP 理论提出了一个认知信息加工模式（见图 9-7）用于描述生涯规划涉及的内容。

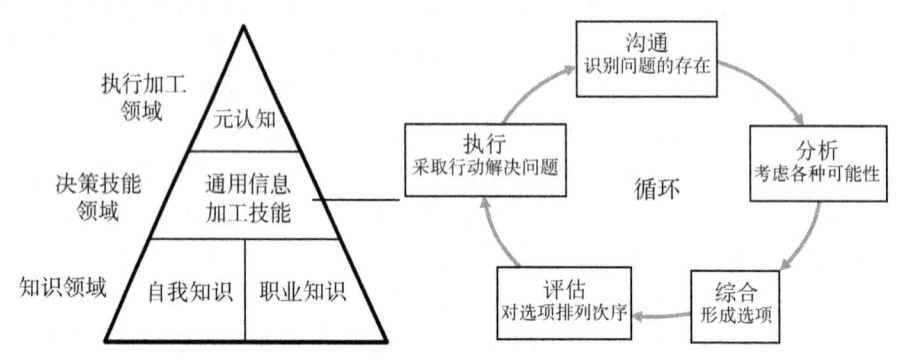

图 9-7　CIP 理论的认知信息加工模式图

CIP 理论提出生涯决策由知识领域、决策技能领域和执行加工领域三个层次组成。知识领域包括自我知识和职业知识两个方面。自我知识是个体对自己的价值观、兴趣、需要和技能等方面的了解。职业知识是个体对职业、教育、休闲、组织等方面的了解。决策技能领域是一个通用的信息加工过程，包括沟通、分析、综合、评估、执行五个环节，构成生涯决策的循环。执行加工领域是个体对自己信息加工活动进行监控和调节，是元认知功能在生涯决策中的体现。

CIP 理论不仅强调生涯决策应建立在自我知识和职业知识（与生涯探索有关）的基础上，而且强调生涯决策是一个在元认知的调控下的循环。然而，CIP 理论没有关注个体在生涯决策中出现的"生涯未决"和"生涯优柔寡断"。

1969 年，奎特斯（Crites）将生涯未决定义为"个体没有选择出或决定出自己未来从事何种生涯活动，对未来的生涯方向或目标处于不确定的迷茫状态"。这个定义仅从决策的结果来描述生涯未决，没有考虑决策的条件和过程。后来，一些学者从内部条件和决策过程的角度解释生涯未决，例如，相关学者在 1976 年提出生涯未决是指个体缺乏做抉择的认知结构和信心，并伴随着某种焦虑而逃避做出选择。也有一些学者从外部条件和决策过程的角度解释生涯未决，例如，相关学者在 1983 年提出生涯未决是个体遇到生涯抉择问题时，不能面对一些外部因素的影响，不能处理妨碍决策的各种因素而出现的不确定状态。

1996 年，盖提（Gati）等提出生涯决策困难这个概念，将其定义为"个体在做出生涯决策之前、期间或之后遇到的困难"。盖提认为生涯决策困难是由于对决策的认知不足而引发的，并编制出一套生涯决策困难量表（CDDQ），由缺乏准备、缺乏信息和不一致信息三个维度构成。其中，"缺乏准备"属于决策之前的困难，包括缺乏动机、犹豫不决、不合理信念三个方面，主要涉及生涯决策的内部条件；"缺乏信息"和"不一致信息"属于决策中的困难，主要涉及生涯决策的外部条件，但也与内部条件有关。这个量表反映的生涯决策困难主要与认知有关，但忽视了个体的情感和人格因素。为弥补这一不足，研究者在 2008 提出个体在做生涯决策的过程中可能遇到的，由于情绪和人格原因而引发的各种困难，并开发了情绪—人格相关生涯决策困难问卷，该问卷包含悲观看法、焦虑、自我概念与认同 3 个维度 11 个方面的内容。

从生涯决策困难的角度看，生涯优柔寡断与生涯未决在决策结果上类似，但在条件和过程上有区别。一般认为，生涯未决是一种情境性的、临时性的生涯决策困难，是生涯决策中的正常现象；而生涯优柔寡断则是一种持久的、长期性的生涯决策困难，是一种稳定的人格特质。2012 年，研究者进一步指出，生涯未决主要与生涯信息的缺乏有关，而生涯优柔寡断则主要与决策者的情绪有关。显然，对生涯未决、生涯优柔寡断、生涯决策困难的研究，很好地弥补了 CIP 理论的不足。下面是将生涯决策困难考虑在内的、修正的生涯决策认知信息加工模型（见图 9-8）。

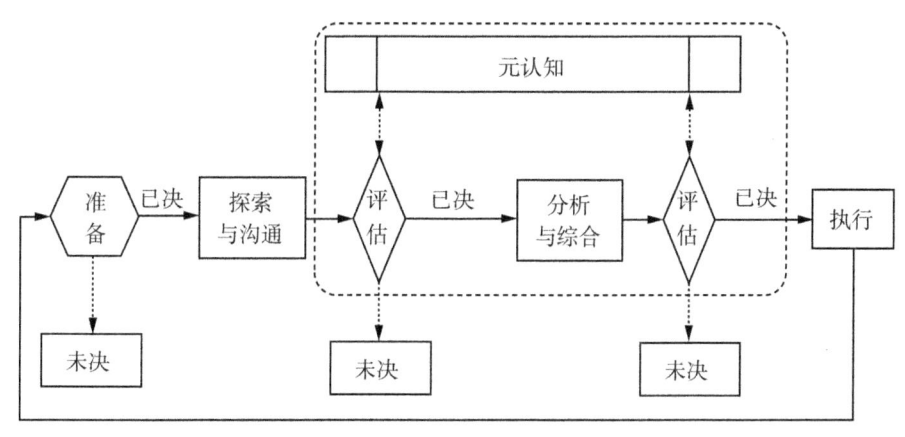

图 9-8　修正的生涯决策认知信息加工模型

（三）生涯建构理论与生涯适应力

1955 年，舒伯提出职业成熟度这个概念，用于描述个体在各个年龄阶段完成发展所需任务的程度，并从以下六个方面评价职业成熟度的水平：（1）职业选择的定向或态度；（2）职业信息和规划；（3）职业偏好的一致性；（4）个人特质的具体化；（5）职业选择的独立性；（6）职业偏好与任务要求的一致性。1965 年，奎特斯等提出将职业成熟度替换为生涯成熟度，用来解释个体在生涯发展中的速度与程度。1981 年，舒伯和克纳赛尔（Knasel）认为生涯成熟度只适合青少年，不适合成年人，因而将生涯成熟度进一步改为生涯适应力,并将其定义为"个体应对工作和工作环境变化的准备"。

1997,舒伯的学生萨维卡斯(Savickas)将生涯适应力定义为"个体在应对各种工作任务或角色转换的过程中进行自我调节的准备状态或社会心理资源"。2002年,萨维卡斯提出生涯建构理论,将生涯适应力整合为一个完整的理论体系。这个理论的核心强调生涯发展的实质是个体追求主观自我与客观环境相互适应的动态建构过程,主要包括以下三个观点:(1)生涯发展的历程是一项建构自我概念的"生命计划",社会快速变迁需要个体更加主动地根据环境变化做出态度、行为和能力上的调整,不断发展自己的生涯适应力;(2)明确的生涯主题可以帮助个体在具体工作中体现自身的价值、能力和意义,不仅可以使个体对所从事的工作承担责任,而且可以使个体关注所从事的工作对社会和他人产生的影响,从而增强其社会价值感;(3)职业人格涉及与个体生涯相关的能力、需求、价值观和兴趣,个体的职业人格并不是固定不变的状态或特质,而是在家庭、学校和社会环境多重影响下建构起来的适应性策略。

2005年,萨维卡斯将生涯适应力分为生涯关注、生涯好奇、生涯控制、生涯自信四个方面,并于2012年编制了生涯适应力量表。生涯关注指个体对未来生涯的意识,促使人们思考他们的职业经历、生涯偏好及未来的选择。生涯好奇指个体在生涯过程中探索自己的能力,并在潜在的工作、组织和专业中探索外部机会,发现自我和职业角色之间的契合度。生涯控制指个体在自身发展和工作环境方面承担责任,表现为生涯决策的决断力和能力。生涯自信指个体将生涯目标变为现实,成功解决问题并克服障碍的信念,表现为在需要时寻找合适工作的自我效能。根据这个模型,萨维卡斯认为,一个有良好生涯适应力的个体应该对自己的未来生涯有所关注,对探索自我和未来生涯具有好奇心,能够掌握自己的未来生涯,对实现生涯目标抱有信心。

不同于明尼苏达工作适应理论和CIP理论从微观上分析个体生涯决策的双向适应过程或信息加工过程,生涯建构理论从宏观上阐述了在充满变化的时代,个体如何以开放的心态进行动态的生涯规划。动态的生涯规划的基本思想,是要求个体围绕一个明确的生涯主题,在与多样化的外部环境持续互动的过程中,不断提升自身的生涯适应力,建构内涵丰富的"生命计划"和"生涯故事"。

随堂巩固

1. 下面哪位学者被称为"职业指导之父"?(　　)
   A. 霍兰德　　　B. 帕森斯　　　C. 施恩　　　D. 黄炎培
2. 下面哪个概念不属于霍兰德的职业兴趣类型?(　　)
   A. 艺术型　　　B. 研究型　　　C. 社会型　　　D. 创造型

3. 下面哪个概念不是舒伯的生涯发展阶段的名称？（　　）
A. 成长阶段　　B. 幻想阶段　　C. 建立阶段　　D. 维持阶段
4. 下面哪个概念不属于社会认知生涯理论模型的三个核心变量？（　　）
A. 复杂性　　B. 学习经验　　C. 结果预期　　D. 自我效能
5. 生涯规划应包括哪些环节？（　　）
A. 生涯认知、生涯探索、生涯决策
B. 学业规划、职业规划、休闲娱乐规划、退休规划
C. 沟通、分析、综合、评估、执行
D. 职业成熟度、生涯成熟度、生涯适应力
6. 下面哪个概念不属于生涯适应力的要素？（　　）
A. 生涯好奇　　B. 生涯探索　　C. 生涯控制　　D. 生涯管理

参考答案：1. B　2. D　3. B　4. A　5. C　6. B

拓展阅读

1. 吕建国, 孟慧, 王佳颖. 2018. 职业心理学 [M]. 4 版. 沈阳：东北财经大学出版社.
2. 李农. 2019. 大学生职业生涯规划适应能力研究 [M]. 长春：吉林人民出版社.

▶▶第二节　生涯教育的规划与实施◀

一般认为，生涯教育是通过不同类型的教育策略系统地影响学生生涯发展的活动，包括提供职业信息，在学科课程中教授与生涯有关的知识，促进各种在工作场所中锻炼的经历，开设生涯规划课程等。尽管"生涯教育"这个术语不经常被使用，但它包含的各种教育形式却一直被实施，并且得到世界各国的大力支持。在这一节，我们要介绍世界各国的生涯教育体系，以及生涯教育实施的主要途径，并说明如何在循证实践理念的指导下规划和实施生涯教育。

一、世界各国的生涯教育体系列举

从 20 世纪初以来，面向青少年的职业服务先后经历了职业指导（20 世纪初—20 世纪 40 年代）和生涯辅导（20 世纪 50 年代—20 世纪 70 年代）两个阶段，并从 20 世纪 70 年代开始进入生涯教育阶段。经过半个世纪的探索和实践，生涯教育的理念和方法已

经在世界各国得到普及，生涯教育的工作体系也基本得以建立。

下面分别介绍美国、英国、德国和日本的生涯教育政策和实施特点，并对我国的生涯教育现状进行简要说明。

（一）美国：综合指导模式

1971年，美国联邦教育总署的官员马兰建议将生涯教育列为国家优先发展的任务，并推动美国联邦政府在1974年设立生涯教育办公室和全国生涯教育咨询委员会，要求将普通教育和职业教育结合起来，不仅在学校教育中设置职业预备课程，而且构建校外生涯教育课程。到70年代末，美国有9300个学区实行了生涯教育，占全国学区一半以上（韩巧霞，2009）。这个时期生涯教育的目的主要是引导学生将所学知识与探索自我及未来工作的活动相连接，了解教育和工作之间的关系。

1984年《未完成的议程》提出了一系列加强美国学校生涯指导的建议，主张为所有学生提供综合性生涯指导。同年，《卡尔·帕金斯职业教育法》制定了关于综合性生涯指导与咨询的详细规定。1989年，美国国家职业信息协调委员会制定《国家职业发展指导规范》，系统描述了组织和个人实施有效的综合生涯发展的需求，以及生涯发展项目应培养的特殊能力。经过几次修订后，这个规范从个性与社会性发展、教育成绩和终身学习、生涯管理三个方面，明确了小学、初中、高中及18岁以上应具备的生涯能力。

1994年，美国联邦政府颁布《从学校到工作机会法案》，强调尽早（从7年级）开展学生的生涯认知、生涯探索与咨询活动，帮助学生思考、选择、确定他们的兴趣、目标或生涯方向，以适应迅速变化的全球化和知识化的经济形势。在这个法案的引导下，美国教育部和劳动部共同发起了"从学校到工作"（school-to-work，STW）的教育改革运动，目的是使所有高中生都能确定一条走向职业的道路，顺利实现从学校到工作的过渡。STW项目围绕学生的职业意识、职业技能和自我决策能力等的培养，不仅在学校开设职业了解和职业技能课程，而且组织学生到企业参观见习，在工作场所完成任务，获得与职业相关的知识和技能，以便做出正确的职业决策。进入21世纪后，"从学校到工作"转变为"从学校到生涯"（school-to-career，STC），进一步引导学生广泛地探索各种学术主题和职业生涯。

1997年，美国学校咨询协会制定《学校咨询全国模型》，构建了综合性学校咨询项目的基本框架。生涯教育是学校咨询项目的核心内容之一，由学校咨询师、生涯与技术教师及学科教师合作，在K-12各年级学生中开展专题课程、规划辅导、咨询服务，帮助学生理解当前学习与工作之间的联系，提高学习的主动性。

在职业教育体系中，生涯教育更加受重视，2018年颁布的《加强21世纪生涯与技术教育法案》强调要提高学生对职业变化的适应性，培养学生持续的生涯规划与发展能力。美国各州设有专门机构负责生涯教育与学校咨询项目的规划和组织管理，2020年5月，美国教育部批准了首批六个州的生涯与技术教育的州计划。

美国生涯教育的特点主要包括以下几个方面：（1）提供基于职业群的学习标准与课

程，为学生的生涯发展提供更加灵活、广泛的基础；（2）课程设置关注学生的实践活动，强调对学生综合才能的培养；（3）不仅在线下开展教学，而且利用网络平台辅助教学；（4）重视对课程实施效果的评价，考查学生在知识、行为、技能、态度等方面的变化。

（二）英国：双轨指导模式

英国是世界上生涯教育体系建立较为完善的国家之一。英国教育与技能部分别在2000年和2003年制定了生涯教育的目标和全国性、地区性的统一课程标准，使生涯教育课成为中学课程中的必修课，明确了生涯教育包括生涯教学（自我认知、生涯认知、职业基础知识、实践性学习）和职业指导（提供职业资讯、生涯决策）两个方面（田静，石伟平，2019）。

近年来，英国相继出台了一系列生涯教育的标准和政策文件，掀起了新一轮的生涯教育改革热潮。代表性的文件包括英国盖茨比慈善基金会颁布的《好的生涯指导》（2014年）、英国政府颁布的《生涯发展战略：使每个人的技能与天赋得到充分发挥》（2017年）以及英国生涯发展学会颁布的《生涯、就业及创业能力教育框架》（2018年）。

《好的生涯指导》提出了学校生涯教育的八项标准，分别是：（1）稳定的生涯指导计划；（2）使用生涯和劳动力市场信息；（3）满足每位学生的发展需求；（4）将课程学习与生涯发展相结合；（5）提供与雇主及员工交流的机会；（6）获得工作经验；（7）接触继续教育和高等教育；（8）进行个别指导。

《生涯发展战略：使每个人的技能与天赋得到充分发挥》旨在保障不同群体受生涯教育的权利，着重强调12~18岁青少年的生涯教育，保证中学生受到公平高效的生涯指导。该文件的内容包括以下四个方面：（1）与高等院校、雇主进行积极的交流；（2）优秀的建议和指导方案；（3）根据个人需要提供支持和指导；（4）利用数据和技术帮助每个人做出职业选择。

《生涯、就业及创业能力教育框架》分别对9~11岁、11~14岁、14~16岁、16~19岁等年龄段的学生设置了3个领域17项学习目标。3个领域的目标按照"认识自我—认识世界—生涯规划"设置，包括自我发展、探索生涯和工作世界、生涯发展与就业能力。

英国的生涯教育主要有三个特点：（1）采用生涯教学和职业指导双轨指导模式，其中，生涯教学包括自我认知、生涯认知、职业基础知识、实践性学习等，职业指导包括提供职业资讯、生涯决策指导等；（2）建立政府、学校、专业指导机构、雇主、社区等多位一体的支持体系，多方协作；（3）重视个别化指导，强调每一位学生都有权利了解个人信息以做出更好的生涯决策，都有与生涯顾问交流的机会。

（三）德国：双元生涯教育体系

2010年，德国教育部启动了"职业生涯起步教练特别计划"，规定职业生涯教练要为普通教育学校的学生提供持续的支持，帮助他们完成从学校到职业培训的过渡。在这个计划的支持下，德国高级专家服务处启动了"教练@学校试点项目"，职业生涯教练在为期两天的研讨会中提供生涯指导，志愿者与学校在日常生活中为学生提供持续的支持服务。

德国政府整合企业和学校两方面的资源，建立了一套完备的双元生涯教育体系。一方面，学校进行职业定向教育，从八年级开始进行实用的入职培训；另一方面，企业为学生提供工作机会，帮助学生进行毕业后的职业选择，以及开展最初的职前培训。在这个教育体系下，学生通过在学校和企业间的轮换学习，不断提升自身的职业能力，明晰职业目标，为毕业后进入企业工作做好铺垫，实现从学生到学徒再到员工身份的无缝衔接。

德国非常注重生涯启蒙教育，在第一次教育分流（13～15岁）之前，学校会安排学生体验企业或职业学校，然后在16岁时进入2～3年的定向期（学徒期）。在定向期内，学生半工半读，课程大多和职前培训有关，职前培训通常在真正的工作地点进行，为学生将来的职业生涯做好充分的准备。如果学生在定向期内发现自己并不适合，可以通过接受各种形式的补习教育实现转学或升学。

（四）日本：全程生涯教育体系

日本的生涯教育是由政府主导推行的，1970年，文部省就出台《加强、改善和充实学校生涯指导的意见》，强调要有计划、有组织地进行生涯指导，着重培养学生的职业观和价值观，以及自主选择决定未来生涯的能力。1999年，日本中央教育审议会发布《改善初等、中等、高等教育的持续问题》，首次提出要从小学到大学开展生涯教育。2004年，日本文部省在《为了培养每个儿童、学生的勤劳观、职业观》的报告书中，将生涯教育定义为"通过对每个儿童、学生生涯发展予以援助，使他们在各方面形成与生涯相适应的意志、态度和能力的教育"，并将2004年定为日本生涯教育元年（丁文龙，2016）。

2011年，日本中央教育审议会发布《日本学校未来职业生涯教育与职业教育理想状态》，正式提出"推进建立学前教育到高等教育阶段的体系化的生涯教育体系"，强调以培养每位学生的生存能力为目标，将学校生活、社会生活和职业生活相结合，将理想和学业相结合，通过开展各类教育活动，帮助学生形成未来社会人和职业人必需的能力、态度和价值观。

在政府对生涯教育的有力支持和持续研究改进的推动下，日本建立了贯穿中小学学习全过程的有计划的、连续的、跨越多学科的、系统的生涯教育体系。这个教育体系不仅有独立的课程，而且渗透在各教学科目、道德、综合性学习中，并强调与学校辅导机构、家庭、地方政府联合，共同培养学生在职业生涯中应具备的各种能力。

（五）我国生涯教育的发展现状

从美国和欧洲等西方发达国家的实践来看，将生涯教育与生活指导、专业课程学习，甚至普通文化课程和学科等进行有机衔接和融合，系统培养学生的生涯能力，已成为一个共同努力的方向。在我国，虽然一些地区和学校在职业指导和生涯教育方面进行了积极的探索，但由于缺乏系统的目标建构和制度化的政策支持，难以充分整合学校、家庭和社会资源开展工作，因而在普及性、系统性、规范性等方面仍存在不足，主要表现在以下几个方面。

首先，职业指导和生涯教育涉及面宽，概念和术语众多，如职业指导、就业指导、职业生涯规划、生涯辅导、生涯发展、生涯教育等。由于没有厘清这些概念之间的关系，许多学校往往将生涯教育窄化为职业规划辅导、就业指导等具体工作。

其次，许多学校不能从促进学生综合素质发展的高度认识生涯教育，只是将生涯教育局限于学生毕业前的就业指导活动，并停留在开展求职技巧、就业形式和择业观念等知识普及上。一些学校虽然能够提前对学生开展生涯规划教育，但教育内容大都停留在对职业指导理论知识的灌输上，缺乏针对性与实用性。

最后，由于开展时间短、研究力量薄弱等诸多原因，我国尚未建立适合中国国情、文化背景和社会现实的生涯教育理论体系，只能依赖国外的各种思想、理论和方法开展职业指导和生涯教育工作，往往出现"水土不服"的现象。此外，在研究和教学中采用的测量工具也大多改编自西方量表，难以避免文化差异带来的负面影响。

进入21世纪以来，我国政府越来越重视职业指导和生涯教育，陆续发布了一系列政策文件。2007年，教育部发布《大学生职业发展与就业指导课程教学要求》，将建立生涯意识、形成职业规划、提高就业能力和掌握求职方法等作为生涯教育的主要课程内容。2014年，国务院发布《国务院关于深化考试招生制度改革的实施意见》，要求将生涯规划或生涯教育作为高中生的必修课。2018年，教育部印发《中等职业学校职业指导工作规定》，提出中职学校的职业指导应包括学业辅导、职业指导教育、职业生涯咨询、创新创业教育和就业服务等内容，体现了多途径综合教育的特点。2019年6月11日，《国务院办公厅关于新时代推进普通高中育人方式改革的指导意见》中提出"加强对学生理想、心理、学习、生活、生涯规划等方面指导"，要求普通高中学校明确指导机构，建立专兼结合的指导教师队伍，通过学科教学渗透、开设指导课程、举办专题讲座、开展职业体验等对学生进行指导，并强调利用高校、科研机构、企业等各种社会资源，构建学校、家庭、社会协同指导机制。以上文件的发布，对我国中小学校生涯教育提出了明确的要求和具体的指导意见，必将对我国生涯教育产生积极的推动作用。

二、生涯教育的实施途径

虽然个人的生涯发展从出生就开始，并且会贯穿终生，但最关键的时期还是个体在学校学习的这段时间，因为学校能够提供预防性或发展性指导项目的学习环境。按照舒伯的观点，小学生处在生涯发展的成长阶段，特点是对未来充满想象，并开始形成职业兴趣，但由于缺乏认知和辨别能力，也很容易被各种不准确的、刻板的和歪曲的信息影响。因此，对小学生开展生涯教育的适当策略是通过课堂指导活动和团体辅导活动，向他们传递正确的职业信息，使他们形成正确的性别角色意识。中学阶段的学生处在生涯发展的探索起始阶段，他们具备较强的认知能力和道德意识，开始关注自己内心的感受，追求独特的自我，逐步形成一定的自我同一性和职业抱负。然而，从总体上看，中学生对学校学习和真实世界之间的联系缺乏理解，大部分学生还没有做好进行生涯选择的准备。

美国国家生涯和技术教育研究中心编制了一个适用于初级中学的生涯干预项目一览表，包含四种形式的干预活动，分别是基于工作的干预、建议性干预、引导性干预、基于课程的干预（Hardin, 2008）。其中，基于课程的干预和引导性干预通常通过课堂指导活动进行，基于工作的干预可以采用团体辅导活动进行，而建议性干预则采用个体咨询进行。下面，分别对三种活动方式加以简要说明。

（一）课堂指导活动

在各类学校中，课堂指导活动是常见的生涯教育途径，既可用于基于课程的干预活动，也可用于引导性干预活动。需要说明的是，这里所说的课堂，并不局限于学校的教室，而是指任何采用一个或几个成人向几十个学生传授知识或信息的情境，地点可以在学校会议室、图书馆，也可以在社区、企业、博物馆或其他公共场所等。

基于课程的干预活动的目的是帮助学生学习与职业世界相关的知识和技能，一般持续时间较长，可以开设专门的生涯规划课程，也可以在学科课程中教授与生涯有关的知识或技能（渗透式教学）。根据形式不同，可以由各种各样的指导者实施，如学业教师、学校咨询师、企业管理者、社区成员等。

引导性干预活动的目的是激发学生在个人和生涯成长方面的兴趣，一般持续时间较短，通常只是为这些学生后续获得更加深入的信息做好准备。可以采用的形式主要有生涯发展指导课、学业规划指导课、个性/社会性发展指导课、社区成员进课堂的报告、职业日/招聘会、职业实地考察等。

表9-4列出了一些课堂指导活动的具体实例，并对这些实例的活动类型与形式进行分析归类。

表9-4 课堂指导活动的具体实例

活动概要	活动类型与形式
选择一个需要某一学科能力（数学、科学、语言等）的职业群，要求学生说出相关的各种职业	类型：基于课程的干预活动 形式：学科课程渗透教学
设想自己是某个职业的一名工作人员，做关于这个职业的口头报告	类型：引导性干预活动 形式：职业实地考察/生涯规划指导课
围绕情绪智力的组成要素，与学生展开讨论	类型：引导性干预活动 形式：个性/社会性发展指导课

续表

活动概要	活动类型与形式
让学生准备一份自述材料，描述自己的生活是如何受到家庭、学校和同伴影响的，至少涉及三个方面	类型：引导性干预活动 形式：个性/社会性发展指导课
培养学生对不同职业群的兴趣，了解评估自己性格的方法	类型：基于课程的干预活动 形式：专门的生涯规划课程

（二）团体辅导活动

团体辅导是在团体情境下进行的一种心理辅导形式（樊富珉，2005）。这里的"团体"，是由两个以上成员组成的集合体，也可以翻译成小组、群体等；这里的"辅导"，是指心理帮助和指导，也翻译成咨询。因此，团体辅导也可以称为小组辅导、团体咨询、团体心理咨询、小组咨询等。在心理健康教育中，通常采用"团体辅导"这个表述方式。

从人员数量来看，团体辅导活动有一定的人数限制，少则3~5人，多则十几人，甚至几十人（但一般不超过30人）。从人员构成和关系来看，团体辅导活动需要由一个受过专业训练的辅导者带领，团体成员围绕一个共同关心的问题，借助一定的活动形式进行互动，形成团体的共识和目标。

在团体辅导活动中，团体成员在辅导员的组织和引导下，围绕一个共同的主题分享信息、相互启发、相互帮助，能够获得多方面的收获：（1）学会尊重和接纳其他人不同的观念和情感；（2）换一个角度审视自己，发现自己的误区；（3）增进成员之间的情感连接；（4）获得解决问题的思路和方法。

在生涯教育中，团体辅导可以用于基于工作的干预活动。这类活动是指通过在工作现场为学生提供有意义的互动活动来促进其生涯发展，具体形式主要有服务学习/志愿者计划、工作现场观察、实习、工作指导、工作研究、青年学徒等。这里所说的工作现场，并不一定需要是真实的现场，也可以是模拟的工作现场，甚至是想象的工作现场。表9-5列出了一些团体辅导活动的实例，并对这些实例的活动类型与形式进行分析归类。

表9-5 团体辅导活动的实例

活动概要	活动类型与形式
让学生摆放打破传统性别刻板印象的职业图片（男护士、女医生、男秘书、女卡车司机等），并进行讨论	类型：基于工作的干预活动 形式：工作指导/工作研究
让学生记录自己在看电视时发现的一些职业刻板印象的例子	类型：基于工作的干预活动 形式：工作指导/工作研究

续表

活动概要	活动类型与形式
设置一个角色扮演的情境，把学生分成两人一组，其中一人扮演面试官，了解求职者为什么想得到这份工作（钱的因素除外）	类型：基于工作的干预活动 形式：工作现场观察（模拟）
邀请资深人士讨论个性特点怎样有助于日常事务，请他们说说他们现在所从事职业的求职经历	类型：基于工作的干预活动 形式：工作指导/青年学徒
建立一个实地学习的清单，观察不同职业情境中的工作角色	类型：基于工作的干预活动 形式：工作现场观察/实习

（三）个体咨询

在青春期，学生不仅继续对自己的兴趣、技能和价值观进行探索，而且开始探索职业世界，并逐渐将自己感知到的职业自我概念转化为教育或职业选择，做出初步的生涯决策。在这个阶段，开展建议性干预活动引导他们学会寻找、理解和应用相关的教育和生涯信息，就能够有效地帮助他们开展生涯决策。大多数建议性干预活动都采用个体咨询的形式进行，为学生提供个性化的建议。

个体咨询的目的是帮助来访者自助，即通过咨询，使来访者被压抑的情绪得以释放疏泄，并增加对自我或情境的了解，增强自信心与主动性，学会自己做出判断和决定，从而获得人格成长。狭义的个体咨询专指面谈咨询；广义的个体咨询除面谈咨询外，还包括电话咨询、书信咨询等。在生涯指导和干预方面，个体咨询的项目主要包括学业规划辅导、聚焦生涯的亲子会议、生涯同行指导/辅导、生涯成熟度评估、生涯咨询、生涯兴趣评估、计算机辅助的生涯指导、个性/社会性辅导、档案袋/个人生涯规划、转介外部咨询/评估等。

生涯决策是一个复杂的过程，需要决策者对有关自己的信息和职业世界的信息进行系统的分析。为了指导学生进行生涯决策，咨询师需要帮助学生评估自己的兴趣、能力和价值观。除了通过团体辅导活动帮助学生了解自己和职业，咨询师可以利用兴趣清单或生涯档案进行个体咨询。生涯档案是一种评估方式，用于评估学生已经掌握的技能，以及在教育和职业计划方面取得的进步。咨询师可以和学生一起翻看生涯档案，帮助他们了解自己现在处在哪个阶段，希望达到哪个阶段。下面是一个生涯档案的实例（见图9-9）。

我的生涯档案

（7-9年级）

姓 名 ____________　　电 话 ____________

地 址 ____________　　社保号 ____________

____

____________　　生 日 ____________

目录 （在此文件夹中包含以下资料）	目录 （在此文件夹中包含以下资料）
□简历	□标准考试分数
□成绩单副本	□就业证明
□参考材料清单	□职业课程中所学技能和能力
□COPP 材料	□推荐信
□我的生涯规划	□能力考试成绩复印件
□生涯兴趣列表	□社会奖励
□生涯信息资料	□其他____________

九年级

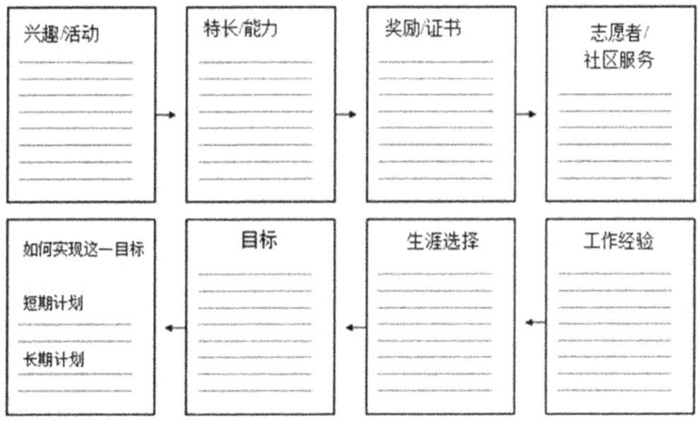

图 9-9　生涯档案的实例

资料来源：HARDIN L K. 2008. *Handbook of School Counseling* [M]. New York: Routledge Press.

三、循证理念下的生涯教育体系

20 世纪 70 年代到 80 年代，肇始于循证医学的循证实践运动逐渐兴盛，并不断向邻近的人文社会科学领域延伸，促成了循证心理健康服务的兴起。杨文登（2017）将循证心理健康服务定义为“服务提供者将自身的专业技能、服务对象的特性、研究者的最佳研究证据、政府部门与行业组织的监督管理四个方面整合起来，进行服务决策的心理健康服务活动”。循证心理健康服务为生涯教育提供了一种可借鉴的实践模式。

（一）循证生涯教育的要素与结构

在传统的生涯教育实践中，教育者单纯利用自身专业知识和经验，按照自己熟悉的方式为教育对象提供预先设定好的教育内容，很少考虑教育对象的愿望和个别差异，缺乏主动搜寻和利用相关研究证据的习惯，也较少得到管理部门的有效监督。循证生涯教育要求教育者在管理者的监督和支持下，充分考虑教育对象的特点和需求，将自身专业技能与研究者的最佳证据有机结合起来，开展有针对性的、规范的、注重实效的教育活动。

在循证生涯教育实践模式中，教育者、研究者、管理者、教育对象四个方面的人员以有关生涯教育的证据为核心，建立密切的联动与协作关系（见图9-10），共同推动生涯教育的实施，谋求生涯教育的最佳效果。

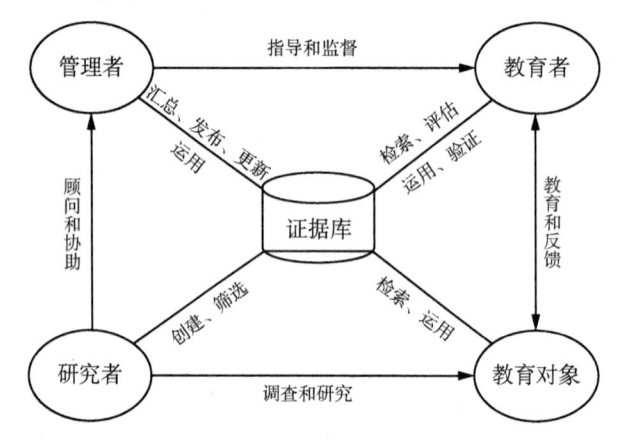

图 9-10 循证生涯教育体系

循证生涯教育的内涵可以概括为"基于证据，四方协同"，四方主体与证据的关系及彼此间的联系可描述如下（王乃弋，李亦菲，2021）：（1）研究者利用严谨的科学方法对教育对象生涯发展的规律进行研究，创建和筛选证据，为管理者决策提供顾问和协助；（2）管理者通过建设和维护各种开放的证据数据库，持续不断地汇总、发布和更新生涯教育证据，并利用证据进行决策，同时指导和监督教育者的实践；（3）教育者针对教育对象的成长需求和困难，检索、评价和运用证据，开展教育实践，并为检验证据的效果提供一手数据；（4）教育对象检索、运用相关证据，并就教育内容和方式提出自己的意见，为教育者提供反馈，主动参与教育过程。

需要说明的是，一些管理者、教育者、教育对象也会支持或参与研究者开展生涯教育研究，为证据的创建和筛选做出贡献。

（二）循证生涯教育的实施过程

循证生涯教育的实施过程遵循提出问题、检索证据、评价证据、应用证据、评估反思五个基本步骤，五个步骤围绕证据展开，形成一个闭环，循环往复。下面，分别对五个步骤的实施要点加以简要说明。

1. 提出问题

循证实践的第一步就是要提出适当的问题。美国学者瑞恩斯（Rains，2008）将循证实践的问题分为五种类型：（1）评估性问题，通过诊断与评估，确定并命名教育对象面临的现实困难；（2）描述性问题，了解教育对象的背景信息，为有针对性地干预和预防提供支持；（3）干预性问题，寻找有效的干预方案来解决现实困难；（4）预防性问题，找到有效的方法来预防某些困难的出现；（5）风险性问题，了解教育对象出现某些困难的风险程度。

在循证实践中，教育者需要根据一定的格式提出问题，可借鉴循证医学领域的 PICO 格式：P 指对象（population），涉及教育对象的性别、年龄、面临的困惑等信息；I 指干预（intervention），指针对问题的干预方案；C 指对照（comparison），指可替代的方法；O 指效果（outcome），指预期的干预效果。

2. 检索证据

证据是循证实践的核心，教育者可以通过学术期刊、专业协会网站、政府职能部门网站、证据数据库四种途径获得证据。在学术期刊方面，中国知网（CNKI）等数据库收录了大量与青少年生涯发展、辅导和干预相关的研究。在专业协会网站方面，我国主要有中国教育发展战略学会生涯教育专业委员会和中国职业生涯发展协会。在政府职能部门网站方面，我国的教育部网站及各省市的教育厅或教委网站中有与生涯教育相关的政策、纲领、指南等；在证据数据库方面，国内外没有专门的生涯发展或生涯教育证据数据库，相关证据分散在循证心理健康服务和循证教育类数据库中。

3. 评价证据

在循证实践中，教育者如果能从各种证据库中检索到相应的治疗指南、手册、元分析或系统综述等经过专业评价的证据，就可以跳过评价证据这一步，直接进入下一步骤。如果找不到现成的元分析等证据，则需要自己评价证据的科学性和实用性，从中找出最佳证据。

关于证据的科学性，美国教育部根据研究方法的严格程度将证据划分为六个等级，由高到低分别为：随机对照实验、准实验、有统计控制的相关研究、没有统计控制的相关研究、个案研究、传言或典故。其中前五类研究属于实证研究，最后一类属于实践经验。

关于证据的实用性，美国心理学会（APA）提出了两个判定标准：一是疗效，即判断一种干预方案是否能有效地解决某个问题；二是实效，即判断一种干预方案是否能推广到真实的应用情境中。就生涯教育而言，在疗效上应关注一种教育方法或干预方案能否解决个体的生涯发展问题，提高其生涯适应能力。

4. 应用证据

应用证据是实施循证生涯教育最重要的步骤。在心理健康服务中，服务者在应用证据时存在技术取向和情境取向两种不同的态度。持技术取向的服务者严格遵循证据所提供的特殊技术，而持情境取向的服务者更关注共情、积极关注、协作等通用的原则。在循证生涯教育实践中，教育者既要重视证据所提供的技术的价值，又不能简单地将技术"生搬硬套"地应用于各种具体情境，必须结合教育对象的个性特征和文化背景，"量体裁衣"地将证据"迁移""翻译"到具体的情境中。

生涯教育对象的生涯发展问题类型众多，已有的证据远不足以应对，大部分问题缺乏相应证据。在这种情况下，教育者在按照循证实践的理念开展生涯教育工作时，可以扩大范围寻找相关证据，基于"证据"创建自己的干预方法，并通过实践检验提出适用于特定教育对象和教育情境的干预方案。

5. 评估反思

在应用证据进行实践之后，教育者还要及时评估实施效果，反思实施过程中的经验教训，并进一步提出相关的研究问题，启动新一轮的检索证据、评价证据、应用证据、评估反思的过程，不断提升生涯教育的科学性和实效性。

（三）循证生涯教育的推进策略

目前我国的生涯教育主要参照美国等发达国家的生涯教育体系开展实践，尚未建立适合我国国情和文化背景的教育体系。为了推进我国的循证生涯教育，需要动员相关高等院校、教育研究机构的研究人员加强生涯教育的实证研究，逐渐积累适合我国国情的生涯教育证据，为管理者、教育者和教育对象实施生涯教育提供高质量的证据支持。

借鉴美国及其他发达国家的做法，我国各级教育行政部门和行业组织应深入生涯教育实践的各个环节，通过创建生涯教育的证据数据库、编制生涯教育的实施指南或手册等措施，系统汇总、发布和维护与生涯教育有关的开放性证据。

随堂巩固

1. 生涯教育不包括下面哪种活动？（　　）
   A. 提供职业信息　　　　　　B. 在学科课程中教授与生涯有关的知识
   C. 做智力测验　　　　　　　D. 开设生涯规划课程
2. 生涯教育的实施途径不包括下面哪一项？（　　）
   A. 课堂指导活动　　　　　　B. 团体辅导活动
   C. 个体咨询　　　　　　　　D. 评估证据活动

参考答案：1. C　2. D

拓展阅读

徐国民，杜淑贤，钱静峰. 2007. 中小学生涯教育理论与实务［M］. 上海：上海交通大学出版社.

第三节 教育变革与升学指导

进入 21 世纪以来，科学技术的飞速发展对社会经济、职业格局以及教育体系都产生了的巨大冲击。一方面，科技发展带来的低就业增长模式导致就业机会减少和弱势就业，使得人们对教育与就业之间长久以来的关联产生怀疑，并因此感到沮丧和焦虑；另一方面，科技发展也使得预测新职业及其对相关技能的需求变得越来越困难，促使世界各国重新思考教育的布局，努力建构更加多样、灵活的教育与职业技能培育系统，以适应快速变化的职业和技能需求。

在这一节，我们将介绍 21 世纪的职业格局，以及为适应新的职业格局而改造教育体系的努力，并从专业选择、学科选择、大学选择三个层面，说明在我国新高考改革背景下如何对高中生进行系统的生涯规划指导和专业填报指导。

一、21 世纪的职业格局

在 20 世纪 90 年代，美国应用信息学家哈夫纳曾预测：几乎所有的体力劳动都将由人工智能代替，那些可程序化脑力劳动的职业也将在 20 年内被技术变革所淘汰（李家祥，2006）。这种预测指出了 21 世纪职业结构变化的基本方向。2013 年，牛津大学的弗雷（Frey）和奥斯本（Osborne）发表了题为《未来职业：工作有多容易被机器取代？》的论文，系统分析了一种职业被人工智能替代的可能性。根据他们的分析，以下三类职业最有可能被人工智能替代：（1）在狭小空间内从事简单体力劳动的职业，如打字员、车间组装工、司机等；（2）只需要简单应答性交流的职业，如电话接线员、前台接待、快递员；（3）从事简单重复的脑力劳动的职业，如秘书、会计、播音员、翻译等。在德国的"工业 4.0"战略提出后不久，弗雷和奥斯本就利用美国 702 个职业的数据进行测算，发现"工业 4.0"战略将使 47% 的美国劳动者处于失业的境地。后来，同样的方法被应用到欧盟成员国的测算中，得到的结论为 54% 的劳动者将面临失业（刘群艺，2016）。

面对人工智能技术的快速发展，不同学者对它可能产生的影响提出了不同的预测。赫拉利认为，人类将把工作和决策权交给机器和算法，大部分人将沦为"无价值的群体"，只有少部分人能进化成特质发生改变的"神人"（尤瓦尔，2017）。斯坦福大学人工智能与伦理学教授卡普兰（Caplan）则认为，人工智能只是人类历史上自动化技术的延续，当有些人因为自动化的应用而失去工作时，新的工作岗位也因为新增的财富而诞生（王文琦，等，2016）。

两种观点的分歧在于人工智能的发展是否会给人类留下工作机会。赫拉利认为日益强大的人工智能将"承包"所有工作，不会给人类留下工作或带来新的工作；而卡普兰则认为人工智能在取代一些人类工作的同时，也会创造出一些新的工作岗位。显然，更多的人会相信卡普兰的观点。事实上，一些因人工智能而产生的职业已经出现在我们的生活中。2019 年 4 月，我国人力资源和社会保障部与市场监管总局和统计局联合发布

13种新职业，其中就包括人工智能工程技术人员、大数据工程技术人员、工业机器人系统操作员、工业机器人系统运维员等与人工智能有关的职业。

2015年，麦肯锡全球研究院发布了一份题为《如何用AI重新定义工作？》的报告，将职业技能分为社交、认知、身体3个方面共18种（见表9-6）。

表9-6 麦肯锡全球研究院发布的职业技能

类别	技能
社交技能	1.社交与情绪感知；2.社交与情绪分析；3.情绪与社交表现
认知技能	4.语言理解；5.语言表达；6.信息检索；7.模式识别；8.创建新模式；9.逻辑推理（问题解决）；10.优化和计划；11.创造力；12.叙述与展示；13.人际协调
身体技能	14.信息感知；15.精细动作；16.粗大动作；17.导航；18.移动

根据这种分类，该报告分析了各种职业的活动被当前技术自动化的可能性，发现只有不到5%的职业能够使用当前的技术被彻底自动化，60%的职业能够使用当前的技术被自动化30%以上的工作内容。通过建模分析自动化在一些职业中转变业务流程的潜力时，研究者发现自动化带来的收益是投入成本的3~10倍（李亦菲，2020）。麦肯锡全球研究院的结论是：在短期或中期内，很少职业会因完全自动化而被消灭，但大多数职业会因工作中某些活动的自动化改造而被重新定义。

2018年，李开复在他的TED演讲中指出"在所有重复性工作上，人工智能都将高出人类一筹。但我们并非因为擅长重复性工作而为人，是爱定义了我们的人性"。基于这个观点，李开复用创造性和同理心两个维度来分析人工智能对未来职业格局的影响（见图9-11）。

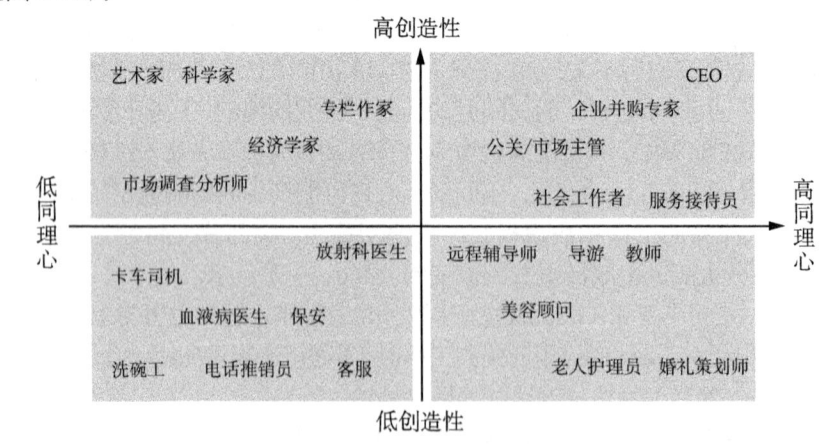

图9-11 基于"创造性—同理心"的未来职业格局

李开复描述了人类与人工智能共事的四种方式：（1）在"低创造性—低同理心"区域，人工智能技术将代替人类承担重复性工作；（2）在"高创造性—低同理心"区域，人工智能技术将帮助科学家和艺术家提升创造力；（3）在"低创造性—高同理心"区域，人工智能将进行分析思考，人类以温暖和同情心相辅相成；（4）在"高创造性—高同理心"区域，人类将以其独一无二的头脑和心灵，做着只有人类擅长、以人类创造力和同情心取胜的工作。这四种方式构成了人工智能和人类共生的蓝图，也成为人类未来的职业格局。

二、世界教育体系的重建与我国的新高考改革

2015年，联合国教科文组织发布《反思教育：向"全球共同利益"的理念转变？》（以下简称《反思教育》），力图在不断变化的世界中重新审视教育，吸取适当的经验教训，确定新的前进方向，重申了人文主义教育观，并将其作为人类最根本的共同利益。2021年11月，联合国教科文组织又发布了《一起重新构想我们的未来：为教育打造新的社会契约》（以下简称《一起重新构想我们的未来》），秉承教育应成为全球公共利益的理念，进一步倡导构建新的社会契约。

2014年9月，以国务院印发《国务院关于深化考试招生制度改革的实施意见》为标志，我国开启了自1977年恢复统一高考以来最全面、最系统、最深刻的新一轮高考综合改革（简称新高考改革）。

在这一部分，我们将简要介绍世界教育体系重建的基本思路，并在这个框架下审视我国新高考改革的主要措施。

（一）21世纪的教育转型

《反思教育》以可持续发展作为核心关切，反对主流的功利主义教育观，重申人文主义教育观，报告的内容以尊重生命和人类尊严、权利平等、社会正义、文化多样性、国际团结，以及为创造可持续的未来承担共同责任为基础。下面，分别从指导思想、教育目标、教育形式、教育主体四个方面加以说明。

1. 指导思想：尊重生命和人类尊严，强调社会正义和文化多样性

《反思教育》指出，在新的可持续发展模式下，经济增长必须遵从环境管理的指导，服从人们对于和平、包容与社会正义的关注，反对暴力、不宽容、歧视和排斥；教育和学习要超越狭隘的功利主义和经济主义，将受到歧视的弱势群体包容进来，采用开放和灵活的全方位终身学习方法，为所有人提供发挥自身潜能的机会，使每个人都能够过上有尊严的生活。

由此可以看出，人文主义教育观的核心是尊重生命和人类尊严。《反思教育》明确提出："维护和增强个人与其他人及自然共处的尊严、能力和福利，应是21世纪教育的根本宗旨。"[1]为实现这个宗旨，教育应将重点放在儿童、青年和成人的实际学习内容上，

---

[1] 这段文字的原文是："Sustaining and enhancing the dignity, capacity and welfare of the human person, in relation to others and to nature, should be the fundamental purpose of education in the twenty-first century." 流行的翻译是："维护和增强个人在其他人和自然面前的尊严、能力和福利，应是21世纪教育的根本宗旨。"本书作者认为"in relation to"的含义是"相对于"或"与……有关"，在这里翻译为"在……面前"不准确，应翻译成"与……共处"，强调不仅仅是"面对"，而是在充分互动基础上的"共处"。

主要包括以下三个方面：(1) 与国家及当地的社会、文化和政治环境共命运的意识，以及全人类休戚与共的精神；(2) 了解地方和全球层面的社会、经济和环境变化相互依存关系，认识到社区发展面临的挑战；(3) 出于个人对社区的责任意识，承诺参与地方、国家及全球层面的公民行动和社会行动。

在具体的课程政策和课程内容方面，《反思教育》强调必须以社会和经济正义、平等和环境责任原则为指导，提倡尊重多样性，反对一切形式的文化霸权、刻板观念和偏见。这种课程建立在跨文化教育的基础上，承认社会多元化，同时确保在多元化和共同价值观之间保持平衡。根据这个原则，必须探索主流知识模式之外的其他各种知识体系，必须承认和妥善安置其他知识体系，而不是将其贬至劣势地位。

与多元化的课程内容相适应，《反思教育》将知识定义为"个人和社会解读经验的方法"，包括通过学习获得的信息、认识、技能、价值观和态度，并强调知识本身与创造及复制知识的文化、社会、环境和体制背景密不可分。相应地，学习则被定义为"获得知识的过程"，是由环境决定的多种形态的现实存在，并强调"获取知识及为什么、在何时、何地、如何使用这些知识，是个人成长和社会发展的基本问题"。

2. 教育目标：从功利主义教育转向综合的、多元化的教育

虽然教育也具有一定的经济功能，但在讨论教育的目标和功能时，必须超越单纯的功利主义倾向及人力资本概念，根据公平、可行、可持续的人类和社会发展观念来重新审视教育的目标，关注人类发展的社会、环境和经济层面的因素及其与教育的相互影响。以这种方式来审视教育，可以让教育成为推动变革的力量，实现人人共享的可持续的未来。而要实现可持续发展，需要推行综合的、多元化的教育来涵盖社会、道德、经济、文化、公民和精神等多个层面。

这种综合的教育需要消除认知和其他学习形式之间的对立，超越传统的学业学习领域，将社会与情感学习、文化和艺术等内容容纳进来，引导人们努力发展更加适应实际需求的教育和职业技能培训，增强多样化和灵活性，确保个人具有更强的应对快速变化的适应能力。联合国教科文组织发布的《2012年全民教育全球监测报告》列出了所有青年要具备的三类主要技能：基础技能、可迁移技能、职业技术技能。这些技能丰富了当前关于教育内容和教育方法的思考，能帮助人们在具体情境中以富有创造性和负责任的方法运用多种形式的知识找出解决办法，与他人建立新的关系。

需要强调的是，学习者所需的知识不是由权威机关指定的，而是由学校、教师和社区确定的；教师的任务也不仅仅是传授知识，而是要根据学习者的需要来探索、研究、试验和创造知识。运用这些知识的目的，是培养基本的语言、交流技能和解决问题的能力，以及培养逻辑思维、分析、综合、推理、演绎、归纳和假设等更高层次的技能。个体在获取这些知识的过程中就可以发展获取信息的能力和批判性思维能力。

在这种多元化的教育中，获得优质教育的权利就是获得有意义的、与生活有关的学习机会的权利，并应体现出各种文化、各个群体有尊严地生活所需的要素。这种教育可以被称为"赋能教育"，目的是培养出富有成效的人才，他们不仅能够持续学习、解决问题、具有创造力，而且能够以和平、和谐的方式与他人及自然共处。显然，这个目标呼应了《德洛尔报告》中提出的"教育的四大支柱",即学会认知、学会做事、学会做人、学会共处。

3. 教育形式：更加非正式、个人化和无处不在

在传统教育模式中,人们所学的知识大多来自日常活动和工作活动。工业时代后,大众教育几乎完全等同于学校学习,教室成为学习的主要场所。进入 21 世纪以来,随着电子学习、移动学习和其他数字技术的发展,知识的来源大大增加,而获取知识的门槛则大大降低,学习机会的扩大对学校学习产生了巨大的冲击。

值得关注的是,移动电话、平板电脑、掌上电脑等便携设备使得学习不再局限于固定的地点,让学习变得更加非正式、个人化和无处不在。多种形式的移动学习促进了基础教育和高等教育的普及。

学习场所的流动对教育和就业产生了重要的影响。以往关注教育课程的内容,而现在需要注重对于所学知识的认证和评估。变革的方向是落实开放和灵活的终身学习体系,建立对个体通过各种教育形式获得的知识和能力进行承认、认证和评估的机制,向所有人开放知识创造、学习、认证和运用的机会。

4. 教育主体：为建设共同的未来而实现团结和共担责任

长期以来,世界各国将教育作为一项公益事业,完全由国家承担教育的责任。进入 21 世纪以后,越来越多的民间组织、公司、基金会等非政府组织参与到教育事务中。

《反思教育》提出用"共同利益"替代"公益",并将共同利益定义为"人类在本质上共享并且相互交流的各种善意,如价值观、公民美德和正义感",解释为"通过集体努力紧密团结的社会成员关系中的固有因素"。将这个概念用于教育时,主要强调以下几个观点：(1)作为有意识和有组织的学习过程,教育的终极目标是发展和利用知识；(2)不但要考虑如何获得和认证知识,更要考虑知识的获取受到何种控制,以及如何普遍提供获取知识的机会；(3)教育应该成为一项全社会共同努力的集体层面的事情,由广泛的利益攸关方分担责任、精诚团结。

《反思教育》指出,普遍人性中蕴含着团结和社会正义的价值观。在这种精神的感召下,获得作为全球共同利益的知识和教育的权利原则,对于诸多利益攸关方在追求可持续发展,以及力争实现在具有包容性的社会中发挥作用和承担责任,都具有重要意义。

(二)新的教育社会契约

《一起重新构想我们的未来》深入探讨了数字技术、气候变化、民主滑坡、社会两极分化及不确定的工作前景等问题,重申了教育在社会变革中发挥的作用和自身变革的紧迫性,并从社会契约的角度审视教育,强调在人类及其居住的星球都面临严重危机的今天,必须将人类团结起来为共同的事业去奋斗,开创面向所有人的和平、公正和可持续的未来。

下面,简要介绍《一起重新构想我们的未来》对未来趋势的预判,以及对变革教育提出的基本原则和具体建议。

1. 对未来趋势的预判

《一起重新构想我们的未来》向我们展示了以下四个方面的积极动向：（1）地球危在旦夕，但脱碳和经济绿色转型正在推进当中，儿童和青少年在这方面已经率先行动起来；（2）世界各地对抗歧视和不公正的公民参与和行动日益活跃，呈现蓬勃发展之势；（3）尽管还没有找到转化的路径，但数字技术蕴含着巨大变革潜能逐渐被认同；（4）随着人工智能、自动化和结构转型重塑全球的职业格局，创造以人为本的体面工作将成为更加艰巨的挑战，但更多的人和社区开始认可人际关爱工作的价值，以及提供经济保障的多种方式。

《一起重新构想我们的未来》指出，以上每一项颠覆性转变都会对教育产生重大影响，教育领域的共同行动也会反过来对人们如何应对这些转变产生影响。然而，当前的教育组织方式不足以确保公正与和平的多元社会、一个健康的地球及普惠性的共同进步。面向教育的新社会契约应让我们能够换一种方式去思考学习，以及学生、教师、知识和世界之间的关系。

2. 两条基本原则

社会契约不仅仅是一种交易，而是社会成员为谋求共同利益而合作的一种内隐的约定，蕴含在已正式载入法律并内嵌于文化中的规范、承诺和原则。《一起重新构想我们的未来》指出，一种新的教育社会契约必须将教育的共同愿景作为出发点，并遵循以下两项基本原则。

第一条原则是"确保人们终身接受优质教育的权利"。不仅要以《世界人权宣言》第二十六条规定的受教育权为基础，并涵盖终身接受优质教育的权利；而且要广泛地包含信息权、文化权、科学权，以及与集体知识资源的连通权。

第二条原则是"加强作为公共事业和共同利益的教育"。不仅要确保公共教育资金到位，还要鼎力支持人人参与有关教育的公开讨论。

这些基本原则立足于人类迄今为止凭借教育取得的成就，将有助于确保在我们向2050年甚至更远的未来迈进。教育可为将来数代赋权增能，以使人类能重新构建未来和更新世界。

3. 五项具体建议

《一起重新构想我们的未来》主张从五个关键方面重新认识和更新教育，分别是目标、课程、教师与教学、学校，以及广泛的教育机会。

在目标方面，应采用合作与团结的教学法。在培养学生的智力、社会交往能力和合乎道德的行动能力的同时，要消除成见、偏见和分裂，培养同理心和同情心，尊重差异，提升个人通过合作努力改变自己和世界的能力。教学评价应反映那些可促进所有学生有效成长和有意义学习的教学目标。

在课程方面，要注重生态的、跨文化和跨学科的学习。课程内容必须从生态学角度去理解人类，平衡人类与地球的关系，促进积极的公民意识和民主参与。为抵制错误信息的传播，应普及科学素养、数字素养和人文素养，帮助学生获取和创造知识，同时培养他们批判和应用知识的能力。

在教师与教学方面，要加强教师协作和团队合作，促进教学的专业化。要认可教师作为知识生产者及教育和社会变革关键人物的地位，支持教师享有自主权和自由度，引导他们充分参与有关教育未来的公共辩论和对话，将对知识的反思、研究、创造和新的教学实践作为教学中不可缺少的组成部分。

在学校方面，要重新规划学校。学校承载着支持学习、包容、公平，以及个人和集体福利的职责，应成为汇聚多样化人群的场所，并让他们体验在别处接触不到的挑战和可能性。为鼓励和促进个体进行合作，学校建筑、空间、时间、课程表和学生分组都应重新规划设计，在保障人权、可持续发展和碳中和等方面树立榜样，以推动世界向更加公正、公平和可持续的未来转变。数字技术应以支持学校为目标，而不是取而代之。

在广泛的教育机会方面，要扩大受教育权。教育并非只发生在学校中，而是存在于多种社会空间和整个生命历程中。应让个体在人生的各个阶段，以及各种自然、人工和虚拟的学习场所中，切实获得有意义和优质教育的机会。

《一起重新构想我们的未来》强调，为教育打造新的社会契约，是一起重新构想人类未来的关键一步，必须致力于确保性别平等和所有人的权利，着力开展社会对话、共同思考和共同行动。报告提出通过呼吁开展研究、全球团结和国际合作开始建立新的教育社会契约的想法，与其说是擘画蓝图，不如说是开启思考和构想的邀约。

联合国教科文组织总干事阿祖莱（Azoulay）在《一起重新构想我们的未来》的序言中指出："报告提出了一种新的教育社会契约，旨在重建人类之间、人类与地球，以及人类与技术的关系。"那么，这三组关系是如何联结在一起的，教育在其中又能起到什么作用呢？图 9-12 以人为中心，将三组关系有机连接起来："人类之间的关系"表现为个体的人共同构建社会，而社会则承载着个体的人；"人类与地球的关系"表现为自然养育

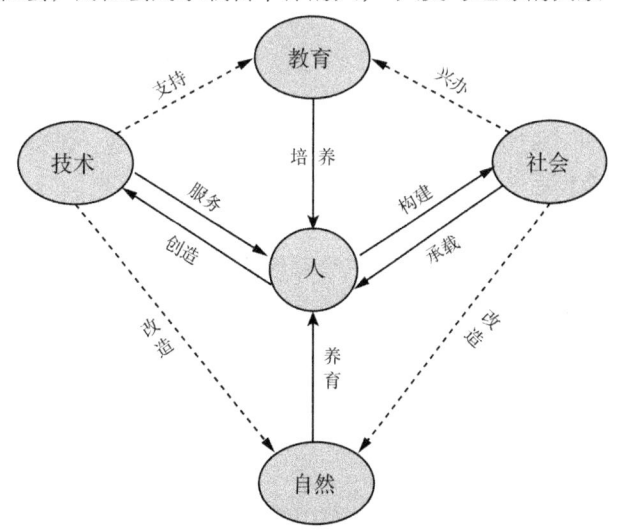

图 9-12 以人为中心的"自然—社会—技术—教育"结构

人，而人则通过技术和社会改造自然；"人类与技术关系"表现为人创造技术成果，而技术则服务于人。在这个关系模型中，个体的人是联结自然、技术和社会的枢纽，而个体的人以什么样的方式与自然、技术和社会互动，则取决于教育体系的培养。此外，教育又由社会兴办，并得到技术的支持。

基于以上分析，可以对21世纪教育的宗旨进行以下表述：教育必须在尊重人类尊严和多元文化差异的基础上，维护和增强个人与其他人、技术和自然共处的尊严、能力和福利。

（三）我国新高考改革的主要措施

新高考改革是在我国经济转型和高新技术腾飞的关键时刻，启动的具有深刻历史意义的教育改革，是我国教育改革深化的重要组成部分和关键环节。下面，分别从考试类别和科目设置、招生录取方法、选课走班教学、高职院校分类考试招生等方面，介绍新高考的主要改革措施。

1. 考试类别和科目设置

根据考试性质，普通高中阶段的考试可以分为合格性考试、统一高考和专业考试三种类型。

（1）合格性考试

合格性考试属于普通高中学业水平考试，目的是检查全体普通高中学生是否达到课程方案和课程标准规定的基本学业要求。合格性考试科目覆盖国家课程方案规定的所有学习科目，共计14门，包括语文、数学、外语、思想政治、历史、地理、物理、化学、生物、信息技术、通用技术、音乐、美术、体育与健康等。考试内容为必修课程内容，考试成绩以"合格"或"不合格"呈现，成绩长期有效，考试结果用于学生毕业资格认定，各科均合格的学生方可毕业。

普通高中各科目合格性考试安排在三个学年进行，学生在完成必修学分课程的基础上参加合格性考试。高一年级学生参加省级统一组织实施的合格性考试科目原则上不超过4门。学生在校期间参加相关科目合格性考试成绩不合格者，可参加补考；在校补考仍不合格者，可在离校后2年内继续申请补考。

（2）统一高考

统一高考的考试科目包括3门全国统考科目和3门选择性考试科目。全国统考科目为语文、数学、外语（含听力和笔试两个部分），不分文理科。选择性考试科目根据考试模式不同而不同：在"3+3"模式中，学生在物理、历史、思想政治、地理、化学、生物中选3门；在"3+1+2"模式中，学生在物理、历史中选择1门，在思想政治、地理、化学、生物中选择2门。选择性考试科目的考试内容为各学科课程标准确定的必修和选修内容。

全国统考科目语文、数学、外语按教育部统一规定时间组织考试，考试时间一般安排在每年6月（条件成熟时每年提供2次外语科目考试机会），每门满分150分。选择性考试与全国统考同期安排，每门满分100分，物理、历史的成绩以原始成绩呈现①，思想政治、地理、化学、生物的成绩以等级转换分呈现②，计入考生总成绩，成绩仅限当年有效；考试结果作为普通高校统一高考招生录取的依据之一。

（3）专业考试

报考体育类、艺术类等专业的考生除了参加合格性考试和统一高考外，还须按照要求参加相应的专业考试。体育类专业考试由招生学校组成专家评审委员会，制定测试标准和选拔办法，对符合该校报考条件的考生进行体育专项测试，一般包括身体素质考试项目（100米跑、原地推铅球、800米跑等）和专项技术考试项目（田径、篮球、排球、足球、网球、羽毛球、乒乓球、体操、武术、游泳等）。艺术专业能力考试包括省级统考和高校校考，根据不同艺术专业人才选拔培养要求实行分类考试：省级统考由各省（区、市）统一组织考试，高校校考由相关高校组织考试。

相比之前文理分科的高考模式，新高考的科目设置增加了学生的选择权，促进了文理交融，充分体现了以人为本、学其所好、考其所长的原则，更加符合教育发展规律和人才成长规律，为学生成长成才提供更多机会。

2. 招生录取方法

在新高考中，统一高考招生录取实施依据全国统考的语文、数学、外语3门科目成绩和3门普通高中学业水平选择性考试成绩，并参考普通高中学生综合素质评价结果的招生录取新机制，简称"两依据、一参考"。统一高考总成绩由3门全国统考科目成绩和3门选择性考试科目成绩组成，满分750分。普通高中学生综合素质评价内容分为思想品德、学业水平、身心健康、艺术素养、劳动与社会实践五个方面，主要考查学生爱国情怀、遵纪守法、创新思维、体质达标、审美能力、劳动实践等，主要采取写实记录、自我陈述和教师评语相结合的方式进行。

统一高考招生录取志愿设置主要采用"院校＋专业组"的组合方式，实行平行志愿投档录取（部分特殊类型招生除外）。一所院校可设置一个或多个专业组，每个专业组内可包含数量不等的专业（专业类），同一专业组内各专业（专业类）对考生的选考科目要求相同。普通高等学校依据统一高考考生总分，参考普通高中学生综合素质评价结果，以"院校＋专业组"为一个招生单位，按照物理、历史两个类别，分列招生计划、分开划线、分开投档录取，考生按专业组投档后，符合条件的，可在该专业组内进行专业调剂。"院校＋专业组"的录取方式能提高考生选考科目与普通高等学校招生专业选

---

① 选考物理等科目类和选考历史等科目类的考生将分列招生计划、分开划线、分开投档录取，并且选择相同科目类（物理或历史）的考生使用相同试卷，考试群体相同，成绩具有可比性，可以使用原始成绩计入考生总成绩。

② 选择物理或历史科目的考生，还须在思想政治、地理、化学、生物中任选2门。由于四个科目的试题难度有差异，报考相应科目的考生群体不同，因此原始成绩不具有可比性和可加性。分科将等级转换为分数后计入考生总成绩，更科学合理。转换时将原始成绩从高到低划分为A、B、C、D、E共5个等级，各等级人数所占比例分别约为15%、35%、35%、13%和2%。

考要求的匹配度，不仅能够满足普通高等学校选拔和培养人才的要求，而且能促使普通高中关注学生学习过程中的兴趣特长和专业志向，促进学生综合素质和个性特长的发展。

体育类考生须参加普通高校招生全国统一文化考试，还须参加所在省体育专业统考。考试成绩达不到合格分数线的考生，不得填报体育专业。艺术类专业招生实行"文化素质＋专业能力"的考试评价方式，文化素质使用高考文化课考试成绩，专业能力使用艺术专业能力考试成绩。

3. 选课走班教学

所谓走班制教学，就是不将学生一直固定在一个班级（称为"行政班"）上相同的课，根据学科或层次不同设置多个班级（称为"教学班"），学生需要根据自己的选择分别到不同的班级流动上课。普通高中选课走班教学是普通高中人才培养的必然要求，是适应高考综合改革的举措之一，是因材施教、促进学生全面而有个性发展、提高教育教学质量的教学方式改革。

各省市陆续发布了《关于开展普通高中选课走班教学的指导意见》，要求普通高中在充分进行学情调研与模拟选课基础上，建立完善选课走班教学管理制度，制定选课走班指南，指导学生根据学习兴趣特长、学科学业基础、专业发展趋向、普通高等学校招生要求等自主选科目、选层次、选教学班级，避免学生盲目选课。

学生有五大类选课模式，包括文科、理科、艺术、体育和留学。学生根据自己制定的课表，到相应的教室去学习其他课程，包括思想政治、历史、地理、物理、化学、生物、技术、艺术、体育、心理、综合实践等课程。同时，学校还应设置走班导师，帮助学生规划选课。

一些省份明确要求各种学校针对本省选择性考试科目的组合类型建立选课制度。例如，实施"3＋1＋2"模式的省份，选择性考试科目有12种组合类型，其中物理类有6种组合、历史类有6种组合（见表9-7）。

表 9-7　新高考"3＋1＋2"模式下的选择性考试科目组合类型

序号	物理类组合	序号	历史类组合
1	物理、化学、生物	7	历史、化学、生物
2	物理、化学、思想政治	8	历史、化学、思想政治
3	物理、化学、地理	9	历史、化学、地理
4	物理、生物、思想政治	10	历史、生物、思想政治
5	物理、生物、地理	11	历史、生物、地理
6	物理、思想政治、地理	12	历史、思想政治、地理

从具体实施情况来看，选课走班教学的实践大致有以下四种情况。

第一种：不走班。学校向学生提供有限数量的选科组合，然后将三门选考科目均相同的学生组成一个班，学生在固定的教室上课。不走班教学开设的选科组合类别少，无法满足学生多样化的选择需求。

第二种：小走班。小走班是指将三门或两门选科相同的学生优先组成班级，其他科目或学生走班教学，又分为"优先三科成班"和"定两科走一科"两种方式。优先三科成班是指依据学生的选科结果，优先将三科相同的学生组成行政班，其次将两科相同的学生组成行政班，最后组成一科或零科相同的班级。定两科走一科是指两门选考科目相同的学生组成行政班，语文、数学、外语三门必考科目，以及两门选考科目和其他科目在行政班上课，剩下一门选考科目在教学班上课。

第三种：大走班。大走班是指语文、数学、外语三门必考科目保持原行政班不变，三门选考科目所有学生均通过走班完成教学。这种方式虽然可以满足学生多样化的选择，但每个学生需要在一个行政班教室和三个教学班教室上课，不便于班级管理。

第四种：全走班。全走班是指语文、数学、外语和全部选择性考试科目都通过走班完成教学。这种方式教学管理难度最大，需要较完善的软硬件系统支持。

4. 高职院校分类考试招生

高职院校分类考试招生与统一高考相对分开，安排在统一高考之前，实行"文化素质＋职业技能"评价方式，有利于应用型、技能型人才的选拔和培养，有利于推进现代职业教育人才培养模式转变，形成鲜明的职业教育特色。

高职院校招收普通高中毕业生，依据普通高中学业水平合格考试成绩和职业适应性测试结果，参考学生综合素质评价结果择优录取。中等职业学校学生报考高职院校、中高职贯通的学生升入高职院校，均须参加文化基础与职业技能相结合的测试，文化基础成绩作为文化素质成绩，鼓励使用职业技能等级证书替代职业技能成绩。未报考高职院校分类招生或报考但未录取的考生，也可通过参加统一高考进入高职院校。

三、高中生生涯指导的三个环节

高中阶段是学生健康发展、个性形成的关键时期，也是学生选择未来人生发展方向的关键时期。在新高考实行以前，高中生要到填报志愿时才考虑专业选择的问题，之前只需要在文科和理科之间做出选择；新高考实施后，高中生在高一选科时就需要综合考虑自己的学习特长、学科学业基础、专业发展趋向，以及普通高等学校招生方案等诸多因素，对自己的大学专业做出初步的选择，并据此确定选考科目。选考科目的选择得当，学生在高考填报志愿时才能有针对性地选择适合的大学。下面，分别从专业选择、考试科目选择、志愿填报三个层面，介绍如何对高中学生进行生涯规划指导和专业报考指导。

（一）专业选择指导

在新高考背景下，专业选择指导需要提早到高一年级进行，不能等到高三填报志愿时才匆忙地进行。在这里，"专业"指普通高等教育专业或高等职业教育专业。普通高等教育专业与职业通常是"一对多"的关系，即一个专业对应多种职业；而高等职业教育专业与职业则是"一对一"的关系，即一个专业对应一种职业。表 9-8 列出了普通高等教育本科学科门类包含的主要专业类和就业方向。

表 9-8　普通高等教育本科学科门类包含的主要专业类和就业方向

学科门类	主要专业类	主要就业方向
理学	数学类、物理学类、化学类、生物科学类、地质学类、地理科学类、大气科学类、海洋科学类、心理学等	基础研究、应用研究、教学、技术开发等
工学	地质类、材料类、机械类、仪器类、电气信息类、计算机类、土木类、水利类、测绘类、化工与制药类、交通运输类、农业工程类、林业工程类等	科研和新技术开发、设备维护、生产管理、产品制造、工程设计、测绘、软件开发等
农学	植物生产类、动物生产类、水产类、动物医学类、自然保护与环境生态类等	科研、技术开发、生产管理、食品加工、生物药品制造、自然保护、环境治理等
医学	基础医学类、公共卫生与预防医学类、临床医学类、中医学类、药学类等	医学研究、教学、疾病预防、卫生检疫、医疗诊治、法医学鉴定、药物开发等
文学	中国语言文学类、外国语言文学类、新闻传播学类	文秘、编辑、宣传、翻译、新闻报道、教学等
历史学	历史学类	文化宣传、新闻出版等
哲学	哲学类	研究、教学、新闻出版等
经济学	经济学类、财政学类、金融学类、经济与贸易类	科研、教学、行政管理、金融业务（银行、证券）等
管理学	工商管理类、农林经济管理类、公共管理类、图书情报与档案管理类、管理科学与工程类等	科研、教学、经营管理、市场分析和营销、信息管理、咨询服务等
法学	法学类、政治学类、社会学类、民族学类、公安学类等	法务、政策研究、行政管理、社会规划、文教宣传等
教育学	教育学类、体育学类	科研、教学、管理、运动训练、裁判等

续表

学科门类	主要专业类	主要就业方向
艺术学	艺术学理论类、音乐与舞蹈学类、戏剧与影视学类等	文化宣传、电影电视、文艺表演等

专业选择指导是高中生自我认知指导和生涯规划指导的重要组成部分。因为在高中生专业选择指导中，指导教师既要考虑学生的就业目标和职业兴趣，也要考虑学生的人格特征和学业特长。下面，分别从就业导向、兴趣导向和人格导向三个角度，介绍高中生专业选择指导的基本思路。

1. 就业导向的专业选择

高中生的专业选择与就业目标紧密相关。就业导向的专业选择，就是根据专业的就业率和对应职业的收入水平来选择拟报考的大学专业。

我国本科层次的普通高等院校大多数按教育部要求发布毕业生就业质量年度报告，其中，有超过半数的高校还公布了各个专业毕业生的就业率。一些机构对这些数据进行了归类和汇总，获得各专业门类本科毕业生就业率的整体情况。以2014年的数据为例，得到的结果如下：(1)各专业本科生的平均就业率为92.7%；(2)工学的毕业生就业率是所有门类中最高的，达94.04%；(2)农学、医学、管理学和经济学的就业率列2—5位，分别是93.15%、93.06%、93.02%和92.87%；(3)法学、教育学和历史学的就业率都低于90%，分别是89.79%、89.63%和88.75%。

在不同专业毕业生的收入水平方面，有人统计了2020年中国毕业生月收入排名前十的本科专业，分别是软件工程专业（11 844.7元）、计算机科学与技术专业（11 440元）、交通运输专业（11 202.3元）、电子信息科学与技术专业（10 190.7元）、电子信息工程专业（9 970.7元）、工商管理专业（8 924.2元）、药学专业（8 812.1元）、市场营销专业（8 810.7元）、电气工程及其自动化专业（8 704.9元）、化学专业（8 688.2元）。在以上10个专业中，6个专业属于工学，其他4个专业分属管理学、医学、经济学、理学。

随着经济全球化和信息技术革命的到来，激烈的市场竞争加剧了组织外部环境的不确定性，以往稳定、安全的传统雇佣关系正在被短期化、高度灵活的雇佣关系打破。一些专业会随着社会热点的变化而快速变化。例如，某高校的地矿专业在煤炭行业大发展的几年中，毕业生供不应求，而随着矿山停产，这个专业很快又成了"冷门"。因此，根据大学专业毕业生的就业率、收入水平等选择对应专业的做法并不可靠，应该更多地根据自身的职业兴趣和人格类型来选择合适的专业。

2. 兴趣导向的专业选择

随着我国经济的发展和人们生活水平的提高，越来越多的高中生更多地考虑以个人的兴趣爱好和社会发展需求来选择专业。北京师范大学的研究人员2019年发布的调查报告显示，历史学、文物与博物馆学、汉语言文学、心理学、法医学等传统上被认为是"冷门"的专业成为"00后"考生最喜爱的专业，体现了明显的兴趣导向的专业选择。

霍兰德的职业兴趣理论将个体的兴趣与职业类型进行有机结合，提出六种职业兴趣类型。1993年，普里蒂奇（Prediger）用"人—物"和"数据—观念"两个维度解释霍兰德的六边形模型，深入地刻画了六种职业兴趣类型的性质。美国大学入学考试中心根据普里蒂奇的二维模型，将常见的职业划分为26种类型，得到工作世界图（见图9-13）。

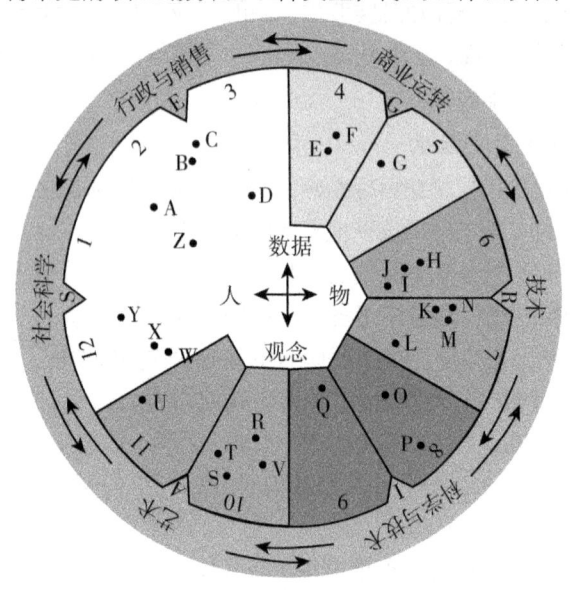

A.就业服务行业　　H.运输业务　　　O.工程技术　　　　V.写作和口才
B.市场销售　　　　I.农林类　　　　P.自然科学与技术　 W.保健事业
C.管理类　　　　　J.计算机或专职类　Q.医疗技术　　　　X.教育
D.保护与管理　　　K.建筑与维修类　　R.医疗诊断和治疗　Y.社区服务
E.通信与记录　　　L.手工类　　　　　S.社会科学　　　　Z.个人服务
F.金融业务　　　　M.加工制造类　　　T.视觉艺术
G.物流与分配　　　N.机械电子类　　　U.创造和艺术表演

图 9-13　美国大学入学考试中心的工作世界图

资料来源：中南财经政法大学就业指导服务中心，上海财经大学学生就业指导中心．2016．未来任我行：财经与政法类大学生的六堂职业必修课［M］．上海：上海财经大学出版社．

我国普通高等教育中12个本科专业学科门类与工作世界图大致对应（见图9-13的外圈标注），因此，可以利用霍兰德的职业兴趣测验对高中生进行职业兴趣测评，并根据测评结果对学生提出专业选择的建议。

3. 人格导向的专业选择

作为个性心理特征的重要组成部分，个体的性格（人格特质）与职业有着紧密的关系。性格类型与职业的匹配度，对个体职业生涯的发展起到关键性的作用。由于职业和大学专业存在一定的对应关系，因此，在选择专业时，个体的性格也是一个重要的参考因素。

然而，不同人格理论却提出了各不相同的性格分类方法，如基于高级神经活动类型的四种气质、基于人格特质的大五人格模型、基于职业兴趣的霍兰德六边形模型，等等。在20世纪40年代，美国作家迈尔斯（Myers）和她的母亲布里格斯（Briggs）以精神分析心理学家荣格划分的八种人格类型为基础，在心理倾向（E-I）、行为方式（J-P）、认知风格（T-F）、信息偏好（S-N）四个维度八种特质的框架下构造出16种人格类型（见表9-9），称为迈尔斯—布里格斯类型指标（MBTI）。

表9-9 迈尔斯—布里格斯类型指标

		E-外倾 心理倾向 I-内倾			
		F-感性	T-理性 认知风格 F-感性		T-理性
S-感知 （具体） 信息 偏好 N-直觉 （抽象）	P-觉察(灵活)	表演者 （ESFP）	行动者 （ESTP）	探索者 （ISFP）	制造者 （ISTP）
	J-判断(严谨) 行为方式	保障者 （ESFJ）	监督者 （ESTJ）	守卫者 （ISFJ）	检查者 （ISTJ）
	P-觉察(灵活)	激励者 （ENFP）	辩论者 （ENTP）	调停者 （INFP）	思想者 （INTP）
	J-判断(严谨)	引领者 （ENFJ）	指挥者 （ENTJ）	感召者 （INFJ）	规划者 （INTJ）

关于这四个维度，一方面，可以将心理倾向和认知风格组合为四种气质类型，分别是"外倾—感性"（EF 胆汁质）、"外倾—理性"（ET 多血质）、"内倾—感性"（IF 抑郁质）、"内倾—理性"（IT 黏液质）；另一方面，可以将信息偏好和行为方式组合为四种性格类型，分别是"直觉—灵活"（NP 顾问型）、"直觉—严谨"（NJ 决策型）、"感知—灵活"（SP 创造型）、"感知—严谨"（SJ 守护型）。按照这种分析，可以将MBTI的16种人格类型从四个维度八种特质的组合方式转化为气质—性格二维组合方式（见表9-10）。

表9-10 基于气质—性格二维组合的16种人格类型

		E-外倾		I-内倾	
		EF 胆汁质	ET 多血质	IF 抑郁质	IT 黏液质
S-感知 （具体）	SP 创造型	表演者 （ESFP）	行动者 （ESTP）	探索者 （ISFP）	制造者 （ISTP）
	SJ 守护型	保障者 （ESFJ）	监督者 （ESTJ）	守卫者 （ISFJ）	检查者 （ISTJ）
N-直觉 （抽象）	NP 顾问型	激励者 （ENFP）	辩论者 （ENTP）	调停者 （INFP）	思想者 （INTP）
	NJ 决策型	引领者 （ENFJ）	指挥者 （ENTJ）	感召者 （INFJ）	规划者 （INTJ）

从普里蒂奇用"人—物"和"数据—观念"两个维度来看,"人—物"维度与"外倾—内倾"维度基本对应,外倾特质的人倾向于与人打交道,内倾特质的人倾向于与物打交道;"数据—观念"维度与"感知—直觉"维度基本对应,感知特质的人喜欢处理具体的数据,直觉特质的人喜欢思考抽象的观念。基于这个分析,可以建立一个基于MBTI人格模型的工作世界图(见图9-14),并根据MBTI测评结果对高中学生提出专业选择的建议。

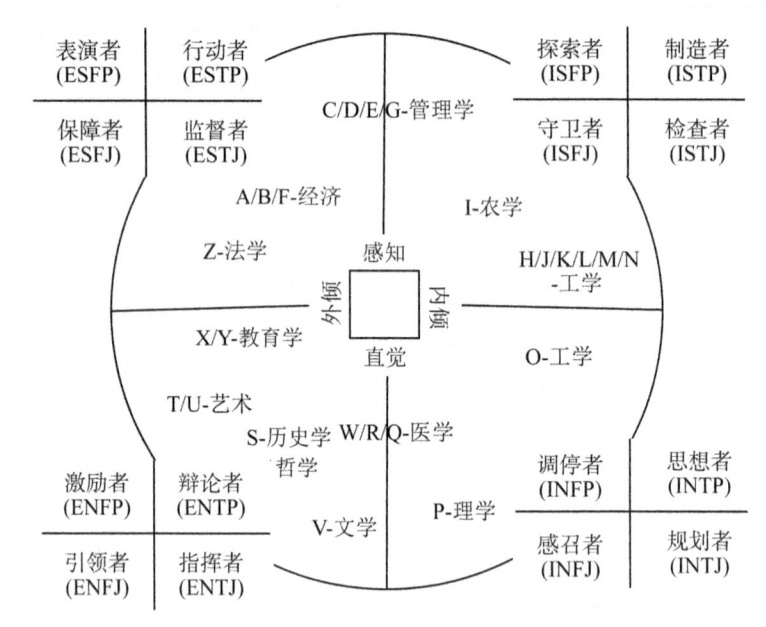

图9-14 基于MBTI人格分类的工作世界图

(二)考试科目选择指导

选择好学科方向和专业类,就可以有目的地对高考选考科目进行选择。下面以"3+1+2"模式为例,说明如何开展考试科目选择指导(选科指导)。

首先,从物理、历史中选择1门。其中,物理学科基本对应原来的理科,历史学科基本对应原来的文科。理科对应的学科方向包括理学、工学、农学、医学4个门类,符合与物打交道的三种职业兴趣,即研究型、现实型、常规型,对应内倾特质的人格类型;文科对应的学科方向包括文学、历史学、哲学、经济学、管理学、法学、教育学、艺术学8个门类,符合与人打交道的三种职业兴趣,即艺术型、社会型、管理型,对应外倾特质的人格类型。

其次,在思想政治、地理、化学、生物中选择2门。如何根据前面确定的学科门类和专业类来选择适当的科目呢?

按照教育部的规定,各普通高等学校要结合自身办学定位和专业培养目标,对每个具体专业提出选考科目要求,并将本校选考科目要求相同的若干个专业合成一个组,以院校专业组为单位进行投档录取。假设 A 大学有 20 个招生专业，按新高考方案，A 大学需要先按物理和历史两个选考科目将 20 个专业分成两类，如要求选考历史的有 8 个专业，选考物理的有 12 个专业。然后，A 大学根据对思想政治、地理、化学、生物学 4 门选考科目的要求进行组合，选考科目要求相同的为一个专业组。对于 8 个要求考历史的专业，3 个要求选考"历史＋政治"的专业为一个专业组，另外 5 个要求选考"历史＋地理"的专业为另一个专业组；对于 12 个要求考物理的专业，可以分成要求考"生物＋化学"的专业组（含 4 个专业）、要求考"化学＋政治"的专业组（含 4 个专业）、要求考"生物＋政治"的专业组（含 4 个专业），共 3 个院校专业组。这样，A 大学 20 个招生专业就一共分成 5 个院校专业组，分别对应 5 个院校志愿单位并提供 5 个院校代码供考生选择填报。在这个体系下，学生每个批次可以填报多个院校专业组，每个院校专业组可以填报多个专业。

思想政治、地理、化学、生物四门学科"四选二"有六种组合，即"化学＋生物""化学＋地理""化学＋政治""生物＋政治""生物＋地理""地理＋政治"。对六种组合的选择，取决于院校专业组的要求；而专业组的选择，则取决于学生的职业兴趣和人格类型。表 9-11 列出了不同职业兴趣与人格类型适合的学科门类和职业类型。

表 9-11　不同职业兴趣与人格类型适合的学科门类和职业类型

职业兴趣	人格类型	适合的学科门类和职业类型
人—数据/实物	外倾—感知/具体	经济学：A 就业服务行业、B 市场销售、F 金融业务 管理学：C 管理类、D 保护与管理、E 通信与记录、G 物流与分配
物—数据/实物	内倾—感知/具体	农学：I 农林类 工学：H 运输业务、J 计算机或专职类、K 建筑与维修类、L 手工类、M 加工制造类、N 机械电子类
物—观念	内倾—直觉/抽象	工学：O 工程技术 理学：P 自然科学与技术 医学：Q 医疗技术
人—观念	外倾—直觉/抽象	医学：R 医疗诊断和治疗、W 保健事业 历史学/哲学：S 社会科学 艺术：T 视觉艺术、U 创造和艺术表演 文学：V 写作和口才 教育学：X 教育、Y 社区服务 法学：Z 个人服务

注：表格中的职业类型采用了美国大学入学考试中心的分类

（三）志愿填报指导

按照新高考录取方案，以院校专业组为单位实行平行志愿投档录取。录取规则如下：（1）普通类设20个院校专业组志愿、艺体类设10个院校专业组志愿，考生只能选择其中一类填报，每个专业组可填报6个专业，并确认是否服从专业调剂；（2）考生可以填报同一个院校的多个院校专业组，也可以填报不同院校的院校专业组；（3）投档开始前，考生按照排位依次排队等候，第一名全部投档结束后才会轮到排在第二名的考生，依次类推；（4）轮到一名学生志愿检索时，先检索第一志愿，如果该志愿的院校专业组还有空额，该生就被院校成功提档（但不代表被录取了），不再考虑后面的志愿；（5）如果第一志愿的院校专业组已满额，需要根据第二志愿继续寻找空额，以此类推；（6）如果填报的所有志愿都满额，则考生投档失败，需要等待下一轮补录；（7）后面学生开始志愿检索，直到最后一名考生投档过程结束，本批次投档结束。

按照投档录取规则，系统在依次检索考生所填院校专业组志愿时，只要被检索的院校中出现符合投档条件的院校，即向该院校投档，由高校决定其录取与否及所录取专业，并负责对退档考生的解释工作。一旦学生在某个志愿的院校专业组提档，后面的志愿就自动失效了。因此，学生填志愿时，一定要在相同专业类的院校中，将自己最想去的大学的院校专业组排在最前面。那么，该怎样选择大学呢？

学生选择所选院校专业组中的院校，需要从主管单位、办学层次和办学水平、所在城市、历史沿革与优势学科、办学规模和硬件设施、近年招生录取情况进行综合考虑。在选校时，一定不要盲目看院校的名称，而应详细了解院校的历史沿革，把握其强势学科、特色专业等。此外，家长在对院校所在地域进行选择时，要综合考虑。

随堂巩固

1. 人类面临的挑战不包括下面哪一项？（　　）
A. 中产生活方式对生态环境的挑战　B. 多元文化冲突对社会安定的挑战
C. 科学技术发展对工作机会的挑战　D. 低就业增长模式对青年就业的挑战

2. 我国的高考综合改革措施不包括下面哪一项？（　　）
A. 设置选择性考试　　　　　　　　B. 按平行志愿投档录取
C. 按"两依据一参考"录取　　　　　D. 普职分流

参考答案：1. C　2. D

拓展阅读

1. 联合国教科文组织. 2017. 反思教育：向"全球共同利益"的理念转变？[M]. 联合国教科文组织总部中文科，译. 北京：教育科学出版社.

2. 联合国教科文组织. 2022. 一起重新构想我们的未来：为教育打造新的社会契约[M]. 北京：教育科学出版社.

本讲小结

1. 在生涯匹配理论中，帕森斯的特质—因素理论将职业指导工作分为了解自我、了解工作、人职匹配三个步骤；霍兰德的职业兴趣理论将人格特质和职业兴趣统一在相同的分类体系下，强调人职互择；施恩的职业锚理论认为职业选择是一个持续不断的探索过程，个人特质是个体与职业环境相互作用的结果，强调动态的人职匹配。

2. 在生涯发展理论中，舒伯认为生涯发展不仅是个体融入各种生涯角色的过程，在本质上也是个人与社会、自我概念与现实之间妥协与和解的过程；克朗伯茨强调生涯决策不仅是个体自主的结果，也反映了社会提供的就业机会与要求；生涯混沌理论则认为不确定性和不可预测性是生涯发展的本质特征，强调个体对生涯不要有强烈的控制欲，要以开放的系统思考方式积极建构自己的生涯历程。

3. 广义的生涯规划不仅包括职业规划，而且包括学业规划、休闲娱乐规划、家庭生活规划、退休生活规划等，涉及一个人从出生到去世的全过程。

4. 在各种生涯规划理论中，CIP理论不仅强调生涯决策应建立在自我知识和职业知识的基础上，而且强调生涯决策是一个在元认知的调控下的CASVE循环；明尼苏达工作适应理论不仅强调人与工作的双向适应（内在满意和外在满意），而且强调在变化的过程中维持个体与环境的动态适应；生涯建构理论从宏观上阐述了在一个充满变化的时代，个体如何以开放的心态进行动态的生涯规划。

5. 生涯教育是通过不同类型的教育策略系统地影响学生生涯发展的活动，包括提供职业信息、在学科课程中教授与生涯有关的知识、促进各种在工作场所中锻炼的经历、开设生涯规划课程等。生涯教育的实施路径主要包括课堂指导活动、团体辅导活动和个体咨询。

6. 循证生涯教育的实施过程遵循提出问题、检索证据、评价证据、应用证据、评估反思五个基本步骤。

7. 面对人工智能的快速发展，一些人认为日益强大的人工智能将"承包"所有工作，不会给人类留下工作或带来新的工作；另一些人则认为人工智能在取代一些人类工作的同时，也会创造出一些新的工作岗位。

8. 目前，人们已经就教育变革达成如下的共识：教育必须在尊重人类尊严和多元文化差异的基础上，采用灵活多样的形式，维护和增强个人与其他人和自然共处的尊严、能力和福利。

9. 专业选择指导是高中生自我认知指导和生涯规划指导的重要组成部分。在专业选择指导中，指导教师既要考虑学生的就业目标和职业兴趣，也要考虑学生的人格特征和学业特长。

总结练习

（一）选择题

1. 哪一年被认定为职业指导的起始年？（   ）
   A. 1903 年　　　B. 1908 年　　　C. 1909 年　　　D. 1917 年
2. 哪种理论强调动态的人职匹配？（   ）
   A. 特质—因素理论　　　　　　　B. 职业兴趣理论
   C. 生涯混沌理论　　　　　　　　D. 职业锚理论
3. 按照生涯彩虹图理论，哪个生涯发展阶段的显著角色是学生？（   ）
   A. 成长阶段　　B. 探索阶段　　C. 建立阶段　　D. 维持阶段
4. 德国双元生涯教育体系中"双元"指的是什么？（   ）
   A. 学校和家庭　B. 学校和企业　C. 家庭和企业　D. 政府和企业
5. 英国生涯教育的双轨指导模式中"双轨"指的是什么？（   ）
   A. 团体辅导和个体咨询　　　　　B. 课堂指导和团体辅导
   C. 生涯教学和职业指导　　　　　D. 课程辅导和个体咨询
6. 循证生涯教育的要素不包括下面哪一项？（   ）
   A. 实践者　　　　　　　　　　　B. 管理者
   C. 学生（服务对象）　　　　　　D. 证据
7. 高中生生涯规划指导不包括下面哪一项？（   ）
   A. 个体心理咨询　　　　　　　　B. 专业选择指导
   C. 选科指导　　　　　　　　　　D. 志愿填报指导

（二）简答题

1. 简述无边界生涯的主要特点。
2. 举例说明"生涯优柔寡断"与"生涯未决"的区别与联系。
3. 简述生涯建构理论的基本观点。
4. 简述美国生涯教育的主要政策和特点。
5. 简述日本生涯教育的主要政策和特点。
6. 简述循证生涯教育实施过程的五个阶段。
7. 简述《反思教育》报告的主要内容。
8. 简述我国新高考改革的主要措施。
9. 按照"人—物"和"数据—观念"两个维度列出我国大学专业学科门类。

选择题参考答案：1. C　2. D　3. B　4. B　5. C　6. D　7. A

第十讲
心理健康与危机应对

概述

在社会快速转型带来的社会竞争、信息泛滥、多元价值观等的影响下，我国中小学生心理危机的发生率呈上升趋势，影响到学生的健康成长和全面发展。近年来，《中小学心理健康教育指导纲要（2012年修订）》《关于加强心理健康服务的指导意见》《健康中国行动——中小学生心理健康行动方案（2019—2022年）》，以及《教育部办公厅关于加强学生心理健康管理工作的通知》等文件，为中小学生心理健康行动提供了政策保障。然而，我国学生心理危机干预工作仍然存在诸多制约性问题。在理论层面，存在标准缺失、方法滞后等问题；在实践层面，存在监测能力不足、专业师资匮乏、干预效果不佳等问题。

这一讲分为两节。第一节将解释心理健康的含义，并从积极心理学视角建立心理健康标准的分类模型；第二节将系统梳理心理问题的含义，说明心理冲突和心理危机的关系，并介绍如何依托大数据云平台开展学生心理危机的干预和预防工作。

关键词

第一节	健康、生理健康、心理健康、适应、需要、积极心理学、主观体验、心流
第二节	心理问题、灰色理论、心理冲突、心理危机、心理韧性

知识结构图

第一节　积极心理学视角下的心理健康

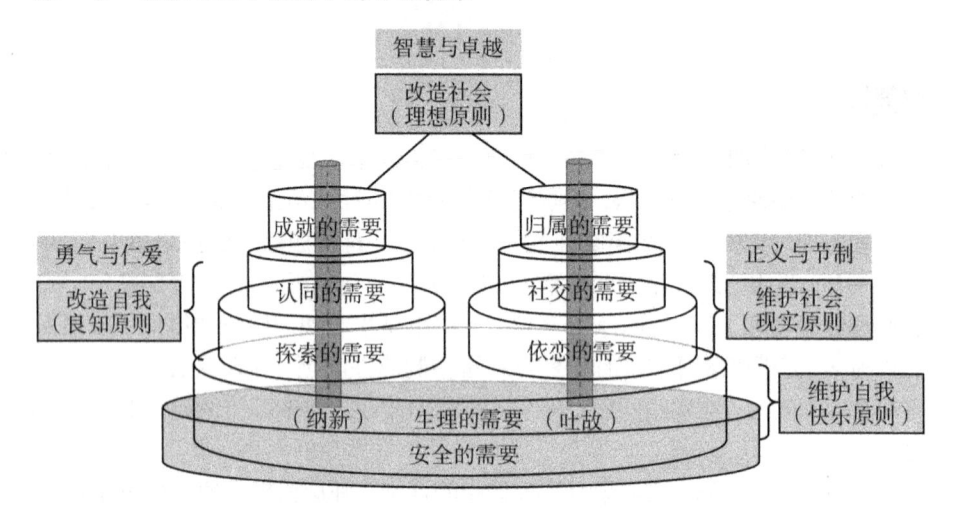

智慧与卓越
　改造社会（理想原则）

成就的需要　　归属的需要

勇气与仁爱
　改造自我（良知原则）

认同的需要　　社交的需要

正义与节制
　维护社会（现实原则）

探索的需要　　依恋的需要

（纳新）　生理的需要　（吐故）

维护自我（快乐原则）

安全的需要

第二节　心理危机的干预与预防

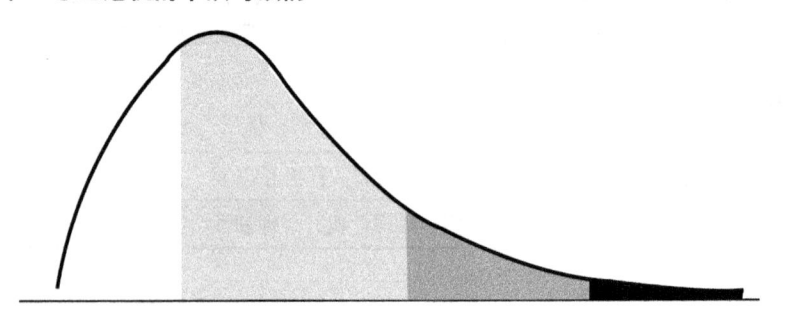

心理健康	心理冲突	人格障碍/神经症	精神疾病
心理状态良好	状态性不良危机	特质性不良危机	
心理健康	发展性问题	适应性问题	障碍性问题
社会服务	心理咨询	心理医生	精神病医生

基于大数据云平台的
学生心理危机干预与预防机制

> **学习目标**

1. 了解健康与心理健康的概念及其由来。
2. 系统论述心理健康的标准和层次。
3. 了解积极心理学的产生、发展过程和局限性。
4. 说出心流的内涵及其产生的条件。
5. 阐释心理问题、心理冲突和心理危机的概念、类别、特征。
6. 了解心理危机的产生过程。
7. 口述心理危机预防和干预的机制。

> **引导性问题**

1. 健康与心理健康是什么关系?
2. 心理健康与需要之间存在着怎样的联系?
3. 积极心理学与传统心理学相比有什么不同?
4. 心流就是心理健康的状态吗?
5. 心理问题与心理疾病之间是否有明确的界限?
6. 心理冲突与心理危机之间是什么关系?
7. 如何预防学生出现心理危机?

> **知识详解**

▶▶ 第一节　积极心理学视角下的心理健康 ◀

生理上的健康有确切的指标作为衡量依据,而心理健康却没有一个统一的标准。在心理健康标准的研究中,先后出现过众数标准、精英标准、社会适应标准、发展标准等,其中众数标准得到广泛采用,并存在统计学标准、社会学标准、主观经验标准、生活适应标准、心理成熟标准等多种形式(李大卫,林秉贤,2006)。对心理健康的含义和判断标准等问题的探究有助于我们深入了解学生的心理健康状况,更好地开展针对学生的心理指导。

在这一节中,我们将解释心理健康的含义,并从积极心理学视角分析心理健康的标准,描述心流状态的特点和产生条件。

一、多角度解读心理健康

公元 2 世纪,古罗马医生盖伦(Galen)提出"健康就是没有疾病的状态",这种说法成为人们对健康的基本认识。21 世纪初,随着心理卫生工作的开展,人们越来越关注心理健康。本部分将从多个角度介绍心理健康的含义和评价标准。

（一）心理健康的含义

1843年，美国精神病学家斯威特（Sweeter）明确提出"心理卫生"这个名词；1906年，克朗斯顿（Closton）出版《心理卫生》。1908年5月，比尔斯（Beers）发起成立了世界上第一个心理卫生协会，标志着世界心理卫生运动的开始。自此，"心理健康"这个概念逐渐进入大众的视野。

1946年，第三届国际心理卫生大会提出："所谓心理健康，是指在身体、智能以及情感上与他人的心理健康不相矛盾的范围内，将个人心境发展成最佳状态。"该定义下的心理健康主要表现为身体、智力和情感协调；适应环境；有幸福感；在工作中能发挥自己的能力，过有效率的生活这四个方面。

1948年，世界卫生组织（WHO）成立时，在其宪章中指出："健康不仅仅是没有疾病和虚弱的状态，而是一种在身体上、心理上和社会上的完备状态。"1988年，又在健康的概念上追加了道德标准，因此，健康至少包含生理、心理、社会适应和道德四个方面的内容：生理上的完备指身体健康；心理上的完备指心理健康；社会上的完备指良好的社会适应；道德上的完备指自觉遵守社会规范，约束自己的行为。

虽然世界卫生组织的定义广为流传，但在学术研究层面，关于心理健康的含义仍然没有统一标准。有人从心理潜能的角度出发理解心理健康，认为心理健康是可以充分发挥自身潜能，恰如其分地处理人与人、人与环境之间关系的一种能力；有人则认为心理健康是一种持续的、积极乐观的心理状态，在这种状态下的个体能够适应良好，具有旺盛的生命力，并在情绪和动机的自我控制方面达到正常或良好水平。目前，人们普遍认同广义上的心理健康应包括以下两层含义：一是没有病理性心理问题，心理功能正常，即无心理疾病，这是心理健康的基本条件；二是个体具有解决心理困扰和减少问题行为的能力，能够维持自身的心理健康并具有积极发展的潜能。

（二）心理健康的标准

精神病学家最早提出心理健康问题，并从精神卫生的角度确定心理健康标准。卫生学的心理健康标准属于众数标准，强调趋同，认为个体的行为表现与大多数人一致即为正常和健康，反之则是不正常的、变态的。以马斯洛为代表的人本主义心理学家对众数标准提出异议，认为人的天性需要在一定的社会环境条件下，才能发展成现实的人格或心理品质，如果一个社会中占主导地位的文化本身就是异常的、压抑人性的，大多数人都会出现心理不健康的情况。在这种情况下，以众数标准衡量心理健康就是荒唐的。在否定众数标准后，马斯洛提出自我实现的人是内在本性发展得最充分的人，这样的人才代表着真正的心理健康。下面列出了马斯洛和米特尔曼提出的心理健康10条标准：

（1）充分的安全感；

（2）充分了解自己，并对自己的能力有适当的评估；

（3）生活的目标切合实际；
（4）与现实的环境保持接触；
（5）能保持人格的完整与和谐；
（6）具有从经验中学习的能力；
（7）能保持良好的人际关系；
（8）适度的情绪表达与控制；
（9）在不违背社会规范的条件下，对个人的基本需要进行恰当的满足；
（10）在集体要求的前提下，较好地发挥自己的个性。

众数标准是一种相对标准，强调个体在社会中的生存；而以自我实现为特征的精英标准则是一种绝对标准，强调个体的充分发展。显然，这两种标准都不能完整地反映心理健康的全貌。我国学者金德初（1993）认为，心理健康的生存标准立足于个体的生命存在，目标是最有利于保存与延长生理寿命，强调无条件适应环境，顺从社会百态；心理健康的发展标准祈求最有价值地创造生活，强调能动地适应和改造环境，使个人身心潜能得到最大限度发挥。

为了兼顾生存和发展两个方面，一些学者对心理健康标准进行了结构化建模。叶一舵对国内外心理健康的定义进行了系统分析，指出各种定义都承认心理健康是一种内外协调统一的良好状态，都将适应良好看作心理健康的重要表现或特征，强调心理健康是一种积极向上发展的心理状态。叶一舵（2003）从横向和纵向两个角度建构心理健康的标准，形成心理健康标准的二维适应模型（见图10-1）：从横向适应的角度看，心理健康标准分为心理适应（自我适应）标准和社会适应标准；从纵向适应的角度看，心理健康标准分为生存适应标准和发展适应标准。在这个结构模型中，横向适应和纵向适应只是两种分类的角度，并且自我适应对应生存适应，社会适应对应发展适应，两个角度并没有形成两个交叉组合的关系。

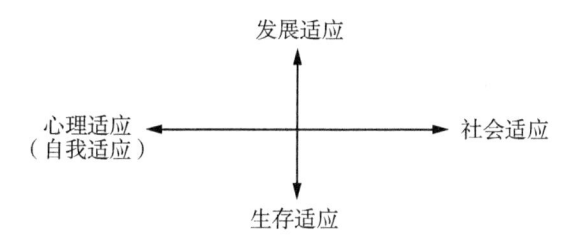

图10-1 叶一舵心理健康标准的二维适应模型

张海钟（2001）将卫生学标准和教育学标准、现实适应标准和理想发展标准整合在一个结构中，提出了另一个心理健康标准的二维结构模式。在横向维度上，卫生学的标准关注适应状况，立足于现实、趋向众数；教育学的标准关注发展，立足于理想、趋同精英；在纵向维度上，现实标准也就是适应标准、众数标准，理想标准即发展标准、精英标准（见图10-2）。

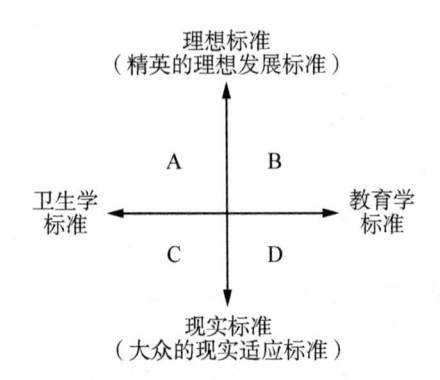

```
            理想标准
        （精英的理想发展标准）
              ↑
         A  │  B
卫生学 ────┼──── 教育学
标准       │       标准
         C  │  D
              ↓
           现实标准
        （大众的现实适应标准）
```

图 10-2　张海钟心理健康标准的二维结构模式

与叶一舵的结构模型一样，这里的横向维度和纵向维度也没有形成交叉组合的关系，卫生学标准等同于现实标准，教育学标准等同于理想标准，既不存在卫生学视角下的理想发展标准，也不存在教育学视角下的现实适应标准。

杨鑫悦（2019）在考察了各种分类标准的基础上，提出了心理健康标准的双维结构说：横维标准从心理包含的不同方面及内外适应的角度来考察，包括认知发展正常、情绪稳定乐观、意志品质健全、行为协调适度、人际关系和谐、人格健全六个方面；纵维标准从心理发展的不同层次或不同水平的角度来考察，包括生存需要、活动需要、爱与归属需要、尊重需要、发展需要、道德和审美需要六个层次。显然，杨鑫悦试图建立一个可以组合的二维模型，但对两个维度的细分过于复杂，难以形成一个"6×6"的二维组合模型。

如果将心理健康的本质理解为个体在自我与社会之间建立良好的平衡关系，可以将"自我—社会"作为加工对象，将"维护"和"改造"作为加工方式，从而建立起一个由"对象"（自我和社会）和"加工"（维护和改造）交叉组合而成的心理健康标准的二维结构模型（见图 10-3）。在这个模型中，可以区分出四种实现平衡的策略：（1）通过维护自我概念实现个体与社会的平衡，遵循快乐原则；（2）通过维护社会规则实现个体与社会的平衡，遵循现实原则；（3）通过改造自我概念来实现个体与社会的平衡，遵循良知原则；（4）通过改造社会规则来实现个体与社会的平衡，遵循理想原则。

```
                改造
        ┌─────────┬─────────┐
        │ 良知原则 │ 理想原则 │
自我 ───┼── 众数原则 ──┼─── 社会
        │ 快乐原则 │ 现实原则 │
        └─────────┴─────────┘
                维护
```

图 10-3　心理健康标准的"对象—加工"二维结构模型

每种策略对应一种心理健康标准，从而形成四种心理健康标准。大部分人按照现实原则或良知原则行事，表现为心理健康标准的众数原则，对应中间水平的心理健康。少部分人按照快乐原则或理想原则行事，前者对应低水平的心理健康，后者对应高水平的心理健康。

（三）心理健康的层次和动态过程

根据心理健康的水平或程度来确定心理健康标准的做法由来已久。最常见的区分是将心理健康水平分为三个层次：最低层次是基本健康，总体上能够保持良好的身心状态，偶尔会出现轻微的心理失调，但在朋友的帮助下能很快恢复；中间层次是比较健康，特点是具有良好的适应能力，能主动调整身心状态，保持积极心态；最高水平是理想的健康，具有马斯洛提出的自我实现者的人格特质。

"对象—加工"二维结构模型的四种原则与马斯洛的需要层次进行关联，可以明确如下的对应关系（见图10-4）。

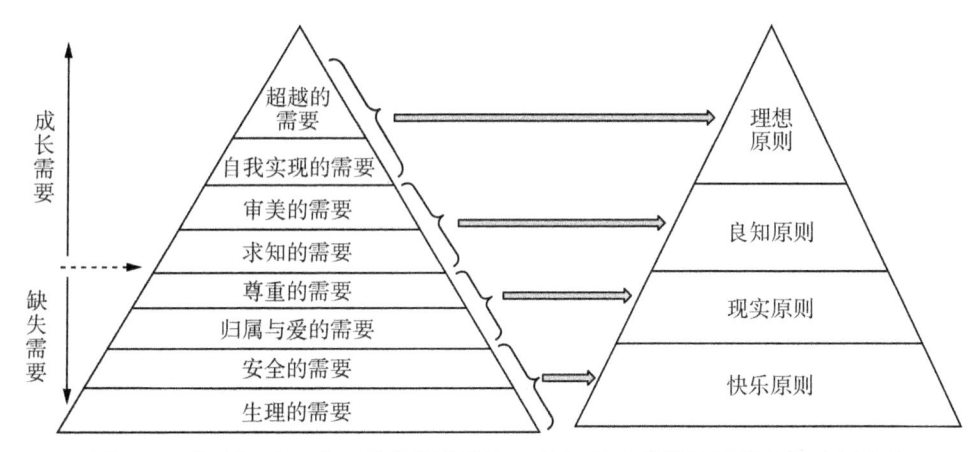

图10-4　"对象—加工"二维结构模型的四种原则与马斯洛需要层次的对应关系

基本健康可以用快乐原则来解释，对应生理的需要和安全的需要。符合这个标准的个体重视自我感官层面的享受，并以此维护良好的身心状态，缺点是难以持久。

比较健康可以用现实原则和良知原则来解释。其中，现实原则对应归属与爱的需要、尊重的需要，通过维护社会规范实现自我与社会的平衡；良知原则对应求知的需要和审美的需要，通过内化社会规则实现自我与社会的平衡。符合这两个标准的个体能体验深层次的社会情感，表现出良好的社会适应。

理想的健康可以用理想原则来解释，对应自我实现的需要和超越的需要。符合这个标准的个体力图在理想的引领下改造社会，注重精神层面实现自我与社会的平衡，表现为自我实现者的人格特质。

从需要的双塔层次模型来看，"对象—加工"二维结构模型的四种原则与各种需要的对应关系如下（见图10-5）：快乐原则是基础条件，对应生理的需要和安全的需要；现实原则涉及人际接纳和被接纳，对应依恋的需要和社交的需要；良知原则涉及个体对外部世界的探索与认同，对应探索的需要和认同的需要；理想原则涉及个体通过个人成就融入特定集体，对应成就的需要和归属的需要。

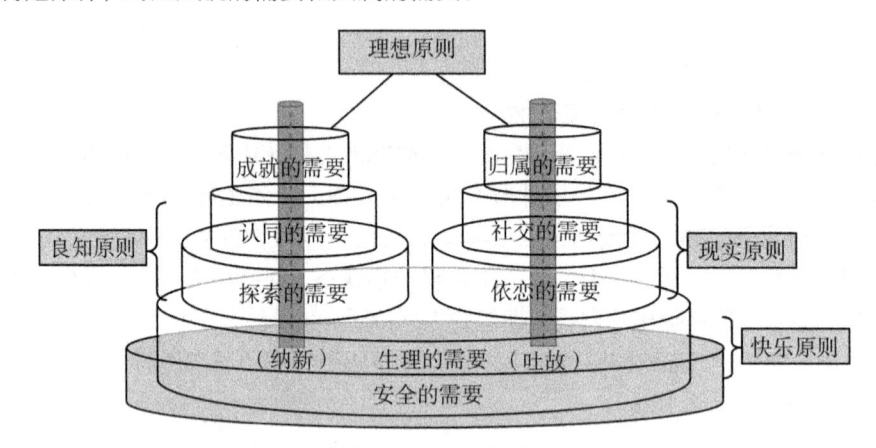

图 10-5 心理健康的层次与双塔层次模型的对应关系

需要说明的是，现实原则要求个体被动地遵守规则，而良知原则要求个体主动地遵守规则。从被动遵守到主动遵守，是社会规则被个体接受和内化的过程，最终的结果是个体按照内化的规则取得个人成就，并被相应的集体接纳，同时满足个体归属的需要，实现个体与社会的平衡。

二、积极心理学概要

"积极"一词源于拉丁语，有"潜在的""建设性的"等含义，积极心理学强调每个人都具有潜在的、建设性的能力，使心理学研究从问题视角转变为积极视角，为人们追求幸福提供支持和引导。在这个部分，将介绍积极心理学的发展和主要观点，并简要说明积极心理学面临的挑战。

（一）积极心理学的发展

自 1879 年取得独立地位以来，心理学就肩负着三项重要使命：一是治疗人的精神或心理疾病，二是帮助普通人生活得更加充实完善，三是发展并培养人类的卓越才能。20 世纪的两次世界大战改变了心理学的使命，如何治疗因战争产生的心理创伤和疾病成了优先考虑的问题，使得心理学的研究重心偏移至心理疾病的评估与矫正。心理学逐渐演变成一种关注行为问题和病理心理的"类医学"，被称为问题取向的心理学（或病理取向的心理学）。

问题取向的心理学在认识、治疗和预防心理疾病方面取得了巨大进步。但是，问题取向的心理学缺乏对人类积极因素的探索，不仅与心理学存在的本意相悖，而且也限制了心理学的发展与应用。

1954 年，"积极心理学"这个词最早出现在马斯洛的《动机与人格》中。1958 年，贾霍达（Jahoda）在编订的心理健康系列丛书中提出了"积极心理健康"的概念。之后很长一段时间，积极心理学并未引起心理学界的关注。

1988年1月，塞里格曼（Seligman）邀请契克森米哈赖、福勒（Fowler）等人于墨西哥尤卡坦半岛的艾库玛尔参加会议（史称艾库玛尔会议），确定了积极心理学研究的三大支柱、研究方法和基本结构等问题，成为积极心理学发展过程中一个里程碑事件。

1998年11月，塞里格曼在美国心理学会年度大会上指出20世纪心理学发展存在的两个不足：一是在种族和宗教冲突上介入不够，二是对积极心理学运动重视不够。塞里格曼同时提出应将以上两个方面作为21世纪心理学的工作重心。这是心理学史上第一次在正式场合使用"积极心理学"一词，自此积极心理学渐渐地进入大众的视野。1999年11月，第一次积极心理学高峰会议在美国召开，会议进一步明确了积极心理学今后的发展方向——成为世界性的心理运动。2000年1月塞里格曼和契克森米哈赖在《美国心理学家》上联名发表《积极心理学导论》一文，正式宣告了积极心理学的诞生。

自2000年1月起，《美国心理学家》连续两年发表积极心理学的专辑；2001年《人本主义心理学杂志》也发表了积极心理学专辑，这些专辑使积极心理学由美国走向了世界，成为世界性的运动。2002年，斯奈德（Snyder）和洛佩慈（Lopez）出版《积极心理学手册》，正式宣告了积极心理学的形成。此后，积极心理学以蓬勃的姿态走向社会的不同领域。

（二）积极心理学对心理健康的解释

20世纪五六十年代，以初级预防和增进幸福为理念的心理健康运动在美国兴起，积极心理学在心理健康运动的推动下悄然而生。进入21世纪以来，积极心理学为当代心理健康运动提供了新的视角和理念。

积极心理学视角下的心理健康被称为积极心理健康，这个概念最早由美国心理学家贾霍达提出，强调心理健康不应只停留在没有心理疾病的层面，而是要关注到个体积极品质和积极要素的产生和增加。具体而言，积极心理学认为心理健康应包括积极的主观体验、积极的社会关系及积极的人格特质三个方面。

1. 积极的主观体验

主观幸福感是积极的主观体验的核心。所谓主观幸福感，就是指个体主观上认为当下的生活状态就是自己理想中的生活状态的一种肯定态度和感受，包括生活满意、高水平的积极情感和低水平的消极情感三个部分。积极心理学以主观幸福感为中心，系统地探讨个体对过去、现在和将来的积极情绪体验。

（1）对待过去的积极体验：幸福和满足

一种观点认为过去与现在之间存在着必然的因果关系；另一种观点认为过去和现在之间并没有必然联系。如今，心理学就过去与现在的关系问题得出了一个折中的结论，即过去对现在是有影响的，但是这种影响并不是决定性的，因此不能断言过去的问题必然会导致现在或将来的问题。一个人过去的经历对现在或将来的影响，是通过他回忆过去时产生的情绪体验来发挥作用的。积极心理学认为，我们在面对过去时应保持幸福和满足这两种情绪体验。

（2）对待现在的积极体验：快乐和心流

积极心理学认为，我们现在应该拥有的积极情绪体验是快乐和心流。"心流"这个概念由积极心理学奠基人之一契克森米哈赖提出，指个体全身心投入某种活动时可能获得的一种独特的情绪体验。

（3）对待将来的积极体验：乐观和希望

积极心理学认为我们对将来应始终保持乐观和希望。乐观是一种与期望密不可分的主观心境或态度。社会学和人类学家泰格认为"当评价者把某种社会性的未来或物质性的未来期望视为社会上需要的、对他有利的或能为他带来快乐的，那么与这种期望相关联的心境或态度就是乐观"。希望是在处于逆境或困境时能支撑个体坚持美好信念的特定情绪体验，常与目标联系。

2. 积极的社会关系

积极心理学认为个体的体验、积极的品质是与环境及所处社会背景密切相关的，社会关系、文化规范和家庭背景在个体的心理发展中有着重要的影响。积极的社会关系包括积极的社会组织系统、积极的生活环境组织系统及积极的家庭组织系统三个方面。

积极的社会组织系统包括国家的法制、政治、经济等相关制度，能够激发人类的积极潜能，使其获得自信；积极的生活环境组织系统包括日常生活的环境、工作场所、学校等；积极的家庭组织系统包括良好的父母亲密关系及亲子关系，有助于个体快乐幸福地成长和生活。积极的社会关系内部各个方面相互影响、相互促进，使人类的生活更加幸福和美好。

3. 积极的人格特质

人格既包括个体因遵从社会文化的准则而在生活中表现出来的言行，也包括个体潜在的独特的品质。积极心理学对人格的研究旨在通过挖掘和培育个体潜在的积极品质，帮助有问题的人抑制消极人格，并使普通人生活得更幸福。积极心理学将积极的人格特质称为美德，并将其划分为正义、节制、勇气、仁爱、智慧、卓越6类。这6类良好的品德又可以进一步被划分为24种，见表10-1。

表10-1 积极心理学关注的6类24种美德

类别	美德	涉及对象
正义	公平、领导力、团队合作	集体
节制	谦逊、审慎、自控	自己
勇气	真实、勇敢、坚毅、热忱	事务
仁爱	友善、爱、社交能力	他人
智慧	创造力、好奇心、爱学习、开放头脑、洞察力、智慧和知识	知识
卓越	审美、感激、希望、幽默、灵性	理念

根据心理健康标准的"对象—目的"二维结构模型，遵循快乐原则的基本健康的身心状况不涉及各种美德，其他心理健康状况与 6 类美德具有如下的对应关系：遵循现实原则的良好适应状况对应正义和节制两种美德；遵循良知原则的良好适应状况对应勇气和仁爱两种美德；遵循理想原则的理想健康状况对应智慧和卓越两种美德。

（三）积极心理学面临的挑战

在心理发展的历史中，积极心理学是一种新的研究范式，也面临一系列的挑战，主要有以下三个方面。

首先，问题导向的心理学无论在理论、治疗方法还是实际效果上都取得了巨大的成就，已经被世人广泛接受和认可。积极心理学呼吁心理学将研究重心从心理疾病转向积极品质和要素，不仅需要强大的理论支持，也需要提出可靠的方法和取得成效，才能被人们接受。

其次，斯奈德和坦南（Tennen）等在 2000 年对积极心理学研究的被试情况做了一个综述分析，发现其研究存在典型的成人化倾向。作为一门研究人类的积极力量及其形成机制的科学，积极心理学要想真正成为一种世界性的运动，研究对象应覆盖各个年龄层次和不同民族的人群，并重视文化差异的研究。在不同的文化背景下，人们对幸福和快乐的感知与反应存在差异，不能采用相同的标准来判定。

最后，积极心理学倡导的幸福和快乐是活动过程中的副产品，更多指一种体验，而当人们把其作为目标时则很难达成。此外，幸福和快乐缺乏统一的衡量标准，人们对幸福和快乐有自己的定义和标准，如何制定普适的衡量标准也是亟须解决的一个问题。

三、如何获得心流体验

作为积极主观体验的一种重要形式，心流是积极心理学的核心概念之一。下面将介绍心流的理论模型及产生和维护的条件，让我们更好地理解积极心理学的研究范式。

（一）心流状态的含义

20 世纪 60 年代，契克森米哈赖在芝加哥大学攻读博士期间，发现艺术家在创作时会全身心地投入作品当中，感知不到疲惫或不适，仿佛这个世界只有创作，并且这种状态会一直持续到作品完成。在之后的研究中，他将视野扩展至攀岩、国际象棋、体育运动等不同形式的活动中，并将这些活动称为"自成目标活动"。随着研究的深入，由最初的"自成目标活动"演变为"最优体验"，最终演变为"心流"。心流一词源自一位访谈者对自身感受的比喻性描述：这种感受就像流动的水一般，源源不断、川流不息。

契克森米哈赖对心流有两种描述。一种描述是："当人们全情投入时，获得的一种贯穿全身的感觉。在这种状态下，动作与动作之间似乎受到一种内在逻辑的指引，而无须行为主体进行有意识的干预。他感受到的是贯穿各动作间的一股整体的流，并受控于自己的行为。此时，自我和环境之间、刺激和反应之间、过去和现在及未来之间的差异微乎其微。"第二种描述是："当游戏者完全被活动吸引时，他们会嵌入一种共同的经验模式。这种模式以意识的狭窄聚焦为特征，并丧失自我意识，只对清晰的目标和具体的反馈有反应，不相关的知觉和想法都被过滤掉了。"最终，契克森米哈赖将心流解释为："当人们参与一项自己有能力解决但是又相对具有一定挑战性的任务，或者需要投入很多已有资源的技能，并且由内部动机驱使的任务时，进入的一种特殊的心理状态。"

20世纪八九十年代，研究者利用经验取样法研究心流体验，并根据研究结果对契克森米哈赖的心流模型进行了调整，将心流定义为：人们在从事具有挑战性或者技能和难度相匹配的活动和任务时产生的一种积极的体验。处于该体验中的个体表现出对活动的着迷，以至于全身心地投入，精神专注并忘记时间的流逝，这个过程是时间和活动的融合，个体最终会达到一种忘我的境界。

（二）心流产生的通道模型

契克森米哈赖及其团队从任务难度和能力强弱两个维度出发，先后建立了心流的三通道模型、四通道模型和八通道模型（见图10-6）。

三通道模型是最初的心流模型，旨在解释技能、挑战与心流体验之间的关系。根据这个模型，个体自身的技能水平和任务的挑战难度之间的平衡与一致性是产生心流的主

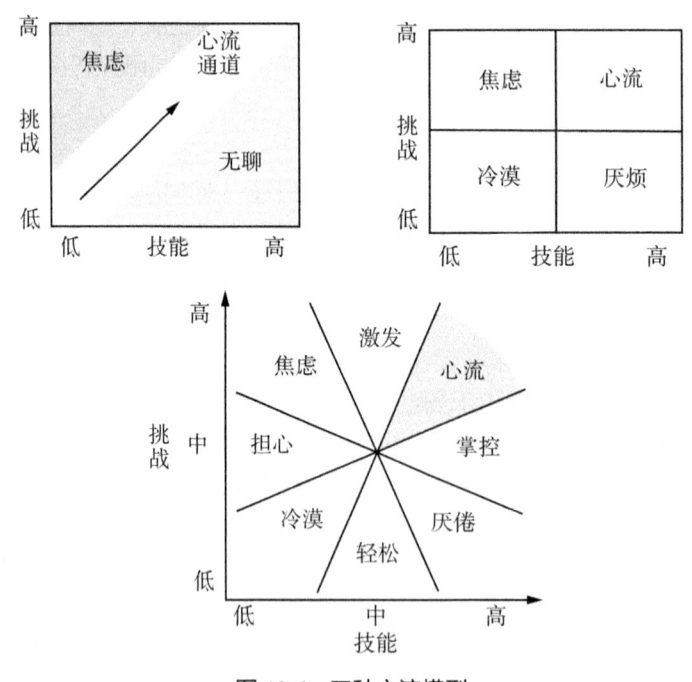

图 10-6 三种心流模型

要原因。技能水平和挑战难度之间的平衡差异会使个体产生无聊、焦虑、心流这三种不同的情绪。当个体的技能水平高于任务的挑战难度时，会产生无聊、厌倦的情绪；当个体的技能水平低于任务的挑战难度时，会产生焦虑的情绪；只有个体的技能水平和任务的挑战难度持平时才会促使心流产生。

四通道模型中技能水平与挑战难度均处于低水平的平衡状态时，个体会产生冷漠的情绪。心流只会在技能水平和挑战难度均处于高水平的平衡状态时才会产生。

八通道模型将技能和挑战分为低、中、高三个等级，得出八种组合关系：（1）高挑战和中等技能对应"激发"；（2）高挑战和高技能对应"心流"；（3）中等挑战和高技能对应"掌控"；（4）低挑战和高技能对应"厌倦"；（5）低挑战和中等技能对应"轻松"；（6）低挑战和低技能对应"冷漠"；（7）中等挑战和低技能对应"担心"；（8）高挑战和低技能对应"焦虑"。

（三）心流产生的条件

能力和挑战平衡只是心流状态产生的条件之一，除了这个条件外，心流产生还依赖于明确的目标、即时的反馈，以及全神贯注的投入。下面，对心流状态产生的条件进行简要的说明。

首先，根据前面介绍的四通道模型和八通道模型，只有高难度挑战与高技能水平相匹配时，个体的全身心投入才能触发心流。如果活动的挑战难度高于个人的技能水平，个体会产生焦虑、担忧等情绪；如果活动的挑战难度低于个人的技能水平，个体则会觉得无聊，慢慢失去兴趣。以打网球为例，如果双方实力悬殊，就毫无乐趣可言。技术差的一方会感到焦虑，技术好的一方则会觉得无聊。

其次，个体有一套清晰的目标并且充分了解达成目标需要采取的手段时，更容易进入心流状态。在这种情况下，个体对当前从事的活动能够掌控，并能预知接下来有可能产生的结果。

再次，在活动中，即时反馈可以让个体在完成每一步任务后，知道自己做得好不好，是否偏离最初的预设轨道，进而立即调整和优化原有策略。例如，一名网球选手永远知道下一步该怎么做——把球打到对手的球场上，每次击中球，他都知道自己做得好不好。

最后，如果想从活动中获得乐趣，就必须全心全意地专注于手头的工作，让心灵没有容纳其他信息的余地。当人们全神贯注于某项活动时，会自觉屏蔽外界的干扰，与此同时，个体的行为会与意识融为一体，达到沉浸式的忘我境界。此时，大脑会处于空前活跃的状态，会全身心地投入于当下的活动中，忘却自我，不知疲倦，忘记周围的一切，让身体和心灵合二为一。人们在描述自己的心流体验时经常提到"会把生活中所有不快乐的事忘得一干二净"。一位热爱攀岩的人在描述自己攀岩时的心境时说："我的记忆输入好像停止了，我只记得 30 秒之前的事，往后想，我也只能考虑到未来的 5 分钟。"这是因为集中全部注意力时，人们的时间感会变得紧凑，感受不到外界的时间变化，等活动结束一段时间后，才意识到时间的流逝如白驹过隙。

随堂巩固

1. 世界上第一个心理卫生组织——康涅狄格州心理卫生协会成立于哪一年？（ ）
   A. 1891 年　　　B. 1900 年　　　C. 1908 年　　　D. 1957 年
2. 以下哪些属于健康的范畴？（ ）
   A. 生理健康　　　B. 社会适应　　　C. 理想发展　　　D. 心理健康
3. 以下哪个标志事件正式宣告了积极心理学的诞生？（ ）
   A. 塞里格曼在 1998 年美国心理学会上的发言
   B. 塞里格曼和米哈伊联名发表《积极心理学导论》
   C. 2002 年斯奈德和洛佩慈主编的《积极心理学手册》出版
   D. 1988 年塞里格曼等人参加艾库玛尔会议
4. 积极心理学研究的三大支柱是什么？（ ）
   A. 积极的主观体验　　　　　B. 积极的人格特质
   C. 积极的社会关系　　　　　D. 积极的人生态度
5. 心流是由谁提出的？（ ）
   A. 塞里格曼　　　　　　　　B. 劳拉·金
   C. 契克森米哈赖　　　　　　D. 贾霍达
6. 心流产生的条件有哪些？（ ）
   A. 明确的目标　　　　　　　B. 及时反馈
   C. 全神贯注　　　　　　　　D. 能力与挑战的平衡

参考答案：1. C　2. ABD　3. B　4. ABC　5. C　6. ABCD

拓展阅读

1. 乔玲, 王学. 2011. 心理健康 [M]. 天津：天津大学出版社.
2. 俞国良. 2007. 现代心理健康教育：心理卫生问题对社会的影响及解决对策 [M]. 北京：人民教育出版社.
3. 叶一舵. 2003. 现代学校心理健康教育研究 [M]. 北京：开明出版社.
4. 米哈里·契克森米哈赖. 2017. 心流：最优体验心理学 [M]. 张定绮, 译. 北京：中信出版社.

▶▶ 第二节 心理危机的干预与预防 ◀

积极心理学为我们开展心理健康教育提供了新的视角，但我们并不能因此而忽视身边不断出现的心理问题。本节内容包括问题视角下的心理健康、心理冲突与心理危机，以及心理危机的应对与预防，重点阐述心理危机的产生机制和主要特点，以及如何利用大数据技术支持学生心理危机的干预和预防。

一、问题视角下的心理健康

下面将对心理问题的含义和分类进行说明，并介绍我国中小学心理问题现状的调查结果。

（一）对心理问题的广义理解

从广义上看，心理问题泛指由各种心理社会因素引发的心理活动失衡和社会功能受损的状态，不仅包括正常心理活动中的局部、短时间的异常状态，也包括由内在精神因素引发的各种比较严重的心理障碍。根据个体主观感受的痛苦程度，可以将广义的心理问题分为一般心理问题、严重心理问题、神经症心理问题三种类型（陈俊雄，2020），一般不包括重性精神病、器质性精神障碍，以及主要由心理原因导致的心理、情绪和行为失常（汪启荣，2012）。但也有相当一部分人认为广义的心理问题应该包含心理障碍甚至精神分裂症等（王极盛，2018）。

一般心理问题指由正常现实因素激发，持续时间较短，情绪反应处在理智管控之下，没有泛化到其他场景的心理紊乱状态，对社会功能不产生严重破坏。一般心理问题应满足以下条件：（1）由于现实生活、工作压力等因素产生内心冲突，个体因此体验到懊丧、自责等不良情绪；（2）不良情绪不间断持续1～2个月仍不能自行化解；（3）不良情绪仍处在理智控制下，能基本维持正常生活和人际交往，但效率有所下降；（4）不良情绪的激发仅局限于最初的事件，没有出现泛化。

严重心理问题指由相对强烈的现实因素激发，初始情绪反应剧烈，持续时间长久，并泛化到其他情境的心理紊乱状态，往往对个体的生活、工作和社会交往产生严重破坏。严重心理问题应满足以下条件：（1）由对个体威胁较大的强烈现实情境引发，个体体验到恼怒、悲伤、悔恨等痛苦情绪；（2）痛苦情绪反应持续2个月以上半年以下；（3）开始时的情绪反应会短暂失去理智控制，随后会逐渐减弱，但难以靠自己或非专业干预得到解脱，对生活、工作和人际交往有显著的影响；（4）痛苦情绪出现泛化，不仅被最初的刺激引发，也会被类似的或相关联的刺激引发。

一般心理问题和严重心理问题都属于狭义的心理问题。在确诊严重心理问题时，要注意与神经症的鉴别。一般而言，严重心理问题的心理冲突是现实性或道德性的，并且持续时间一般在半年以内。如果严重心理问题在一年内没有得到解决，并使个体的社会功能出现严重损害，可以判定为神经症心理问题或其他精神疾病。神经症心理问题指不能确诊为神经症，但却接近神经症的心理问题，或者说是神经症的早期阶段，主要表现为脱离现实，出现变形的心理冲突。

我国学者张小乔提出心理健康的灰色理论，认为个体的心理健康与精神疾病之间不存在明显的界限，而是一个连续变化的系统。具体说，如果将个体的心理健康比作白色，将精神疾病比作黑色，那么在白色和黑色之间的巨大缓冲区域即为灰色区域。灰色区域又进一步可以划分为浅灰色区域和深灰色区域。处于浅灰色区域的个体存在的心理问题表现为临时性的心理冲突，而非人格的变态，突出表现有诸如考试、失恋、丧亲、工作不顺、人际关系不和睦等生活矛盾带来的心理暂时失衡与精神压力；处于深灰色区域的个体则患有某种异常人格障碍和神经症等（见图10-7）。

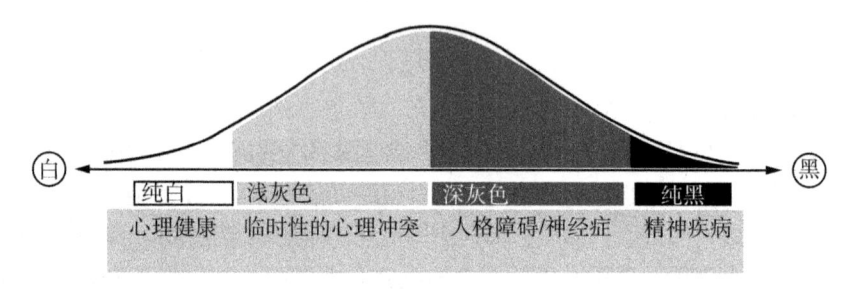

图 10-7　心理健康的灰色理论

（二）青少年心理问题的分类

针对青少年学生而言，一般根据问题的性质，可将心理问题分为发展性心理问题、适应性心理问题和障碍性心理问题三种类型（王丽荣，2000），大致对应心理健康灰色理论中的不同区域（见图10-8）。

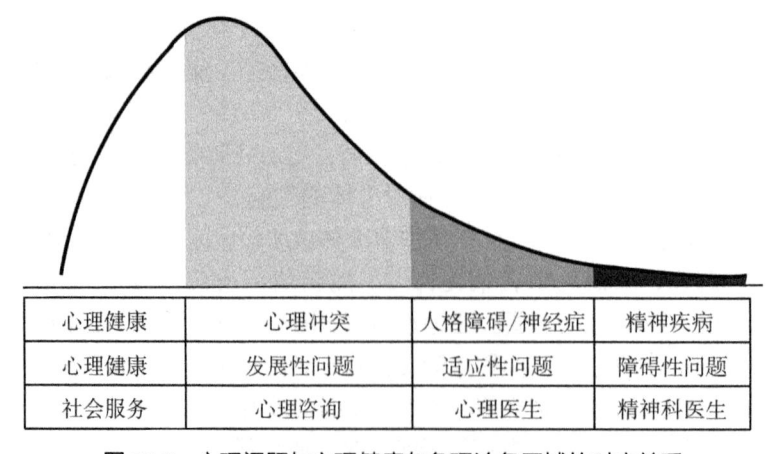

心理健康	心理冲突	人格障碍/神经症	精神疾病
心理健康	发展性问题	适应性问题	障碍性问题
社会服务	心理咨询	心理医生	精神科医生

图 10-8　心理问题与心理健康灰色理论各区域的对应关系

发展性心理问题也称心理成长问题，指因个体不能树立正确的自我认知，心理素质没有得到充分和全面的发展而引发的问题，对应心理健康灰色理论中的浅灰色区域。处于这个区域的个体需要心理健康教师或心理咨询师的帮助，对应咨询心理学的干预模式。

适应性心理问题指个体由于环境改变、角色变化或生活中不愉快事件的发生而出现的身心失调问题，以及学习、生活及交际能力的减退，对应心理健康灰色理论中的深灰色区域。处于这个区域的个体存在一定的人格异常或神经症，需要来自心理医生的帮助，对应临床心理学的治疗模式。

障碍性心理问题指由个体持久地感受到痛苦和社会功能受损发展而来的各种心理或精神疾病，包括应激障碍、适应障碍、焦虑障碍、精神分裂症等，对应心理健康灰色理论中的黑色区域。处于该区域的个体出现精神分裂等精神疾病，需要精神科医生的介入，对应医学治疗模式。

以上青少年心理问题主要根据问题的严重程度进行区分，虽然也考虑到引发问题的原因，但只是从个体心理素质没有得到充分发展和外部压力事件两个方面进行笼统的说明。除以上分类外，大部分心理健康教育实践者重点关注青少年的发展性问题，并将它们称为"问题行为"或"一般心理问题"。一些研究者还对这些问题进行了细致的分类。例如，刘金明（2004）通过开放式调查、座谈会、理论概括等方式，将中学生心理问题分为学习类问题、外向性问题、内向性问题、青春期问题、其他问题五种类型，其中，外向性问题包括违抗性问题和逃避性问题；内向性问题包括情绪类问题和性格类问题。高中建（2008）将青少年的一般心理问题分为自我意识模糊、学习情绪厌烦、亲情关系隔阂、外部环境适应、从众心理、人际交往困惑、恋爱和性迷茫等方面。显然，各种分类都属于经验归纳，缺乏理论依据。

根据马西亚的自我同一性状态模型，可以将青少年心理问题解释为未达成自我同一性实现的各种状态对应的各种不适应现象，具体情况如下：（1）在同一性延迟的状态下，青少年处于自我探索的过程中，不愿意听从成人的安排，容易出现逆反心理；（2）在同一性拒斥的状态下，青少年听从成人的安排，失去自主探索的意识，容易出现社交回避和恐惧的情况；（3）在同一性混乱的状态下，青少年既不听从父母的安排，也失去了自主探索的意识，容易出现空虚和抑郁的情况。按照以上分析，在同一性实现的状态下，青少年既能保持积极的自我探索，又愿意听取成人的建议，应该是一种理想的心理健康状态。然而，处在同一性实现的状态下，青少年也会因为高度的紧张而出现焦虑和强迫的情况。

在双塔层次模型中，成长需要的满足建立在"付出"的基础上，对应自我同一性状态模型中的"探索"维度；关系需要的满足建立在"接纳"（获得他人或集体的接纳）的基础上，对应自我同一性状态模型中的"承诺"维度（接纳他人或集体）。根据这种对应关系，可以按照"投入"和"接纳"两个维度建立一个心理问题的二维模型（见图10-9），并将心理问题解释为青少年在试图满足成长需要（投入）和关系需要（接纳）过程中遇到的各种情况：（1）低投入—高接纳的个体在付出较少投入的情况下，受到父母的高接纳（溺爱），对应同一性拒斥，容易在同伴交往中出现回避和恐惧的情况；（2）高投入—高接纳的个体在付出较高投入的情况下，受到父母的高接纳（表扬和奖励），对应同一性实现，容易出现焦虑和强迫的情况；（3）高投入—低接纳的个体付出较高投入，但得到父母的低接纳（批评和不满），对应同一性延迟，容易出现敌对和逆反的情况；（4）低投入—低接纳的个体付出较少投入，得到父母的低接纳（批评和不满），对应同一性混乱，容易出现空虚和抑郁的情况；（5）中等投入—中等接纳的个体付出中等程度的投入，得到父母的中等程度的接纳（不赞成也不反对），对应同一性过渡，容易出现喜爱和沉迷的情况。

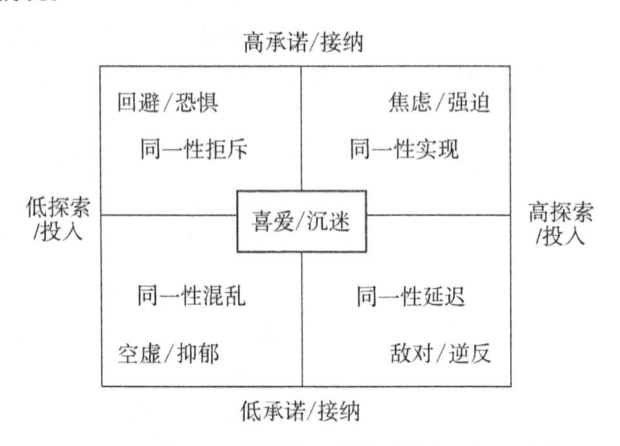

图 10-9　"投入—接纳"二维模型的心理问题分类

迪洛加替（Derogatis）在 1973 年编制的"90 项症状清单"（SCL-90，也称症状自评量表）是评定各种一般心理问题的常用量表。该量表区分了 9 种类型的心理问题，分别是躯体化、强迫症状、人际关系、抑郁、焦虑、敌对、恐惧、偏执、精神病性。"投入—接纳"二维模型列出的心理问题分类，涵盖了除躯体化和精神病性以外的 7 种类型，并包含了 SCL-90 没有提到的喜爱/沉迷。这说明"投入—接纳"二维模型为大部分青少年一般心理问题的分类和解释提供了一个清晰的理论框架。

（三）我国中小学生心理健康状况调查结果

2011 年的一项中小学生心理健康调查结果显示，我国中小学生心理基本健康的比例约为 80%，有异常心理问题的比例为 14.2%～16.4%，有严重心理行为问题的比例为 2.5%～4.2%。在这里，异常心理问题对应障碍性问题中轻度的心理疾病，严重心理行为问题对应严重的心理疾病。各种类似的调查基本上都是围绕障碍性问题展开的，没有考虑发展性问题或适应性问题。

2019 年，东北师范大学心理健康教育研究中心对全国范围内 10 个年级共计 66 711 名中小学生开展调查，考察了中小学生发展性心理问题、适应性心理问题和障碍性心理问题的现实状况，调查结果如下。

在发展性心理问题方面，我国中小学生希望提升自身心理发展水平的人数比例均超过93%。具体而言，对学习动机的发展需求最高，达到99.7%，对其他各方面（思维品质、意志品质、情感品质和人际关系）的需求基本一致，处于94.5%~95.9%。从变化趋势来看，学习发展需求始终呈上升趋势，其他各方面发展需求随年级的升高先下降后上升，并且都在初中阶段出现这种转折，这也印证了初中阶段是心理发展的关键期。

在适应性心理问题方面，我国中小学生存在心理适应不良的学生比例大致为44.7%，有自我适应困扰的占59.8%，有社会适应困扰的占53.3%。其中，社会适应方面的生涯发展困扰比例最高（76.5%），其次是自我适应方面的自我同一性困扰（69.4%），最后是家庭适应方面的父母教养方式困扰（59.5%）。从变化趋势来看，各种心理适应困扰都随年级增长不断加重，小学到初中阶段明显加重，初中阶段相对稳定。

在障碍性心理问题方面，我国中小学生感受到心理症状影响的比例为9%，其中神经症性问题（9.75%）表现最为突出，其次是身心问题（9.22%）和人格问题（9.21%）。以下几个方面的影响较大：睡眠问题（11.3%）、抑郁症倾向（11.03%）、冲动（10.98%）及强迫倾向（10.2%）。从变化趋势来看，中小学生感受到的心理症状，均随年级的升高呈上升趋势，小学阶段和初中阶段差异显著，初中阶段和高中阶段差异不显著。

对上述调查结果进行总结，可得出以下结论：（1）我国中小学生心理健康状况整体发展良好；（2）我国中小学生心理健康发展呈多样性特点；（3）我国中小学生心理健康问题呈典型性特点；（4）我国中小学生心理健康发展呈阶段性趋势。

二、心理冲突与心理危机

作为日常生活中存在的普遍经验，心理冲突对个体的成长有重要的影响。随着心理学的诞生，心理冲突成为心理学家研究的对象，并出现了各种心理冲突的理论模型。下面将介绍心理冲突的定义、类型及评定，并说明心理冲突与心理危机的关系。

（一）心理冲突及其分类

心理冲突是指在个体在有目的的行为活动过程中，两个或两个以上相互对立的动机同时出现时产生的一种矛盾心理状态。弗洛伊德是最早对心理冲突进行详细论述的心理学家，在《关于歇斯底里之研究》中，他将"歇斯底里"的产生归结为心理内部两个不相容的观念相互冲突的结果。冲突现象在弗洛伊德的理论中广泛存在。在潜意识理论模型中，意识是理性且符合道德的，而潜意识是不符合伦理道德和非理性的。潜意识是欲望和本能的集合体，而前意识压制本能和欲望。在人格结构理论中，本我遵循快乐原则，渴望得到本能的释放，而超我则遵循道德原则，受制于各种社会道德规范，在两者之间的冲突需要靠自我来调节。精神分析理论认为，在本我和超我之间产生矛盾时，自我会启动一种心理防御机制将矛盾压抑至潜意识中，而长期的压抑会让个体出现障碍性心理问题。

团体动力理论的提出者勒温根据个体对目标接近与回避的不同组合情况，提出了心理冲突的四种形式，分别是双趋冲突、双避冲突、趋避冲突、双重趋避冲突，下面进行简要说明。

双趋冲突指个体对两个有吸引力的目标都想获得，但由于条件限制无法同时得到而出现的心理冲突，也称接近—接近型冲突。例如，一个学生在填志愿时，既想报考艺术类专业，也想报考化学专业，但由于只能选其中一个而出现双趋冲突，于是感叹"鱼和熊掌不可兼得"。

双避冲突指个体对两个不喜欢的目标都想回避，但又必须从中选择一个而出现的心理冲突，也称回避—回避型冲突。例如，一个人生病时既不想吃药，也不想打针，但又不得不选择其一而出现双避冲突，表现为左右为难。

趋避冲突，指个体希望得到一个有吸引力的目标，但同时又担心带来某种负面的结果时出现的心理冲突，又称接近—回避型冲突。例如，一个学生既想参加竞选班长，又担心班级事务太多而影响学习，从而出现趋避冲突，表现为犹豫不决。

双重趋避冲突指个体同时面对两个目标，每个目标都存在有利的方面和不利的方面，需要个体综合权衡利弊而出现的心理冲突，又称双重接近—回避型冲突或多重趋避冲突。例如，一个人面对两份工作，一份工作收入高但比较辛苦，一份工作收入低但比较轻松，在两份工作之间选择时，就会出现双重趋避冲突，表现为难以选择。

除了根据对目标的接近与回避对心理冲突进行分类以外，还可以根据目标本身的特点和对目标选择或回避行为是否涉及道德判断，区分出常形心理冲突和变形心理冲突。如果引发冲突的目标与生活中的重要事件有关，并且对目标的接近或回避与道德规范有关，这种冲突就是常形冲突。例如，一个学生发现自己的同桌在考试中作弊，纠结是否要将这件事告诉班主任而产生趋避冲突，就属于常形冲突。在这一情境中，引发冲突的目标是"告密行为"，涉及同伴关系这个重要的生活事件，并且"告密"（趋近）或者"不告密"（回避）与道德规范有关。相反，如果引发冲突的目标与生活中的重要事件无关，只是一些琐碎的、鸡毛蒜皮的小事，并且对目标的接近或回避与道德价值无关，这种冲突就是变形心理冲突。例如，一个人纠结于要不要在睡觉前检查煤气灶是否关好而产生趋避冲突，就属于变形冲突。在这个情境中，引发冲突的目标是"检查煤气灶是否关好"，这个行为属于生活中的琐事，并且"检查"（趋近）或"不检查"（回避）与道德规范无关。

心理冲突是常形还是变形，可以作为判断个体的心理问题是否发展为神经症心理问题的重要标准。北京医学院精神卫生研究所的许又新提出一个评定心理冲突的标准（见表10-2）。根据这一判断标准，一个人如果总分为3分，不能被诊断为神经症；总分处于4~5分属于可疑病例，需要进行进一步的观察诊断；总分大于6分，可以诊断为神经症。

表 10-2　许又新心理冲突的评分标准

	1分	2分	3分
持续时间	不到三个月	三个月到一年	一年以上
精神痛苦程度	自己可以设法主动摆脱	自己摆脱不了痛苦，需靠别人的帮助或处境的改变才能摆脱	几乎完全无法摆脱
社会功能	能正常工作和学习，人际交往只有轻微障碍	不得不改变工作或减轻工作，或者尽量避免某些社交场合	完全不能工作或学习，或完全回避必要的社交活动

（二）心理危机

1964年，美国心理学家卡普兰首次提出心理危机的概念，将其定义为个体面临突发或重大的生活事件（亲人亡故、突发威胁生命的疾病、灾难等），既不能回避，又无法用通常的方法解决问题时出现的心理失调状态。1999年，卡奈尔（Kanel）提出心理危机应包括三方面内容：一是危机事件的发生；二是当事人对危机事件的主观感知产生的痛苦感受；三是当事人惯常的应对方式失败，导致其心理、情绪及行为等方面的反应出现异常。

1. 心理危机的应对过程

卡普兰认为，在正常情况下，个体与环境之间处于一种平衡的状态，面临生活逆境或不能应对需解决的问题时，往往会产生紧张、焦虑、抑郁和悲观失望等情绪问题，导致心理失衡，从而进入心理危机状态。卡普兰将心理危机状态的应对过程分为以下四个阶段：（1）冲击期，个体为了达到新的平衡，试图采用自己以前习惯的应对策略做出反应，并讨厌别人对自己处理问题的策略指手画脚；（2）防御期，个体发现自己习惯的策略不能解决问题，焦虑程度增加，开始采取尝试错误的办法解决问题，并出现了求助行为；（3）解决期，如果尝试错误后仍然没有解决问题，个体的焦虑程度进一步加剧，并设法寻求一切可能的方法解决问题，往往出现一些非理性行为，如盲目求助、酗酒、无目的地游荡等；（4）成长期，个体获得应对危机的技巧，变得更加成熟，但如果问题仍然没有解决，个体可能会失去信心和希望，产生习得性无助感，甚至对自己整个生命的意义产生怀疑和动摇，一些人可能会出现明显的人格改变、行为退缩、精神疾病。卡普兰认为，必须帮助处于心理危机中的个体学会总结经验教训，以更好地应对和处理以后出现类似的问题、疾病或逆境。

在卡普兰之后，许多研究者从不同的角度研究危机应对。从将危机应对看作一种适应过程，到一种有目的、有意识的调节行为，再到认知活动和行为的综合体。1984年，拉札鲁斯和福克曼（Folkman）将危机应对定义为"个体在判定特定内在或外在的要求超出自己能力范围时采取的认知和行为的努力"，并将应对方式区分为指向问题的应对和指向情绪的应对。前者着重于改变现存的人与环境的关系，针对察觉的问题（或应急源），包括采取积极的努力、寻求帮助或回避问题等；后者着重于调节和控制应激时的情绪反应，从而减轻自己的烦恼，以便更好地处理各种事件，包括重新评价事件，以及利用镇静剂、体育锻炼及放松训练等方式减轻紧张。1989 年，斯旺森和卡波（Carbon）在综合了各种不同的危机应对理论后，提出了一个比较全面的危机发展模型（见图 10-10）。

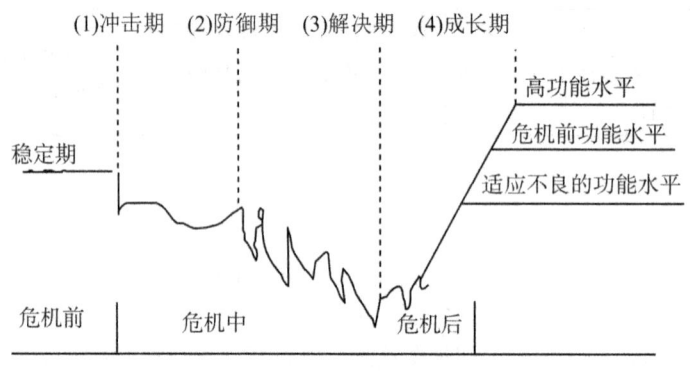

图 10-10　心理危机发展模型

这个模型以危机的产生与结束为节点，将心理危机的发展过程划分为三个阶段：（1）危机前，个体应用日常的应对技能和解决问题的技术可以维持自我与环境之间的稳定状态；（2）危机中，个体的反应和状态是一个动态演变的过程，危机刚发生时个体的反应是震惊，危机开始扩散其影响时个体的状态是退缩和回避，与危机共存一定时间后个体逐渐适应危机，并积极地解决危机；（3）危机后，个体达到一种新的心理平衡，可能恢复到危机前的心理水平，也有可能因为掌握了新的技能而得到高动能水平，也有可能出现低于危机前的功能水平，出现适应不良。

2. 心理危机的分类

心理学家从不同角度对心理危机进行了分类。布拉米尔（Brammer）将心理危机分为发展性危机、境遇性危机和存在性危机。其中，发展性危机是指个体在正常成长和发展过程中，因为转学、升学、搬家、恋爱、就业等生活环境变化或生活方式改变而产生的心理危机。境遇性危机是个体面对突如其来而又无法控制的自然灾害或重大负性压力事件时产生的心理危机，自然灾害包括地震、洪水、泥石流等，重大负性压力事件包括遭遇侵犯、患病、亲人去世、失业等。存在性危机指个体在探索有关生命价值和意义的问题时产生的内心冲突或焦虑，可以是现实的家庭、职业、身份等问题，也可以是深层次的关于人生意义的哲学问题。

1978 年，鲍德温（Baldwin）从评估和治疗出发，将心理危机按从弱到强的程度分为倾向性危机、过渡期危机、创伤性危机、发展性危机、精神病理性危机、精神科急症六种。最后两种实际上可以归为精神疾病。

我国学者莫雷等（2020）将人的心理健康状态分为正常状态（常态）、不平衡状态（偏态）和不健康状态（病态）。其中，不平衡状态也称危机，指个体在遇到扰乱正常生活的压力事件时产生的一种心理失衡状态，称为状态性不良；如果个体在不平衡状态下无法自我调节或得不到他人疏导，就可能会进入不健康状态，包括轻度的神经症及各种人格障碍，以及重度的精神障碍，称为特质性不良。

在以上分类的基础上，莫雷等将心理危机区分为状态性心理危机和特质性心理危机两种类型。状态性心理危机一般由外在的事件或情境引发，个体能意识到危机产生的原因，能够理性地解释，并可以通过自我调节或他人调节而消除（也可能随激发源的消除而消除）；特质性心理危机主要由内源性激发源引发，个体无法意识到，也无法控制，需要由专业的心理治疗师进行干预和疏导。根据以上分类，莫雷等对心理健康灰色理论进行了细化（见图10-11），心理状态良好人群（常态人群）处在白色区；特质性不良人群（病态人群）处在黑色区（人格异常）和深黑色区（精神病患）；状态性不良人群处在灰色区，其中，浅灰色区（靠近白色区的部分）为偏态人群，深灰色区（靠近黑色区的部分）为心理危机人群。

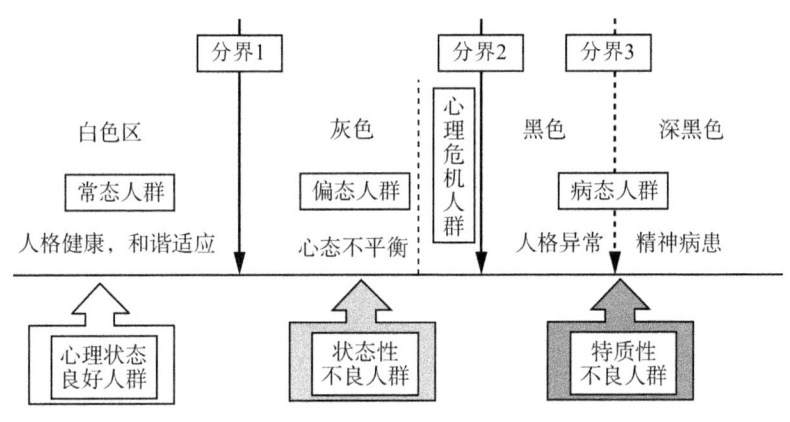

图 10-11 三种不同心理状态的人群分布

三、心理危机的干预与预防

20世纪70年代以来，对心理危机的监控与防范一直受到世界各国的高度关注，并取得了丰富的研究成果。在这一部分，我们将介绍我国心理危机干预与预防的现状，以及如何利用大数据技术对中小学生的生活环境及问题行为进行持续的监测和干预，并采取必要的预防措施防止学生心理危机的发生。

（一）我国心理危机干预与预防现状

2010年以来，我国陆续有研究者提出了建立学校危机干预体系的设想（伍新春，等，2010），然而，由于缺乏高效率的数据采集工具，难以准确描述中小学生心理健康状态的基本状况和变化趋势。莫雷等将国内心理危机监测预警研究和实践中存在的问题概括为以下三个方面：（1）只关注少数风险因素对自杀自伤等心理危机风险的影响，生态效度不高；（2）主要采用横断面调查的方法开展危机监测与预警，缺乏动态评估和监测；（3）存在缺乏守门人监测，缺乏对个体的监测，缺乏对冲动攻击行为的监测，缺乏对危机征兆的量化研究和风险标识的研究等问题。

针对以上问题，需要依托计算机网络和大数据技术，探索建立多种预警指标组合、自评和他评相结合、群体筛查和个体跟踪相结合的适时监控与干预系统。

（二）基于大数据平台的学生心理危机干预实践

自2019年3月起，遵义市整合现有资源，建立由大数据心理监测平台和干预工作平台构成的"双平台"学生心理危机干预体系（见图10-12）。

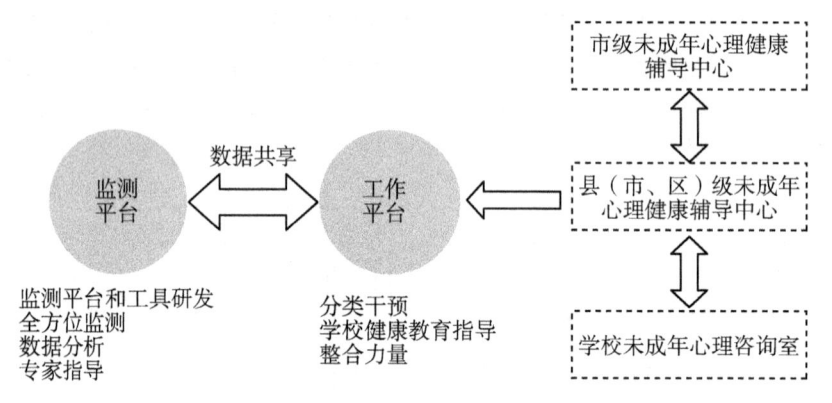

图10-12 "双平台"学生心理危机干预体系

资料来源：王本斌，李亦菲，郭振东，等．2021. 遵义市中小学生心理危机"双平台、六步骤"干预体系探索［J］．中小学心理健康教育(35)：66-71.

大数据心理监测平台对自杀自伤意念、抑郁、人际敏感、敌对、焦虑、强迫、偏执及失眠八个主要危机症状指标进行监测，并依据这些指标的严重程度，将参与测评的学生分为五个等级：一级，自杀自伤意念强烈或其余指标均达到重度；二级，自杀自伤意念较强或其余指标均达到中度或任一指标达到重度；三级，自杀自伤意念轻度或其余指标均达到轻度或至少其中之一达到中度；四级，无自杀自伤意念，其余指标至少其中之一达到轻度；五级，所有指标均为正常。通过以上分级，平台形成从学生个体到班级、年级、学校、区县、市级六个层级的测评报告，实现对全体学生的分类分层管理，为干预工作的实施奠定基础。

干预工作平台是由遵义市市级未成年心理健康辅导中心、县级未成年心理健康辅导中心和学校未成年心理咨询室三方协同负责，对学生心理危机进行分类干预，并整合各类资源力量对各学校进行健康教育指导的工作体系。该平台主要以大数据心理"监测平台"的监测、评估结果为依据，有针对性地对各个等级的学生给予关注并开展干预：（1）对一级学生，由校领导、德育干部、心理老师和班主任等组成的危机干预小组共同负责，并争取校外的专业机构与学生家长的支持，对学生进行进一步的诊断和必要的转介，称为校级紧急关注；（2）对二级学生，由心理老师直接负责，开展系统的心理咨询并在必要时进行转介,称为校级特别关注;(3)对于三级和四级学生,主要由班主任负责制定相关干预方案,在心理教师的支持下实施个别或团体辅导;(4)对于大部分评定为良好的学生,主要通过开设心理健康教育课程等方式做好心理问题的日常预防。

在利用"双平台"开展心理危机监测与干预的实践过程中,遵义市逐渐形成了由数据检测、发出预警、调查调研、制定方案、分类干预和逐级销号构成的"六步工作法"工作机制。数据检测是通过监测平台上众多科学量表完成对学生心理危机重要症状指标的筛查,得到有效的监测数据。发出预警指对学生自陈式测量结果进行分析,并对每一位学生的测量结果进行危机等级的评定,由监测平台发出相应危机预警。调查调研是指各校心理教师在接到本校学生的危机预警后展开调查研究,结合班主任观察和学生日常行为表现等对学生的心理危机状况进行核实和判断,并结合测量结果最终确定学生的心理危机等级情况。制定方案指各校心理教师及校外专业人员等,针对学生不同等级的心理危机状况进一步确定其具体问题,制定一对一工作方案,包括辅导人员、方式、频次等。分类干预是由遵义市未成年人心理健康教育协会统筹遵义市市级未成年心理健康辅导中心、县级未成年心理健康辅导中心和学校未成年心理咨询室共同对目标对象进行分类干预,针对危机等级相应施以常态化支持、团体辅导、个体辅导,并对各学校无法处理的学生心理危机状况进行及时转介。逐级销号指在完成以上一系列的工作后,对监测平台上的记录进行实时更新和逐级销号,形成完整的工作闭环。

(三)基于大数据平台的学生心理危机干预与预防体系建设

大数据平台支持下的学生心理危机干预和预防主要包括以下三方面的内容:(1)学生心理危机的监测与评估;(2)学生心理危机的影响因素和预警模型;(3)学生心理危机干预和预防体系的建设与改进。

1. 学生心理危机的监测与评估

20世纪70年代以来,国外学者已经开发出多种心理危机评估工具,如症状自评量表(SCL-90)、抑郁自评量表(SDS)、焦虑自评量表(SAS)等。我国学者也先后编制了一些症状取向的评估量表,如中国中学生心理健康量表(MSSMHS)、心理健康诊断测验(MHT)等。随着研究的深入,人们认识到个体的心理危机并不是一种单一的状态,而是多种症状的综合,严重时会引发自杀、自伤或暴力伤人等后果。基于这种认识,相关学者研发出一些多维度的评估模型。1992年,迈尔(Myer)等提出三维筛选评估模型,从情感(愤怒/敌意、焦虑恐惧、沮丧/抑郁等内容)、认知(侵犯、威胁和丧失等内容)和行为(接近、回避、失去主动性等内容)三个方面进行评定,按照低、中、高三个等级评定心理危机。我国也有一些学者探讨以多维度指标来评估大学生的心理危机水平,包括学习与生活状态、心理与身体状态、行为与情绪状态,以及环境背景、人格特征、认知应对等(马喜亭,李卫华,2011)。

虽然不同研究者采用的量表和指标体系差别很大,但在典型症状的选择上仍然存在较高的共识。在分析大量危机测评工具的基础上，王新波等（2021）建构了一个儿童青少年心理危机评估综合定级体系。这个体系包括自杀自伤意念、抑郁、人际敏感、敌对、焦虑、强迫、偏执、失眠8项身心症状指标，除考虑各症状的独立常模外，还同时考虑多因子共存情况，将儿童青少年的心理状况分为5个等级，分别称为1级关注、2级关注、3级关注、4级关注和良好。此外，为避免自陈式症状测量的片面性和单一性，该体系还引入了专业人员的二次评估作为综合定级的重要步骤，并将漏报的个体纳入综合评价的分级标准中。研究发现，相较于单一症状指标的常模结果，症状综合定级结果与二次评估结果的一致性程度更高。

如何选择合适的身心症状指标，并利用这些指标综合描述学生的心理危机状态，是大数据技术支持下学生危机监测与评估的核心问题。目前，解决这个问题的基本思路是借鉴智能辅助教学理论中的学生模型，用一个多维度的数据结构来描述学生的心理特质，让计算机系统能够快速而准确地对学生的心理危机状态进行评估和定级。

2. 学生心理危机的影响因素和预警模型

20世纪70年代，一些心理学家和精神病学家发现一些儿童虽然身处不利的成长环境，但仍然能够发展良好，因此，他们认为对这些儿童进行研究不仅有利于病因学理论的发展，而且能帮助社会对处境不利的儿童进行更好的干预（Murphy, 1974）。这个主张引发了心理学家和教育工作者对"心理韧性"的广泛关注和深入研究。然而，关于心理韧性的概念和内涵，学界并未达成共识。综合来看，主要有以下三种观点：第一种观点关注结果，将心理韧性解释为个体在面对严重威胁或挫折时仍然能保持良好的适应状态；第二种观点关注过程，将心理韧性解释为个体在危险情境中成功应对的过程；第三种观点关注特质，将心理韧性解释为个体从负面经历中恢复过来的能力。

当前，多数人倾向于将心理韧性看成个体在危险情境中保持良好适应的动态过程，并通过考察各种危险因素和发展结果之间的联系来探讨心理韧性的结构和作用机制。美国心理学家马斯腾（Masten, 2001）将心理韧性的研究分为以变量为中心的范式和以被试为中心的范式，前者主要是为了考察各变量之间的关系，使研究者了解影响个体适应的主要因素；后者则试图通过多种标准鉴别出在高危生活环境中良好适应的人群和不良适应的人群具有的特点，使研究者能够对适应不良的个体进行预警。

马斯腾总结了心理韧性研究的三类变量关系模型，分别是直接关系模型、间接关系模型和交互关系模型（见图10-13）。在三种关系模型中，危险因素和保护因素是两个基础变量，其中，危险因素指个体长期处于不利的生存环境，或者遇到严重的创伤性事件或突发的压力事件等不利情境；发展结果指个体获得学业或社会成就的水平，以及出现心理病理症状的程度。

作为心理韧性的核心变量，保护因素的含义在不同模型中各不相同。在直接关系模型中，保护因素指有利于个体在危险情境中良好适应的各种生物因素、心理因素和环境因素。其中，生物因素包括性别、年龄、身体素质等，心理因素包括气质、智力、技能、人格等，环境因素包括来自家庭、同伴和社会的外部支持。在间接关系模型中，保护因

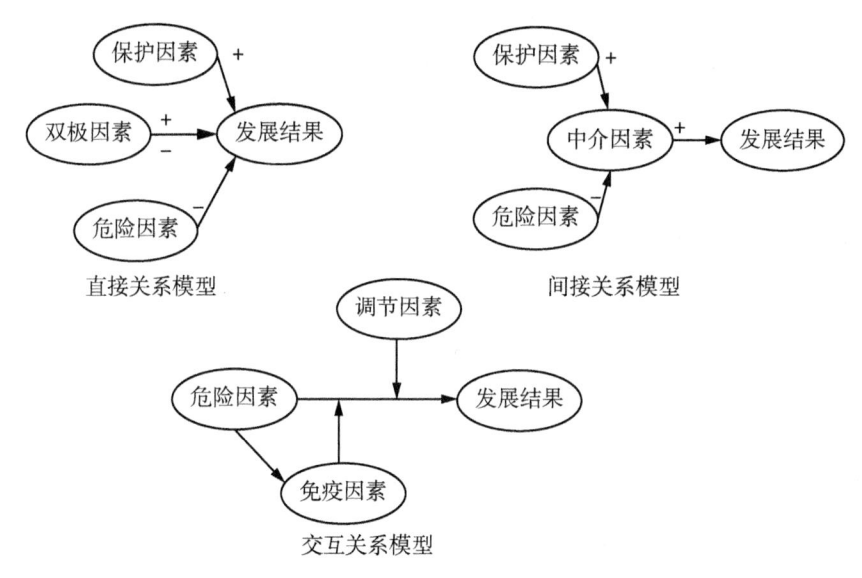

图 10-13　心理韧性研究的三类变量关系模型

素指有利于个体良好适应的各种环境因素，并与危险因素一起，通过自我效能感、人格特质等中介因素间接影响发展结果。在交互关系模型中，保护因素被分为免疫因素和调节因素两种类型。其中，免疫因素是指当危险因素存在时出现的一种能减弱危险因素影响的保护因素，主要指个体对危险因素的积极应对方式，如乐观、坚持等；调节因素指不以危险因素的存在为前提而存在，但能减弱危险因素影响的保护因素，包括稳定的生理和心理因素，以及亲子关系、同伴关系、社会支持等外部环境因素。

根据心理韧性研究交互关系模型，可以将心理危机看作由各种危险因素引发，并在各种免疫因素和保护因素的综合影响下产生的心理失衡状态（见图 10-14）。其中，危险因素主要指学生在日常生活中遇到的各种压力事件（也称生活事件），主要包括学习压

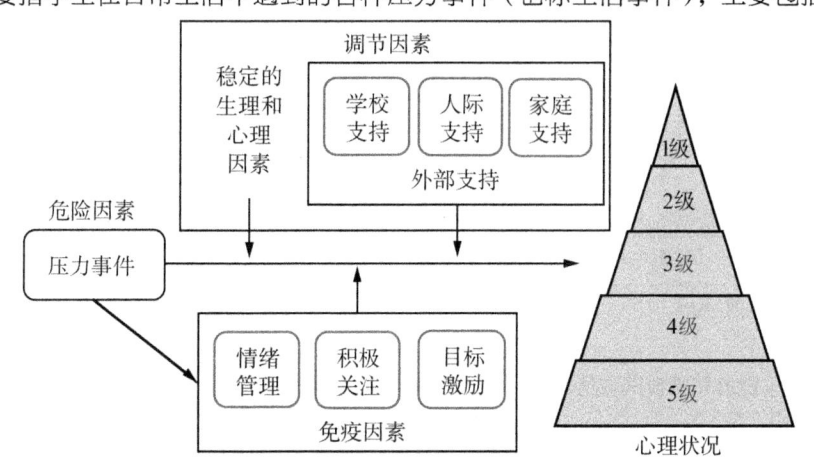

图 10-14　心理危机影响因素的交互关系模型

力、人际压力、丧失压力、适应压力及受惩罚压力五个方面；免疫因素主要指学生对危险因素的积极应对方式，如情绪管理、积极关注、目标激励等；调节因素主要指学生相对稳定的人格特质，以及来自家庭、学校和同伴等方面的外部支持。

以被试为中心的心理韧性研究，主要是对在相同危险因素下适应良好的个体和适应不良的个体进行比较，并根据比较的结果，利用危险因素和保护因素对个体进行分类和预警。大量研究发现，危险因素强而保护因素弱的个体更容易产生适应不良和出现心理危机。例如，在家庭社会经济地位、养育质量、智商等保护性因素上得分高的儿童在危险因素下有更好的适应能力。一些以被试为中心的研究采用纵向追踪的方式，研究适应良好和适应不良个体在生命历程中的发展轨迹，并特别关注个体生命历程中的转折点。

无论是以变量为中心的研究范式，还是以被试为中心的研究范式，都以大量数据为基础，通过适当的统计分析方法做出验证或判定。作为一种简单、实用的分析技术，关联分析可以发现存在于大量数据集中的相关性，从而描述某些属性同时出现的规律和模式。以大数据为基础的关联分析方法，为探索学生心理危机的影响因素和建立预警模型提供了有效的支持。

3. 学生心理危机干预和预防体系的建设与改进

1997年，美国《残疾人教育法》（IDEA）的修正案在积极行为支持（PBS）方法的基础上，提出了一种在学校环境中识别和支持期望行为的方法，并将其命名为"积极行为干预和支持"（PBIS），核心是通过鼓励积极的行为来减少或消除全学校范围内的不良行为。作为一种生态学方法，PBIS强调通过改变学校氛围来防止不良行为的发生，并最大限度地改善学生的行为和学习结果。

传统的行为管理方法将学生视为问题，而PBIS则将工作的焦点从"修理"学生转移到改变系统、情境和技能不足等环境因素。这种方法将学生分为三个层次：没有不良行为的学生（约占80%）、有不良行为的学生（约占20%）、存在严重行为偏差的学生（约占5%），并按照功能行为评估、实施干预、效果评估三个环节，对学生的积极行为进行系统、持续的干预和支持。美国国家PBIS中心建立了全校范围的干预模式，从全面支持、小组支持、个别支持三个层面，为学生提供系统的干预和预防体系（特恩布尔，等，2017）（见表10-3）。

表10-3 PBIS学校工作体系

	全面支持	小组支持	个别支持
目标对象	所有学生	部分学生	少数学生
情境	课堂和学校其他情境	课堂和学校其他情境	课堂和学校其他情境；家庭和社区的各种环境

续表

	全面支持	小组支持	个别支持
数据收集	访问学校职工；观察不同学校情境；描述性统计	访问特定学生；在学校情境中观察特定学生的目标行为	在多种情境中对个别学生进行功能行为评估；对学生及家庭进行个别访谈
干预重点	制定、宣传和教授广泛的行为期待（标准）	要求目标学生实施自我管理	在多种环境中提供个别支持；为实施支持自愿发展与利益相关者的合作关系
密度	有限	中等	全面

2002年，美国学校咨询协会（ASCA）制定《学校咨询全国模型》指导学校咨询工作。该模型阐述了学校咨询师在危机干预方面的职责和工作方法，强调要将综合性的学校咨询融入提升学生学业成绩的目标，并在干预与预防之间达到均衡的水平（Foxx, et al., 2017）。ASCA强调，在建立学校咨询系统时，不要试图一次完成，要确保咨询方案制度化，并提出以下七条原则：（1）获得学校最高管理者的参与；（2）与学校教师协作，将咨询方案和课堂内容联系起来；（3）将咨询方案目标与学校战略规划和使命相结合；（4）制订一个长期的实施计划；（5）制订公共关系计划；（6）邀请利益相关方参与；（7）开发可靠的咨询工具。

2012年，美国学校心理学家协会（NASP）的实践模型区分了干预服务与学校预防体系的不同功能。在干预的层面，干预反应模型（RTI）作为注重数据分析评估与持续优化的系统工作模式得到广泛应用；在预防层面，多层级支持系统（MTSS）在许多地区和学校得以建立，在评估基础上的针对性预防项目越来越多，形成循证的工具库。

RTI是一种通过连续评估学生学业及行为表现指导教学的三级工作系统。第一级为核心教学干预，适用于所有学生，涉及入学适应、学习方法、人际关系等内容，属于预防性的干预。第二级是目标小组干预，适用于部分处境危险的学生，如厌学、考试焦虑、学校适应不良等问题，属于快速反应的干预。第三级是个别干预，适用于个别学生，主要涉及情绪或人格异常、学习困难等，需要采用密集的、持续的步骤进行干预。RTI方法的一个重要特点是针对所有学生，不仅与其他学生进行比较，而且关注自我的改进和提高。虽然RTI采用多种手段筛查出有学习困难或行为问题的学生，但并没有提出有效的干预方法，因此，主要还是一种诊断方法。

MTSS是用来支持各级各类学生需求的系统性和持续性的框架，在尊重实证和开展充分研究的基础上，整合一个集资源、策略、结构和证据于一体的实践系统，满足学生在学业、社交、情感和行为发展等方面不断变化的需要。MTSS是一个综合性很强的系统，强调为学生提供与其学习需求相匹配的教学和干预，主张以多样化的方式持续监测学生学习的进展情况，并根据学生的学习情况不断调整教学目标。MTSS的实践系统分为三层：第一层，面向所有的学生提供支持，具体支持内容由各学校根据实际情况决定；第二层，面向部分学生提供有针对性的、更高强度的支持；第三层，帮助少数学生群体或个体克服严重的学习困难或行为障碍。美国堪萨斯州威奇塔公共教育学区的实践表明，MTSS中的全校积极行为干预与支持具有重要的参考价值，核心是将问题行为的事前预防放在更重要的位置，关注系统性模型的作用，对我国开展问题行为学生的研究具有一定的借鉴意义（钱骐骄，2018）。

根据PBIS、RTI和MTSS的基本理念和实践框架，可以建立如下的学生心理危机干预与预防模型（见图10-15）。

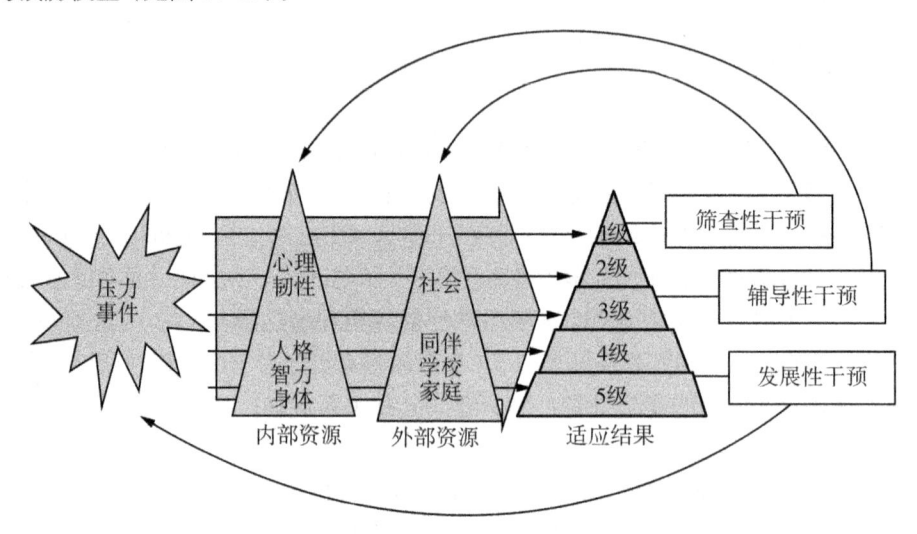

图10-15 心理危机干预与预防模型

在这个模型中，压力事件的影响会受到由内部资源和外部支持构成的保护因素的阻挡和调节，从而对学生个体的心理发展结果产生不同的效果。其中，内部资源包括与压力事件有关的心理韧性或应对方式（作为免疫因素），以及身体素质、智力和人格特质等稳定的身心特点（作为调节因素）；外部资源包括家庭支持、学校支持、同伴支持、社会支持等（作为调节因素）。在阻断或调节压力事件的影响中，内部资源优先发挥作用，外部资源起到后续支持作用。内部资源和外部资源越薄弱，压力事件对学生的影响效应就越大，导致心理危机的可能性也就越大；反之，内部资源和外部资源越强大，压力事件对学生的影响效应就越小，导致心理危机的可能性也越小。

借鉴PBIS、RTI和MTSS采取的三层次干预和预防模型，对学生的心理危机状态建立三级干预和预防系统：（1）对1级危机水平采取筛查性干预，干预的重点在于为干预对象提供多方面的支持，包括来自同伴、学校、家庭的情感支持，以及社会机构的专业支持等；（2）对2级和3级危机水平采取辅导性干预，通过个体咨询或团体辅导的方式，提升辅导对象的心理韧性，强化其内部资源；（3）对4级和5级危机水平采取常态性预防，重点在于通过日常的教育教学活动，促进学生的身体成长和智力发展，培养健全的人格特质，提高学生对危机事件的抵抗能力，同时，要为学生营造一个良好的成长环境，尽量减少危机事件的发生。

> **随堂巩固**
>
> 1. 用灰色理论描述心理问题时，浅灰色区域对应的心理状态是（　　）。
>   A. 障碍性心理问题　　　　　　B. 心理健康
>   C. 适应性心理问题　　　　　　D. 发展性心理问题
> 2. 以下哪一项描述的是双重趋避冲突？（　　）
>   A. 两个具有威胁性的目标同时出现，个体都想回避，但由于条件限制，必须从中选择一个。
>   B. 个体对于一个目标同时具有趋近和逃避的心态，这个目标可以满足个体的一定需求，但与此同时也会构成一定的危害。
>   C. 两个目标对于个体而言都具有吸引和排斥两种作用，个体在选择时需要权衡两个目标之间的利弊关系。
>   D. 两个具有吸引力的目标同时出现，个体都想获得，但由于条件限制无法同时得到。
> 3. 一个被诊断为神经症的个体在心理冲突评定中的得分是（　　）。
>   A. 总分为1～3分　B. 总分4分　　C. 总分5分　　D. 总分在6分以上
> 4. 以下哪几项属于常见的心理症状？（　　）
>   A. 抑郁　　　　B. 失眠　　　　C. 偏执　　　　D. 焦虑
> 5. 学校心理干预三个层次中的治疗性辅导针对的学生是（　　）。
>   A. 全体学生　　B. 部分学生　　C. 特定学生　　D. 少数学生
> 6. 心理危机的过程通常包括（　　）。
>   A. 防御期　　　B. 冲击期　　　C. 成长期　　　D. 解决期
>
> 参考答案：1. C　2. C　3. D　4. ABCD　5. C　6. ABCD

> **拓展阅读**
>
> 1. 王秋梅，孙文永. 2007. 学生心理健康教育［M］. 北京：中国商业出版社.
> 2. 许又新. 1999. 心理治疗基础［M］. 贵阳：贵州教育出版社.
> 3. 孙宏伟. 2018. 心理危机干预［M］. 2版. 北京：人民卫生出版社.

本讲小结

  1. 健康不仅仅是没有疾病和虚弱的状态，而是一种在身体上、心理上和社会上的完备状态。心理健康是指个体能够适应当前的和发展着的环境，具有完善的个性特征，认知、情绪反应、意志行为处于积极状态，并保持正常的调控能力。

  2. 心理健康的标准从卫生学的角度来看分为低标准和高标准，低标准是能够通过主观经验和临床诊断把握心理健康状况；高标准是能够良好地适应生活。同理，从教育学的角度来看，心理健康的低标准是能够遵守社会规范；高标准是能够达到理想的心理发展状态。

  3. 可将心理健康划分为基本健康、比较健康和理想的健康三个层次。

  4. 积极心理学是一门致力于研究个体的发展潜力和美德等积极品质的科学。2000年塞里格曼和契克森米哈赖在《美国心理学家》上联名发表《积极心理学导论》一文，正式宣告了积极心理学的诞生。

  5. 积极心理学认为心理健康应包括积极的主观体验、积极的社会关系及积极的人格特质三个方面。

  6. 心流是指人们在从事具有挑战性或者技能和难度相匹配的活动和任务时产生的一种积极的体验，产生心流的条件是明确的目标，即时的反馈、全神贯注的投入，以及能力与挑战的平衡。

  7. 心理问题有广义与狭义之分，狭义的心理问题是由大脑中枢神经控制系统引起的心理与行为的异常表现，广义的心理问题是指个体在发展过程中，由于外部影响或内部失调而引起的间歇性心理失衡状态。

  8. 在心理健康灰色理论中白色对应心理健康状态，浅灰色对应发展性心理问题，深灰色对应适应性心理问题，黑色对应障碍性心理问题。

  9. 心理冲突是指两个或两个以上相互对立的动机同时出现在个体有目的的某个行为活动过程中，从而引发的一种矛盾心理状态。可以分为双趋冲突、双避冲突、趋避冲突、双重趋避冲突。

  10. 心理危机是指个体在遇到了突发事件或面临重大的挫折和困难，当事人既不能回避又无法用自己的资源和应激方式来解决时出现的心理反应，分为发展性危机、境遇性危机和存在性危机。

  11. 心理危机干预的程序为：（1）开展筛查工作；（2）根据心理危机的筛查与干预模型对学生的心理危机水平采取分流措施；（3）针对不同水平危机采取不同的干预措施。

  12. 学校心理干预的三个层次是：发展性辅导、预防性辅导和治疗性辅导。其中发展性辅导针对全体学生，预防性辅导针对个别学生，治疗性辅导针对特定学生。

总结练习

（一）选择题

1. 积极心理学运动开始的标志性事件是（   ）。
   A. 塞里格曼在 1998 年美国心理学会上的发言
   B. 塞里格曼和契克森米哈赖联名发表《积极心理学导论》
   C. 2002 年斯奈德和洛佩慈主编的《积极心理学手册》出版
   D. 1988 年塞里格曼等人参加艾库玛尔会议

2. 以下哪一项不属于心流的特征？（   ）
   A. 即时反馈   B. 注意力高度集中
   C. 挑战和技能匹配   D. 身心愉快

3. 心流理论中当个体的技能水平高于任务的挑战难度时，会产生哪种情绪？（   ）
   A. 心流   B. 无聊   C. 焦虑   D. 放松

4. 以下哪一项不是心理疾病的特征？（   ）
   A. 强烈的心理反应   B. 强烈的躯体表征
   C. 损害大   D. 不协调性

5. 下面有关常形心理冲突的叙述哪个是错误的？（   ）
   A. 带有明显的道德色彩
   B. 与现实生活事件和处境相关
   C. 常形心理冲突是正常心理冲突
   D. 不带有明显的道德色彩

（二）简答题

1. 简述心理健康的内涵与标准。
2. 简述双塔层次模型下心理健康的层次。
3. 简述积极心理学的产生与发展过程。
4. 简述心流的特征及其产生条件。
5. 简述心理危机的产生过程。
6. 如何预防和干预心理危机？

选择题参考答案：1. A 2. A 3. B 4. A 5. D

►► 参考文献

[1] 阿德勒. 2018. 自卑与超越[M]. 吕正, 译. 天津: 天津人民出版社.

[2] 埃里克·H. 埃里克森. 2018. 同一性: 青少年认同机制[M]. 孙名之, 译. 北京: 中央编译出版社.

[3] 艾伦. 2011. 人格理论: 发展、成长与多样性[M]. 5版. 陈英敏, 纪林芹, 王美萍, 等译. 上海: 上海教育出版社.

[4] 安东尼奥·达马西奥. 2018. 笛卡尔的错误: 情绪、推理和大脑[M]. 殷云露, 译. 北京: 北京联合出版公司.

[5] 安·特恩布尔, 等. 2017. 合作与信任: 特殊教育中的家庭、专业人员和儿童[M]. 6版. 汪琴娣, 等译. 上海: 上海人民出版社.

[6] 巴斯. 2007. 进化心理学: 心理的新科学[M]. 熊哲宏, 译. 上海: 华东师范大学出版社.

[7] 边沁. 2017. 道德与立法原理导论[M]. 时殷弘, 译. 北京: 商务印书馆.

[8] 边沁. 1995. 政府片论[M]. 沈叔平, 等译. 北京: 商务印书馆.

[9] 蔡笑岳. 2007. 心理学[M]. 2版. 北京: 高等教育出版社.

[10] 蔡亚平. 2011. 教师与学生道德行为的发展[M]. 北京: 教育科学出版社.

[11] 陈斌斌. 2016. 演化心理学视角下的亲情、友情和爱情[M]. 上海: 复旦大学出版社.

[12] 陈德云, 熊建辉, 寇曦月. 2019. 美国中小学社会情绪学习新发展: 学习标准及课程项目的开发与实施[J]. 外国教育研究, 46(4): 77-90.

[13] 陈会昌. 1994. 儿童社会性发展的特点、影响因素及其测量——《中国3—9岁儿童的社会性发展》课题总报告[J]. 心理发展与教育(4): 1-17.

[14] 陈家麟. 1991. 学校心理卫生学[M]. 北京: 教育科学出版社.

[15] 陈俊雄. 2020. 心理学基础知识与咨询技能入门[M]. 北京: 中国轻工业出版社.

[16] 陈琦, 刘儒德. 2009. 当代教育心理学[M]. 2版. 北京: 北京师范大学出版社.

[17] 陈少华. 2018. 人格心理学[M]. 2版. 广州: 暨南大学出版社.

[18] 陈少华. 2010. 人格心理学[M]. 广州: 暨南大学出版社.

[19] 陈香. 2010. 自我同一性理论及其核心概念的阐释[J]. 前沿(4): 91-93.

[20] 陈星. 2017. 中国和西班牙传统价值观对比研究——以克拉克洪价值观取向分类为模式[J]. 教育教学论坛(46): 71-72.

[21] 陈彦宏. 2018. 传承与变迁: 互联网时代青少年社会性发展研究[M]. 北京: 中国书籍出版社.

［22］陈英和. 1996. 认知发展心理学［M］. 杭州：浙江人民出版社.

［23］陈瑛华，毛亚庆. 2016. 西部农村地区小学生家庭资本与学业成绩的关系：社会情感能力的中介作用［J］. 中国特殊教育（4）：90-96.

［24］陈真. 2006. 当代西方规范伦理学［M］. 南京：南京师范大学出版社.

［25］程利，袁加锦，何媛媛，等. 2009. 情绪调节策略：认知重评优于表达抑制［J］. 心理科学进展，17（4）：730-735.

［26］程炼. 2008. 伦理学导论［M］. 北京：北京大学出版社.

［27］楚明瑞. 2012. 人类大脑的工作模型［M］. 2版. 北京：中国科学技术出版社.

［28］崔巍. 2001. 从"动机圈理论"谈德育与人的个性发展［J］. 思想教育研究（3）：21-30.

［29］戴海崎，张峰. 2018. 心理与教育测量［M］. 4版. 广州：暨南大学出版社.

［30］戴维·罗斯. 2008. 正当与善［M］. 林南，译. 上海：上海译文出版社.

［31］丹尼尔·沙因费尔德，黑格，桑德拉·沙因弗尔德. 2014. 我们都是探索者：在城市环境中运用瑞吉欧原则开展教学［M］. 屠筱青，戴俊毅，译. 南京：南京师范大学出版社.

［32］丁文龙. 2016. 21世纪初日本基础教育改革政策的演进及启示［J］. 当代教育科学(14)：29-32.

［33］董奇. 1989. 论元认知［J］. 北京师范大学学报（1）：68-74.

［34］董妍，俞国良. 2007. 青少年学业情绪问卷的编制及应用［J］. 心理学报（5）：852-860.

［35］厄内斯特·琼斯. 2018. 弗洛伊德传［M］. 张洪星，译. 北京：中央编译出版社.

［36］樊富珉. 2005. 团体心理咨询［M］. 北京：高等教育出版社.

［37］冯友梅，李艺. 2019. 布鲁姆教育目标分类学批判［J］. 华东师范大学学报（教育科学版），37(2)：63-72.

［38］盖笑松. 2020. 积极心理学［M］. 上海：上海教育出版社.

［39］GCDF中国培训中心. 2006. 全球职业规划师GCDF资格培训教程［M］. 北京：中国财政经济出版社.

［40］高玉祥. 2002. 个性心理学［M］. 修订版. 北京：北京师范大学出版社.

［41］高中建. 2008. 当代青少年问题与对策研究［M］. 北京：中央编译出版社.

［42］顾明远. 1999. 教育大辞典［M］. 简编本. 上海：上海教育出版社.

［43］顾明远. 1998. 教育大辞典［M］. 上海：上海教育出版社.

［44］郭本禹，姜飞月. 2008. 自我效能理论及其应用［M］. 上海：上海教育出版社.

［45］郭德俊. 2005. 动机心理学：理论与实践［M］. 北京：人民教育出版社.

［46］郭德俊. 2017. 动机与情绪［M］. 北京：首都师范大学出版社.

［47］韩东屏. 2015. 解构文化决定论［J］. 文化发展论丛（1）：242-257.

［48］韩巧霞. 2009. 美国生涯教育的发展及其启示［J］. 继续教育，23（6）：62-64.

［49］郝景芳. 2017. 人之彼岸［M］. 北京：中信出版社.

［50］何洁. 2009. 婴儿生气情绪及其对行为发展的作用［D］. 杭州：浙江大学.

［51］何明清. 2007. 最新内分泌诊疗新技术操作标准规范实用全书［M］. 3卷. 北京：人民军医科技出版社.

［52］何晓燕，刘爱钦. 2018. 护理学导论［M］. 北京：中国医药科技出版社.

［53］胡骄平，刘伟. 2012. 中西哲学入门［M］. 北京：国防工业出版社.

［54］胡萨. 2020. 价值观教育的关键：唤醒与激活价值观的"原初意义"——基于发生现象学的视角［J］. 教育研究，41（8）：65-74.

［55］华东师范大学心理学系公共必修心理学教研室. 1982. 心理学［M］. 上海：华东师范大学出版社.

［56］黄达强，王明光. 1993. 中国行政管理大辞典［M］. 北京：中国物资出版社.

［57］黄希庭，郑涌. 2005. 当代中国青年价值观研究［M］. 北京：人民教育出版社.

［58］黄希庭，郑涌. 2015. 心理学导论［M］. 北京：人民教育出版社.

［59］黄希庭. 2002. 人格心理学［M］. 杭州：浙江教育出版社.

［60］霍尔. 2015. 青春期：青少年的教育、养成和健康［M］. 凌春秀，译. 北京：人民邮电出版社.

［61］吉尔根 A R. 1992. 当代美国心理学［M］. 刘力，李汉松，刘军，译. 北京：社会科学文献出版社.

［62］加洛蒂. 2015. 认知心理学：认知科学与你的生活［M］. 吴国宏，等译. 北京：机械工业出版社.

［63］姜英杰. 2007. 元认知的理论与实证研究［M］. 长春：东北师范大学出版社.

［64］蒋晓红. 2014. 教育心理学［M］. 济南：山东人民出版社.

［65］教育部体育卫生与艺术教育司. 2021. 第八次全国学生体质与健康调研有关情况介绍［J］. 体育教学，41(9)：6-7.

［66］金德初. 1993. 精神健康的生存标准和发展标准——兼对卡特尔16种人格因素（16PF）作全面的精神健康评估［J］. 心理科学（4）：253-255.

［67］金盛华. 1996. 自我概念及其发展［J］. 北京师范大学学报（社会科学版）(1)：30-36.

［68］卡弗，沙伊尔. 2011. 人格心理学［M］. 5版. 梁宁建，等译. 上海：上海人民出版社.

［69］孔维民. 2020. 心理学［M］. 合肥：安徽大学出版社.

［70］赖斯，多金. 2009. 青春期：发展，关系和文化［M］. 11版. 陆洋，林磊，陈菲，译. 上海：上海人民出版社.

[71]兰德. 2007. 自私的德性［M］. 焦晓菊，译. 北京：华夏出版社.

[72]雷静. 2012. 儿童情绪调节研究综述［J］. 吉林省教育学院学报（中旬），28（4）：118-119.

[73]李大卫，林秉贤. 2006. 大学生心理健康［M］. 天津：天津社会科学院出版社.

[74]李丹. 2000. 影响儿童亲社会行为的因素的研究［J］. 心理科学（3）：285-288.

[75]李冬梅. 2005. 青少年心境动态发展特点及不同调节策略对其心境变化影响的研究［D］. 北京：首都师范大学.

[76]李逢铃. 2019. 马克思对现代平等观的批判及其当代意义［M］. 北京：中央编译出版社.

[77]李家祥. 2006. 大学生职业指导［M］. 昆明：云南大学出版社.

[78]李辽. 1990. 青少年的移情与亲社会行为的关系［J］. 心理学报(1)：72-79.

[79]李晓东. 1998. 自我理解发展理论述评［J］. 东北师大学报（哲学社会科学版）（4）：87-92.

[80]李晓文. 2008. 人格发展心理学［M］. 杭州：浙江教育出版社.

[81]李学书. 2020. 指向核心素养的课程整合［M］. 福州：福建教育出版社.

[82]李义天. 2007. 当代国外美德伦理学研究综述［J］. 南京政治学院学报（6）：119-122.

[83]李亦菲. 2020. 从职业转型和智能升级的视角看人工智能对教育的影响［J］. 教育家（4）：11-13.

[84]李亦菲. 2004. 自适应学习的理论与实践［J］. 天津师范大学学报（基础教育版)（4）：55-58.

[85]联合国教科文组织. 2014. 教育：财富蕴藏其中［M］. 2版. 联合国教科文组织总部中文科，译. 北京：教育科学出版社.

[86]列昂节夫ＡH，等. 1962. 苏联心理科学（第一卷）［M］. 孙晔，等译. 北京：科学出版社.

[87]林崇德，杨治良，黄希庭. 2003. 心理学大辞典［M］. 上海：上海教育出版社.

[88]林崇德. 2019. 发展心理学［M］. 2版. 杭州：浙江教育出版社.

[89]林崇德. 2019. 教育的智慧［M］. 杭州：浙江教育出版社.

[90]临床执业医师资格考试专家组. 2020. 临床执业医师资格考试应试指导，2021年［M］. 北京：中国协和医科大学出版社.

[91]刘金明. 2004. 中学生心理问题分类的实证研究及性质分析［J］. 天津教科院学报(1)：63-66.

[92]刘沛. 2001. 从"零点计划"和多元智力理论到音乐教育的观念更新——人类认知研究的艺术观点和音乐教育的认知主义心理学基础［J］. 云南艺术学院学报（2）：51-53.

[93] 刘群艺. 2016. 雇佣4.0将走向何方[N]. 第一财经日报, 05-16 (A10).

[94] 刘儒德. 2007. 发展与教育心理学[M]. 北京: 人民教育出版社.

[95] 刘毅玮. 2003. 学生学习状态及其调整策略研究[J]. 教育探索 (11): 43-45.

[96] 吕建国, 孟慧, 王佳颖. 2018. 职业心理学[M]. 4版. 沈阳: 东北财经大学出版社.

[97] 吕晓娟. 2020. 社会情感学习: 意义重构与本土实践[J]. 现代基础教育研究, 40 (4): 117-122.

[98] 罗国杰. 2013. 马克思主义价值观研究[M]. 北京: 人民出版社.

[99] 马庆. 2014. 对当代主流道德实在论的反思[J]. 哲学分析, 5 (3): 92-99.

[100] 马喜亭, 李卫华. 2011. 大学生心理危机的研判与干预模型构建[J]. 思想教育研究 (1): 103-107.

[101] 马艺. 2006. 新课程改革学生学习状态的研究——以小学语文为例[D]. 武汉: 华中师范大学.

[102] 马扎诺, 肯德尔. 2012. 教育目标的新分类学[M]. 2版. 高凌飚, 吴有昌, 苏峻, 译. 北京: 教育科学出版社.

[103] 玛格丽特·米德. 1988. 代沟[M]. 曾胡, 译, 北京: 光明日报出版社.

[104] 毛文琦, 齐卿, 苏远. 2016. 杰瑞·卡普兰: 无需担忧AI取代人类[J]. 中欧商业评论 (7): 82-85.

[105] 米哈里·契克森米哈赖. 2017. 心流: 最优体验心理学[M]. 张定绮, 译. 北京: 中信出版社.

[106] 莫雷, 等. 2020. 个体心理危机实时监测与干预系统研究[M]. 北京: 清华大学出版社.

[107] 帕帕拉, 奥尔兹, 费尔德曼. 2013. 发展心理学: 从生命早期到青春期[M]. 10版. 李西营, 等译. 北京: 人民邮电出版社.

[108] 庞爱莲. 2003. 自我理解的发展情况研究[D]. 长春: 东北师范大学.

[109] 庞树奇, 范明林. 2011. 普通社会学理论[M]. 上海: 上海大学出版社.

[110] 彭聃龄. 2004. 普通心理学[M]. 3版. 北京: 北京师范大学出版社.

[111] 钱骐骁. 2018. 基于多层次支持系统的积极行为干预与支持的实践及启示——以美国威奇托公共教育学区为例[J]. 连云港师范高等专科学校学报, 35 (4): 81-86.

[112] 屈廖健, 刘华聪. 2020. 能力测评转向: 经合组织学生社会情感能力调查项目研究[J]. 比较教育研究, 42(7): 90-97.

[113] 让·皮亚杰. 1984. 儿童的道德判断[M]. 傅统先, 陆有铨, 译. 山东: 山东教育出版社.

[114] 任旭, 沈建. 1997. 糖尿病的食疗与药膳[M]. 2版. 北京: 人民军医出版社.

[115] 桑标. 2003. 当代儿童发展心理学[M]. 上海: 上海教育出版社.

[116] 佘双好. 2013. 毕生发展心理学 [M]. 2版. 武汉：武汉大学出版社.

[117] 沈政，林庶芝. 2014. 生理心理学 [M]. 3版. 北京：北京大学出版社.

[118] 石向实. 1996. 论发生认识论的同化和顺应概念 [J]. 内蒙古社会科学（文史哲版）(3)：19-23.

[119] 石义堂，李守红. 2013. "社会情感学习"的内涵、发展及其对基础教育变革的意义 [J]. 当代教育与文化，5（6）：46-50.

[120] 21世纪100个科学难题编写组. 1998. 21世纪100个科学难题 [M]. 长春：吉林人民出版社.

[121] 司继伟. 2010. 青少年心理学 [M]. 北京：中国轻工业出版社.

[122] 斯米尔诺夫ＡＡ，鲁利亚ＡＰ，涅贝利岑. 1984. 心理学的自然科学基础 [M]. 李翼鹏，魏明庠，等译. 北京：科学出版社.

[123] 斯普兰格. 1938. 人生之型式 [M]. 董兆孚，译. 北京：商务印书馆.

[124] 斯滕伯格，威廉姆斯. 2003. 教育心理学 [M]. 张厚粲，译. 北京：中国轻工业出版社.

[125] 斯滕伯格. 2006. 认知心理学 [M]. 3版. 杨炳钧，等译. 北京：中国轻工业出版社.

[126] 孙健敏，李原. 2005. 组织行为学 [M]. 上海：复旦大学出版社.

[127] 唐科莉. 2019. 指引学习迈向2030 OECD发布《学习罗盘2030》[J]. 上海教育（32）：40-43.

[128] 唐锡麟. 1991. 儿童少年生长发育 [M]. 北京：人民卫生出版社.

[129] 唐映红. 2001. 发现天赋——哈佛零点计划与北京八中少儿班的孩子 [M]. 北京：兵器工业出版社.

[130] 田静，石伟平. 2019. 英国生涯教育：新动向、核心特征及其启示 [J]. 中国职业技术教育（18）：83-88.

[131] 田学岭，贾香花. 2015. 发展与教育心理学 [M]. 北京：现代教育出版社.

[132] 汪玲，方平，郭德俊. 1999. 元认知的性质、结构与评定方法 [J]. 心理学动态(1)：6-11.

[133] 汪启荣. 2012. 医护心理学基础 [M]. 北京：中国医药科技出版社.

[134] 王北生. 2012. 当代教育基本理论论纲 [M]. 北京：人民教育出版社.

[135] 王光荣. 2009. 文化的诠释——维果茨基学派心理学 [M]. 济南：山东教育出版社.

[136] 王国江，王志良，杨国亮，等. 2006. 人工情感研究综述 [J]. 计算机应用研究（11）：7-11.

[137] 王海明. 2009. 伦理学导论 [M]. 上海：复旦大学出版社.

[138] 王海明. 2001. 新伦理学 [M]. 北京：商务印书馆.

［139］王极盛. 2018. 怎样帮助孩子考上理想大学 考生家长必读［M］. 北京：新世界出版社.

［140］王静，常宇靖. 2018. 核心价值观指导下的大学生创新创业教育研究［M］. 长春：东北师范大学出版社.

［141］王丽荣. 2000. 认清心理问题 促进心理发展［J］. 吉林教育（5）：46.

［142］王乃弋，李亦菲，严梓洛，等. 2021. 循证生涯教育的内涵、实施过程与推进策略［J］. 中国教育科学（中英文），4（6）：64-73.

［143］王楠. 2019. 在线学习活动设计：理论与实践［M］. 北京：北京邮电大学出版社.

［144］王仕民. 2015. 德育研究·第3辑［M］. 广州：中山大学出版社.

［145］王晓辰，李其维，李清. 2009. 大卫·帕金斯的"真智力"理论述评［J］. 心理科学，32（2）：381-383.

［146］王新波，姚力，赵小杰，等. 2021. 儿童青少年心理危机评估综合定级体系的构建［J］. 北京师范大学学报（自然科学版），57（4）：458-465.

［147］王以梁，任巧华. 2017. 论道德的反实在论及其论证逻辑［J］. 道德与文明（5）：146-151.

［148］王易，彭思雅. 2012. 试论思想品德的形成规律［J］. 教学与研究（9）：61-67.

［149］王振宏，郭德俊. 2003. Gross情绪调节过程与策略研究述评［J］. 心理科学进展（6）：629-634.

［150］魏书珍，张秋业. 1996. 儿童生长发育性疾病［M］. 北京：人民卫生出版社.

［151］邬美娜. 2004. 教育技术学［M］. 合肥：安徽教育出版社.

［152］吴增基，吴鹏森，苏振芳. 2014. 现代社会学［M］. 5版. 上海：上海人民出版社.

［153］伍新春，林崇德，藏伟伟，等. 2010. 试论学校心理危机干预体系的构建［J］. 北京师范大学学报（社会科学版）(1)：45-50.

［154］西蒙斯，李萍. 2005. 关联主义：数字时代的一种学习理论［J］. 全球教育展望，34（8）：9-13.

［155］习近平. 2014. 青年要自觉践行社会主义核心价值观——在北京大学师生座谈会上的讲话［M］. 北京：人民出版社.

［156］夏埃，威里斯. 2002. 成人发展与老龄化［M］. 乐国安，译. 上海：华东师范大学出版社.

［157］夏惠贤. 2006. 论邓恩学习风格模型及其教学意蕴［J］. 外国中小学教育（6）：1-7.

［158］夏征农，陈至立. 2013. 大辞海. 心理学卷［M］. 上海：上海辞书出版社.

［159］谢弗，等. 2016. 发展心理学：儿童与青少年［M］. 9版. 邹泓，译. 北京：中国轻工业出版社.

［160］谢弗. 2009. 社会学与生活［M］. 插图修订第11版. 赵旭东，等译. 北京：世界图书北京出版公司.

［161］徐光春. 2018. 马克思主义大辞典［M］. 武汉：崇文书局.

［162］徐厚道. 2009. 心理学概论［M］. 北京：中国传媒大学出版社.

［163］徐瑾劼，杨雨欣. 2021. 学生社会情感能力的国际比较：现状、影响及培养路径——基于OECD的调查［J］. 开放教育研究，27（5）：44-52.

［164］徐学俊. 2015. 人格心理学：理论·方法·案例［M］. 2版. 武汉：华中科技大学出版社.

［165］徐学俊. 2012. 人格心理学——理论·方法·案例［M］. 武汉：华中科技大学出版社.

［166］许毅. 2002. 心理健康600问［M］. 杭州：浙江科学技术出版社.

［167］许远理，李亦菲. 2000. 情绪智力魔方——情绪智力的9要素理论［M］. 北京：北京广播学院出版社.

［168］许政援，沈家鲜，吕静. 1984. 儿童发展心理学［M］. 长春：吉林人民出版社.

［169］雅克·蒂洛，基思·克拉斯曼. 2008. 伦理学与生活［M］. 9版. 程立显，刘健，等译. 北京：世界图书出版公司.

［170］杨传利，毛亚庆. 2017. 西部农村小学生社会情感能力与学校管理的关系研究：基于公平有质量的教育视角［J］. 基础教育，14（1）：37-46.

［171］杨礼宾. 2009. 大学生职业辅导［M］. 苏州：苏州大学出版社.

［172］杨启玉，程明成. 1990. 青年品德心理学［M］. 郑州：河南人民出版社.

［173］杨文登. 2017. 循证心理健康服务［M］. 北京：商务印书馆.

［174］杨鑫悦. 2019. 网络时代高校心理健康教育的探索与实现［M］. 沈阳：辽宁大学出版社.

［175］尧新瑜. 2006. "伦理"与"道德"概念的三重比较义［J］. 伦理学研究（4）：21-25.

［176］叶一舵. 2003. 现代学校心理健康教育研究［M］. 北京：开明出版社.

［177］叶奕乾. 2011. 现代人格心理学［M］. 上海：上海教育出版社.

［178］尹剑春. 2017. 正念运动与情绪反应研究［M］. 上海：同济大学出版社.

［179］尤瓦尔·赫拉利. 2017. 未来简史［M］. 林俊宏，译. 北京：中信出版社.

［180］俞国良，罗晓路. 2016. 卡特尔：人格理论和十六种人格因素量表（16PF）的应用［J］. 中小学心理健康教育（11）：31-34.

［181］俞国良，辛自强. 2004. 社会性发展心理学［M］. 合肥：安徽教育出版社.

［182］俞国良. 2012. 简明社会心理学［M］. 北京：开明出版社.

［183］约翰·穆勒. 2019. 功利主义［M］. 徐大建，译. 北京：商务印书馆.

［184］曾狄，吴俊蓉. 2016. 社会主义核心价值观、社会核心价值观、个人核心价值观关系论［J］. 学校党建与思想教育（21）：25-28.

［185］张帆. 2007. 人类学与社会心理学的结合：玛格丽特·米德之文化决定论综述［J］. 社会科学评论（3）：114-124.

［186］张海钟. 2001. 心理健康标准研究的争鸣综述及其进一步的思辨［J］. 心理学探新（3）：42-46.

［187］张金明，陈楠. 2014. 大学生就业创业指导与职业生涯规划［M］. 北京：北京航空航天大学出版社.

［188］张康之，李传军. 2009. 行政伦理学教程［M］. 北京：中国人民大学出版社.

［189］张林. 2006. 自尊：结构与发展［M］. 北京：中国社会科学出版社.

［190］张清. 2018. 图解从头到脚谈养生［M］. 天津：天津科学技术出版社.

［191］张庆林，邱江. 2005. 思维和学习领域中的元认知研究［J］. 西南师范大学学报（人文社会科学版）(1)：20-26.

［192］张万兴. 2002. 学生心理健康辅导完全手册2［M］. 北京：中央民族大学出版社.

［193］张文新. 2002. 青少年发展心理学［M］. 济南：山东人民出版社.

［194］张裕鼎. 2018. 问题解决：工作记忆中心理模型的建构［M］. 武汉：武汉大学出版社.

［195］章志光. 1990. 试论品德的心理结构［J］. 北京师范大学学报（1）：7-17.

［196］赵锋，陈英，王霞. 2011. 护理学基础应试指南［M］. 武汉：华中科技大学出版社.

［197］珍妮·艾里姆，唐·艾里姆. 2018. 养育女儿［M］. 施建农，等译. 北京：北京出版社.

［198］郑淮. 2007. 场域视野下的学生社会性发展研究［D］. 重庆：西南大学.

［199］郑全全. 2017. 社会心理学［M］. 3版. 杭州：浙江大学出版社.

［200］郑雪. 2017. 人格心理学［M］. 广州：暨南大学出版社.

［201］中国大百科全书总编辑委员会. 2002. 中国大百科全书 心理学［M］. 北京：中国大百科全书出版社.

［202］中国疾病预防控制中心慢性非传染性疾病预防控制中心. 2008. 中国慢性病及其危险因素监测分析报告（2004年）［M］. 北京：中国协和医科大学出版社.

［203］《中国教育百科全书》编委会. 1991. 中国教育百科全书［M］. 北京：海洋出版社.

[204] 中国科学技术大学新闻中心. 2017. 中国科学技术大学新闻辑刊2016 [M]. 合肥：中国科学技术大学出版社.

[205] 中国人工智能学会. 2003. 中国人工智能进展，2003 [M]. 北京：北京邮电大学出版社.

[206] 中国心理卫生协会. 2012. 心理咨询师·基础知识 [M]. 2版. 北京：民族出版社.

[207] 中南财经政法大学就业指导服务中心，上海财经大学学生就业指导中心. 2016. 未来任我行：财经与政法类大学生的六堂职业必修课 [M]. 上海：上海财经大学出版社.

[208] 钟柏昌，李艺. 2018. 核心素养如何落地：从横向分类到水平分层的转向 [J]. 华东师范大学学报（教育科学版），36 (1)：55-63.

[209] 钟青. 1991. 青春期知识手册 [M]. 郑州：中原农民出版社.

[210] 周红梅，郭永玉. 2006. 自我同一性理论与经验研究 [J]. 心理科学进展(1)：133-137.

[211] 周天梅. 2007. 论自我的发展：青少年发展心理学研究 [M]. 成都：西南交通大学出版社.

[212] 周元，江畅. 1988. 青年伦理学 [M]. 武汉：武汉出版社.

[213] 周宗奎. 2007. 青少年心理发展与学习 [M]. 北京：高等教育出版社.

[214] 朱新明，李亦菲，朱丹. 1998. 人类的自适应学习——示例学习的理论与实践 [M]. 北京：中央广播电视大学出版社.

[215] 朱新明，李亦菲. 1999. 架设人与计算机的桥梁：西蒙的认知与管理心理学 [M]. 武汉：湖北教育出版社.

[216] 朱新明，李亦菲. 1998. 示例演练教学法 [M]. 沈阳：辽宁人民出版社.

[217] 朱新明，李亦菲. 1997. 知识获取的"条件建构—优化理论" [C]. 计算机与教育——全国计算机辅助教育学会第八届学术年会论文集.

[218] AINSWORTH M. S. 1979. Infant-mother attachment [J]. *American Psychologist*, 34(10): 932-937.

[219] ANDERSON L W, KRATHWOHL D R. 2001. *A Taxonomy for Learning, Teaching and Assessing: A Revision of Bloom's Taxonomy of Educational Objectives, Complete Edition* [M]. New York: Longman.

[220] ARTHUR M B, ROUSSEAU D M. 1996. *The Boundaryless Career: A new Employment Principle for an New Organizational Era* [M]. New York: Oxford University Press.

[221] BADDELEY A D, HITCH G J. 1974. *Working memory*, in The Psychology of Learning and Motivation [M]. London: Academic Press.

[222] BAKER R S J, D'MELLO S K, RODRIGO M M T, et al. 2010. Better to

be frustrated than bored: The incidence, persistence, and impact of learners'cognitive-affective states during interactions with Three different computer-based learning environments [J]. *International Journal of Human-Computer Studies*, 68 (4): 223-241.

[223] BERLYNE D E. 1954. A theory of human curiosity [J]. *British Journal of Psychology*, 45 (3): 180-191.

[224] CAPLAN G. 1964. *The Principles of Preventive Psychiatry* [M]. New York: Basic Books.

[225] CARLO G, RANDALL B A. 2002. The development of a measure of prosocial behaviors for late adolescents [J]. *Journal of Youth and Adolescence*, 31 (1): 31-44.

[226] CRITES J O. 1965. Measurement of vocational maturity in adolescence: I, attitude test of the vocational development inventory [J]. *Psychological Monographs*, 79 (2): 1-36.

[227] FLEMING S M, DOLAN R J. 2012. The neural basis of metacognitive ability [J]. *Philosophical Transactions of the Royal Society of London, Series B, Biological Sciences*, 367 (1594): 1338-1349.

[228] FOXX S P, BAKER S B, GERLER E R. 2017. *School Counseling in the 21st Century* [M]. 6th edition. NY: Routledge Press.

[229] FREY C B, OSBORNE M A. 2017. The future of employment: How susceptible are jobs to computerisation? [J]. *Technological Forecasting and Social Change*, 114: 254-280.

[230] GATI I, KRAUSZ M, Osipow S H. 1996. A taxonomy of difficulties in career decision making [J]. *Journal of Counseling Psychology*, 43 (4): 510-526.

[231] GOETZ T, PEKRUN R, HALL N, et al. 2006. Academic emotions from a social-cognitive perspective: Antecedents and domain specificity of students' affect in the context of latin instruction [J]. *British Journal of Educational Psychology*, 76 (2): 289-308.

[232] HARAWAY, DANA L. 2012. Monitoring students with ADHD within the RTI framework [J]. *The Behavior Analyst Today*, 13(2): 17-21.

[233] HARDIN L K. 2008. *Handbook of School Counseling* [M]. New York: Routledge Press.

[234] HARTER S. 1982. The Perceived Competence Scale for Children [J]. *Child Development*, 53(1): 87.

[235] HAZAN C, SHAVER P. 1987. Romantic love conceptionalized as an attachment process. *Journal of Personality and Social Psychology*, 52(3): 511-524.

[236] HERRNSTEIN R J, MURRAY C. 1994. *The Bell Curve: Intelligence and Class Structure in American Life* [M]. Free Press.

[237] KANEL K. 1999. *A Guide to Criesis Intervention* [M]. Belmont, C. A: Wadsworth.

[238] LENT, R, BROWN D. 1994. Toward a unifying social cognitive theory of career and academic interest, choice, and performance [J]. *Journal of Vocational Behavior* (45): 79-122.

[239] MARTIN J R. 2020. On the future: A keynote address [J]. *Engineering*, 6(2): 110-114.

[240] MASLOW A H. 1970. *Eligions, Values, and Peak Experiences* [M]. New York: Penguin.

[241] MASTEN A S. 2001. Ordinary magic: Resilience processes in development [J]. *American Psychologist*, 56(3): 227-238.

[242] MCCRONE D, BECHHOFER F. 2015. *Understanding National Identity* [M]. Cambridge: Cambridge University Press.

[243] MURPHY L B. 1974. *Coping, vulnerability, and resilience in childhood* [M]//COELHO G V, HAMBURG D A, ADAMS J E (Eds.). *Coping and Adaptation*. New York: Basic Books.

[244] MYER R A, WILLIAMS, R C, OTTENS A J, et al. 1992. Crisis assessment: A three-dimensional model for triage [J]. *Journal of Mental Health Counseling*, 14(2): 137-148.

[245] PARDOS Z A, BAKER R S, SAN PEDRO M O et al. 2013. Affective states and state tests: Investigating how affect throughout the school year predicts end of year learning outcomes [C]//*Proceedings of the Third International Conference on Learning Analytics and Knowledge*. ACM.

[246] PEKRUN R, GOETZ T, TITZ W, et al. 2002. Academic emotions in students' self-regulated learning and achievement: A program of qualitative and quantitative research [J]. *Educational Psychologist*, 37(2): 91-105.

[247] PERTERS R S, MACE C A. 1961. Emotion and the category of passivity [J]. *Proceeding of the Aristotelian Sociaty*, 62(1): 117-142.

[248] PERVIN L A. 2003. *The Science of Personality* [M]. 2nd ed. New York: Oxford University Press.

[249] PRYOR R G L, BRIGHT J. 2003. The chaos theory of careers [J]. *Australian Journal of Career Development*, 12(3): 12-20.

[250] RAINES J C. 2008. *Evidence Based Practice in School Mental Health* [M]. New York: Oxford University Press.

[251] ROGERS, CARL R A. 1959. A theory of therapy, personality and interpersonal relationships, as developed in the client-centered framework [J]. *Cancer Research*, 65(9): 184-256.

[252] SAVICKAS M L, PORFELI E J. 2012. Career adapt-abilities scale: Construction, reliability, and measurement equivalence across 13 countries [J]. *Journal of Vocational Behavior*, 80 (3): 661-673.

[253] SAVICKAS M L. 1997. Career adaptability: An integrative construct for life-span, life-space theory [J]. *Career Development Quarterly*, 45(3): 247-259.

[254] SHELDON W. 1942. *The Varieties of Temperament* [M]. New York: Harper & Row.

[255] SLIFE B D, WEISS J, BELL T. 1985. Separability of metacognition and cognition: Problem solving in learning disabled and regular students [J]. *Journal of Educational Psychology*, 77 (4): 437-445.

[256] SUPER D E, KNASEL E G. 1981. Career development in adulthood: Some theoretical problems and a possible solution [J]. *British Journal of Guidance & Counselling*, 9 (2): 194-201.

[257] SUPER D E. 1955. The dimensions and measurement of vocational maturity [J]. *Teachers College Record*, 57 (3): 151-163.

[258] SWANSON H L. 1990. Influence of metacognitive knowledge and aptitude on problem solving [J]. *Journal of Educational Psychology*, 82 (2): 306-314.

[259] WEINER B. 1985. An arttributional theory of achievement-motivation and emotion [J]. *Psychological Review*, 92 (4): 548-573.